Die Nettolohnhaftung nach dem Arbeitnehmer-Entsendegesetz

Möglichkeit ihrer dogmatischen Einordnung
Prüfung ihrer Vereinbarkeit mit Europäischem Recht

von

Thorsten Friedrich Dörfler

Tectum Verlag
Marburg 2002

Die Deutsche Bibliothek - CIP-Einheitsaufnahme

Dörfler, Thorsten Friedrich:
Die Nettolohnhaftung nach dem Arbeitnehmer-Entsendegesetz.
Möglichkeit ihrer dogmatischen Einordnung. Prüfung ihrer Vereinbarkeit mit
Europäischem Recht.
/ von Thorsten Friedrich Dörfler
- Marburg : Tectum Verlag, 2002
Zugl: Mannheim, Univ. Diss. 2002
ISBN 3-8288-8414-8

Tectum Verlag
Marburg 2002

DANKSAGUNG

An den Anfang einer Dissertationsschrift gehört eine Danksagung. So will es die Tradition. Diese Tradition werde auch ich fortführen.

Mein Dank gebührt in erster Linie Herrn Prof. Dr. Rieble. Er hat die Anfertigung der Arbeit sehr unterstützt. Insbesondere, dass die Arbeit in ca. einem Jahr fertig gestellt wurde, ist sein alleiniger Verdienst. Des weiteren danke ich Herrn Prof. Dr. Sack für die zügige Erstellung des Zweitgutachtens.

Ich danke auch

- meinen Eltern, die die Arbeit durch ihre Unterstützung möglich gemacht haben,

- meinen Freunden, die mich immer wieder aufgebaut haben,

- meinem Freund Steffen Müller, der die Mühe des Korrekturlesens auf sich genommen hat,

- vor allem aber meiner Freundin Ada Grunert, die mich in dieser Zeit ertragen hat.

Ihr ist diese Arbeit gewidmet.

Thorsten Dörfler
Hamburg, im Mai 2002

INHALTSVERZEICHNIS

A. EINFÜHRUNG

§ 1a AEntG: Generalunternehmerhaftung

Ein Unternehmer, der einen anderen Unternehmer mit der Erbringung von Bauleistungen im Sinne des § 211 Abs. 1 des Dritten Buches Sozialgesetzbuch beauftragt, haftet für die Verpflichtungen dieses Unternehmers, eines von diesem eingesetzten Nachunternehmers oder eines von dem Unternehmer oder einem Nachunternehmer beauftragten Verleihers zur Zahlung des Mindestentgelts an einen Arbeitnehmer oder zur Zahlung von Beiträgen an eine gemeinsame Einrichtung der Tarifvertragsparteien nach § 1 Abs. 1 Satz 2 und 3, Abs. 2a , Abs. 3 Satz 2 und 3 oder Abs. 3a Satz 4 und 5 wie ein Bürge, der auf die Einrede der Vorausklage verzichtet hat. Das Mindestentgelt im Sinne des Satzes 1 umfasst nur den Betrag, der nach Abzug der Steuern und der Beiträge zur Sozialversicherung und zur Arbeitsförderung oder entsprechender Aufwendungen zur sozialen Sicherung an den Arbeitnehmer auszuzahlen ist (Nettoentgelt).

Dies ist der Gegenstand dieser Untersuchung, § 1a des Arbeitnehmer-Entsendegesetzes (AEntG)[1]. Dieser Paragraph, eingefügt durch das „Gesetz zu Korrekturen in der Sozialversicherung und zur Sicherung der Arbeitnehmerrechte" vom 19.12.1998[2], wird allgemein als Generalunternehmerhaftung bezeichnet[3]; eine zwar verbreitete Bezeichnung, die jedoch, wie noch zu zeigen ist, dem Bedeutungsgehalt des § 1a AEntG nicht voll gerecht wird.

1. Darstellung der Problematik sowie der Entstehungsgeschichte des AEntG und insbesondere dessen § 1a

„Solange die Deutschen „Sozialdumping" betreiben, können wir in der EWG keinen freien Gemeinsamen Markt einführen", behauptete die französische Regierung bei der Vorbereitung des EWG-Vertrags in den 50er Jahren. Gemeint waren damals die wesentlich niedrigeren Sozialbeiträge der deutschen Arbeitgeber im Vergleich zu den französischen[4]. Damals konnten die vom deutschen

---

[1] Gesetz über zwingende Arbeitsbedingungen bei grenzüberschreitenden Dienstleistungen vom 26. Februar 1996 (BGBl. 1996 I S. 227), zuletzt geändert durch Artikel 10 des Gesetzes vom 19.12.1998 (BGBl. 1998 I S. 3843).

[2] BGBl. 1998 I, S. 3843.

[3] *Blanke*, ArbuR 1999, S. 417; *v. Danwitz*, RdA 1999, S. 322, (326); *Deinert*, AuR 2000, S. 92; *Meyer*, AuA 1999, 113; *Theelen*, S. 82.

[4] *Otto Schlecht*, FAZ vom 28.6.1995, S. 15.

Bundeswirtschaftsministerium entsandten Mitglieder der Vorbereitungsgruppe „Sozialpolitische Vorschriften" die französischen Mitglieder davon überzeugen, dass die Arbeitskosten in Relation zu Höhe und Struktur der Arbeitsproduktivität stehen müssten und dass dies nicht zu Lasten eines fairen Wettbewerbs ginge. Diese Diskussion vom Beginn des Gemeinsamen Marktes ist – mit geänderten Vorzeichen – wieder aktuell geworden:

Die Problematik ist altbekannt und offensichtlich: auf deutschen Baustellen sind Arbeitnehmer aus Portugal[5], Großbritannien und Irland in hoher Zahl tätig, während zugleich die Arbeitslosigkeit deutscher Bauarbeiter auf hohem Niveau stagniert[6]. Dabei übersteigt die Zahl der entsandten Arbeitnehmer die Zahl der arbeitslosen deutschen Bauarbeiter[7]. Diese Entwicklung ist nicht auf Deutschland beschränkt, sondern betrifft auch andere Mitgliedstaaten mit hohem Lohnniveau wie Frankreich, Luxemburg oder Dänemark[8].

Mit dem Ausbau des europäischen Binnenmarktes ist es Anbietern aus anderen EU-Mitgliedstaaten aufgrund günstigerer Angebote gelungen, einen nicht unbeträchtlichen Anteil am deutschen Baumarkt für sich zu gewinnen.

Die Möglichkeit zur Abgabe günstigerer Angebote resultiert zu einem großen Teil aus ihren geringeren Gestehungskosten dank niedrigerer Löhne. Im Bausektor machen die Arbeitskosten bis zu ca. 50% der Gesamtkosten aus[9], ein im Verhältnis zu anderen Branchen außergewöhnlich hoher Anteil. Im Vergleich zu den meisten anderen Mitgliedstaaten der Union liegen die Arbeitskosten in der Bundesrepublik Deutschland auf dem Bauarbeitsmarkt auf einem recht hohen Niveau, dies betrifft sowohl das Direktentgelt als auch die Lohnnebenkosten[10]. Bei den tariflichen Arbeitszeiten wird in Deutschland im Jahresmittel ca. 100 Stunden weniger gearbeitet als in Großbritannien, 150 Stunden weniger als in Irland und 300 Stunden weniger als in Portugal[11]. Ausländische Bauunternehmer können aufgrund der niedrigeren Lohnkosten günstiger kalkulieren und werden deshalb in Ausschreibungen inländischen Konkurrenten vorgezogen[12].

---

[5] Zumindest seit dem Ablauf der Übergangsfrist für Portugal am 01.01.1996, siehe Art. 215-232 der Akte über die Bedingungen des Beitritts des Königreichs Spanien und der Portugiesischen Republik und die Anpassung der Verträge, ABl. EG 1985, Nr. L 302, S. 23ff.

[6] Im September 1996 waren im Baugewerbe für das gesamte Bundesgebiet 205.965 Arbeitslose gemeldet, Quelle: Statistisches Bundesamt, Jahrbuch 1997, S. 122.

[7] *Hickl*, NZA 1997, S. 513, (514).

[8] *Selmayr*, ZfA 1996, S. 615, (618).

[9] *Däubler*, DB 1995, S. 726; *Kehrmann/Spirolke*, AiB 1995, S. 621.

[10] Siehe die Statistik bei *Weindl/Woyke*, S. 235.

[11] Siehe die Statistik bei *Weindl/Woyke*, S. 237.

[12] Baulohn pro Stunde 1995: Deutschland 24 DM, Großbritannien und Irland 14-15 DM, Portugal 6-7 DM; Quelle: Hauptverband der deutschen Bauindustrie, Handelsblatt vom 13.4.1995, S .1.

Einen solchen zur Verdrängung einheimischer Produzenten führenden preisbezogenen Wettbewerbsdruck gab es zwar bereits in den Jahren zuvor im Bereich der Textilindustrie oder der optischen Industrie, die Bundesregierung meinte jedoch, hier eine besondere Schutzbedürftigkeit des Baugewerbes zu erkennen[13], die Gegenmaßnahmen erforderlich machte.

Der Prozess der Verdrängung deutscher Bauunternehmen ist noch nicht zum Abschluss gekommen. Im Zuge der geplanten Osterweiterung werden weitere „Niedriglohnländer" hinzukommen, was zu einer erheblichen Verschärfung der Problematik führen wird[14]. Seit der Verhängung des Anwerbestopps[15] im Zuge der Ölkrise 1973/74 ist die Erteilung einer Arbeitserlaubnis an ausländische Arbeitnehmer in Deutschland reglementiert, eine Tätigkeit in Deutschland wird Angehörigen der MOE-Staaten nach der Anwerbesstoppausnahmeverordnung[16] nur im Rahmen bilateraler Werkvertragsabkommen[17] und auch nur einem bestimmten Kontingent von Beschäftigten pro Jahr gestattet. Ca. 70 % davon sind in der Bauindustrie tätig[18].

---

[13] BR-Drucks. 523/95, S. 4. Dies ist jedoch nicht nachvollziehbar – die Baubranche ist nicht schutzbedürftiger als jeder andere Industriezweig, der ein auch von Niedriglohnländern zu erbringendes technisches Know-how voraussetzt und sich daher mit diesem Ländern in einem Preiswettbewerb befindet. Den Unterschied macht hier nur die einfachere Schutzfähigkeit dieser Branche, da die gesamte Produktion im Geltungsbereich bundesdeutscher Gesetze stattfindet und daher Schutzmaßnahmen leichter und effektiver durchgesetzt werden können. Dazu schon *Gerken/Löwisch/Rieble*, BB 1995, S. 2370ff.

[14] Seriöse Studien rechnen mit einem Zustrom zwischen 2 Millionen (European Integration Consortium) und 5-6 Millionen (ifo Institut für Wirtschaftsforschung) Migranten aus den MOE-Ländern nach Deutschland bei sofortiger Gewährung der Freizügigkeit innerhalb von 15 Jahren (zitiert nach *Hänlein*, EuZW 2001, S. 165). Das Ministerium für Arbeit und Sozialordnung rechnet mit 200.000 – 250.000 Zuwanderern pro Jahr (http://www.bma.de Pressemitteilung vom 16.02.2001).

[15] Bulletin der Bundesregierung vom 27.11.1973, S. 1506. Der Anwerbestopp ist seit 1991 in § 10 AuslG gesetzlich verankert.

[16] Anwerbesstoppausnahmeverordnung (ASAV) in der Fassung v. 17.09.1998, BGBl. 1998 I, S. 2893.

[17] Werkvertragsabkommen bestehen mit folgenden Ländern: Bulgarien v. 12.03.1991, BGBl. 1991 II, S. 863, geändert mit Wirkung v. 28.03.1994, BGBl. 1995 II, S. 90; CSFR v. 15.05.1991, DBl. BA Rderl. 70/91; Ungarn v. 03.01.1989, BGBl. 1989 II, S. 244, DBl. BA Rderl. 71/91; Polen v. 10.10.1991, BGBl. 1992 II, S. 93, DBl. BA Rderl. 73/93; Rumänien v. 31.07.1990, BGBl. 1991 II, S. 666, DBl. BA Rderl. 79/91; Türkei v. 18.11.1991, BGBl. 1992 II, S. 54, DBl. BA Rderl. 183/91; Lettland v. 18.08.1992, DBl. BA Rderl. 112/92; Bosnien und Herzegowina, Kroatien, Slowenien und Mazedonien v. 23.06.1995, BGBl. 1995 II, S. 732.

[18] *Kretz*, AR-Blattei, SD 330, Rn. 96. Zur Situation der Werkvertragsarbeitnehmer und den Strategien von Arbeitgebern zur Durchsetzung und Verschleierung vorschriftswidriger Beschäftigung: *Cyrus*, „Zur sozialen Situation polnischer Werkvertragsarbeitnehmer in der Bundesrepublik Deutschland", http://www.polskarade.de/momigra.html.

Die bisherige Praxis, die Erteilung einer Arbeitserlaubnis für die Arbeitnehmer von Unternehmen aus MOE-Staaten zu versagen, wenn die Arbeitsbedingungen der entsandten Arbeitnehmer ungünstiger sind als bei deutschen Arbeitnehmern (§ 6 Abs. 1 Nr. 3 AEVO) oder mittels einer Arbeitsmarktschutzklausel die Zulassung von Werkvertragsarbeitnehmern in Arbeitsamtsbezirken mit überdurchschnittlich hoher Arbeitslosigkeit (30 % über dem Bundesschnitt)[19] zu unterbinden, wird mit dem Beitritt der Staaten in die Gemeinschaft und der Ausweitung des Binnenmarktes auf Mittel-/Osteuropa unmöglich. Auch wenn die deutsche Regierung im Zusammenwirken mit anderen Hochlohnländern derzeit versucht, die Gewährung der vollen Freizügigkeit für die Staatsangehörigen und Unternehmen der Beitrittskandidaten durch Übergangsregelungen zeitlich zu verzögern, beschränken sich die Überlegungen zumeist auf die Arbeitnehmerfreizügigkeit[20]. Da die Dienstleistungsfreiheit höchstwahrscheinlich ohne Übergangsfristen verwirklicht wird, ist der Zustrom neuer Anbieter auf den europäischen Baumarkt – und damit auch die Verschärfung der Entsendeproblematik vorhersehbar.

Zudem ist die Bundesrepublik Deutschland das Land, das aufgrund seiner Lage und der direkten Nachbarschaft zu den meisten Beitrittskandidaten in besonderem Maße zur Erbringung grenzüberschreitender Dienstleistungen geeignet sein wird.

Auf Initiative der Hochlohnstaaten, insbesondere Deutschlands, wollte die EG-Kommission die durch diese Entsendungen entstehenden Wettbewerbsnachteile der ortsansässigen Unternehmern ausgleichen. Bereits 1991 hat sie einen Vorschlag für eine Richtlinie erarbeitet[21]. Nachdem dieser im Europäischen Parlament stark kritisiert worden ist, stellte sie 1993 einen zweiten, auf der Stellungnahme des Wirtschafts- und Sozialausschusses[22] beruhenden Richtlinienvorschlag vor[23]. Beide basierten auf dem Prinzip, einen bestimmten „harten Kern" von Arbeitsbedingungen für zwingend i. S. d. Art. 34 EGBGB[24] / Art. 7 EVÜ[25] zu

---

[19] Anordnung des Verwaltungsrats der BA vom 24.03.1993, ANBA 1993, S. 757. In diesem Rahmen wird nicht der Mindestlohn, sondern der Tariflohn zugrunde gelegt, vgl. *Bieback*, in Gagel, SGB III, § 285, Rn. 143, 146.

[20] *Hänlein*, EuZW 2001, S. 165. Der Vizepräsident des ZDB fordert eine Übergangszeit für Arbeitnehmerfreizügigkeit und Dienstleistungsfreiheit von mind. 10 Jahren und befürchtet bei sofortiger Freigabe eine dramatische Zunahme der Arbeitslosigkeit unter deutschen Bauarbeitern, ZDB-Info 29/2001 v. 11.04.2001.

[21] Vorschlag für eine Richtlinie über die Entsendung von Arbeitnehmern im Rahmen der Erbringung von Dienstleistungen, KOM (91), 230, ABl. EG 1991, Nr. C 225/6 v. 30.08.1991.

[22] ABl. EG 1992, Nr. C 49/41 v. 24.02.1992.

[23] Geänderter Vorschlag für eine Richtlinie über die Entsendung von Arbeitnehmern im Rahmen der Erbringung von Dienstleistungen, KOM (93), 225, ABl. EG 1993, Nr. C 187/5 vom 09.07.1993.

[24] Einführungsgesetz zum Bürgerlichen Gesetzbuche in der Fassung der Bekanntmachung v. 21.09.1994 (BGBl. 1994 II, S. 2494), zuletzt geändert durch Gesetz v. 16.12.1997 (BGBl. 1997 I, S. 2968).

erklären. Im Ministerrat scheiterten diese Richtlinien am Widerstand Großbritanniens und Portugals.

Daraufhin hat die Bundesregierung nach Diskussion verschiedener Lösungsstrategien[26] am 01.09.1995 im nationalen Alleingang einen Gesetzentwurf vorgelegt[27]. Dieser ist dann mit einigen Änderungen am 01.03.1996 als Arbeitnehmer-Entsendegesetz in Kraft getreten[28], während kurz darauf für viele überraschend[29] auch eine europäische Regelung in Form der Richtlinie 96/71/EG vom 16.12.1996[30] zustande kam.

Die gesetzliche Regelung der Materie durch das AEntG war äußerst umstritten, von manchen wurde dies zur Bekämpfung von Lohndumping und Schmutzkonkurrenz energisch gefordert[31], von anderen als Marktabschottung und systemfremder Schutzzoll auf Arbeit abgelehnt[32]. Die Vereinbarkeit der Regelung mit Europäischen Recht, insbesondere den Normen des EGV war schon Gegenstand einiger Veröffentlichungen, die die Zulässigkeit kontrovers beurteilt haben[33].

Dabei besteht die Notwendigkeit der gesetzlichen Anordnung der Verbindlichkeit von tariflichen Mindestlohnbestimmungen für entsandte Arbeitnehmer nur, wenn die ausländischen Arbeitsverhältnisse von Mindestlohnregelungen eines nationalen

---

[25] Europäisches Übereinkommen über das auf vertragliche Schuldverhältnisse anzuwendende Recht (EVÜ) v. 19.06.1980 (ABl. EG Nr. L 266, S. 1), ratifiziert am 25.07.1986 (BGBl. 1986 II, S. 809) und in Kraft getreten am 01.04.1991 (Bek. v. 12.07.1991, BGBl. 1991 II, S. 871). Das Übereinkommen findet jedoch keine unmittelbare Anwendung (Art. 1 Abs. 2 EVÜ) und bedarf daher der gesetzlichen Umsetzung.

[26] *Däubler*, EuZW 1993, S. 730, (374) konnte sich alternativ zu Mindestlöhnen eine dem Staatshaushalt zugute kommende „Dumping-Abgabe" für Arbeitgeber bei der Beschäftigung von Billigarbeitskräften vorstellen.

[27] BR-Drucks. 523/95.

[28] Gesetz über zwingende Arbeitsbedingungen bei grenzüberschreitenden Dienstleistungen (Arbeitnehmer-Entsendegesetz), BGBl. 1996 I, S 227. Ähnliche Regelungen wurden in Frankreich, Österreich und den Niederlanden eingeführt.

[29] *Däubler*, DB 1995, S. 726, (727): eine europäische Regelung sei „auf den St. Nimmerleinstag verschoben".

[30] Richtlinie über die Entsendung von Arbeitnehmern im Rahmen der Erbringung von Dienstleistungen, ABl. EG 1996, Nr. L 18/1.

[31] *Däubler*, EuZW 1993, S. 370; *ders.*, DB 1995, S. 726; *Kehrmann/Spirolke*, AiB 1995, S. 621.

[32] *Gerken/Löwisch/Rieble*, BB 1995, S. 2370; *Koenigs*, DB 1995, S. 1710; *Löwisch*, FS Zeuner, S. 91; *Selmayr*, ZfA 1996, S. 615; *Straubhaar*, WiST 1996, S. 53.

[33] Vorrangig zu nennen wären hier *Bieback*, RdA 2000, S. 207; *Blanke*, ArbuR 1999, S. 417; *Hickl*, NZA 1997, 513; *Schmitt*, WiB 1996, S. 769 (770), und *Wank/Borgmann*, NZA 2001, S. 177, die das AEntG für zulässig halten; mit Einschränkungen auch *Wichmann*, „Dienstleistungsfreiheit und grenzüberschreitende Entsendung von Arbeitnehmern", 1998. Die Vereinbarkeit lehnen ab: *Gerken/Löwisch/Rieble* BB 1995, S. 2370; *Junker/Wichmann*, NZA 1996, S. 505; *Koenigs*, DB 1997, S. 225; *Krebber*, JbJZW 1998, S. 128; *Selmayr*, ZfA 1996, S. 615.

Tarifvertrags auch dann nicht erfasst werden, wenn dieser für allgemeinverbindlich erklärt ist.

a) Nichterfassung der entsandten Arbeitnehmer durch deutsches Arbeitsrecht und Tarifverträge

Das Arbeitsverhältnis unterliegt – soweit nicht eine ausdrückliche Rechtswahl getroffen wird[34] – grundsätzlich dem Recht des Arbeitsortes (*lex loci laboris*), Art. 30 Abs. 2 EGBGB / Art. 6 Abs. 2 EVÜ[35]. Arbeitsort ist dabei der Ort, an dem der Arbeitnehmer *gewöhnlich* seine Arbeit entrichtet, was durchaus vom aktuellen Arbeitsort abweichen kann.

Dies kann bei der Entsendung von Arbeitnehmern der Fall sein. Eine Entsendung liegt dann vor, wenn sich ein Beschäftigter auf Weisung seines inländischen Arbeitgebers vom Inland ins Ausland begibt, um dort eine Beschäftigung für diesen Arbeitgeber auszuüben, oder wenn er, ohne bereits im Inland beschäftigt gewesen zu sein, eigens für eine Arbeit im Ausland von einem inländischen Arbeitgeber eingestellt wird[36].

Wenn der Arbeitnehmer seine Arbeit gewöhnlich nicht in ein und demselben Staat verrichtet, gilt das Recht des Orts der Niederlassung seines Arbeitgebers. Gleiches gilt, wenn Gegenstand des Arbeitsvertrags nicht ein ausschließlicher Einsatz im Ausland ist. Das Arbeitsverhältnis zwischen dem lediglich „vorübergehend" in einen anderen Staat entsandten Arbeitnehmer und seinem Arbeitgeber unterliegt gemäß Art. 30 Abs. 2, 2. Halbs. EGBGB / Art. 6 Abs. 2, 2. Halbs. EVÜ weiterhin dem Arbeitsrecht deren Heimatstaats[37].

---

[34] Jedoch können durch diese Rechtswahl dem Arbeitnehmer nicht arbeitnehmerschützende Vorschriften des Rechts, das mangels Rechtswahl anzuwenden wäre, entzogen werden (Art. 30 Abs. 1 EGBGB).

[35] Dies entspricht im Ergebnis der bisherigen Rechtsprechung, da diese zwar für die Anwendung eines inländischen Tarifvertrags nicht auf den Arbeitsort, sondern direkt auf das Arbeitsvertragsstatut abstellte, dem Arbeitsort aber eine maßgebliche Bedeutung zukam, *Heilmann*, AR-Blattei, SD 340, Rn. 49.

[36] Vgl. Nr. 3 der "Richtlinien zur versicherungsrechtlichen Beurteilung von Arbeitnehmern bei Ausstrahlung" vom 17.01.1979, Aichberger AGV-Textsammlung Nr. 116. Die Entsende-Richtlinie definiert in ihrem Art. 2 Abs. 1 den entsandten Arbeitnehmer als „Arbeitnehmer, der während eines begrenzten Zeitraums seine Arbeitsleistung im Hoheitsgebiet eines anderen Mitgliedstaats als desjenigen erbringt, in dessen Hoheitsgebiet er normalerweise arbeitet. Sie beurteilt die Entsendung nicht aus der Perspektive des konkreten Arbeitsvertrags, sondern aus der allgemeinen Sicht des Arbeitnehmers, so dass auch der speziell und ausschließlich für einen vorübergehenden Auslandseinsatz eingestellte Arbeitnehmer als Entsandter zu betrachten ist.

[37] *Blanke*, ArbuR 1999, S. 417, (418); *Koberski/Sahl/Hold*, AEntG, Einl. Rn. 3; *Löwisch/Flüchter*, FS Arbeitsgerichtsbarkeit Rheinland-Pfalz, S. 103, (111).

Die genaue Definition des Begriffs „vorübergehend" ist nicht endgültig geklärt. Er könnte als Gegenbegriff zu „endgültig" zu verstehen sein, was dazu führt, dass eine vorübergehende Entsendung jedenfalls dann unabhängig vom der Dauer zu bejahen ist, wenn der Zeitpunkt der Rückkehr[38] oder zumindest die Tatsache einer Rückkehr[39] von vorneherein feststeht.

Andere gehen davon aus, dass das Gegenstück zu „vorübergehend" „länger dauernd" ist und wollen eine zeitliche Dauer festlegen, deren Überschreitung die Annahme einer nur vorübergehende Entsendung ausschließt[40]. Dabei wird die Frist aber willkürlich gewählt, am konsequentesten wäre es noch, auf die Regelung in der VO 1408/71[41] zurückzugreifen, die in ihrem Art. 14 Abs. 1 für das Sozialrecht die Grenze für die Anwendbarkeit des Rechts des Aufnahmestaates bei einer voraussichtlichen Entsendedauer von mehr als einem Jahr[42] festsetzt, um so zu einem Gleichlauf von Sozial- und Arbeitsrecht zu kommen[43]. Diese Ansichten haben jedoch die Schwäche, dass die Auslandstätigkeit vielfach aufgabenbezogen sein wird, so dass die Dauer der Tätigkeit nicht im voraus bestimmbar ist.

Da aufgrund der in aller Regel bestehenden Rückkehrabsicht und der zumeist ein Jahr unterschreitenden Entsendedauer der Heimatstaat weiterhin maßgeblicher objektiver Anknüpfungspunkt bleibt, können die entsandten ausländischen Arbeitnehmer grundsätzlich auch in Deutschland zu den in ihren Heimatstaaten üblichen Bedingungen beschäftigt werden.

Wird ein ausländischer Arbeitnehmer von einem Arbeitgeber in seinem Heimatland ausschließlich zum Einsatz in Deutschland angeworben, ist das anwendbare Recht nicht ganz so einfach zu bestimmen. Teilweise wird behauptet, damit sei Deutschland der gewöhnliche Arbeitsort und deutsches Arbeitsrecht fände deshalb bereits nach Art. 30 Abs. 2 Nr. 1 EGBGB / Art. 6 EVÜ Anwendung. Das „deutsches" Arbeitsverhältnis wird dann bei Tarifbindung auch von einem

---

[38] Soergel-*v. Hoffmann*, Art. 30 EGBGB, Rn. 39 m.w.N.

[39] *Hickl*, NZA 1997, S. 513, (514); *Junker*, RdA 1998, S. 42, (44).

[40] so z.B. *Däubler*, RIW 1987, S. 249, (251); *Gamillscheg*, ZfA 1983, S. 307, (333).

[41] Verordnung des Rates zur Anwendung der Systeme der sozialen Sicherheit der Arbeitnehmer und ihrer Familien, die innerhalb der Gemeinschaft zu- oder abwandern, VO 1408/71/EWG vom 14.06.1971, ABl. EG 1971, Nr. L 149, S. 2ff., zuletzt geändert durch ABl. EG 1999, Nr. L 164, S. 1ff.

[42] So etwa MK-BGB-*Martiny*, Art. 30 EGBGB, Rn. 36. Ähnlich *Krimphove*, S. 206. *Heilmann*, AR-Blattei, SD 340, Rn. 59 geht hingegen von 2 Jahren aus.

[43] Auch die Entsenderichtlinie stellt in ihrem Erwägungsgrund Nr. 21 klar, dass für sozialversicherungsrechtliche Fragen weiterhin die VO 1408/71/EWG anzuwenden ist. *Müller*, Entsendung von Arbeitnehmern, S. 80 prüft eine Anwendung dieser Grundsätze beim Entsendebegriff der Entsenderichtlinie, verneint dies aber, da die Dauer der Dienstleistungserbringung auch die Entsendedauer bestimme und die Richtlinie jeden dabei tätigen Arbeitnehmer erfassen wolle.

inländischen Tarifvertrag erfasst, der an den gewöhnlichen Arbeitsort oder den Betriebssitz anknüpft[44]. Dagegen spricht jedoch, dass nach Art. 30 Abs. 2 EGBGB eine Gesamtbetrachtung unter Einbeziehung bestimmter räumlicher und persönlicher Kriterien vorzunehmen ist[45]. Ergibt diese, dass doch engere Verbindungen zum Entsendestaat bestehen, greift das Arbeitsortprinzip nicht. Bei dem angesprochenen Vertragsschluss für die Durchführung lediglich eines Bauprojekts in Deutschland sprechen Kriterien wie die Staatsangehörigkeit, der Sitz des Arbeitgebers, der Wohnsitz des Arbeitnehmers, die Vertragsprache, der Ort des Vertragsabschlusses und die Währung, in der die Vergütung gezahlt wird im Regelfall für die Anwendung des ausländischen Rechts[46].

Ihr Arbeitsverhältnis unterliegt nicht dem deutschen Recht, auch deutsche Tarifverträge finden, selbst wenn sie für allgemein verbindlich erklärt sind, keine Anwendung nach Art. 30 EGBGB / Art. 6 EVÜ, da sich die aus dem TVG ergebende Tarifmacht auf inländische Arbeitsverhältnisse erschöpft[47]. Auch das in Art. 30 Abs. 1 EGBGB festgelegte Günstigkeitsprinzip ändert hieran nichts, wenn das ausländische Recht nicht nur durch Rechtswahl Anwendung findet[48].

(1) Ausnahme für international zwingende Normen

Ausnahmen gelten nur für solche nationalen Vorschriften, die als international zwingende Normen nach Art. 34 EGBGB / Art. 7 Abs. 2 EVÜ einzuordnen sind.

Darunter sind solche Normen zu verstehen, die ihre Geltung auch oder gerade für den Sachverhalt mit Auslandsbezug ausdrücklich anordnen oder deren entsprechender Geltungswille sich durch Auslegung ermitteln lässt[49] und deren Ziel es ist, öffentlichen staats-, wirtschafts- oder sozialpolitischen Interessen zu dienen[50]

---

[44] *Hanau*, NJW 1996, 1369, (372); *Schmitt*, WiB 1996, S. 769, (770). Die Geltung des deutschen kollektiven Arbeitsrechts hingegen wird nach h.A. von Art. 30 EGBGB selbst nicht erfasst, da der Artikel nur das Individual-Arbeitsverhältnis selbst regelt, das Tarifvertragsstatut ist nicht wählbar, *Birk*, RdA 1999, S. 13, (14f.); Erman-*Hohloch*, Art. 30 EGBGB, Rn. 29; *Löwisch/Rieble*, TVG, Grundl., Rn. 64; MK-BGB-*Martiny*, Art. 30 EGBGB, Rn. 83.

[45] Soergel-*v. Hoffmann*, Art. 30 EGBGB, Rn. 48.

[46] *Deinert*, RdA 1996, S. 339, (341); *Doppler*, S. 11.

[47] *Löwisch-Rieble*, TVG, Grundl., Rn. 65; EK-*Hanau*, AEntG, § 1, Rn. 1. Dies würde auch den Grundprinzipien des internationalen Tarifvertragsrechts zuwiderlaufen. Den entsandten Arbeitnehmern und ihren Arbeitgebern fehlen die verbandsrechtliche Befugnisse in dieser Tarifordnung, sie würden ohne Mitwirkungsrecht von den Tarifvertragsparteien dieses Staates bevormundet, *Eichenhofer*, ZIAS 1996, S. 55, (82).

[48] *Wank/Borgmann*, NZA 2001, S. 177, (178).

[49] Erman-*Hohloch*, Art. 34 EGBGB, Rn. 12.

[50] Ob darunter lediglich öffentlich-rechtliche oder auch privatrechtliche Schutzinteressen zu subsumieren sind, ist umstritten, siehe Erman-*Hohloch*, Art. 34 EGBGB, Rn. 13 und Palandt-*Heldrich*, Art. 34 EGBGB, Rn 3.

(Eingriffsnormen). *Gamillscheg* spricht insoweit von „Säulen der staatlichen und sozialen Ordnung"[51]. Insofern ist zu unterscheiden zwischen Vorschriften, die lediglich den Interessenausgleich unter Privaten regeln und Bestimmungen, die überindividuelle, außerhalb des Schuldverhältnisses liegende wirtschaftliche und sozialpolitische Ordnungsvorstellungen verwirklichen sollen.

(a) Normale Tarifverträge

In Bezug auf das deutsche Arbeits- und Sozialrecht sind als zwingend solche Normen zu verstehen, die dem Schutz der Arbeiternehmer als der schwächeren Partei dienen und im öffentlichen Interesse in Privatrechtsverhältnisse eingreifen sollen.

Dazu gehört der normale Tarifvertrag nicht. Er bleibt – obwohl ihm durch § 1 Abs. 1 TVG die Eigenschaft einer Rechtnorm verliehen wird – Ausdruck der kollektiven Privatautonomie, er löst durch die kollektive Vertragsgestaltung die bestehenden Ungleichgewichte zwischen einzelnen Arbeitnehmern und den Arbeitgebern auf und verfolgt keine weitergehenden öffentlichen Zwecke[52].

Ob allgemeinverbindlich erklärte Tarifverträge zu diesen zwingenden Normen zu rechnen sind, ist umstritten[53].

---

[51] *Gamillscheg*, ZfA 1983, S. 307, (345).

[52] *Däubler*, Tarifvertragsrecht, Rn. 1698; *Deinert*, RdA 1996, S. 339, (344); *Hergenröder*, AR-Blattei, SD 1550.15, Rn. 76; *Wank*, in: Wiedemann, TVG § 5, Rn. 138.

[53] Bejahend: *Badura*, FS Söllner, S. 111, (112); *Däubler*, Tarifvertragsrecht, Rn. 1699; *ders.*, DB 1995, S. 726, (727); *Deinert*, RdA 1996, S. 339, (345); *Hanau*, FS Everling, S. 415, (427f.); *Hönsch*, NZA 1988, S. 113, (117); *Kempen/Zachert*, TVG § 5, Rn. 33; *Wimmer*, IPRax 1995, S. 207, (212). Unentschieden: *Heilmann*, AR-Blattei, SD 340, Rn. 171 und *Hickl*, NZA 1997, S. 513, (514). Ablehnend: *Borgmann*, IPRax 1996, S. 315, (317); *Eichenhofer*, ZIAS 1996, S. 55, (70); *Franzen*, DZWir 1996, S. 89, (91); *Junker*, Internationales Arbeitsrecht, S. 432; *Junker/Wichmann*, NZA 1996, S. 505, (511); *Koberski/Sahl/Hold*, AEntG, § 1 Rn. 87; *Müller*, Entsendung von Arbeitnehmern, S. 142; *Selmayr*, ZfA 1996, S. 615, (626); *Wiedemann*, TVG § 1, Rn. 73. Ein weiteres Problem innerhalb der Ansicht, die eine Anwendbarkeit inländischer für allgemeinverbindlich erklärter Tarifverträge auf die entsandten Arbeitnehmer bejahen, ist das Konkurrenzverhältnis zu einem ausländischen Tarifvertrag, der das Arbeitsverhältnis ebenfalls erfasst. Während nach herkömmlicher Ansicht der sachnähere ausländische Tarifvertrag – gleichgültig ob dieser lediglich aufgrund von ausländischer Allgemeinverbindlicherklärung oder direkt gilt – den für allgemeinverbindlich erklärten deutschen verdrängt, auch wenn dieser für den Arbeitnehmer vorteilhafter wäre, vertreten andere die Geltung eines kollektivrechtlichen Günstigkeitsvergleichs, so z.B. *Deinert*, RdA 1996, S. 339, (345), der den Tarifvertrag mit dem höchsten Schutzniveau anwenden will.

(b)   Schaffung von international zwingenden Normen i.S.d. Art. 34 EGBGB / Art. 7 EVÜ durch Allgemeinverbindlicherklärung von Tarifverträgen?

Dabei sind zwei Fragen von einander zu trennen. Zunächst ist zu klären, ob ein inländischer Tarifvertrag nach Allgemeinverbindlicherklärung ausländische Arbeitsverhältnisse überhaupt erfassen kann.

Sodann stellt sich die Frage, ob die Bestimmung eines Mindestlohns in einem Tarifvertrag zu den kollisionsrechtlich zwingenden Normen gehört.

Die Funktion der Allgemeinverbindlicherklärung ist, dass die fehlende Organisationszugehörigkeit eines Arbeitnehmers oder Arbeitgebers aus öffentlichem Interesse ersetzt wird[54]. Damit beschränkt sich der Tarifvertrag nicht mehr auf einen Interessenausgleich der am Vertragsverhältnis beteiligten Partner, sondern verfolgt weitergehende Ziele[55].

Knüpft der räumliche Geltungsbereich des Tarifvertrags an den Sitz des Betriebs des Arbeitgebers an, wie dies in vielen Tarifverträgen der Vergangenheit zur Abgrenzung der einzelnen Tarifbezirke geregelt war, kann das Arbeitsverhältnis des entsandten ausländischen Arbeitnehmers auch durch Allgemeinverbindlicherklärung nicht erfasst werden, da der Betrieb des Arbeitgebers weiterhin im Ausland beheimatet ist.

Anderes könnte gelten, wenn der Tarifvertrag nicht auf den Arbeitgebersitz oder das Arbeitsvertragstatut, sondern auf den Ort der Arbeitserbringung abstellt und ausdrückliche Regelungen für entsandte ausländische Arbeitskräfte trifft. Der Mindestlohntarifvertrag des Baugewerbes stellt hier auf den Ort der Baustelle ab[56]. Die Erfassung auch von entsandten Arbeitnehmern wird nicht direkt angesprochen, da sich diese Wirkung unmittelbar aus dem Gesetz ergibt, war eine entsprechende Klausel nicht notwendig[57].

Die Erstreckung der Rechtsnorm auf die Nichtorganisierten wird dadurch legitimiert, dass der Staat die Tarifnormen in seinen Willen aufgenommen hat, der normative Teil des Tarifvertrags ist deshalb Gesetz im materiellen Sinne[58]. Der Geltungsbereich eines Tarifvertrags wird jedoch gemäß § 5 Abs. 4 TVG nicht verändert und kann – da dem Arbeitsminister keine Befugnis zur inhaltlichen Abänderung der Tarifnormen zukommt (von der Möglichkeit der teilweisen

---

[54] *Kempen/Zachert*, TVG § 5, Rn. 21; *Löwisch-Rieble*, TVG, § 5, Rn. 14ff.; *Wank*, in: Wiedemann, TVG, § 5, Rn. 127.

[55] *Hickl*, NZA 1997, S. 513, (514).

[56] § 3 des Tarifvertrags zur Regelung eines Mindestlohns im Baugewerbe im Gebiet der Bundesrepublik Deutschland in der Fassung vom 26.05.1999 und 02.06.2000.

[57] EK-*Hanau*, AEntG, § 1, Rn. 8.

[58] BVerfGE 44, S. 322, (341).

Allgemeinverbindlicherklärung einmal abgesehen) – auch nicht verändert werden. Die Allgemeinverbindlicherklärung hebt nur das Erfordernis der Tarifbindung auf.

Das BAG hat in einer Entscheidung vom 04.05.1977 die Gültigkeit eines allgemeinverbindlichen Tarifvertrags für das Arbeitsverhältnis eines dem jugoslawischen Recht unterfallenden Arbeitnehmers abgelehnt, weil die Allgemeinverbindlicherklärung den ausländischen Arbeitgeber nicht erreichen könne[59]. Dabei hat es sich allerdings nicht ausdrücklich mit der Einordnung des Tarifvertrags als eine nach Art. 34 EGBGB / Art. 7 Abs. 2 EVÜ zwingende Vorschrift auseinander setzen können, sondern die Geltung des deutschen Tarifvertrags abgelehnt, weil es nach Anwendung der IPR-Normen zu dem Schluss kam, das Arbeitsverhältnisses sei nur dem jugoslawischen Recht unterworfen[60]. Die Allgemeinverbindlicherklärung als öffentlich-rechtlicher Akt hat Wirkungen nur innerhalb des Hoheitsgebietes des handelnden Staates und vermag daher nur die Arbeitsverhältnisse zu erfassen, die ihren „Sitz"[61] innerhalb dieses Gebietes haben. Das BAG hat in der Nichtanwendung des deutschen Rechts zwar die Schaffung von Wettbewerbsvorteilen für den ausländischen Anbieter gesehen, dies jedoch gebilligt. Die Anwendung des ausländischen Rechts sei nur dann nach dem Grundsatz des „ordre public" ausgeschlossen, wenn dieses Recht mit den Grundgedanken der deutschen Rechtsordnung und der darin liegenden Gerechtigkeitsvorstellungen schlechthin nicht zu vereinbaren sei.

Ob diese Rechtsprechung noch aufrechterhalten würde, nachdem die vom Gericht angeführte Steuerungsmöglichkeit der Wettbewerbssituation über das Arbeitserlaubnisrecht bei EG-Bürgern nicht greift, kann nicht abschließend beurteilt werden[62].

Art. 34 EGBGB kann dann zwar helfen, ein fremdes Vertragsstatut zu überwinden, kann aber nicht zur Tarifgebundenheit eines ausländischen Arbeitgebers führen[63]. Insbesondere fehlt der Anordnung unmittelbarer und zwingender Wirkung des § 4

---

[59] BAGE 28, S. 128.

[60] Dabei ist das Gericht jedoch davon ausgegangen, dass Arbeitsvertrags- und Tarifstatut notwendigerweise gleichlaufen müssten. Dies ist jedoch nach der Neuregelung des IPR nicht der Fall. Nach der Einführung des Art. 30 EGBGB setzen sich im Fall der Rechtswahl günstigere Vorschriften (und damit auch Tarifnormen) des ohne Rechtswahl anwendbaren Rechts durch. Deshalb wurde eine Verallgemeinerungsfähigkeit dieses Urteils teilweise verneint, siehe auch *Gamillscheg*, Kollektives Arbeitsrecht, § 12, 5., a), (2), S. 490 sowie *Wimmer*, S. 140. Art. 30 Abs. 1 EGBGB greift indes nicht, da die Arbeitsverhältnisse der entsandten Arbeitnehmer nicht durch Rechtswahl, sondern originär ausländischem Recht unterliegen.

[61] *Birk*, FS Beitzke, S. 831, (861).

[62] Ablehnend *Nettekoven*, S. 19f.

[63] *Wiedemann*, TVG § 1, Rn. 73.

12

Abs. 1 TVG jeder kollisionsrechtliche Gehalt[64]. Das Argument, das Bundesverfassungsgericht habe in der Flaggenrechtsentscheidung die Geltung deutscher Tarifverträge auf Arbeitsverhältnisse unter ausländischem Vertragsstatut ausdrücklich gebilligt[65], überzeugt nicht. In diesem Fall hat das BVerfG anerkannt, dass Heuerverhältnisse von ausländischen Seeleuten, die mangels inländischem Wohnsitz ihrem Heimatrecht unterfallen, einem von den deutschen Reedern nach deutschem Recht abgeschlossenen Tarifvertrag unterliegen. Im Unterschied zur einfachen Allgemeinverbindlicherklärung eines Tarifvertrages gab es mit § 21 Abs. 4 Flaggenrechtsgesetz eine ausdrückliche Entscheidung des Gesetzgebers, dass auch ausländische Arbeitsverhältnisse dem deutschen Tarifvertrag unterfallen sollte. Die Anordnung international zwingender Wirkung fehlt bei der Allgemeinverbindlicherklärung. Die Anwendbarkeit eines allgemeinverbindlichen Tarifvertrags bestimmt sich somit nach dem Arbeitsvertragsstatut[66] oder nach dem Schwerpunkt des Arbeitsverhältnisses[67], der bei einer lediglich vorübergehenden Entsendung weiterhin im Heimatstaat zu verorten ist.

Entsprechend wäre bei den entsandten Arbeitnehmern eine Geltung des deutschen Tarifvertrages aus diesem Grunde abzulehnen.

Im übrigen wäre wohl auch die Einordnung von Tarifvertragsnormen wie der Mindestlohnbestimmungen eines für allgemeinverbindlich erklärten Tarifvertrags als „Eingriffsnormen" nicht haltbar. Die Einordnung seiner Normen als Eingriffsnormen i.S.d. Art. 34 EGBGB / Art. 7 EVÜ bestimmt sich insofern danach, ob die entsprechende Norm, wäre sie staatliches Recht, zum öffentlichen Recht zählen würden.

Insofern werden bestimmte Tarifnormen, die Arbeitsschutzmaßnahmen durchsetzen sollen, durchaus als Eingriffsnormen eingeordnet[68]. Dagegen spricht indes, dass die Tarifverträge kein originär staatliches Recht darstellen, auch wenn sie durch Allgemeinverbindlicherklärung eine hoheitliche „Weihe" erhalten. Ihr Inhalt wird nicht durch eine Entscheidung des Gesetzgebers, sondern durch die Tarifvertragsparteien bestimmt. Auch durch die Allgemeinverbindlicherklärung durch den Bundesminister für Arbeit und Sozialordnung wird der Tarifvertrag nicht zu Bundesrecht[69]. Dementsprechend hat die Rechtsprechung auch den für allgemein verbindlich erklärten Tarifvertrag als privatrechtliche Norm angesehen[70].

---

[64] *Junker*, Internationales Arbeitsrecht, S. 431.
[65] BVerfG v. 10.01.1995, AP Nr. 76 zu Art. 9 Abs. 3 GG.
[66] *Löwisch/Rieble*, TVG, Grundl. Rn. 67, 72.
[67] *Birk*, FS Beitzke, S. 831, (852); *ders.*, RabelsZ 46, (1982), S. 385, (405); *Hergenröder,* AR-Blattei, SD 1550.15, Rn. 39; *Junker/Wichmann*, NZA 1996, S. 505, (506).
[68] MHdb-ArbR-*Birk*, § 20, Rn. 94.
[69] MHdb-ArbR-*Löwisch/Rieble*, § 259, Rn. 3.
[70] BAGE 28, S. 128.

Die demokratische Legitimation allgemeinverbindlicher Tarifverträge ist angesichts der äußerst mittelbaren Herleitung über eine Entscheidung der Exekutive bei einer Einordnung in das übliche System inhaltlicher Bestimmung i.S.d. Art. 80 GG durchaus fraglich und nur über eine Definition als über Art. 9 Abs. 3 GG legitimierter „Rechtssetzungsakt eigener Art zwischen autonomer Regelung und staatlicher Rechtssetzung"[71] mit dem Grundgesetz zu vereinbaren[72]. Normen eines Tarifvertrag haben dieselbe Wirkung wie staatliches Privatrecht (§ 4 Abs. 1 S. 1 TVG). Der normative Teil des Tarifvertrags erhält auch durch die Allgemeinverbindlicherklärung nicht die Qualität von öffentlichem Recht, er bleibt einseitig zwingendes Privatrecht[73].

Privatrechtsschützende Normen, auf deren Geltendmachung und Durchsetzung der einzelne im Regelfall sogar verzichten kann, sind jedoch allgemein kaum geeignet, ein gesellschaftliches Interesse an ihrer Durchsetzung zu begründen[74]. Dies gilt um so mehr, da nach absolut h.M. auch der allgemeinverbindliche Tarifvertrag im Falle der Kollision mit abweichenden inländischen Tarifverträgen zurücktritt[75].

Ein der Allgemeinverbindlicherklärung zugrundeliegender, abzuwendender „sozialer Notstand", lässt sich bei der Bestimmung eines Mindestlohns nicht konstatieren, da die Gefahr eines mangels finanziellen Mindestbedarfs menschenunwürdigen Daseins des entsandten Arbeitnehmers nicht besteht[76]. Die hohe Arbeitslosigkeit bei deutschen Bauarbeitern ist nicht geeignet, die nach EGBGB notwendige Schutzbedürftigkeit bei den entsandten Arbeitskräften zu verorten.

   (c)   Ergebnis

Die Mindestlohnbestimmungen stellen daher auch bei einer Allgemeinverbindlicherklärung des Tarifvertrags keine international zwingenden Normen i.S.d. Art. 34 EGBGB / Art. 7 EVÜ dar[77].

---

[71] So die Formulierung von BVerfGE 44, S. 322, ebenso VGH BW 15.07.1986, DÖV 1986, S. 1066.

[72] Das BVerfG hat dies als „noch ausreichend demokratisch legitimiert" bezeichnet. BVerfGE 44, S. 322, (347).

[73] *Birk*, FS Beitzke, S. 831, (861); *Koberski/Clasen/Menzel*, TVG, § 5 Rn. 154.

[74] *Borgmann*, IPRax 1996, S. 315, (318); *Franzen*, DZWir 1996, S. 89, (91).

[75] A.A. soweit ersichtlich nur *Gerhard Müller*, DB 1989, S. 1970.

[76] Entsprechend soll ja der Mindestlohn nicht dazu dienen, die entsandten Arbeitnehmer zu schützen, sondern ihren Einsatz in Deutschland zurückzudrängen. Gemessen am Lohnniveau ihrer Heimatländer werden die entsandten Arbeitnehmer nicht unangemessen niedrig bezahlt.

[77] So auch *Kemper/Zachert*, TVG § 5, Rn. 10. A.A. Däubler, Tarifvertragsrecht, Rn 1698f.; unentschieden *Wank*, in: Wiedemann, TVG § 5 Rn. 137. *Deinert*, RdA 1996, S. 339f. kommt zu einem ähnlichen Schluss unter der Annahme, dass der für allgemeinverbindlich erklärte

(2)   Mindestlohnschutz entsandter Arbeitnehmer durch § 7 Abs. 1 AEntG auch ohne Mindestlohntarifvertrag?

Nach dem neuen § 7 Abs. 1 AEntG finden auch auf ein Arbeitsverhältnis zwischen einem im Ausland ansässigen Arbeitgeber und seinem im Inland beschäftigten Arbeitnehmer bestimmte, in Rechts- oder Verwaltungsvorschriften enthaltenen Regelungen zwingend Anwendung. In seiner Nr. 3 werden auch die Mindestentgeltsätze einschließlich der Überstundensätze genannt.

Nach Ansicht von *Däubler* bedeute dies, dass durch den neuen § 7 Abs. 1 Nr. 3 AEntG das Lohnniveau, das zur Vermeidung der Sittenwidrigkeit der Lohnabsprache gezahlt werden müsse, in den Rang einer Eingriffsnorm erhoben worden sei[78]. Damit komme es nicht mehr darauf an, ob ein Mindestlohntarifvertrag abgeschlossen und für allgemeinverbindlich erklärt worden ist. Er begründet dies damit, dass § 7 Abs. 1 Nr. 3 AEntG mangels staatlicher Mindestlohngesetzgebung sonst keinen Anwendungsbereich mehr habe.

Dem muss widersprochen werden. Die Vorschrift spricht ausdrücklich von *Rechts- oder Verwaltungsvorschriften* als Quelle des Mindestlohns. Solche Vorschriften existieren in Deutschland nicht, das Gesetz über Mindestarbeitsbedingungen vom 11.01.1952[79], das die Festsetzung eines Mindestlohns zuließe, wurde noch nie angewandt. Zwar bringt die Vorschrift damit inhaltlich nichts neues, wie *Däubler* zu Recht feststellt, sondern übernimmt nur Art. 3 der Entsende-Richtlinie. Dies war jedoch dem Gesetzgeber bewusst, der die Vorschrift in der amtlichen Begründung als „nicht konstitutiv" und lediglich „klarstellend" bezeichnet hat[80], weil die Anwendung dieser Mindeststandards schon den Grundsätzen des Internationalen Privatrechts entspricht. Dies ist bei dem Mindestlohn nur in dem Maße der Fall, als die deutsche Lohnhöhe Maßstab der Sittenwidrigkeits- bzw. Wucherprüfung darstellt.

Anknüpfungspunkt für eine Sittenwidrigkeit kann jedoch nur die Unangemessenheit des gezahlten Entgelts im Vergleich zu dem in dem betreffenden Bereich üblichen Lohn sein. Dabei kann nicht außer acht gelassen werden, dass die entsprechenden Arbeitsverhältnisse nicht nur nach wie vor dem ausländischen Recht unterliegen. Ein entsandter ausländischer Arbeitnehmer ist gerade nicht in den deutschen Arbeitsmarkt eingegliedert. Der Wert seiner Arbeit

---

Tarifvertrag aufgrund eines allgemeinen Günstigkeitsprinzips vorgeht. Ein solches Prinzip ist dem IPR jedoch unbekannt, nach Art. 6 Abs. 1 EVÜ ist lediglich bei *subjektiver Wahl* des Arbeitsvertragsstatus ein Günstigkeitsvergleich mit dem Recht des objektiven Vertragsstatuts durchzuführen. Dazu *Gamillscheg*, ZFA 1983, S. 307, (337).

[78] *Däubler*, RIW 2000, S. 255, (258), ders., NJW 1999, S. 601, (607).
[79] BGBl. 1952 I, S. 17.
[80] BT-Drucks. 14/45, S. 26.

bestimmt sich daher nicht nach dem, was in Deutschland dafür üblicherweise oder tariflich zu zahlen ist. Der „übliche Lohn" kann nur anhand des Lohnniveaus seines Heimatstaates bestimmt werden. Ein Anknüpfungspunkt für eine allgemeine branchenübergreifende Mindestlohnverpflichtung bei Entsendevorgängen ist daher in § 7 AEntG nicht zu sehen.

b) Wirkungsprinzip des Arbeitnehmer-Entsendegesetzes

Die Bundesregierung verfolgte nun mit dem Arbeitnehmer-Entsendegesetz das Konzept, die nach Art. 30 EGBGB/Art. 6 EVÜ eigentlich dem Recht der Heimatländer der Bauunternehmungen unterstehenden Arbeitsverhältnisse der entsandten Arbeitnehmer doch deutschem Tarifrecht zu unterstellen, indem der Mindestlohn zu einer international zwingenden Norm i.S. von Art. 34 EGBGB/Art. 7 EVÜ erhoben wird[81]. Inländische gesetzliche Vorschriften sind dann international zwingende Normen, wenn sie ausdrücklich oder nach ihrem Sinn und Zweck ohne Rücksicht auf das nach deutschem Kollisionsrecht anwendbare Recht gelten sollen[82]. Bereits der Wortlaut von § 1 Abs. 1 und 3 AEntG spricht für eine international zwingende Wirkung, weil hier ausdrücklich auf Rechtsverhältnisse zwischen ausländischen Arbeitgebern und Arbeitnehmern Bezug genommen wird[83]. Darüber hinaus bestätigen Entstehungsgeschichte sowie der Sinn und Zweck der gesetzlichen Bestimmungen, dass sie international zwingend sein sollen. Damit werden die Tarifnormen eines Mindestlohntarifvertrags vom Gesetzgeber in den Rang zwingender Vorschriften erhoben und verdrängen das auf das Arbeitsverhältnis anzuwendende ausländische Recht[84].

Arbeitsverhältnisse, die auch ohne diese Vorschrift deutschen Arbeitsrecht unterfallen, werden von dieser Erstreckung nicht erfasst[85]. Jedoch muss der am jeweiligen Arbeitsort maßgebliche Tarifvertrag unabhängig vom Sitz des Betriebs des Arbeitgebers gelten (damit werden auch rein nationale Entsendevorgänge

---

[81] Zu der arbeitskollisionsrechtlichen Problematik von AEntG und Entsenderichtlinie, vergl. *Krebber*, IPRax 2001, S. 22ff.

[82] vgl. BAG v. 24.08.1989, NZA 1990, S. 841, (843).

[83] Ein so deutliches Aufzeigen des kollisionrechtlichen Gehalts einer Norm ist eher unüblich, vgl. *Junker*, Internationales Arbeitsrecht, S. S. 287f.

[84] Soweit das ArbG Wiesbaden davon ausgeht, das AEntG verleihe den Tarifpartnern die besondere Tarifmacht, Abmachungen zulasten ausländischer Arbeitgeber und ihrer Arbeitnehmer zu treffen, (ArbG Wiesbaden, NZA-RR 1998, S. 412), ist dem zu widersprechen. Die Erstreckung auf die nicht tarifvertragsunterworfenen erfolgt aufgrund des Arbeitnehmer-Entsendegesetzes, also nicht durch die Tarifvertragsparteien, sondern durch den deutschen Gesetzgeber. So auch *Wank/Borgmann*, NZA 2001, S. 177, (185).

[85] *Hanau*, NJW 1996, S. 1369, (1373). Die übrigen Vorschriften des AEntG gelten allerdings trotzdem, siehe unten.

erfasst), damit eine Diskriminierung von ausländischen Unternehmen vermieden wird[86]. Die Arbeitgeber sollten verpflichtet werden, ihren Arbeitnehmern einen bestimmten Mindestlohn zu gewähren, so dass sich die Gestehungskosten ausländischer Anbieter von Bauleistungen erhöhen. Davon versprach sich die Bundesregierung eine Verteuerung der Angebote dieser Firmen, damit eine verbesserte Stellung deutscher Anbieter am Markt[87].

Eine solche Wirkung des Gesetzes war nicht unumstritten, teilweise wurde vermutet, das AEntG sei in bezug auf die zu hohe Zahl ausländischer Arbeitnehmer auf deutschen Baustellen sogar kontraproduktiv und bewirke aufgrund der hohen Löhne eine Steigerung deren Zahl[88].

Aus Gründen der Verhältnismäßigkeit wurde das Gesetz auf drei Jahre befristet, um so den deutschen Bauunternehmen die Möglichkeit zu geben, sich auf den Wettbewerb vorzubereiten.

Ordnungspolitisch muss der Rückfall in protektionistische Maßnahmen befremden, aus ökonomischer Sicht die Wirksamkeit der Regelung zur Heranführung der Branche an die internationale Wettbewerbsfähigkeit als äußerst zweifelhaft beurteilt werden. Die Vorstellung, die Bauunternehmen könnten – nachdem sie es in den Jahrzehnten davor nicht geschafft haben – ausgerechnet in den drei Jahren der Gültigkeit des AEntG Wettbewerbsfähigkeit mit der Konkurrenz erreichen, hat sich bald als illusorisch herausgestellt. Die Erfahrung zeigt, dass jeder Schutz vor Konkurrenz, sei es durch Subventionszahlungen oder durch Schutzzölle, der Wettbewerbsfähigkeit eines Industriezweigs mehr schadet als nutzt. Die Einführung der unbefristeten Geltung war deshalb zu erwarten.

Unbestritten resultierende Folge einer Lohnkostenerhöhung der ausländischen Bauunternehmen ist ein allgemeines Ansteigen der Baupreise Dies wurde auch von der Bundesregierung in der Gesetzesbegründung festgestellt[89]. Zudem führen höhere Preise für ein Gut, das preiselastisch nachgefragt wird, zwangsläufig zu einem Rückgang des Gesamtauftragsvolumens. Damit werden im Ergebnis mehr

---

[86] *Hickl*, NZA 1997, S. 513, (515).
[87] *Däubler*, DB 1995, S. 726 sprach insofern von der Unterbindung von „Schmutzkonkurrenz" durch Dumpinglöhne. Die Funktion, die nach der Rechtsprechung des BAG der Allgemeinverbindlicherklärung zukommt, nämlich ausschließlich dem Schutz der nichtorganisierten Arbeitnehmer (BAGE 28, S. 138; 31, S. 241, (252) zu dienen, weshalb die Einbeziehung wettbewerblicher Gesichtspunkte unzulässig sei, würde dadurch in ihr Gegenteil verkehrt und zeigt die Richtigkeit der in der Literatur vertretenen Ansicht, die Allgemeinverbindlicherklärung solle auch dem Schutz der Tarifautonomie und der durch sie geprägten Wettbewerbsbedingungen dienen (so *Kemper/Zachert*, TVG § 5, Rn. 11; *Löwisch/Rieble*, TVG, § 5, Rn. 7).
[88] *Ottmann*, FWW 1996, S. 178, (180).
[89] BR-Drucks. 523/95, Begründung S. 8.

ausländische Arbeitnehmer vom Markt verdrängt, als deutsche nachrücken[90]. Zudem ist fraglich, ob nicht in anderen Bereichen mehr deutsche Arbeitsplätze verloren gingen, als durch die Mindestlohnregelung gesichert würden, da Unternehmen durch höhere Baukosten für Geschäftsbauten und Fabrikanlagen veranlasst würden, ihren Produktionsstandort ins Ausland zu verlagern[91].

c) Unzureichende Effizienz des Arbeitnehmer-Entsendegesetzes

Das AEntG konnte die in es gesetzten Erwartungen zunächst nicht erfüllen. Das ursprünglich vorgesehene Konzept der Festsetzung von Mindestlohnbestimmungen durch Allgemeinverbindlicherklärung des Bau-Tarifvertrags nach TVG scheiterte an der ablehnenden Haltung bestimmter Arbeitgeberverbände außerhalb der Bauindustrie, die die Allgemeinverbindlicherklärung zunächst verhinderten und ihr schließlich nur bei einem durch einen neuen Tarifvertrag abgesenktem Mindestlohn zustimmten[92].

Zudem stellte sich in der Praxis Vollzugsdefizite heraus. Auch der nun für allgemeinverbindlich erklärte niedrigere Mindestlohn wurde häufig nicht gezahlt.

Teilweise wurde die Verpflichtung einfach ignoriert[93], teilweise wurde sie umgangen. Der Hauptgeschäftsführer des ZDB spricht insoweit von „organisierter

---

[90] *Gerken/Löwisch/Rieble*, BB 1995, S. 2370, (2371).

[91] *Straubhaar*, WiSt 1996, S. 53, (71).

[92] Statt des im Tarifvertrag vom 24.04.1996 vorgesehenen Mindestlohns in Höhe von DM 18,60/West und 17,11/Ost pro Stunde wurden so DM 17,-/West und DM 15,64/Ost pro Stunde bis zum 31.05.1997 festgeschrieben. Der darauf folgende, bis 31.08.1999 befristete Tarifvertrag legte nochmals niedrigere Löhne von DM 16,-/West und DM 15,14/Ost fest, vgl. Bieback, RdA 2000, S. 207, 211, Fn.51. Zum Ablauf des Prozesses und den Motiven der Akteure ausführlich *Koenigs*, DB 1997, S. 225, (230f.). Die Beweggründe, die die Arbeitgeberverbände dazu veranlassten, eine Allgemeinverbindlicherklärung im Tarifausschuss abzulehnen, wurden in der Literatur für unzulässig gehalten und daraus eine Rechtswidrigkeit der Zustimmungsversagung gefolgert (*Sahl/Stang*, AiB 1996, S. 652, (652f.)), in der gerichtlichen Überprüfung hat das VG Köln in seiner Entscheidung vom 05.07.1996 (1 L 1571/96, nicht veröffentlicht) eine solche Rechtswidrigkeit verneint (Hierzu auch *Ulber*, § 1 AEntG, Rn. 32). Im Zuge der Auseinandersetzungen trat der Zentralverband der Bauwirtschaft aus dem BDA aus.

[93] Bei Kontrollen wurden Löhne von DM 3,-/Stunde bei tschechischen und DM 10,-/Stunde bei irischen und portugiesischen Arbeitnehmern festgestellt (Bericht des BMA vom 11.04.1997, Aktz.: II b 5 – 21085/6, S. 17) oder Portugiesen, die zu einem Monatslohn von DM 740,- täglich zwischen 11 und 18 Stunden arbeiteten (Bericht des BMA vom 02.09.1997, BT-Ausschuss für Arbeit und Sozialordnung, Ausschuss-Drucks. 13/0292, S. 9). Selbst bei Baustellen des Bundes wurde bei einer Überprüfung von 20 dort tätigen Unternehmen bei 8 Unternehmen festgestellt, dass diese die gesetzlichen Bestimmungen nicht einhielten (Berliner Zeitung von 16.04.1997), dieser Vorgang war sogar Gegenstand einer kleinen Anfrage der PDS-Gruppe (BT-Drucks. 13/7576). Auch im Jahr 2000 wurden von der Zollbehörde noch Fälle mit Stundenlöhnen zwischen DM 5,- und 8,- aufgedeckt; Pressemitteilung der BA v. 21. Februar 2001, NZA 2001, Heft 7, S. IX. Bei einer bundesweit angelegten Prüfung durch die

Baustellenkriminalität"[94]. Dazu bedienten sich die Beteiligten der Anrechnung fiktiver Arbeitgeberdarlehen auf den Lohn oder der Festsetzung überhöhter Preise für Unterkunft und Verpflegung der ausländischen Arbeitnehmer[95]. Als besonders effektive Umgehungsstrategie hat sich die Einführung einer Vermittlungsgebühr für die Entsendung erwiesen. Arbeitswillige zahlen in ihrem Heimatland eine Gebühr für die Vermittlung einer Tätigkeit in Deutschland im Rahmen einer dort zu erbringenden Bauleistung. Die Gebühr ist im voraus zu entrichten und fängt die Differenz zwischen dem eigentlich vorgesehenen Lohn und dem nach dem AEntG zu zahlenden deutschen Mindestlohn vollständig auf. Ist die Gebühr an eine andere Rechtsperson zu zahlen, bringt dies den Unternehmen noch Steuervorteile. Dieser Vorgang ist der deutschen Regelungsmöglichkeit vollständig entzogen, der Vermittlungsvertrag unterliegt nur dem ausländischen Recht und ist rechtlich selbständig.

Auch die „Flucht in die (Schein-)Selbständigkeit" war, insbesondere bei britischen Arbeitnehmern[96], ein häufig eingesetztes Umgehungsverhalten. Hierbei firmierten einzelne Bauarbeiter als selbständige Werkunternehmer und wurden als solche außerhalb der Tarifverträge in Deutschland tätig, wobei sie im Einsatz wie normale Arbeitnehmer behandelt wurden. Dieses Verfahren war zumeist auch dann erfolgreich, wenn sie aufgrund dennoch bestehender persönlicher Abhängigkeit rechtlich als Arbeitnehmer zu behandeln waren, da die Aufklärung der

---

Arbeits- und Hauptzollämter am 25.09.2001 wurden bei 1.600 von 16.000 überprüften Arbeitnehmern Verstöße gegen den Mindestlohn festgestellt (Pressemitteilung 54/01 der BA v. 28.09.2001).

[94] ZDB-Info 49/2001 v. 19.05.2001.

[95] *Koberski/Sahl/Hold*, AEntG, Einl. Rn. 12.

[96] *Däubler*, DB 1995, S. 726, (728); *Deinert*, RdA 1996, S. 339, (340); *Hold*, AuA 1996, S. 113, (117), *Blanke*, ArbuR 1999, S. 417, (419). Dabei ist jedoch anzumerken, dass hier durchaus nicht grundsätzlich eine „Umgehung" des AEntG gegeben sein muss. Für die Frage, ob ein Beschäftigter „Arbeitnehmer" ist, ist zwar nach Art. 2 Abs. 2 der Entsende-Richtlinie maßgeblich, ob nach dem Recht des Staates, in dem die Arbeitsleistung erbracht wird. eine selbständige Tätigkeit vorliegt. Soweit die britischen Behörden E-101 Bescheinigungen nach Art. 14a VO 1408/71/EWG ausgestellt haben, bindet deren Einschätzung auch die zuständigen deutschen Behörden. Diese können lediglich die britischen Behörden auf Zweifel an der Richtigkeit hinweisen, worauf diese zur Überprüfung verpflichtet sind (EuGH v. 10.02.2000, Rs. C-202/97 – *FTS* – Slg. 2000 I, S. 883, (924), Rz. 53f. Dies bezieht sich jedoch nur auf das Sozialrecht. Zur Einordnung der Werkverträge nach IPR siehe *Mankowski*, DB 1997, S. 465ff. Jedoch kann im Einzelfall die nach deutschem Arbeitsrecht maßgebliche „persönliche Abhängigkeit" fehlen (freie Verfügung über die Arbeitskraft, Recht zur Stellung eines Ersatzmannes). Der britische Selbständige wäre danach aufgrund der trotzdem gegebenen wirtschaftlichen Abhängigkeit eine AN-ähnliche Person – diese unterliegt nach deutschem Recht aber keinen Tarifverträgen oder Verordnungen des BMA. Zudem besteht die Möglichkeit, dass sich mehrere „Scheinselbständige" durch Zusammenschluss zu selbständigen Dienstleistungsorganisationen (Gesellschaften, Genossenschaften, Arbeitsgemeinschaften) jeder Definition als Arbeitnehmer entziehen können (*Koenigs*, DB 1995, S. 1710, (1711)).

Sachverhalte durch die inländischen Behörden schwierig war und zumeist so lange dauerte, dass die entsprechenden Arbeitskräfte bis dahin bereits wieder in ihre Heimatländern zurückgekehrt waren und die vermuteten Verstöße mangels Zeugen kaum je beweisbar waren.

Die unzureichende Wirksamkeit des AEntG lag nicht zuletzt auch daran, dass eine effiziente Kontrolle der Mindestlohnverpflichtung durch die damit beauftragten Behörden (Arbeitsämter und Hauptzollämter sowie der diese nach § 2 Abs. 2 i.V.m. § 304 Abs. 2 SGB III unterstützenden Krankenkassen, Rentenversicherungsträger, Finanz- und Arbeitsschutzbehörden) aufgrund personeller und materieller Unterausstattung nicht durchgeführt werden konnte[97]. Die Möglichkeit der Hauptzollämter, die von den Landesarbeitsämtern zugesandten Anmeldungen der Entsender an die Finanzbehörden weiterzugeben, wurde erst zum 01.01.1998 eingeführt[98].

Die Arbeitslosigkeit auf dem Bauarbeitsmarkt blieb auch in den Folgejahren hoch, was sicherlich auch damit zusammenhing, dass die stets aufs Neue angekündigte Belebung der inländischen Baunachfrage ausblieb.

Arbeitslose in der Bauindustrie

- Anzahl in 1000 -

	1993	1994	1995	1996	1997	1998	1999	2000
West	76	90	98	108	146	163	148	128	118
Ost	32	36	39	49	83	109	119	113	129
Insg.	109	126	137	157	229	272	267	240	247

Schaubild: Arbeitslose, Quelle: Bundesanstalt für Arbeit, Nürnberg[99]

Die sich andeutende Verringerung der Arbeitslosenzahlen in den Jahren 1999 und 2000 hat sich mit Einsetzen des Wirtschaftsabschwungs in 2001 nicht fortsetzen können. Die Beschäftigtenzahlen im Baugewerbe gingen seit Erlass des AEntG kontinuierlich weiter zurück.

Beschäftigte in der Bauindustrie

- Anzahl in 1000 -

	1992	1993	1994	1995	1996	1997	1998	1999	2000
West	978	982	989	968	893	834	802	775	747
Ost	324	361	416	443	418	387	354	335	303
Insg.	1.301	1.343	1.405	1.412	1.312	1.221	1.156	1.110	1.050

Schaubild Beschäftigte, Quelle: Statistisches Bundesamt, Wiesbaden[100]

---

[97] *Blanke*, ArbuR 1999, S. 417, (419); ZDB, Geschäftsbericht 2000, S. 28.

[98] Art. 32 Abs. 1 des Ersten Gesetzes zur Änderung des Dritten Buches Sozialgesetzbuch und anderer Gesetze (1. SGB III-ÄndG) v. 16.12.1997, BGBl. 1997 I, S. 2970. Dazu *Marschall*, NZA 1998, S. 633, (634f.).

[99] Zitiert nach: Hauptverband der Deutschen Bauindustrie.

Eine Trendwende wurde auch durch das Gesetz zur Eindämmung illegaler Betätigung im Baugewerbe v. 30.08.2001[101] nicht erreicht, mit dem das bereits bis 1999 geltende Steuerabzugsverfahren wieder eingeführt wurde[102]. Der Auftraggeber hat danach einen Steuerabzug von 15 % einzubehalten und an das Finanzamt abzuführen, wenn der Auftragnehmer nicht in der Lage ist, eine von der Steuerbehörde zu erteilende Freistellungsbescheinigung vorzulegen[103].

Nach Auskünften des Hauptverbandes der Deutschen Bauindustrie[104] haben sich die Auftragsbestände, die Ende 2001 den niedrigsten Stand seit der Wiedervereinigung erreicht hatten, nach Wirksamwerden der Bauabzugsbesteuerung in den ersten Monaten 2002 weiter vermindert.

d) Beweggründe für die Gesetzesnovelle

Um zumindest die Obstruktionsmöglichkeit für die nicht an einer Festlegung von Mindestlöhnen interessierten Arbeitgeberverbände auszuschalten, wurde nach neuen Wegen zur Erreichung des Ziels gesucht und dieser in einer Verordnungsermächtigung des Bundesarbeitsministers gefunden, mit Hilfe dessen der Minister die Mindestlohnbestimmungen eines Bautarifvertrags per RVO ohne die Mitwirkung anderer Verbände für allgemeinverbindlich erklären kann. Mit Hilfe dieses Instruments wurde eine Erhöhung des Mindestlohns im Baugewerbe auf nunmehr DM 18,87/West und DM 16,60/Ost festgelegt[105] und die Einführung des Mindestlohns im Dachdeckerhandwerk durchgesetzt[106].

Um die Wirkung der Verpflichtung zur Zahlung des Mindestlohns auch für ausländische Arbeitgeber zu sichern, wurde zugleich die Einführung der

---

[100] Zitiert nach: Hauptverband der Deutschen Bauindustrie.

[101] BGBl. 2001 I, S. 2267.

[102] Bezüglich des In-Kraft-Tretens ist zu unterscheiden zwischen dem eigentlichen Steuerabzug und den sonstigen Neuregelungen. Während der Steuerabzugsbetrag erst aus Zahlungen einzubehalten ist, die nach dem 31. Dezember 2001 geleistet werden, tritt der übrige Gesetzestext bereits am Tag nach seiner Verkündung im Bundesgesetzblatt in Kraft. Durch diese zeitliche Splittung soll Bauunternehmen die Möglichkeit eingeräumt werden, bereits 2001 beim zuständigen Finanzamt eine Freistellungsbescheinigung zu beantragen. Der eigentliche Steuerabzug ist erst ab dem 1. Januar 2002 vorzunehmen, damit Unternehmen und Finanzverwaltung ausreichend Zeit haben, sich auf die neuen Regelungen einzustellen.

[103] Im einzelnen hierzu *Strickan/Martin*, DB 2001, S. 1441ff.

[104] Presseinformation 15/02 v. 02.04.2002.

[105] Verordnung über zwingende Arbeitsbedingungen im Baugewerbe v. 25.08.1999, BGBl. 1999 I, S. 1894. Mit RVO v. 17.08.2000 (BGBl. 2000 I, S. 1290) wurde der Mindestlohntarifvertrag v. 02.06.2000 für allgemein verbindlich erklärt und der Mindestlohn auf DM 19,17/West und DM 16,87/Ost erhöht.

[106] Mindestlohn ab 01.09.2001 von DM 17,50/West und 16,50/Ost durch RVO über zwingende Arbeitsbedingungen im Dachdeckerhandwerk v. 29.08.2001, (BGBl. 2001 I, S. 2260).

„Generalunternehmerhaftung" beschlossen[107]. Zur Steigerung der Effizienz der Mindestlohnverpflichtung wurde damit ein neuer Ansatzpunkt gewählt. Da der ausländische Unternehmer häufig nicht greifbar war und sich den Anforderungen des AEntG entzog, sollte der (zumeist inländische) Auftraggeber ein eigenes Interesse daran entwickeln, mit seinen Mitteln für die ordnungsgemäße Erfüllung der gesetzlichen Vorgaben durch seine Subunternehmer Sorge zu tragen[108]. Dies ließ sich am einfachsten dadurch erreichen, dass für ihn finanzielle Risiken bei Verstößen seines Auftragnehmers oder weiter eingesetzter Subunternehmer gegen das Mindestlohngebot geschaffen wurden[109].

2. Darstellung der gesetzlichen Regelung und ihrer Auswirkungen auf den Auftraggeber

§ 1a AEntG verpflichtet den „Unternehmer", für den garantierten Nettolohn und die Beiträge zu gemeinsamen Einrichtungen der Tarifvertragsparteien von allen, auch bei Subunternehmern beschäftigten Arbeitnehmer gleich einem selbstschuldnerischen Bürgen zu haften, wenn er Bauleistungen i. S. des § 211 Abs. 1 SGB III in Auftrag gibt. Nach § 211 Abs. 1 S. 2 SGB III sind Bauleistungen alle Leistungen, die der Herstellung, Instandsetzung, Instandhaltung, Änderung oder Beseitigung von Bauwerken dienen.

a) Haftungsadressat nach § 1a AEntG

Der Begriff des „Unternehmers", an den § 1a AEntG die Haftung knüpft, ist wenig präzise[110]. Bei der Einführung dieser Haftung hatte der Gesetzgeber insbesondere den Generalunternehmer vor Augen, der sich nicht durch die Einschaltung häufig ausländischer Subunternehmer der eigenen Verpflichtung zur Zahlung des Mindestlohns an seine Arbeitnehmer entziehen können soll[111], die Norm ist deshalb

---

[107] Zugleich wurde die Bußgelddrohung für Ordnungswidrigkeiten in § 5 Abs. 3 (Abs. 2 a.F.) AEntG erhöht und eine Amtshilfeverpflichtung in § 5 Abs. 7 AEntG neu eingeführt.

[108] BT-Drucks. 14/45, S. 17.

[109] Nach § 5 Abs. 2 Nr. 1 und 2 AEntG a.F. konnte wegen Ordnungswidrigkeit mit Bußgeld bis zu 500.000,- DM bestraft werden, „wer Bauleistungen in erheblichem Umfang ausführen lässt, indem er als Unternehmer einen anderen Unternehmer beauftragt, von dem er weiß oder fahrlässig nicht weiß, dass dieser bei der Erfüllung dieses Auftrags gegen § 1 verstößt oder einen Nachunternehmer einsetzt oder zulässt, dass ein Nachunternehmer eingesetzt wird, der gegen § 1 verstößt". Aufgrund der im allgemeinen fehlenden Einsicht eines Auftraggebers in die genaue Kalkulation der Unternehmer und Subunternehmer und der Beweisschwierigkeiten hat sich diese Haftung als ungeeignet erwiesen, eine Durchsetzung der Mindestlohnverpflichtung zu fördeRn.

[110] Dies bemängelt auch *Werner*, NZBau 2000, S. 225, (226).

[111] BT-Drucks. 14/45, S. 17.

im Gesetzgebungsverfahren häufig als „Generalunternehmerhaftung" bezeichnet worden[112]. Diese Beschränkung hat jedoch im Gesetzeswortlaut keinen Niederschlage gefunden, die Haftung wird jedem „Unternehmer" auferlegt.

Im Fall der Einschaltung mehrerer Unternehmer im Sinne der Untervergabe von Aufträgen, d.h. des Entstehens einer Unternehmerkette, trifft diese Verpflichtung daher nicht nur diejenigen Unternehmer, zwischen denen der konkrete Werkvertrag geschlossen wurde. Der Generalbauunternehmer und jeder zwischengeschaltete Subunternehmer haften für die den jeweils nachgeordneten Subunternehmern obliegende Zahlungsverpflichtung gegenüber deren Arbeitnehmern[113].

Dies folgt aus dem eindeutigen Wortlaut und stellt auch die behördliche Praxis dar. Soweit mit dem Argument, in der amtlichen Begründung sei nur vom Generalunternehmer die Rede, vertreten wird, die Haftung gelte nur im Verhältnis vom Generalunternehmer zum Arbeitnehmer und sowohl der Bauherr als auch die zwischengeschalteten Unternehmer seien ausgenommen[114], kann dem nicht gefolgt werden. In der Gesetzesbegründung wird ausgeführt: „Damit sollen alle Bauaufträge erfasst werden, die Unternehmer im Rahmen der Geschäftstätigkeit in Auftrag geben"[115]. Daher werden auch die zwischengeschalteten Unternehmen erfasst, wenn diese weitere Aufträge vergeben.

Getroffen wird aber durch den insoweit eindeutigen Wortlaut – ohne das dies dem Gesetzgeber angesichts der Protokolle der Ausschusssitzungen und Beratungen überhaupt aufgefallen ist – nicht nur Generalunternehmer oder sonstige Bauunternehmen. Da das Gesetz für die Geltung der Haftung nur auf die Einordnung des Auftraggebers als *Unternehmer* abstellt, wird auch jeder Nichtbauunternehmer, der als Bauherr für sein Unternehmen Bauleistungen in Auftrag gibt, davon erfasst[116].

Verpflichteter ist daher neben Generalbau- und Subunternehmer jeder, der im Rahmen seiner gewerblichen Tätigkeit Bauleistungen in Auftrag gibt, also sowohl Wohnungsbaugesellschaften im Rahmen ihrer Bautätigkeiten als auch Industriegesellschaften, die zum Betrieb ihres Unternehmens Produktionshallen oder Verkaufsräume in Auftrag geben. Selbst der Handwerker, der seinen Geschäftsraum ausbauen lässt, wird von der Regelung erfasst[117].

---

[112] Vgl. BT-Drucks. 14/45, S. 3 und 18.

[113] *Harbrecht*, BauR 1999, S. 1376, (1377), *Strick/Crämer*, BauR 1999, S. 713, (714).

[114] EK-*Hanau*, AEntG, § 1a, Rn. 2.

[115] BT-Drucks. 14/45, S. 26.

[116] Insofern ist § 1a AEntG ein Beispiel für die oft gerügte mangelhafte Qualität aktueller Gesetzgebungsvorhaben.

[117] *Werner*, NZBau 2000, S. 225, (226). A.A. ArbG Berlin, NZA-RR 2000, S. 651, (654), dass eine Eingrenzung auf Bauunternehmen i.S.d. § 211 Abs. 1 S. 1 SGB III vornehmen will.

Lediglich ein Privatmann und bezeichnenderweise die unmittelbare Staatsverwaltung bleiben von der Durchgriffshaftung ausgenommen[118]. Nicht ausgenommen sind dagegen Körperschaften des öffentlichen Rechts oder ausgegliederte Teile von Behörden. Kommunale Wohnungsbaugesellschaften oder städtische Eigenbetriebe werden so ebenfalls von § 1a AEntG erfasst[119].

b) Inhalt der Norm

Haftungsobjekt ist nach dem Wortlaut des Gesetzes „...Zahlung des Mindestentgeltes ... *oder* ... Zahlung von Beiträgen...". Aus Sinn und Zweck der Vorschrift als auch aus der gesetzlichen Begründung ergibt sich aber, dass darunter eine kumulative Haftung für den Nettolohn *und* für Beiträge zu gemeinsamen Einrichtungen zu verstehen ist. Der Auftraggeber haftet wie ein Bürge, der auf die Einrede der Vorausklage verzichtet hat. Wesen dieser selbstschuldnerischen Haftung ist, dass der Arbeitnehmer nicht einmal versuchen muss, seinen Arbeitgeber in Anspruch zu nehmen oder diesen Anspruch gerichtlich durchzusetzen. Er kann sich auch bei bloßer Zahlungsunwilligkeit des Arbeitgebers direkt an einen auftraggebenden Unternehmer wenden.

Da das Gesetz zwingend gilt, kann ein Ausschluss der Ansprüche nach dem AEntG auch durch vertragliche Abreden mit dem eingesetzten Unternehmer nicht durchgesetzt werden[120].

Lohnansprüche inländischer Bauarbeiter gegen ihre Arbeitgeber unterliegen der zweimonatigen tarifvertraglichen Ausschlussfrist nach § 16 Bundesrahmentarifvertrag (BRTV). Dieser Tarifvertrag ist allgemein verbindlich und gilt daher für alle Arbeitnehmer und Arbeitgeber des Baugewerbes unabhängig davon, ob diese tarifgebunden sind. Ansprüche entsandter Arbeitnehmer werden davon hingegen nicht erfasst, da der BRTV nicht für Arbeitsverhältnisse unter ausländischen Arbeitsvertragsstatut gilt. Da die entsandten Arbeitnehmer im Hinblick auf die Mindestlohnbestimmungen gemäß Art. 34 EGBGB / Art. 7 EVÜ zwingend dem deutschen Recht unterliegen, wird man annehmen müssen, dass auch die deutschen Verjährungsnormen Anwendung finden. Die Lohnansprüche verjähren danach gemäß §§ 196 Abs. 1 Nr. 9, 201 BGB in zwei Jahren ab dem Ende des Jahres ihrer Entstehung. Für die Ansprüche der Urlaubskasse gelten die tarifvertraglichen Verfallfristen. Für das Bauhauptgewerbe gilt eine Frist von vier Jahren seit Fälligkeit der Beiträge.

---

[118] BT-Drucks. 14/45, S. 26.
[119] So auch KG v. 30.04.1998 , NJW-RR 1999, S. 638.
[120] *Harbrecht*, BauR 1999, S. 1376, (1378), *Werner*, NZBau 2000, S. 225, (227).

c) Kein Verschulden notwendig

Der Auftraggeber haftet unabhängig davon, ob ihn ein Verschulden am Verstoß gegen die Verpflichtung zur Zahlung des Mindestlohns trifft. Eine Entlastung ist auch bei Einhaltung aller nur denkbaren Vorsichtsmaßnahmen nicht möglich[121]. Selbst wenn sich der Auftraggeber nachweisbar darum bemüht hat, die Beachtung des Mindestlohns durch alle Auftragnehmer durch deren vertragliche Verpflichtung sicherzustellen und regelmäßige Kontrollen durchführt, haftet er, wenn sich ein Verstoß gegen die Mindestlohnverpflichtung herausstellt.

Das BVerfG hat mit Entscheidung vom 10.11.1998 eine Geldleistungspflicht von Unternehmen für Vorfälle, die diese nicht zu verantworten haben, wegen Verstoßes gegen Art. 12 Abs. 1 GG für verfassungswidrig erklärt[122]. Daher bestehen auch Zweifel an der Verfassungsmäßigkeit der Regelung des § 1a AEntG[123], was *Hanau* dazu veranlasst, entgegen des klaren Tatbestands der Vorschrift eine Beschränkung auf zumutbare Erkennungs- und Abwehrmaßnahmen zu fordern[124]. *Däubler*

---

[121] Die neue Auftraggeberhaftung geht also deutlich weiter, als es selbst von der IG Bau-Steine-Erden gefordert wurde. Diese hat in ihrer Stellungnahme noch eine Entlastungsmöglichkeit durch den Nachweis der Einhaltung der Sorgfalt eines ordentlichen Kaufmanns vorgesehen, Siehe Stellungnahme zum AEntG vom 07.08.1996, Änderungsvorschläge zu 5, Fundstelle bei *Koberski/Sahl/Hold*, AEntG, S. 164ff.

[122] Dies betraf die Rückgriffsmöglichkeit der Arbeitsämter bei Gewährung von Arbeitslosengeld an Arbeitnehmer, die einem nach-vertraglichen Wettbewerbsverbot nach § 148 SGB III (früher 128a Abs. 1 S. 3 AFG) unterlagen. Diese Norm regelt, dass der frühere Arbeitgeber eines ausscheidenden Mitarbeiters bei Vereinbarung eines Wettbewerbsverbots verpflichtet ist, der Bundesanstalt für Arbeit die vom Ausgeschiedenen bezogenen Entgeltersatzleistungen vierteljährlich erstatten, zuzüglich hierauf anfallender Sozialversicherungsbeiträge.
Das BVerfG hat die Rechtsgrundlage für diese Haftung als unvereinbar mit Art. 12 GG angesehen und dem Gesetzgeber aufgegeben, die beanstandete Regelung bis zum 01.01.2001 durch eine verfassungsgemäße zu ersetzen. Als Begründung führt das BVerfG an, die Haftung des Arbeitgebers sei unverhältnismäßig, da den Arbeitgeber des vom Wettbewerbsverbot betroffenen Arbeitnehmers im Regelfall nicht die primäre und schon gar nicht die alleinige Verantwortung an der Arbeitslosigkeit treffe. Die prinzipiellen Ziele der Erstattungsregelung seien zwar verfassungskonform. Es sei sachgerecht, den Arbeitgeber an sozialen Folgekosten zu beteiligen, wenn sie frühere Mitarbeiter durch Wettbewerbsverbote in deren beruflicher Tätigkeit beschränken. § 148 SGB III frage jedoch nicht danach, ob das Wettbewerbsverbot für die Arbeitslosigkeit des Mitarbeiters ursächlich ist, sondern geht schlechthin davon aus. Falls es in dem von der Klausel betroffenen Arbeitsmarktsegment keine freien Arbeitsplätze gibt, fehlt es an einer besonderen Verantwortungsbeziehung zwischen dem früheren Arbeitgeber und dem nun zu zahlenden Arbeitslosengeld. Die Beitragserstattung trete neben die Verpflichtung zur Zahlung der Karenzentschädigung des Wettbewerbsverbotes, auch aus diesem Grunde sei von einem übermäßigen Eingriff auszugehen. Vergl. BVerfG, DB 1999, S. 335 mit Anm. *Kranz*.

[123] *Badura*, FS Söllner, S. 112, (122f.).

[124] EK-*Hanau*, AEntG, § 1a, Rn. 3.

hingegen sieht die Behandlung der Subunternehmer durch das Gesetz als „Erfüllungsgehilfen nach § 278 BGB" uneingeschränkt positiv[125].

d) Rückgriffsmöglichkeit gegen den Arbeitgeber

Der den Arbeitnehmern zustehende Lohnanspruch gegen ihren Arbeitgeber geht entsprechend § 774 Abs. 1 S. 1 BGB auf den auftraggebenden Unternehmer über, wenn er den Nettolohn zahlt und erlaubt ihm den Rückgriff auf den Arbeitgeber.

Probleme bereitet die Geltendmachung und Beitreibung der Forderung jedoch vor allem dann, wenn der Hauptschuldner im Ausland ansässig ist. Zwar ist durch § 8 AEntG mittlerweile klargestellt, dass ein inländischer Gerichtsstand für die Nettolohnklage und damit auch für den Rückgriff des haftenden Auftraggebers gegen den Arbeitgeber des entsprechenden Bauarbeiters besteht[126]. Dies war zuvor problematisch[127], das ArbG Wiesbaden hat Klagen der Urlaubskasse der Bauwirtschaft gegen ausländische Bauunternehmen mangels inländischen Gerichtsstands abgewiesen[128]. Die Durchsetzung und Vollstreckung des Anspruchs ist jedoch trotz Vereinheitlichungstendenzen und dem inländischen Gerichtsstand des § 8 AEntG zumeist langwieriger, kostenintensiver und unsicherer als bei Unternehmen mit einem Sitz in Deutschland.

Probleme bereitet insbesondere das Schicksal der Rückgriffsforderung im Insolvenzfall. Ist der entsprechende Arbeitgeber insolvent, ist diese auch diese Forderung auf die Insolvenzquote beschränkt und damit praktisch wertlos.

e) Verhältnis mehrerer Verpflichteten untereinander

Jedoch sind im Fall einer Unternehmerkette auch andere als der in Anspruch genommene Unternehmer zur Zahlung des Nettolohns verpflichtet. § 1a AEntG

---

[125] *Däubler*, NJW 1999, S. 601, (607).

[126] Eingeführt als § 7 AEntG durch Art. 10 des Ersten SGB-III-Änderungsgesetzes, BGBl. 1997 I, S. 2985.

[127] Sowohl der allgemeine Gerichtsstand am Sitz des Unternehmens nach Art. 2 Abs. 1 EuGVÜ als auch der besondere Gerichtsstand am gewöhnlichen Arbeitsort nach Art. 5 Nr. 1 EuGVÜ liegen im Heimatstaat, so dass für Zahlungsklagen die dortigen Gerichte zuständig wären. Ob diese die deutschen Mindestlohnbestimmungen anwenden, ist – zumindest für die Zeit vor dem Inkrafttreten der Entsenderichtlinie – äußerst fraglich. *Däubler*, DB 1995, S. 726, (730) und *Hanau*, NJW 1996, S. 1369, (1371) behalfen sich bis zur Einführung des § 8 AEntG mit der Konstruktion einer „inländischen Zahlungspflicht", für die über den Gerichtstand des Erfüllungsorts die internationale Zuständigkeit eines deutschen Gerichts gegeben wäre. In Widerspruch zu dieser Auffassung steht allerdings die Rechtsprechung des EuGH, der von einem einheitlichen, sich nach der für den Vertrag maßgeblichen Verpflichtung bestimmendem Gerichtsstand ausgeht, EuGH v. 26.05.1982, Rs. 133/81 – *Ivenel* – Slg. 1982, S. 1891, (1901), Rz. 20.

[128] ArbG Wiesbaden v. 07.10.1997, DB 1997, S. 2284.

ordnet an, dass der Unternehmer „wie ein selbstschuldnerischer Bürge" haftet. Demnach ist ein Regressausschluss gegenüber den anderen Bürgen, wie ihn *Weise* für möglich hält[129], mit der Gesetzeslage nicht zu vereinbaren. Analog § 769 haften mehrere Unternehmer, die für dieselbe Verbindlichkeit einzustehen haben – nämlich den Lohnanspruch des Arbeitnehmers gegen seinen Arbeitgeber – als Gesamtschuldner. Dies betrifft zunächst das Außenverhältnis gegenüber dem Gläubiger. Der Arbeitnehmer oder sein Rechtsnachfolger kann sich somit aussuchen, gegen welches Unternehmen der Kette er vorzugehen wünscht.

Mit dem Übergang der Hauptforderung gehen prinzipiell auch die Nebenrechte gemäß § 401, 412 BGB über; jedoch bestimmt § 774 Abs. 2 BGB, dass die Bürgschaftsforderungen gegen Mitbürgen nur entsprechend dem zwischen den Mitbürgen bestehenden Ausgleichsverhältnis auf den leistenden Bürgen übergehen. Der in Anspruch genommene Auftraggeber kann daher zwar den leistungsverpflichteten Arbeitgeber, nicht jedoch die Mitbürgen, die anderen Unternehmen der Auftragskette, vollumfänglich in Anspruch nehmen[130]. Diese Rechtsstellung lässt sich auch dadurch nicht verbessern, dass sich er sich die Rechte des Gläubigers gemäß §§ 398, 401 BGB abtreten lässt[131].

Die Mitbürgenhaftung wirkt jedoch nicht „nach oben", ein in Anspruch genommener Unternehmer einer mehrstufigen Unternehmerkette kann nur die ihm nachgelagerten Subunternehmer in Anspruch nehmen[132]. Der Ausgleich unter mehreren in Anspruch zu nehmenden Gesamtschuldner geht nur dann nach Kopfteilen, soweit dem Verhältnis der Gesamtschuldner nicht eine andere Ausgleichsregeln[133]. Die Rangfolge, die durch den Wortlaut des § 1a AEntG aufgestellt wird, ist eine andere Regelung i.S.d. § 426 Abs. 1 S. 1 2.HS BGB.

f) Mögliche Strategien der Auftraggeber und deren Auswirkungen

Die Auftraggebergeberhaftung kann erhebliche, jedoch nicht kalkulierbare Ausmaße annehmen. Problematisch bei der Risikoeinschätzung ist, dass der Auftraggeber üblicherweise keine Einsicht in die Geschäfts- und Lohnbuchhaltungsunterlagen eines Auftragnehmers hat und dass dieser Auftragnehmer seinerseits Subunternehmer einschalten kann, die dem Auftraggeber nicht zwingend bekannt sein müssen.

---

[129] *Weise*, NZBau 2000, S. 229.
[130] MK-BGB-*Habersack*, § 774, Rn. 22.
[131] BGH v. 04.07.1963, NJW 1963, S. 2067.
[132] *Werner*, NZBau 2000, S. 225, (226). *Weise*, NZBau 2000, S. 229.
[133] MK-BGB-*Bydlinski*, § 426, Rn. 14.

Eine Verkehrssitte oder ein Handelsbrauch zur Leistung von Sicherheiten gibt es nicht[134]. Ohne eine vorherige Vereinbarung kann der Auftraggeber daher keine Sicherheit einfordern. Auch der Einbehalt von Abschlags- oder Schlusszahlungen zur Absicherung des Risikos der Inanspruchnahme ist ohne Vereinbarung vertragswidrig. Der Auftraggeber ist daher darauf angewiesen, Sicherungsmaßnahmen gegen eine Inanspruchnahme im Rahmen der vertraglichen Vereinbarung ausdrückliche zu treffen um im Falle der Inanspruchnahme die finanzielle Last auf andere verlagern zu können. Dabei wären folgende Strategien denkbar:

Aufgrund des zwingenden Charakters der Haftung scheidet ein vertraglicher Haftungsausschluss aus. § 1a AEntG ist nicht dispositiv. Ohnehin läge ein (unzulässiger) Vertrag zu Lasten der betroffenen Arbeitnehmer vor, ein Haftungsausschluss wäre ohne deren Zustimmung auch sonst unwirksam.

Für den Fall der Inanspruchnahme kann sich der Auftraggeber aber durch Freistellungsabreden mit dem Vertragspartner sichern. Danach kann der Auftraggeber zwar in voller Höhe in Anspruch genommen werden, kann dann aber vollen Rückersatz von seinem Vertragspartner verlangen.

Ausführungen zur genauen Ausgestaltung solcher Vereinbarungen sollen hier unterbleiben[135], zu nennen wäre hier insbesondere die ausdrückliche Aufnahme der Freistellungsverpflichtung in die Vertragserfüllungsbürgschaft.

Allerdings muss der Auftraggeber berücksichtigen, dass eine ausreichende Absicherung der anderen vertraglichen Ansprüche gewährleistet bleiben muß, da die Bürgschaftssumme je nach den sich aus § 1a AEntG ergebenden Beträgen verbraucht werden könnte. Zudem muss der Auftraggeber bei der Formulierung der Freistellungsvereinbarung mit dem Generalunternehmer sicherstellen, dass auch alle Nachunternehmer berücksichtigt werden[136].

Der Auftraggeber kann auch vertraglich bestimmen, einen Teil des Werklohnes einzuhalten, bis alle Lohnzahlungen erfolgt sind, was allerdings aufgrund des möglicherweise langen Zeitraums bis zur Inanspruchnahme keinen vollständigen Schutz bietet. Des weiteren besteht die Möglichkeit, den Auftragnehmer zu veranlassen, eine Bürgschaft seiner Hausbank zu stellen, die dieses Risiko absichert.

---

[134] *Weise*, NZBau 2000, S. 229, (230).
[135] Vgl. dazu *Harbrecht*, BauR 1999, S. 1376, (1379f.); *Weise*, NZBau 2000, S. 229ff.
[136] *Horschitz*, IBR 1999, S. 186.

Beide Alternativen führen insbesondere bei kleinen und mittleren Unternehmen, deren Bürgschafts- und Kreditrahmen in der Regel schon weitgehend ausgereizt ist, zu erheblichen Problemen[137].

Der Auftraggeber könnte schriftliche Erklärungen der Arbeitnehmer des Vertragspartners verlangen, in denen diese bestätigen, dass ihnen der Mindestlohn bezahlt wird. Hinsichtlich des Urlaubsbeitrages könnte ein Auskunftsrecht des Auftraggebers bei den Sozialkassen vereinbart werden. Diese Maßnahmen sind jedoch nicht geeignet, eine Inanspruchnahme sicher auszuschließen. Da ein Verschulden des Auftragnehmers nicht erforderlich ist, kann auch der Nachweis sorgfältigen Verhaltens die Inanspruchnahme nicht verhindern. Erklärungen der Arbeitnehmer können daher, von der Ermöglichung der Einrede des Rechtsmissbrauchs einmal abgesehen[138], den Auftraggeber nicht befreien. Die Zahlungen an die Urlaubskasse sind lediglich ein Indiz dafür, dass auch Lohn in der entsprechenden Höhe gezahlt wird. Zudem sind zum Zeitpunkt der Auftragsvergabe häufig noch keine Beträge zur ULAK entrichtet worden. Weder die Erklärungen der Arbeitnehmer noch die Auskunft der Urlaubskasse können daher die spätere Inanspruchnahme für den Nettolohn sicher ausschließen; von dem damit verbundenen Aufwand einmal ganz abgesehen.

Alle Strategien beschränken sich daher auf die *Weitergabe* des Risikos. Eine Sicherung vor der Inanspruchnahme selbst ist durch die Vertragsvereinbarungen nicht möglich. Zur Vermeidung der Inanspruchnahme muss der Auftraggeber darauf bedacht sein, die Einschaltung von Unternehmen, deren Bereitschaft, den Mindestlohn zu zahlen fraglich sein kann, auszuschließen. Da dieses Risiko aufgrund des in der Bundesrepublik Deutschland herrschenden Lohnniveaus sowie der tarifvertraglichen Verpflichtung vieler Unternehmen hauptsächlich bei solchen Unternehmen auftritt, die Arbeitskräfte aus Niedriglohnländern beschäftigen, kann der Auftraggeber ein hohes Sicherheitsniveau durch die Beschränkung auf inländische Auftragnehmer erreichen. In Deutschland ansässige Arbeitnehmer erhalten in aller Regel einen Stundenlohn, der auch dann über den Mindestsätzen des AEntG liegt, wenn keine Tarifgebundenheit vorliegt.

Der vorsichtige Auftraggeber scheidet des weiteren solche Unternehmen aus, deren Solvenz unsicher oder nicht klärbar ist. Dieses Vorgehen trifft eher unbekannte, kleinere Unternehmen sowie wiederum ausländische Auftragnehmer, deren Solvenz nicht einfach zu überprüfen ist.

---

[137] So schon im Gesetzgebungsverfahren die Vertreter der FDP, BT-Drucks. 14/151, S. 31.

[138] Dies dürfte zumeist daran scheitern, dass eine Erklärung des Arbeitnehmers, den Mindestlohn zu erhalten, nur die Vergangenheit betreffen kann. Ob der Arbeitnehmer auch nach Abgabe dieser Erklärung den Mindestlohn ausgezahlt bekommt, kann er nicht wissen. Die Einrede ist

Entsprechendes gilt für eine Vertragsklausel, die die Vergabe von Subaufträgen untersagt oder beschränkt[139]. Insbesondere der völlige Ausschluss von Untervergaben hat negative Auswirkungen auf die Kosten des Projekts. Ein Auftraggeber wird das Risiko der Inanspruchnahme auch durch eine vertragliche Beschränkung der Subvergabemöglichkeit auf inländische Unternehmen weitestgehend ausschalten können, ohne auf die kostensenkenden Effekte der Subvergabe vollständig zu verzichten.

Nicht zuletzt ist auf die wirtschaftlichen Folgen der effektivsten Möglichkeit, eine Inanspruchnahme auszuschließen, hinzuweisen – der Verzicht auf Investitionen.

Zwar genügt dem EuGH bereits die potentielle und generelle Eignung einer staatlichen Regelung, die Grundfreiheiten zu beeinträchtigen[140], um deren Vereinbarkeit mit dem Gemeinschaftsrecht zu überprüfen. Der Eignungstest besteht in einem hypothetischen, auf der allgemeinen wirtschaftlichen Erfahrung beruhenden Vergleich der tatsächlich eingetretenen Situation mit derjenigen, die ohne das Dazwischentreten der Regelung bestünde[141]. Einer solchen Prognose wohnt jedoch stets ein Unsicherheitsfaktor inne. Soweit die Beurteilung wettbewerbswidrigen Verhaltens in Frage steht, ist zudem der Grad der Beeinträchtigung von Bedeutung, da nur die spürbare Marktbeeinträchtigung Gegenstand der Prüfung ist[142].

g) Ermittlung der Praktischen Auswirkungen der Regelung

Um die Auswirkungen der Nettolohnhaftung nicht nur theoretisch bestimmen zu können, sondern zu sehen, wie die Praxis auf eine solche Regelung reagiert, bot es sich an, eine Umfrage unter potentiellen Haftungsschuldnern der Regelung durchzuführen.

(1) Auswahl der Befragten

Zur Ermittlung der tatsächlichen Auswirkungen der Nettolohnhaftung auf das Auftragsverhalten von Bauauftraggebern habe ich eine Umfrage unter den deutschen Wohnungsbauunternehmen durchgeführt.

Wohnungsbauunternehmen wurden gewählt, da die von ihnen durchzuführenden Arbeiten im Zusammenhang mit der Erstellung von Wohnungen Bauleistungen im

---

daher nur dann vorstellbar, wenn der Auftraggeber nachweisen kann, dass der Arbeitnehmer bewusst eine falsche Angabe gemacht hat.

[139] Zu solchen Klauseln raten z.B. die Wohnungsbauverbände ihren Mitgliedern, siehe Rundschreiben des Verbands norddeutscher Wohnungsunternehmen e.V. vom 08.07.1999.

[140] EuGH v. 11.07.1974, Rs. 8/74 – *Dassonville* – Slg. 1974, S. 837.

[141] *Dause*, in: Dauses Handbuch des EU-Wirtschaftsrecht, C I, Rn. 88.

[142] *Dause*, in: Dauses Handbuch des EU-Wirtschaftsrecht, C I, Rn. 89.

Sinne des AEntG darstellen und sie diese Arbeiten im Regelfall nicht selbst durchführen, sondern auf die Einschaltung von Fremdfirmen angewiesen sind.

Damit sind sie potentielle Haftungsschuldner für die Haftung nach § 1a AEntG. Ihre Strategien zur Haftungsvermeidung ermöglichen es, Schlüsse auf die Auswirkungen der Haftungsnorm zu ziehen und damit die Vereinbarkeit mit der Dienstleistungsfreiheit in der Praxis zu überprüfen.

(2) Durchführung der Umfrage

Zur Durchführung der Umfrage wurden die Wohnungsbauunternehmen in der 2. Aprilwoche per E-Mail angeschrieben[143]. Dabei wurden Sie Eingangs auf die Rechtslage hingewiesen und um die Beantwortung des Fragebogens gebeten.

Der Mail wurde der in Anlage I ersichtliche Fragebogen beigefügt.

(3) Rücklauf der Umfragebögen

Bis zum 31.Mai sind insgesamt 108 Antworten eingegangen, davon 36 per Brief und 72 per E-Mail. Angesichts von ca. 1000 versandten E-Mails entspricht dies einer Rücklaufquote von ca. 10 %.

4 der Unternehmen teilten lediglich mit, Bauleistungen nie oder nur in vernachlässigbarem Umfang in Auftrag zu geben und blieben daher bei der weiteren Behandlung der Umfrage außer Betracht.

Aufgrund der Beschränkung auf die im Internet vertretenen Wohnungsbaugesellschaften kann die Studie nach statistischen Maßstäben nicht als repräsentativ bezeichnet werden. Aufgrund der Zahl von immerhin 104 Antworten erscheint die Verallgemeinerung der Aussagen aus der Studie jedoch als zulässig.

(4) Auswertung der Fragebögen

Bei der Auswertung der Fragebögen ergab sich folgendes Bild:

33 Firmen, d.h. 31 % teilten mit, über die Rechtslage nicht informiert zu sein,
12 Firmen, entsprechend 11 % teilten mit, nicht vollständig informiert zu sein und
59 Firmen oder 58 % teilten mit, dass die Rechtslage bekannt sei.

---

[143] Die Adressen der Wohnungsbauunternehmen wurde über die Website http://wohnungsbauunternehmen.de/wohnung.html ermittelt. Dieses Forum enthält die Adressen und Mailadressen von ca. 1000 Wohnungsbaugesellschaften aus dem gesamten Bundesgebiet.

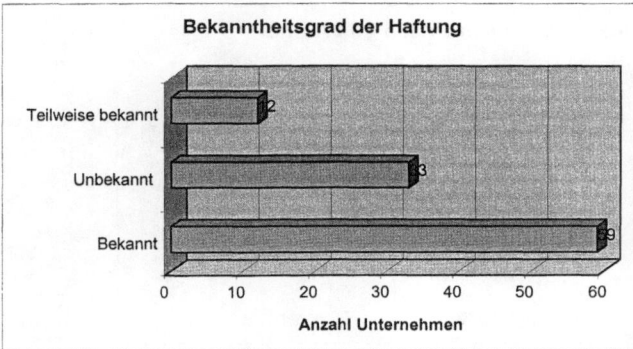

Schaubild: Bekanntheitsgrad der Haftung

In Bezug auf die Bekanntheit ergab sich damit folgende prozentuale Verteilung:

Schaubild: Bekanntheitsgrad des Haftungsrisikos in %

Obwohl die Dachverbände der Wohnungsbauunternehmen ihre Mitglieder vor dem Inanspruchnahmerisiko gewarnt haben[144], war dieses fast einem Drittel der befragten Unternehmen unbekannt.

Während immerhin mehr als zwei Drittel der Unternehmen Kenntnis von der Nettolohnhaftung hatten, war der Anteil derer, die schon in Anspruch genommen wurden, deutlich niedriger. Nur 3 Unternehmen teilten mit, bereits in Haftung genommen worden zu sein. Dies bezog sich bei einem Unternehmen auf Beiträge zur Urlaubskasse (ULAK) und bei zweien auf den Nettolohn im engeren Sinn. Anspruchsgläubiger waren hier schottische bzw. irische Arbeitnehmer zweier Subunternehmen, die nicht den geschuldeten Mindestlohn zahlten.

Inanspruchnahme nach § 1a AEntG

Inanspruch-
nahme
3%

Keine
Inanspruch-
nahme
97%

Schaubild: Inanspruchnahme in %

Des weiteren wurde nach den Auswirkungen der Haftung gefragt. Dabei blieben die Unternehmen, denen das Haftungsrisiko bislang nicht bekannt war, außer Betracht.

Unter den 71 Firmen, denen das Haftungsrisiko aus dem AEntG ganz oder teilweise bekannt war, hat dieses Risiko bei immerhin 58, d.h. 82 %, zu Veränderungen im Auftragsverhalten geführt.

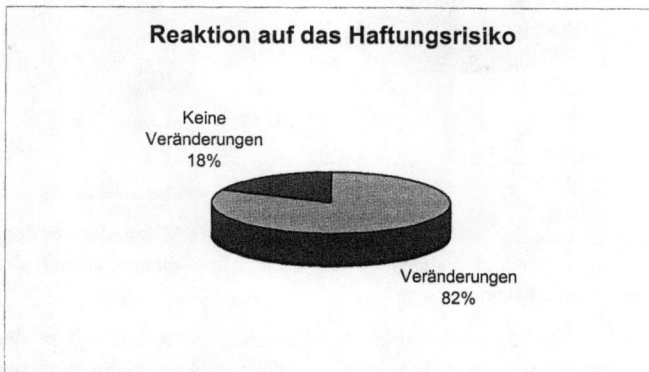

Reaktion auf das Haftungsrisiko

Keine
Veränderungen
18%

Veränderungen
82%

Schaubild: Reaktion auf das Haftungsrisiko

Zwei der Unternehmen, die keine Veränderungen im Auftragsverhalten mitteilten, begründeten dies mit ihrer Bindung an die VOB.

---

[144] z.B. Rundschreiben des Verbands norddeutscher Wohnungsunternehmen e.V. vom 26.05. und 08.07.1999.

Bei der Befragung nach der Art der Veränderungen ergab sich folgendes Bild (Mehrfachnennungen waren möglich):

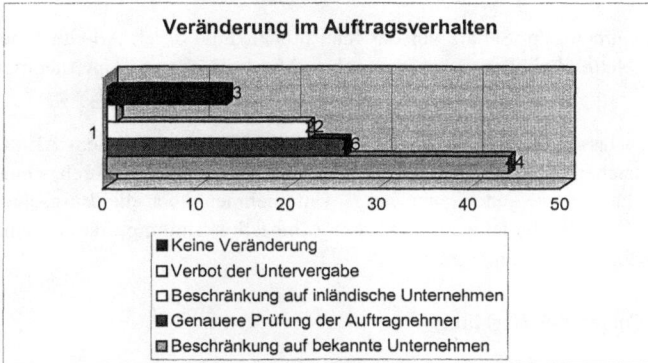

Veränderung im Auftragsverhalten

- Keine Veränderung
- Verbot der Untervergabe
- Beschränkung auf inländische Unternehmen
- Genauere Prüfung der Auftragnehmer
- Beschränkung auf bekannte Unternehmen

Schaubild: Veränderung im Auftragsverhalten

Am verbreitetsten war die Beschränkung auf bereits bekannte Unternehmen mit 62 %. Eine genauere Prüfung der Auftragnehmer folgte mit 37 %. Bei 31 % der Befragten führte das Risiko der Inanspruchnahme zu einem Ausschluss der Beauftragung ausländischer Auftragnehmer. Dabei wurde von einem Befragen mitgeteilt, dass es trotz Bindung an die VOB ausländische Unternehmen per se nicht mehr berücksichtige. Die Vorschrift hat daher erhebliche Auswirkungen auf die Chancen ausländischer Unternehmer, Aufträge in Deutschland zu akquirieren.

Befragt, ob die Unternehmen Sicherungsmaßnahmen ergriffen, ergab sich folgende Antworten (Mehrfachnennungen waren möglich):

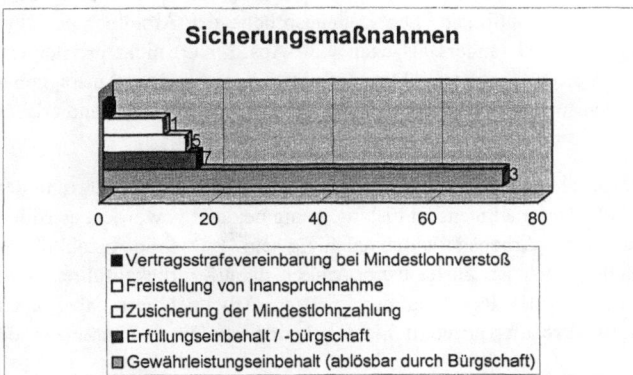

Sicherungsmaßnahmen

- Vertragsstrafevereinbarung bei Mindestlohnverstoß
- Freistellung von Inanspruchnahme
- Zusicherung der Mindestlohnzahlung
- Erfüllungseinbehalt / -bürgschaft
- Gewährleistungseinbehalt (ablösbar durch Bürgschaft)

Schaubild: Sicherungsmaßnahmen

Betrachtet man die Verteilung der Sicherungsmaßnahmen, so waren in der Mehrzahl die üblichen Maßnahmen zu verzeichnen festzustellen, die die ordnungsgemäße Vertragserfüllung und Gewährleistung sichern sollen.

Konkrete Maßnahmen zum Schutz vor der Inanspruchnahme durch Arbeitnehmer aufgrund der Nettolohnhaftung hat nur eine Minderheit von Unternehmen getroffen:

15 Unternehmen lassen sich die Erfüllung der Verpflichtungen nach dem AEntG vertraglich zusichern, 11 davon sichern sich zusätzlich durch eine Freistellungserklärung, die jedoch nur bei 2 Unternehmen über die Bürgschaft abgedeckt wird. 1 Unternehmen hat die Mindestlohnzahlung durch eine Vertragsstrafenabrede zusätzlich gesichert.

h)   Sonstige Folgen der Regelung

(1)   Verlagerung des Insolvenzrisikos durch § 1a AEntG

Eine Konsequenz der Regelung ist damit eine Verlagerung des Insolvenzrisikos. Die bisherige Gesetzeslage mutete dem Arbeitnehmer das Risiko zu, die Folgen einer Insolvenz seines Arbeitgebers auf seine Lohnansprüche selbst zu tragen und mildert dies durch bestimmte gesetzliche Regelungen ab.

Der Auftraggeber trägt das Risiko der Insolvenz seines eigenen Vertragspartners insofern, als dass bereits bezahlte Bauleistungen nicht oder nicht mehr vollständig erbracht werden. Jeder trägt damit das Risiko, das er sich durch die Wahl seines Vertragspartners bzw. Arbeitgebers selbst auferlegt hat.

Mit der Nettolohn-Regelung des § 1a AEntG wird dem Auftraggeber zusätzlich auch das Insolvenzrisiko von Subunternehmern in Bezug auf die Lohnansprüche von deren Arbeitnehmern auferlegt. Die Lohnansprüche der Arbeitnehmer sind unter der Geltung der InsO (anders als nach § 59 Abs. 1 KO) nicht privilegiert, sondern einfache Verbindlichkeiten. Der auf den entstehenden Auftraggeber übergehende Lohnanspruch gegen den insolventen Arbeitgeber kann daher bestenfalls mit der Quote realisiert werden.

Von direkter Inanspruchnahme der Auftraggeber durch Arbeitnehmer aufgrund der Insolvenz eines (Sub-)Unternehmens ist bislang wenig bekannt geworden, es sollen jedoch Verfahren vor den Arbeitsgerichten anhängig sein[145]. Das die Anzahl dieser Verfahren nicht allzu hoch ist, dürfte hauptsächlich darauf zurückzuführen sein, dass diese Auswirkung der Regelung den meisten Arbeitnehmern, aber auch Anwälten und Gewerkschaftsvertretern nicht bekannt ist. Die Voraussetzungen

---

[145] *Werner*, NZBau 2000, S. 225, (228).

dürften jedoch prinzipiell in jedem der zahlreichen Insolvenzfälle des Baugewerbes erfüllt gewesen sein, in deren Verlauf Arbeitnehmer mit Lohnforderungen ausgefallen sind. In diesen Fällen wird jedoch häufig Insolvenzgeld nach §§ 183 ff. SGB III durch das Arbeitsamt bezahlt[146], so dass der einzelne Arbeitnehmer von der Inanspruchnahme des Auftraggebers oder eines sonstigen höherrangigen Unternehmens absehen wird. Das Insolvenzgeld umfasst alle Ansprüche auf Bezüge aus dem Arbeitsverhältnis, die im weitesten Sinne als Gegenleistung für die erbrachte Arbeitsleistung zu verstehen sind[147]

(2) Rückgriff der Arbeitsämter für Insolvenzgeldzahlungen

Dies führt jedoch dazu, dass die informierten Arbeitsämter Rückgriff bei dem solventesten Unternehmer aus der Kette der haftenden Unternehmer nehmen können, wenn sie aufgrund von Insolvenz bei einem Subunternehmer Insolvenzgeld an dessen Arbeitnehmer zahlen[148]. Dies wird häufig der Auftraggeber sein.

Die Nettolohnansprüche und die Verpflichtung des Auftraggebers nach § 1a AEntG, diese zu entrichten, gehen gemäß § 187 SGB III i. V. m. §§ 401, 412 BGB bereits mit der Stellung des Antrags auf Insolvenzgeld auf das Arbeitsamt über[149]. Mit dem Lohnanspruch gehen auch alle Nebenrechte und Ansprüche gegen mithaftende Dritte über. Dies soll dem Arbeitsamt ermöglichen, zu einem früheren Zeitpunkt alles Erforderliche für die Realisierung der Lohnforderung zu unternehmen[150]. Aufgrund der zeitlichen Verzögerung wird dennoch zumeist erst zu einem Zeitpunkt nach vollständiger Fertigstellung und Bezahlung des Bauprojekts an den bis dahin arglosen Auftraggeber herangetreten und die Auslagen für das Insolvenzgeld zurückgefordert, wenn der Subunternehmer selbst dazu nicht in der Lage ist oder sich dies zu lange hinzieht. Ein Einbehalt von geschuldeten Werklohn ist dann nur noch in Ausnahmefällen möglich. Diese Rückforderung findet unabhängig davon statt, ob dem Auftraggeber die Einschaltung von Subunternehmern bekannt gewesen ist.

---

[146] Zu den Voraussetzungen des Insolvenzgeldanspruchs im allgemeinen: *Lakies*, NZA 2000, S. 565ff.; zur Durchsetzung der Vergütungsansprüche in der Insolvenz: *ders.*, NZA 2001, S. 521, (523ff.).

[147] *Lakies*, NZA 2000, S. 565, (567).

[148] *Harbrecht*, BauR 1999, S. 1376, (1378); *Werner*, NZBau 2000, S. 225, (226). Diese Einschätzung der Rechtslage wurde auf Anfrage vom LAA Baden-Württemberg bestätigt, das den zuständigen Arbeitsämtern in geeigneten Fällen zum Rückgriff rät.

[149] Für die Zeit bis zur Entscheidung über den Insolvenzgeldantrag ist der Arbeitnehmer nicht berechtigt, den Entgeltanspruch gegenüber seinem Arbeitgeber durchzusetzen, *Lakies*, NZA 2000, S. 565, (568).

[150] *Peters-Lange*, in: Gagel SGB III, § 187, Rn. 4.

Aufgrund der zeitlichen Verzögerung bis zur Geltendmachung der Forderungen und der Möglichkeit des insolventen Unternehmens, den Betrieb weiter zu führen, wird § 1a AEntG entgegen der Intention des Gesetzgebers, der diese Möglichkeit überhaupt nicht in Betracht gezogen hat[151], zu einer Insolvenzsicherungsnorm.

(3) Tatsächliche Veränderung der Rechtslage durch § 1a AEntG?

Nach Ansicht *Hanaus* ist durch die Einfügung des § 1a AEntG jedoch keine grundlegende Änderung der rechtlichen Situation eingetreten. Bereits nach der alten Rechtslage sei der Auftraggeber gegenüber Arbeitnehmern eines Subunternehmers häufig verpflichtet, den nach dem AEntG festgesetzten Mindestlohn nachzuzahlen. Er folgert diese Verpflichtung als Schadensersatz aus unerlaubter Handlung nach § 823 Abs. 2 BGB i. V. m. § 5 Abs. 2 AEntG. Nach § 5 Abs. 2 AEntG a. F. handelte ordnungswidrig, wer Bauleistungen in einem erheblichen Umfang ausführen lässt und hierbei einen Unternehmer beauftragt, von dem er weiß oder leichtfertig nicht weiß, dass dieser bei der Erfüllung des Auftrages nicht den nach § 1 AEntG notwendigen Mindestlohn zahlt oder es unterlässt, den Beitrag zur Urlaubskasse zu leisten. Insofern könne § 5 Abs. 2 AEntG a. F. als Schutzgesetz i. S. d. § 823 Abs. 2 BGB aufgefasst werden, wenn ein Schaden in Form der Nichterlangung des Mindestentgelts vom Arbeitgeber selbst entstanden ist[152].

Ob eine Norm als Schutzgesetz i.S.d. § 823 Abs. 2 BGB aufzufassen ist, ist danach zu beurteilen, ob die Norm allein dem Schutz der Allgemeinheit dient oder ob sie einen Schutz des einzelnen durch den Normverstoß Betroffenen bezweckt oder wenigstens mitbezweckt[153]. Dabei ist nicht genügend, dass der Schutz des einzelnen tatsächlich stets oder häufig – quasi als Rechtsreflex – durch die Regelung erreicht wird. Es wird allerdings auch nicht verlangt, dass der Schutz des einzelnen der einzige Zweck der gesetzlichen Regelung ist, wenn nur der Individualschutz auch mitverfolgt wird. Der Schutzzweck der Norm ist nach der vom Gesetzgeber beim Normerlaß verfolgten Intention, der angestrebten Wirkung herzuleiten[154]. Auf die tatsächliche Wirkung einer Norm kommt es nicht an[155].

---

[151] Vgl. BT-Drucks. 14/45, S. 17.

[152] *Hanau*, NJW 1996, S. 1369, (1370). Dabei ist jedoch zu beachten, dass die Nettolohnhaftung unabhängig von jedem Verschulden des Auftragnehmers eintritt, während für § 5 Abs. 2 AEntG mindestens Leichtfertigkeit, also eine grobe Form von Fahrlässigkeit gefordert wird. Damit führt die Einführung des § 1a AEntG auch dann, wenn man *Hanau* zu folgen bereit ist, zu einer Ausweitung der Haftung.

[153] MK-BGB-*Märtens*, § 823, Rn. 162; Palandt-*Thomas* § 823, Rn. 141; Staudinger-*Schäfer*, § 823 Rn. 580.

[154] MK-BGB-*Märtens*, § 823, Rn. 169; Palandt-*Thomas*, § 823, Rn. 141.

[155] Palandt-*Thomas*, § 823, Rn. 141.

Bei Untersuchung des AEntG muss man konstatieren, dass die Erstreckung von für allgemeinverbindlich erklärten Tarifverträgen, die einen Mindestlohn vorsehen, auf einen ausländischen Arbeitnehmer objektiv zu einer Verbesserung seiner Situation führen. Jedoch ist dies nicht der Zweck, den der Gesetzgeber mit der Regelung verfolgt hat. In den Erwägungen des Gesetzgebers ist vom Schutz des entsandten Arbeitnehmers nicht die Rede[156]. Auch der Inhalt der Norm spricht gegen eine solche Deutung: die Bußgelddrohung richtet sich bereits gegen die *Beauftragung* von Unternehmern, die nicht den Mindestlohn zahlen – Geschützt wird daher nicht der Lohnanspruch des bei diesem tätigen Arbeitnehmers. Verhält sich der Auftragnehmer normgetreu, wird verhindert, dass dieser überhaupt beauftragt wird. Dann würde auch dem einzelnen Arbeitnehmer kein Lohnanspruch aus einer Tätigkeit in Deutschland erwachsen.

Schutzobjekt der Regelung ist somit lediglich der deutsche Arbeitsmarkt. Daher kann § 5 Abs. 2 AEntG a. F. nicht als Schutzgesetz i. S. d. § 823 Abs. 2 aufgefasst werden[157].

3. Exkurs: Die Rechtslage in Österreich

Die Ausgangslage, an der sich in Deutschland eine heftige Diskussion entwickelt hat, ist in Österreich in gleicher Weise gegeben.

Bereits im Jahr 1993 – damals noch ohne Bindung an das Recht der Europäischen Gemeinschaft – hat der österreichische Gesetzgeber auf den vermehrten Einsatz ausländischer Subunternehmer reagiert und im Arbeitsvertragsrechts-Anpassungsgesetz (AVRAG)[158] eine dem AEntG vergleichbare Regelung getroffen. § 7 Abs. 2 AVRAG sah vor, dass „unbeschadet des auf das Arbeitsverhältnis anzuwendenden Rechts", alle Arbeitnehmer, die für länger als einen Monat zur Dienstleistung nach Österreich entsandt wurden, Anspruch auf das gesetzliche oder kollektiv-vertragliche[159] Entgelt haben, das am Arbeitsort vergleichbaren Arbeitnehmern von vergleichbaren Arbeitgebern gebührt. Ist die Lieferung von Anlagen oder Maschinen nach Österreich mit dem Erfordernis von Endmontage- oder Einbauarbeiten bzw. einer Reparatur durch Facharbeiter

---

[156] BT-Drucks. 13/2414, S. 7.
[157] Im Ergebnis ebenso *Hickl*, NZA 1997, S. 513.
[158] Öst. BGBl. 1993/459, in Kraft getreten zum 01.07.1993.
[159] In Österreich sind die Kammern, bei denen eine Pflichtmitgliedschaft der Arbeitgeber besteht, mit der Fähigkeit zum Abschluss von Kollektiv-Verträgen ausgestattet (§ 4 Abs. 1 Arbeitsvertragsgesetz (ArbVG). Aufgrund der gesetzlich normierten Außenseiterwirkung auf Arbeitnehmerseite (§ 12 ArbVG) führen die geschlossenen Kollektiv-Verträge zu einer lückenlosen Erfassung der einbezogenen Arbeitsverträge und stehen der Reichweite der allgemeinverbindlich erklärten Tarifverträge im deutschen Recht in der Wirkung kaum nach. Näher dazu *Binder*, DRdA 1999, S. 1, (5f.).

verbunden, so verlängert sich die Monatsfrist gemäß § 7 Abs. 3 AVRAG auf drei Monate („Montageprivileg").

Die Regelung umfasste nur Arbeitgeber mit einem Sitz außerhalb von Österreich und wurde daher bereits früh als möglicherweise diskriminierend bezeichnet[160], jedoch wurde angenommen, dass aufgrund der Tatsache, dass die überwiegende Mehrheit der österreichischen Arbeitnehmer und –geber ebenfalls der Kollektivwirkung unterliege, eine Diskriminierung im Ergebnis zu verneinen sei[161].

Eine ausdrückliche Regelung eines inländischen Gerichtsstands erfolgt nicht, so dass die Durchsetzung des Entgeltanspruchs fraglich war. Teilweise wurde vertreten, dies könne § 4 Abs. 1, Ziff. 1 d) des Arbeits- und Sozialgerichtsgesetzes (ASGG) entnommen werden. Danach ist für Lohnklagen auch das Gericht örtlich zuständig, in dessen Sprengel das Entgelt zu zahlen ist, bzw., nach Beendigung des Arbeitsverhältnisses, zu zahlen war[162]. Wird das Gehalt jedoch vom ausländischen Arbeitgeber auf ein Konto im Heimatland des entsandten Arbeitnehmers überwiesen – und dies ist angesichts der im Heimatland verbliebenen Familie und der sonstigen dort weiterlaufenden Zahlungsverpflichtungen des täglichen Lebens die Regel, so greift diese Vorschrift nicht[163]. Auch eine Zuständigkeit nach § 6 ASGG *am Ort der Zweigniederlassung* greift in den üblichen Entsendefällen nicht.

Im November 1995 wurde die Regelung erstmalig durch das Antimissbrauchsgesetz vom 17.11.1995 mit Wirkung zum 01.01.1996 novelliert[164]. Grund dafür war die weitgehende Wirkungslosigkeit der bisherigen Regelung[165]. In § 7 Abs. 2 AVRAG wurde ein Satz 2 aufgenommen, wonach Arbeitgeber und Auftraggeber *als Gesamtschuldner* für den Lohn haften. Die Verpflichtung des Auftraggebers erreichte damit einen Umfang, der noch über die Verpflichtung nach § 1a AEntG hinausging.

Nach dem EG-Beitritt Österreichs sollte eine Novellierung von AVRAG, AÜG und ASGG für die EG-konforme Umsetzung der Entsenderichtlinie Sorge tragen.

---

[160] *Spitzl*, ecolex 1996, S. 181, (184).

[161] *Kirschbaum*, DRdA 1995, 533, (538). Dies genügt meiner Ansicht nach aber nicht. Im Ergebnis sind alle ausländischen Arbeitgeber und Arbeitnehmer, aber eben nicht alle inländischen Arbeitgeber und Arbeitnehmer an die Entgeltsätze gebunden. Zudem begeht lediglich der ausländische Auftragnehmer beauftragende Unternehmer eine Verwaltungsstraftat, wenn er die nach der Nachweis-Richtlinie notwendigen Unterlagen nicht bereit hält, die mit einer Geldstrafe von bis zu 240.000,- ÖSS (ca. 35.000,- DM) geahndet werden kann. Damit ist sowohl eine Beschränkung der Dienstleistungsfreiheit als auch eine unmittelbare Diskriminierung der Auftragnehmer aufgrund ihrer Staatsangehörigkeit gegeben.

[162] *Piffl-Pavelec*, DRdA 1995, S. 292, (296).

[163] *Rebhahn*, DRdA 1995, S. 533, (540).

[164] Öst. BGBl. 1995/895.

[165] *Binder*, DRdA 1999, S. 1, (6).

Dazu wurde der Anwendungsbereich des § 4 AVRAG auf alle Auftragnehmer erweitert, gleichgültig ob sie aus dem Inland oder dem EWR-Raum stammen. Zugleich wurde die Strafdrohung wegen Nichtbereithaltung der nach der Nachweis-Richtlinie notwendigen Unterlagen auf den (ausländischen) Auftragnehmer und seinen (inländischen) Beauftragten reduziert.

Dabei wurde die Haftung des Auftraggebers modifiziert und entsprechend der Haftung eines Entleihers von Arbeitnehmern für Entgelt- und Sozialversicherungsbeitragsansprüche im Rahmen der Arbeitnehmerüberlassung (§ 14 AÜG) ausgestaltet.

Der neue § 7c AVRAG erhielt folgenden Wortlaut:

> *I. Ein Auftraggeber, der sich im Rahmen seiner Unternehmertätigkeit eines Auftragnehmers zur Erbringung von Leistungen im Sinne des § 7b Abs. 2 letzter Satz[166] bedient, haftet nach den §§ 1346 und 1355 ABGB als Bürge für Ansprüche auf laufendes Entgelt der vom Auftragnehmer zur Leistungserbringung eingesetzten Arbeitnehmer, das diesen während ihrer Tätigkeit im Rahmen der zwischen Auftraggeber und Auftragnehmer vereinbarten Leistungserbringung.*

> *II. Hat der Auftraggeber die Forderung (Werklohn) des Auftragnehmers aus dem der Leistungserbringung zugrundeliegenden Vertrag nachweislich zur Gänze erfüllt, haftet der Auftraggeber für die im Abs. 1 angeführten Ansprüche als Ausfallbürge im Sinne des § 1356 AGBG.*

> *III. Bei Insolvenz des Auftragnehmers oder, falls dieser unbekannten Aufenthalts ist, entfällt die Bürgenhaftung des Auftraggebers.*

Es fällt also auf, dass die Haftung des Auftraggebers in dreifacher Hinsicht reduziert worden ist:

Zum einen wurde die Haftung des Auftraggebers von einem Einstehen als Gesamtschuldner zu einem solchen als gewöhnlicher Bürge herabgestuft. Sie betrifft nur noch das „laufende Entgelt" und zudem nur noch Bauarbeiten. Die österreichische Bürgenhaftung sieht nach § 1355 AGBG eine Inanspruchnahme des Bürgen vor, wenn der Hauptschuldner gemahnt wurde und trotzdem seiner Verpflichtung nicht in angemessener Zeit nachkommt[167], die Einrede der Vorausklage, wie in § 771 BGB geregelt, steht dem Bürgen nicht zu.

Hat der Auftraggeber seine vertraglichen Verpflichtungen gegenüber dem Auftragnehmer voll erfüllt, haftet er nur noch nach den Vorschriften der

---

[166] Bestimmte Bauleistungen (Anm. des Verf.).
[167] *Koziol/Welser*, S. 130.

Ausfallbürgschaft (§ 1356 AGBG). Danach kann der Auftraggeber nur dann herangezogen werden, wenn der Arbeitnehmer sein Recht auch durch Zwangsvollstreckung (Exekution) nicht durchsetzen konnte, weil der Arbeitgeber Konkurs gegangen oder unbekannten Aufenthalts ist[168], die Rechtslage entspricht nunmehr dem Vorausklageerfordernis des deutschen Bürgschaftsrechts.

Durch den in Abs. 3 festgelegten Haftungsentfall im Insolvenzfall und bei unbekanntem Aufenthalt des Arbeitgebers werden die Inanspruchnahmevoraussetzungen des Auftraggebers weiter verengt und unterscheiden sich so deutlich von ihrem deutschen Pendant.

B.   MÖGLICHKEIT DER DOGMATISCHEN EINORDNUNG IN DAS ZIVILRECHTLICHE HAFTUNGSSYSTEM

Zunächst soll die aus § 1a AEntG folgende Haftung in das Haftungssystem des deutschen Zivilrechts eingeordnet werden. Dabei sind im Grundsatz zwei Haftungssysteme zu trennen. Auf der einen Seite steht das System der vertraglichen und quasivertraglichen Haftung. Es regelt die entstehenden Konflikte zwischen Personen, die in einer Sonderbeziehung zueinander stehen, mag diese Beziehung nun Niederschlag in einem Vertrag gefunden haben oder in einer Vorstufe stehen geblieben sein.

Daneben steht mit der deliktischen Haftung die Regelung von Konflikten, die auch auf zufälligen Kontakt beruhen können, ohne dass eine vorherige Sonderbeziehung zwischen den Beteiligten nötig ist. Diesen herkömmlichen Haftungstatbeständen des Deliktsrechts ist der Umfang des zu ersetzenden Schadens gemeinsam: Es wird auf das Integritätsinteresse gehaftet, der Haftungsschuldner muss den Anspruchsberechtigten so stellen, als sei das haftungsbegründende Ereignis ausgeblieben. Dies gilt auch für die Gefährdungshaftung innerhalb bestehender Vertragsverhältnisse, wie beim Lufttransportvertrag.

Die Verpflichtung zur Zahlung des Mindestlohns trifft als primären Schuldner den Arbeitgeber als Vertragspartner des durch die Mindestlohnfestsetzung privilegierten Arbeitnehmers.

Daneben tritt die Möglichkeit eines Durchgriffs auf den Auftraggeber als Schuldner gleich einem selbstschuldnerischen Bürgen gemäß § 1a AEntG. Durch diesen Durchgriff soll prinzipiell nicht das negative Interesse ersetzt werden, sondern der Arbeitnehmer soll so gestellt werden, wie er bei ordnungsgemäßer Erfüllung eines gesetzmäßig ausgestalteten Arbeitsvertrages gestanden hätte. Die Haftung dient

---

[168] *Koziol/Welser*, S. 130.

somit der Erfüllungssicherung. Insofern bestehen erste Berührungspunkte zur vertraglichen oder quasivertraglichen Haftung.

1. Einordnung als vertragliche Veranlassungs-/Garantiehaftung

a) Vergleichbarkeit mit anderen Haftungstatbeständen

Hierzu soll untersucht werden, ob die Nettolohnhaftung in das System der vertraglichen bzw. quasivertraglichen Haftung einzupassen ist.

(1) Vergleichbarkeit mit § 278 BGB

Das ArbG Berlin meint, in der Nettolohnhaftung den Grundgedanken des § 278 BGB wiederzuerkennen[169]. § 278 BGB lege die Haftung für das Verschulden Dritter ohne eigenes Verschulden nieder und regele die unbedingte Zurechnung des Personalrisikos zum Geschäftsherrn. Wer sich die Vorteile der Arbeitsteilung zu nutze mache, soll auch das damit verbundene Risiko tragen[170]. Darin liegt eine Garantiehaftung für die eingesetzten Erfüllungsgehilfen[171]. Nicht mehr oder weniger sei Inhalt des § 1a AEntG.

Berührungspunkt ist die Regelung arbeitsteiligen Verhaltens. § 278 BGB knüpft an die „gewollte Arbeitsverlagerung vom Schuldner weg" an[172]. Wer den Vorteil der Arbeitsteilung in Anspruch nimmt, soll auch deren Nachteil tragen[173].

(a) Normwirkung

Der Grundgedanke des § 278 BGB umfasst damit eine „Art von Erfolgshaftung"[174], jedoch im Rahmen der Zurechnung von Verschulden[175]. § 278 BGB findet Anwendung, soweit es im Rahmen anderer Normen darauf ankommt, ob eine bestimmte Leistungspflicht zu vertreten ist. Die Norm ist keine selbständige Anspruchsgrundlage, sondern gestaltet eine bereits zuvor bestehende Anspruchsgrundlage aus. Voraussetzung der Zurechnung ist das Bestehen einer Sonderbeziehung zwischen dem Haftungsschuldner und dem Gläubiger, im Fall der Nettolohnhaftung also zwischen Auftraggeber und dem Arbeitnehmer.

---

[169] ArbG Berlin, NZA-RR 2000, S. 651, (653).
[170] MK-BGB-*Grundmann*, § 278 Rn. 3.
[171] Staudinger-*Löwisch*, § 278 Rn. 1.
[172] MK-BGB-*Grundmann*, § 278 Rn. 42.
[173] BGHZ 95, S. 128, (132).
[174] Palandt-*Heinrichs*, § 278, Rn. 1.
[175] MK-BGB-*Grundmann*, § 278 Rn. 49.

Hierunter fallen Schuldverhältnisse oder ähnliche Rechtsverhältnisse[176]. Nicht anwendbar ist § 278 BGB hingegen auf die Verletzung allgemeiner Rechtspflichten (wie straf- oder deliktsrechtliche Verstöße) einschließlich von Rechtspflichten gegenüber der Allgemeinheit[177].

Hierin liegt ein grundlegender Unterschied zur Nettolohnhaftung. Übertragen auf diese wäre also eine Sonderbeziehung zwischen Auftraggeber und Arbeitnehmer notwendig. Eine solche Sonderbeziehung wird zwischen Arbeitnehmer und Auftraggeber erst durch § 1a AEntG geschaffen. Ohne die Geltung von § 1a AEntG selbst besteht eine Sonderbeziehung selbst dann nicht, wenn der Auftraggeber bei Beauftragung eines Bauunternehmers positiv weiß, dass dieser seinen Arbeitnehmern nicht den gesetzlichen Mindestlohn zahlen wird. Die Ordnungswidrigkeitsnorm des § 5 Abs. 2 AEntG soll gerade keine Ansprüche schaffen, auch nicht in Verbindung mit § 823 Abs. 2 BGB, sondern der Schaffung von Ansprüchen entgegenwirken[178].

Eine Vergleichbarkeit der Nettolohnhaftung mit der Verschuldenszurechnung für Erfüllungsgehilfen ist daher bereit aufgrund der Rechtsfolge nicht gegeben.

(b) Haftungsgrund

§ 278 BGB lässt den Geschäftsherr das Risiko treffen, dass der *an seiner Stelle* handelnde Gehilfe schuldhaft rechtlich geschützte Interessen des Gläubigers verletzt. Der Gehilfe kann zwar auch selbständig und nicht weisungsgebunden sein, er ist indes im Pflichtenkreis des Geschäftsherrn tätig. Die Nettolohnhaftung geht den entgegengesetzten Weg. Die Zahlung des vorgeschriebenen Mindestlohns ist die primäre Verpflichtung des „Gehilfen", nämlich des Arbeitgebers des dadurch privilegierten Arbeitnehmers.

Dem Einstehensmüssen nach § 278 BGB liegt ein privat-autonomer Willensakt des Geschäftsherrn, nicht des Gläubigers zu Grunde (zumindest soweit die Zurechnung nicht aufgrund gesetzlicher Anordnung erfolgt). Die Hilfsperson, für deren Verschulden der Geschäftsherr einzustehen hat, wird üblicherweise einseitig von diesem ausgewählt. Bereits die Tatsache, dass der Erfüllungsgehilfe auch vom Gläubiger ausgesucht wird, hindert nach h.M. die Zurechnung des Verkäuferverschuldens an den Hersteller eines Produkts, da dem Gläubiger damit Einschaltung und Person des Erfüllungsgehilfen bekannt ist[179]. In den Fällen der Nettolohnhaftung ist es regelmäßig so, dass sich der einzelne Arbeitnehmer seinen

---

[176] BGHZ 1, S. 248, (249).
[177] RGZ 160, S. 310, (314); BGH v. 17.04.1980, NJW 1980, S. 2080.
[178] Siehe A. 2. h) (3).
[179] MK-BGB-*Grundmann*, § 278 Rn. 4.

Arbeitgeber aussucht, *bevor* dieser in vertragliche Beziehungen zu einem Auftraggeber tritt.

Aufgrund des Charakters von § 278 BGB als Verschuldenszurechnungsnorm gerät der Geschäftsherr also deshalb ohne eigenes Verschulden in die Haftung, weil ihm das Verschulden des Erfüllungsgehilfen zugerechnet wird. Die Nettolohnhaftung nimmt indes auf Verschuldensgesichtspunkte keine Rücksicht. Die Haftung setzt ein, wenn ein Arbeitnehmer, aus welchem Grund auch immer, den Mindestlohn nicht erhält. Es kommt nicht darauf an, ob der Mindestlohnverstoß schuldhaft erfolgt. Gegen das Argument, dass einem Arbeitgeber die Verpflichtung zur Zahlung des Mindestlohns unbekannt war, mag man einwenden, dass dies bereits einen Fahrlässigkeitsvorwurf in sich birgt. Der Arbeitgeber hätte sich ja informieren können. Die Nettolohnhaftung greift indes auch dann, wenn der Mindestlohn zwar vereinbart, aber z.B. aufgrund von Insolvenz nicht zur Auszahlung kommt. Noch schwerer zu begründen ist die Haftung für Verstöße, die nicht von dem Vertragspartner des Haftenden, sondern von einem weiteren Subunternehmer begangen werden.

Ein weiterer Gesichtspunkt, der gegen eine Vergleichbarkeit von § 1a AEntG mit § 278 BGB spricht, ist die umfassende Abdingbarkeit von § 278 S. 1 BGB. Die Haftung ist gemäß § 278 S. 2 BGB sogar bei Vorsatz des Erfüllungsgehilfen abdingbar[180].

(c) Ergebnis

Eine Vergleichbarkeit der Nettolohnhaftung mit § 278 BGB scheidet daher, sowohl in dogmatischer als auch in struktureller Hinsicht aus.

(2) Quasivertragliche verschuldensunabhängige Haftungstatbestände

Eine quasi-vertragliche verschuldensunabhängige Veranlassungs- bzw. Garantiehaftung besteht für den Stellvertreter nach § 179 Abs. 2 BGB, den Anfechtenden nach § 122 Abs. 1 BGB. Auch das anfängliche Unvermögen, das im BGB nicht ausdrücklich geregelt ist, stellt nach h.M. einen Fall der verschuldensunabhängigen Haftung dar[181].

Kennzeichen einer Garantiehaftung ist der gesteigerte Haftungswille des Versprechenden[182]. Wo eine ausdrückliche Garantieerklärung des Schuldners fehlt, statuiert das Gesetz eine Haftung aus Gründen des Verkehrsschutzes, wobei dem Umstand Rechnung getragen wird, dass die entsprechenden Haftungstatbestände

---

[180] MK-BGB-*Grundmann*, § 278 Rn. 50.
[181] RGZ, 69, S. 355, (357); BGHZ 8, S. 231; *Larenz-Canaris*, Schuldrecht I § 8 II, S. 101.
[182] *Ehmann/Emmert*, SAE 1997, S. 253, (259).

außerhalb des Einsichts- und Verantwortungsbereich des Gläubigers entstehen (so z.B. bei Rechtsmängeln einer Forderung, § 437 BGB oder der Vermieterhaftung für anfängliche Mängel, §§ 538, 537 BGB). Auch in diesem Fall steht die Haftung in direktem Zusammenhang mit dem Leistungsversprechen des Schuldners, der die berechtigten Erwartungen des Gläubigers nicht zu erfüllen vermag.

Anders die Situation bei Entsendevorgängen: Im Regelfall ist das Arbeitsverhältnis zwischen dem Auftragnehmer und dem Arbeitnehmer inklusive der Lohnabsprache bereits begründet, wenn der Auftraggeber hinzutritt. Ein direkter Kontakt mit dem Auftraggeber, der den Arbeitnehmer dazu veranlassen könnte, auf die Sicherstellung der Zahlung des Mindestlohns durch diesen zu vertrauen, findet nicht statt; im Regelfall ist der Auftraggeber dem einzelnen Arbeitnehmer bis zur Entsendung überhaupt nicht bekannt.

Damit treffen bei der Nettolohnhaftung auch die Haftungsgründe für die vertragliche oder quasi-vertragliche Garantiehaftung nicht zu.

Durch die Nettolohnhaftung wird, wie oben ausgeführt, der Auftraggeber aufgrund des mit dem Arbeitgeber geschlossenen Werkvertrags zur Erfüllung dessen originärer Arbeitgeberpflichten herangezogen, ohne dass er mit dem Arbeitnehmer selbst in vertraglicher Verbindung steht. Anknüpfungspunkt einer quasi-vertraglichen Haftung des Auftraggebers könnte daher nur der Bauwerkvertrag sein.

Der einzelne Arbeitnehmer des Entsendeunternehmens hat vertragliche Bindungen nur mit dem Entsendeunternehmen. In allgemeiner zivilrechtlicher Dogmatik ist er als „Erfüllungsgehilfe" i.S.d. § 278 BGB seines Arbeitgebers bei der Erbringung der vertraglich geschuldeten Werkleistung einzuordnen[183]. Die Arbeitgeberfunktion bleibt nur bei diesem. Diese Wertung hat der Gesetzgeber in anderen Bereichen auch berücksichtigt. Beispiel hierfür wäre die Haftung für Abschiebungskosten für Arbeitnehmer, die sich illegal in Deutschland aufhalten. Wird ein solcher, bei einem Subunternehmer beschäftigter Arbeitnehmer aus Deutschland ausgewiesen, so haftet gemäß § 82 Abs. 4 AuslG lediglich der Subunternehmer, nicht aber der auftraggebende Hauptunternehmer für die Abschiebungskosten[184].

Mit der Begründung einer Pflicht zur Zahlung des Lohnes wird dem Auftraggeber von Bauleistungen in eine typische Arbeitgeberpflicht auferlegt. Zudem wird der einzelne Arbeitnehmer ja auch im Interesse des Auftraggebers tätig. Die dadurch erfolgte Einbeziehung eines Dritten in ein Arbeitsverhältnis ist indes nichts neues und wird seit langem unter dem Stichwort „aufgespaltene Arbeitgeberstellung"

---

[183] *Koberski/Sahl/Hold*, AEntG, § 1, Rn. 26.
[184] vgl. dazu Crämer, BauR 2000, S. 652, (653).

diskutiert[185]. Insbesondere wird in diesem Zusammenhang der mögliche Durchgriff auf eine Person erörtert, zu der der Arbeitnehmer nicht in einer vertraglichen Beziehung steht.

(3)   Anwendung der Grundsätze des gespaltenen Arbeitsverhältnisses

Die Arbeitgeberstellung als Parteistellung innerhalb eines Arbeitsverhältnisses wird bestimmt durch Ansprüche, aber auch durch Rechte und Rechtslagen innerhalb dieses Schuldverhältnisses[186]. Zur Arbeitgeberstellung gehört neben dem Kündigungsrecht die Fürsorgepflicht gegenüber den Arbeitnehmern und das Direktionsrecht. Die Arbeitgeberstellung muss nicht zwangsläufig von einer Person ausgeübt werden. Insbesondere in größeren Unternehmen werden bestimmte Arbeitgeberfunktionen im Rahmen der Arbeitsteilung zwangsläufig von verschiedenen natürlichen Personen ausgeübt. Eine Ausübung von Arbeitgeberfunktionen kann jedoch auch durch Personen oder Unternehmen erfolgen, die nicht Vertragspartner des Arbeitnehmers sind und diese Rechte nicht zwingend vom unmittelbaren Vertragspartner ableiten. Die insofern bedeutendsten Ausprägungen sind das mittelbare Arbeitsverhältnis und das Leiharbeitsverhältnis[187]. Diese sollen hier Gegenstand der Untersuchung sein.

Dass dabei eine direkte Anwendung dieser Rechtsinstitute auf die Konstellation der Nettolohnhaftung nicht möglich ist, steht außer Frage. Das mittelbare Arbeitsverhältnis scheidet bereits aus dem Grunde aus, dass zwischen dem Auftragnehmer und dem Auftraggeber unbestritten kein Arbeitsvertrag, sondern ein Werkvertrag vorliegt. Besonders deutlich ist dies natürlich dann, wenn der Auftragnehmer eine juristische und keine natürliche Person ist[188]. Auch ein Leiharbeitsverhältnis liegt im Regelfall nicht vor, da es dem Auftragnehmer auf eine eigene Verwertung der Leistungen der bei ihm angestellten Arbeitnehmer ankommt und diese zur Erfüllung der ihm obliegenden Leistungsverpflichtung aus dem Werkvertrag einsetzt[189].

Durch einen Vergleich dieser Institute und die Erarbeitung der gemeinsamen Strukturen können möglicherweise Schlüsse für eine Übertragbarkeit bestimmter Rechtsgedanken auf die dogmatische Rechtfertigung der Nettolohnhaftung gezogen werden.

---

[185] *Konzen*, ZfA 1982, S. 259ff. *Weber*, Das gespaltene Arbeitsverhältnis 1992.
[186] *Müllner*, S. 17.
[187] *Konzen*, ZfA 1982, S. 259, (265).
[188] *Schaub*, § 8 Rn. 2ff.
[189] In diesem Zusammenhang soll nicht auf die mitunter schwierige Abgrenzung von Arbeitnehmerüberlassung und Werk- bzw. Dienstvertrag eingegangen werden.

(a)   Das mittelbare Arbeitsverhältnis

Mit der Rechtsfigur des mittelbaren Arbeitsverhältnisses, die zurückgeht auf § 120 des Entwurfs eines „Gesetzes über das Arbeitsverhältnis" aus dem Jahr 1938[190], wird die Konstellation bezeichnet, dass ein Arbeitnehmer von einer Person beschäftigt wird, der ihrerseits Arbeitnehmer eines Dritten ist[191]. Hier sollen diese Personen als Arbeitnehmer, Mittelsmann und Dritter bezeichnet werden.

Eine solche Konstellation war früher als „Zwischenmeisterverhältnis" in der Land- und Forstwirtschaft verbreitet. In Viehzuchtbetrieben war es beispielsweise üblich, dass ein angestellter „Melkmeister" weitere Arbeitnehmer in eigenem Namen einstellte. Bei dem „Hofgängerverhältnis" verpflichtete sich ein landwirtschaftlicher Arbeitnehmer gegenüber seinem Gutsherrn, weitere Arbeitnehmer (die sog. Hofgänger) zur Verfügung zu stellen[192]. Als weiteres Beispiel werden „Ziegelmeister" genannt, die, nach der Gesamtarbeitsleistung bezahlt, eigene Arbeitnehmer beschäftigen[193]. Das Rechtsinstitut hat im Zuge der Modernisierung der ländlichen Arbeits- und Wirtschaftsstrukturen stark an Bedeutung verloren.

Als auch noch in aktueller Zeit vorkommende Beispiele für das mittelbare Arbeitsverhältnis wird das Verhältnis einer Rundfunkanstalt zu Musikern angeführt, deren Arbeitsverträge nicht direkt mit der Rundfunkanstalt abgeschlossen werden, sondern mit einem von diesem angestellten Kapellmeister[194] sowie der Schulhausmeister, der die Reinigungskräfte im eigenen Namen anstellt[195]. Die Rechtsprechung hat ein mittelbares Arbeitsverhältnis auch bei Bestehen eines Franchise-Agenturvertrags erwogen (wenngleich im Ergebnis abgelehnt)[196].

(i)   Rechtliche Ausgestaltung

Zwischen dem Dritten und dem Mittelsmann sowie zwischen dem Mittelsmann und dem Arbeitnehmer bestehen Arbeitsverträge. Zwischen Dritten und Arbeitnehmer bestehen keine vertraglichen Beziehungen[197].

---

[190] Vgl. BAG v. 09.04.1957, NJW 1957, S. 1165.
[191] *Schaub*, § 185, Rn. 2.
[192] Beispiele nach *Weber*, Aufgespaltenes Arbeitsverhältnis, S. 84f.
[193] *Konzen*, ZfA 1982, S. 259, (268).
[194] BAG v. 26.11.1975, AP Nr. 19 zu § 611 Abhängigkeit.
[195] BAG v. 20.07.1982, AP Nr. 5 zu § 611 Mittelbares Arbeitsverhältnis.
[196] LAG Köln v. 23.01.1989, BB 1990, S. 1064; BAG v. 21.02.1990, EzA zu § 611 BGB Arbeitnehmerbegriff.
[197] *Schaub*, § 185 Rn. 2.

Nach einer anderen Ansicht[198] sei dem Mittelsmann aufgrund einer „sozialstaatlichen Sachverhaltsinterpretation" die Rechtsstellung eines Bevollmächtigten des Arbeitnehmers zugewiesen, womit ein unmittelbares Arbeitsverhältnis zwischen Drittem und Arbeitnehmer zustande käme. Dies ist indes dogmatisch unhaltbar. Wie *Waas* zu Recht feststellt, bedürfte es neben der Annahme einer solchen Erklärung zunächst einer wirksamen Bevollmächtigung des Mittelsmanns, für die im Regelfall überhaupt keine Anhaltspunkte vorliegen[199]. Diese dogmatischen Schwierigkeiten bestehen insbesondere dann, wenn der Mittelsmann den Arbeitsvertrag mit dem Arbeitnehmer vor dem Zeitpunkt des Vertragsschlusses zwischen Mittelsmann und Dritten abgeschlossen hatte. Die „sozialstaatliche Sachverhaltsinterpretation" stellt damit der Sache nach nichts als eine Fiktion rechtsgeschäftlicher Erklärungen dar. Eine Begründung für diese Fiktion ist angesichts der fehlenden Bindung der Beteiligten an das Sozialstaatsgebot nur schwer zu finden. Zudem versagt diese Lehre, wenn Mittelsmann und Dritter die Herbeiführung unmittelbarer Vertragswirkungen ausschließen. Der Mittelsmann würde dann ohne Vertretungsmacht handeln und einen Vertrag zwischen Drittem und Arbeitnehmer gerade nicht herbeiführen können. Aufgrund dieser Schwächen wird diese Lehre soweit ersichtlich im aktuellen Schrifttum und von der Rechtsprechung abgelehnt[200].

(ii) Rechtsfolge eines mittelbaren Arbeitsverhältnisses

Dem Dritten wird durch die Weisungsbefugnis gegenüber dem Mittelsmann ein mittelbares Weisungsrecht gegenüber dem Arbeitnehmer eingeräumt. Das mittelbare Arbeitsverhältnis legt dem Dritten deshalb nach h.M. eine arbeitsvertragliche Fürsorgepflicht für den Arbeitnehmer auf[201]. Daraus sollen sich neben Schutzpflichten für Leben und Gesundheit des Arbeitnehmers auch eine Verpflichtung ergeben, mit der verkehrserforderlichen Sorgfalt dafür zu sorgen, dass der Arbeitnehmer seinen Lohn erhält[202].

Fraglich ist indes, ob hier auch ein Einrücken in vertragliche Hauptpflichten möglich ist. Überwiegend wird zusätzlich eine *subsidiäre Lohnhaftung* angenommen: Der 3. Senat des BAG hatte mit Bezug auf § 121 des Entwurfs eines Gesetzes über das Arbeitsverhältnis eine subsidiäre Verpflichtung des mittelbaren Arbeitgebers zur Lohnzahlung angenommen[203]. Wenig später hat der 4. Senat eine

---

[198] z.B. *Ramm*, ZfA 1973, S. 263, (274).
[199] *Waas*, RdA 1993, S. 153, (154).
[200] *Schaub*, § 8 Rn. 2ff.; *Koller*, Anm. zu AP Nr. 5 zu § 611 Abhängigkeit, S. 4; *Waas*, RdA 1993, S. 153, (154); BAG v. 08.08.1958, AP Nr. 3 zu § 611 Mittelbares Arbeitsverhältnis.
[201] *Schaub*, § 185, Rn. 2; *Waas*, RdA 1993, S. 153, (155); *Zöllner/Loritz*, ArbR, S. 158.
[202] *Koller,* Anm. zu AP Nr. 5 zu § 611 Abhängigkeit, S. 4.
[203] BAG v. 09.04.1957, AP Nr. 2 zu § 611 Mittelbares Arbeitsverhältnis.

solche Haftung jedoch für den Regelfall verworfen[204]. In neuerer Zeit hat das BAG, allerdings als obiter dictum, wiederum die Möglichkeit einer subsidiären Lohnhaftung bejaht[205]. Auch die wohl h.M. geht von einer subsidiären Lohnhaftung aus[206].

Ein weitergehender Durchgriff auf den Dritten wird jedoch für den Fall diskutiert, dass sich ein „Missbrauch der Rechtsform" des mittelbaren Arbeitsverhältnisses ergibt. Wenn der Dritte willkürlichen Gebrauch von der Gestaltungsform des mittelbaren Arbeitsverhältnis gemacht hat, dann soll das Arbeitsverhältnis zwischen Mittelsmann und Arbeitnehmer sogar vollständig auf den Dritten verlagert werden[207]. Das BAG bejaht dies, soweit die Umgehung zwingender arbeitsrechtlicher Grundsätze zu befürchten ist[208]. Dabei stellte es nicht nur auf eine Umgehung von Schutzvorschriften für den Bestand des Arbeitsverhältnisses ab, sondern auch auf die Umgehung anderer wichtiger arbeitsrechtlicher Schutzgesetze[209]. Das BAG verlangt dabei allerdings keine Umgehungsabsicht, sondern folgert eine Umgehung immer schon dann, wenn der Zweck einer Rechtsnorm objektiv vereitelt wird, ohne das sachliche Gründe hierfür vorliegen[210]. Der Gesetzgeber nimmt an, dass die die Schutzbedürftigkeit begründende Abhängigkeit im Regelfall durch Vertrag begründet wird und bürdet deshalb dem Vertragspartner die Schutzpflichten auf. Ist dies im Einzelfall anders zu werten, kann ein Durchgriff notwendig sein.

Der vollständige Übergang des Arbeitsverhältnisses ist jedoch nicht unproblematisch. Anders als bei der Rechtsprechung zum befristeten Arbeitsverhältnis haben sich die Beteiligten, Dritter und Arbeitnehmer, gerade dazu entschlossen, *keine* vertragliche Bindung einzugehen. Das BAG neigt dazu, die vertragliche Beziehung beiseite zu schieben, wenn ihm dies aus Gründen des Arbeitnehmerschutzes als notwendig erscheint. Der „wirkliche" Geschäftswille, auf den das BAG z. B. seine Abgrenzung zwischen Arbeitnehmerüberlassung und Werk-/Dienstvertrag stützt, ist im Endeffekt nichts anderes als eine Fiktion. Die Rechtsprechung legt die Verträge nicht aus, sondern versagt dem erklärten

---

[204] BAG v. 08.08.1958, AP Nr. 3 zu § 611 Mittelbares Arbeitsverhältnis.

[205] BAG v. 21.02.1990, AP Nr. 57 zu § 611 Abhängigkeit, S. 2. *Weber*, S. 399.

[206] *Koller*, Anm. zu AP Nr. 5 zu § 611 Abhängigkeit, S. 4; *Weber*, S. 399; *Zöllner/Loritz*, ArbR, S. 158.

[207] BAG v. 20.07.1982, AP Nr. 5 zu § 611 Mittelbares Arbeitsverhältnis.

[208] Diesen Grundsatz hat das BAG erstmals durch Beschluss des Großen Senats für die Befristung von Arbeitsverträgen aufgestellt (BAG v. 12.10.1960, NJW 1961, S. 798) und mittlerweile auf verschiedene andere Fallgestaltungen wie Gratifikationen und Kündigungsschutz angewandt worden und kann als allgemeiner Grundsatz angesehen werden. (BAG v. 06.12.1963, AP Nr. 28 zu § 611 Gratifikation, BAG v. 26.11.1975, AP Nr. 19 zu § 611 Abhängigkeit).

[209] BAG v. 26.11.1975, AP Nr. 19 zu § 611 Abhängigkeit.

[210] *Koller*, Anm. zu AP Nr. 5 zu § 611 Abhängigkeit, S. 5.

rechtsgeschäftlichen Willen in bestimmten Fällen die Anerkennung[211]. Es ist ein noch weitergehender Eingriff in die Privatautonomie, wenn nicht nur ein bestehendes Vertragsverhältnis umgestaltet wird, sondern ein neues „zwangsweise" abgeschlossen wird. Deshalb erscheint es vorzugswürdig, die Vertragsbindung an den Mittelsmann aufrecht zu erhalten und die Verpflichtung des Dritten lediglich daneben treten zu lassen. Anderes kann nur gelten, wenn der Missbrauch gerade darin besteht, dass durch das Arbeitsverhältnis zum Mittelsmanns der gesetzliche Bestandsschutz umgangen werden soll.

(iii) Begründung der Verpflichtung eines Dritten

Zu ermitteln ist, warum es zu einer solchen „Arbeitgeberstellung" des Dritten gegenüber dem Arbeitnehmer kommt. Das Rechtsinstitut der mittelbaren Arbeitsverhältnisses wäre für die Begründung einer Fürsorgepflicht nicht erforderlich. Dies wäre auch mittels der herkömmlichen zivilrechtlichen Dogmatik über einen Vertrag mit Schutzwirkung zugunsten Dritter zwischen Drittem und Mittelsmann herzuleiten. Die Berufung auf eine so verstandene Fürsorgepflicht kann jedoch nicht das Einrücken in vertragliche Hauptpflichten rechtfertigen. Die Freiheit der Wahl des Vertragspartners gehört sonst zum Kernbestand der an der Privatautonomie orientierten Rechtsordnung.

Das Durchschlagen des Weisungsrechts des Dritten auf den Arbeitnehmer kann kaum als generelle Rechtfertigung herangezogen werden. Die Teilung des Direktionsrechts durch die Hintereinanderschaltung zweier Arbeitsverhältnisse erfolgt, um mit Waas zu sprechen, nur „dem Grunde nach"[212]. Im Einzelfall kann die Weisungsbefugnis durchaus beim Mittelsmann bleiben. Hier ist deshalb eine einzelfallorientierte Begutachtung notwendig.

Wirtschaftliche Abhängigkeit allein kann ebenfalls nicht genügen. Wirtschaftliche Abhängigkeit begründet zwar Einflussmöglichkeiten. Solche Abhängigkeiten sind aber bekannte Erscheinungen des Wirtschafts- und Arbeitslebens. Solange der Dritte aber lediglich auf den Mittelsmann, nicht aber auf den einzelnen Arbeitnehmer einwirkt, ist dies für die Beziehung des Arbeitnehmers zum Dritten zudem ohne Bedeutung.

Als notwendiges Kriterium, dass dem Mittelsmann die Stellung eines echten Arbeitgebers zukommt (und der Dritte somit keiner Pflicht zur Lohnzahlung unterliegt) hat das BAG die Tragung unternehmerischer Befugnisse und Risiken ermittelt[213].

---

[211] *Schirdewahn*, AuA 1998, 15, (16).
[212] *Waas*, RdA 1993, S. 153, (158).
[213] BAG v. 20.07.1982, AP Nr. 5 zu § 611 Mittelbares Arbeitsverhältnis.

(b)   Das Leiharbeitsverhältnis

Das Leiharbeitsverhältnis wurde zunächst als eine besondere Erscheinungsform des mittelbaren Arbeitsverhältnisses angesehen[214]. Dies trifft jedoch nicht zu, da der Verleiher als selbständiger Unternehmer nicht in einem Arbeitsverhältnis zum Entleiher steht[215].

(i)   Unterfälle

Die Leiharbeit wurde in der arbeitsrechtlichen Literatur zunächst im Zusammenhang mit der „echten" Leiharbeit behandelt, also dem Fall, dass ein Unternehmen Arbeitnehmer, für die es im Moment im eigenen Betrieb keine Verwendung hat, vorübergehend in ein anderes Unternehmen abordnet und dort tätig werden lässt. Die weit dominantere Form ist inzwischen die „unechte" Leiharbeit. Ein Unternehmen stellt die Arbeitnehmer nur zu dem Zweck ein, sie an andere Unternehmen zu verleihen, ohne über einen eigenen Betrieb zu verfügen. Dies ist eine relativ junge Erscheinung, da § 37 Abs. 3 AVAVG[216] die gewerbliche Arbeitnehmerüberlassung verbot und sich „Zeitarbeit" erst nach der Entscheidung des BVerfG zur Unwirksamkeit dieser Regelung vom 04.04.1967[217] entfalten konnte.

Die Leiharbeit hat für den Fall, dass sie gewerbsmäßig betrieben wird, mit dem AÜG[218] eine gesetzliche Ausgestaltung gefunden. Da dies den überwiegenden Teil der praktizierten Leiharbeit betrifft, soll hier nur diese Ausprägung der Arbeitnehmerleihe untersucht werden.

(ii)   Rechtliche Ausgestaltung nach dem AÜG

Bei der erlaubten Überlassung eines Arbeitnehmer besteht ein Arbeitsverhältnis lediglich zwischen dem Arbeitnehmer und dem Verleiher[219]. Zwischen Verleiher und Entleiher liegt ein Arbeitnehmerüberlassungsvertrag vor, zwischen Arbeitnehmer und Entleihter bestehen keine vertraglichen Beziehungen. Die These, dass sowohl zwischen Verleiher und Arbeitnehmer als auch zwischen Entleiher und

---

[214] *Becker/Wulfgramm*, AÜG Einl., Rn. 31 m.w.N.

[215] *Müllner*, S. 27.

[216] Gesetz über Arbeitsvermittlung und Arbeitslosenversicherung v. 03.04.1957, BGBl. 1957 I, S. 321.

[217] BVerfGE 21, 266.

[218] Gesetz zur Regelung der gewerbsmäßigen Arbeitnehmerüberlassung und zur Änderung anderer Gesetze v. 03.02.1995, BGBl. 1995 I, S. 158, zuletzt geändert durch Gesetz vom 21.12.2000, BGBl. 2000 I, S. 1983.

[219] BAG v. 08.12.1988, NZA 1989, S. 459.

Arbeitnehmer ein Arbeitsvertrag bestehe (Doppelarbeitsverhältnis)[220], ist mit der Konzeption des AÜG nicht zu vereinbaren und inzwischen überholt[221].

Der Entleiher übt jedoch gewisse Arbeitgeberrechte und –pflichten gegenüber dem entliehenen Arbeitnehmer aus, da er zum einen das Direktionsrecht ausübt, zum anderen einer Fürsorgepflicht für den Arbeitnehmer ausgesetzt ist[222]. Dabei besteht Einigkeit, dass sich diese Fürsorgepflicht nicht auf die in Art. 1 § 11 Abs. 6 AÜG angegebenen Verpflichtungen des technischen Arbeitsschutzes beschränkt. Nach Art. 1 § 11 Abs. 7 AÜG gilt der entliehene Arbeitnehmer im Verhältnis zum Entleiher als Arbeitnehmer im Sinne des Gesetzes über Arbeitnehmererfindungen. Die Stellung des „Arbeitgeber" ist insofern zwischen Entleiher und Verleiher aufgespalten.

Strittig ist lediglich, ob der zwischen Verleiher und Arbeitnehmer abgeschlossene Arbeitsvertrag ein echter[223] oder unechter[224] Vertrag zugunsten eines Dritten, des Entleihers, darstellt. Im Ergebnis kann dies hier dahinstehen, da keine über die allgemeinen Fürsorgepflichten hinausgehenden Verpflichtungen des Entleihers gegenüber dem Arbeitnehmer entstehen[225]. Insbesondere eine Vergütungspflicht des Entleihers besteht bei erlaubter Leiharbeit nicht. Den Entleiher trifft lediglich eine Haftung als selbstschuldnerischer Bürge gemäß § 28 e Abs. 2 SGB IV im Umfang der für den Arbeitnehmer zu entrichtenden Sozialversicherungsbeiträge. Damit wird dem Arbeitnehmer jedoch selbst für den Fall der Zahlungsunfähigkeit oder –unwilligkeit des Verleihers kein subsidiärer Lohnzahlungsanspruch gewährt[226].

Anders ist die Situation jedoch im Fall der unerlaubten Arbeitnehmerüberlassung. Die notwendige Erlaubnis zur Überlassung von Arbeitnehmern ist an die voraussichtliche Fähigkeit zur Übernahme des Arbeitgeberrisikos geknüpft (Art. 1 § 3 AÜG). Fehlt diese Fähigkeit, so wird Arbeitsvermittlung vermutet. Bei Fehlen der Erlaubnis ist der Arbeitsvertrag mit dem Arbeitnehmer gemäß Art. 1 § 9 Nr. 1 AÜG unwirksam.

---

[220] *Mayer-Maly*, ZfA 1972, S. 1ff.; *Ramm*, ZfA 1973, S. 263, (275).
[221] BAG v. 26.11.1975, AP Nr. 19 zu § 611 Abhängigkeit, S. 4. EK-*Wank*, AÜG Einl., Rn. 52; *Sandmann/Marschall*, AÜG § 1, Anm. 6.
[222] *Schaub*, § 120, Rn. 65, 67; *Tobias Schneider*, Rn. 510, 512.
[223] So EK-*Wank*, AÜG Einl. Rn. 55; *Schüren*, AÜG Einl., Rn. 138ff.
[224] So die wohl h. M., *Schaub*, § 120, Rn. 65.
[225] *Tobias Schneider*, Rn. 520.
[226] *Waas* folgert daraus, dass ein solcher subsidiärer Lohnzahlungsanspruch auch beim mittelbaren Arbeitsverhältnis ausgeschlossen ist, RdA 1993, S. 153, (158). Dies erklärt sich jedoch, wenn man mit dem BAG auf die Tragung wirtschaftlicher Risiken und unternehmerischer Befugnisse abstellt.

Zum Schutze des Arbeitnehmers wird stattdessen nach Art. 1 § 10 Abs. 1 AÜG das Bestehen eines Arbeitsverhältnisses zwischen dem Entleiher und dem Arbeitnehmer fingiert. Das Entleiher rückt dabei in den Arbeitsvertrag, den der Arbeitnehmer mit dem Verleiher geschlossen hat ein und ist zur Zahlung der vereinbarten Vergütung verpflichtet. Findet auf den Entleiher ein Tarifvertrag Anwendung, der eine höhere Vergütung vorsieht, so ist diese zu zahlen.

Zahlt der Verleiher, dessen Arbeitsvertrag unwirksam ist, dennoch an den Arbeitnehmer, haftet er nicht nur nach § 28 e Abs. 2 S. 1 SGB IV für die Sozialversicherungsabgaben, sondern nach Art. 1 § 10 Abs. 3 S. 1 AÜG auch für sonstige Teile des Arbeitsentgelts wie etwa vermögenswirksame Leistungen[227]. Das Gesetz formuliert in S. 2: „Hinsichtlich dieser Zahlungspflicht gilt der Verleiher neben dem Entleiher als Arbeitgeber; beide haften insoweit als Gesamtschuldner.".

(iii) Begründung der Verpflichtung eines Dritten

Die Voraussetzungen der Erlaubniserteilung in Art. 1 § 3 Abs. 1 AÜG, insbesondere die Nr. 1 und 2, zeigen deutlich, welche Gesichtspunkte für den Übergang der Arbeitgeberstellung wesentlich sind. Nr. 1 dieser Vorschrift stellt auf den Gesichtspunkt der Zuverlässigkeit des Verleihers ab, vermittelt durch die rückschauende Betrachtung, ob er seinen Arbeitgeberpflichten (Einbehaltung und Abführung von Lohnsteuer, Arbeitsschutzrecht, arbeitsrechtliche Pflichten). Nr. 2 stellt darauf ab, ob der Entleiher von seiner Struktur leistungsfähig ist, indem die Betriebsorganisation darauf überprüft wird, ob eine ordnungsgemäße Erfüllung der üblichen Arbeitgeberpflichten möglich ist. Der Verleih von Arbeitnehmern ist ohne einen hohen Kapitaleinsatz möglich. Entsprechend können auch wirtschaftlich schwache Einzelpersonen und finanziell unterkapitalisierte Unternehmen gewerbsmäßige Arbeitnehmerüberlassung aufnehmen. Der Arbeitnehmer soll gegenüber dem besonderen Lohnrisiko bei einen Leiharbeitgeber geschützt werden[228]. Darin zeigt sich auch hier die Relevanz der wirtschaftlichen Selbständigkeit der Mittelsperson für einen Übergang von Arbeitgeberpflichten relevant[229].

(c) Der Sonderfall des HAG

Ein besonders geregelter Spezialfall einer gesamtschuldnerischen Lohnhaftung ist § 21 Abs. 2 HAG. Deshalb soll diese Konstellation kurz dargestellt werden. Das

---

[227] *Sandmann/Marschall*, AÜG § 10, Anm. 26c.
[228] *Becker/Wulfgramm*, AÜG Einl., Rn. 6.
[229] Differenzierend *Konzen*, ZfA 1982, S. 259, (273).

Heimarbeitersgesetz[230] gilt nach § 1 Abs. 1 HAG für Heimarbeiter und Hausgewerbetreibende. Zusätzlich können nach § 1 Abs. 2 HAG bestimmte andere Personen den Heimarbeitern gleichgestellt werden, wenn sie vergleichbar schutzwürdig sind. Der Heimarbeiter ist nicht Arbeitnehmer, da er lediglich den Erfolg schuldet. Er kann Lage und Dauer seiner Arbeitszeit frei einteilen. Mangels eines diesbezüglichen Weisungsrechts des Auftraggebers besteht keine persönliche Abhängigkeit[231]. Der Heimarbeiter ist jedoch ähnlich schutzbedürftig wie ein Arbeitnehmer[232]. Dazu gibt § 19 HAG die Möglichkeit einer bindenden Festsetzung von Entgelten und sonstigen Vertragsbedingungen durch den sog. Heimarbeitsausschuß.

§ 21 Abs. 2 HAG erfasst die Untervergabe von Aufträgen durch den sog. Zwischenmeister. In Abweichung zum Mittelsmann im Rahmen des mittelbaren Arbeitsverhältnisses ist der Zwischenmeister kein Arbeitnehmer (§ 2 Abs. 3 HAG). Die Grundsätze des mittelbaren Arbeitsverhältnisses sind daher nicht anwendbar. Auf Heimarbeitsverhältnisse sind nach der Rechtsprechung Regelungen für Arbeitsverhältnisse jedoch dann und insoweit entsprechend anzuwenden, als diese sich von Arbeitsverhältnissen nicht 'strukturell' unterscheiden[233].

Die Schutzbedürftigkeit eines von ihm abhängigen Heimarbeiters ist insbesondere vor dem Hintergrund zu sehen, dass der Zwischenmeister selbst oftmals wirtschaftlich abhängig ist. Die Tätigkeit kann ohne größere Investitionen ausgeübt werden und kann daher auch von Personen betrieben werden, die finanziell kaum in der Lage sind, den Heimarbeiter zu bezahlen. Deshalb haftet der Auftraggeber neben diesem Zwischenmeister für das Entgelt der vom Zwischenmeister beschäftigten Heimarbeiter. Voraussetzung für diese Einstandspflicht ist entweder die Zahlung eines Entgelts an den Zwischenmeister, von dem der Auftraggeber weiß oder den Umständen nach wissen müsste, dass es zur Zahlung der Entgelte an die Beschäftigten nicht ausreicht oder die Zahlung an einen Zwischenmeister, dessen Unzuverlässigkeit dem Auftraggeber bekannt ist.

Die von § 21 HAG erfasste Konstellation zeichnet sich also dadurch aus, dass der Zwischenmeister wirtschaftlich oder strukturell nicht in der Lage ist, den Pflichten eines „Quasi-Arbeitgebers" nachzukommen. In dieser Hinsicht scheint die Regelung also durchaus der Nettolohnhaftung zu gleichen. Ein direkter Vergleich mit der Nettolohnhaftung scheidet indes aufgrund der fehlenden Arbeitnehmerstellung des Heimarbeiters ab. Die Besonderheit des der

---

[230] Heimarbeitsgesetz v. 14.03.1951, BGBl. 1951 I, S. 191, zuletzt geändert durch Gesetz v. 21.12.2000, BGBl. 2000 I, S. 1983.
[231] *Kappus*, NJW 1984, S. 2384, (2385).
[232] *Fenski*, Rn. 50; *Kappus*, NJW 1984, S. 2384, (2385).
[233] *Bernert*, Anm. zu BAG v. 03.07.1980, AP Nr. 23 zu § 613a.

Entgelthaftung nach dem HAG ist, dass neben dieser objektiven wirtschaftlichen Schwäche des Zwischenmeisters ein subjektives Element hinzutritt: Die Einstandspflicht des Auftraggebers ist an ein eigenes vorwerfbares Verhalten geknüpft. Damit wird die im Regelfall geringere Schutzbedürftigkeit des nicht persönlich abhängigen Heimarbeiters ausgeglichen.

(d)   Zusammenfassung der maßgeblichen Gesichtspunkte

Wie der Überblick zeigt, basiert die partielle Übernahme von Arbeitgeberpflichten auf mehreren Kriterien.

Die dargestellten Fälle zeichnen sich dadurch aus, dass ein Nicht-Vertragspartner das Arbeitgeberrechte wie das Direktionsrecht ganz oder teilweise übernimmt. Diesem Vertragspartner wird dadurch die Möglichkeit zur direkten Beeinflussung des Arbeitnehmers gegeben. Die dadurch erzielte Weisungsbefugnis allein ist jedoch nicht konstitutiv für einen möglichen Durchgriff auf den Nicht-Vertragspartner. Es müssen weitere Gesichtspunkte hinzutreten.

Dies ist zunächst eine Schutzbedürftigkeit des Arbeitnehmers. Soweit wie im Fall des Heimarbeiters die Schutzbedürftigkeit geringer ist, sind an den Durchgriff auf den Auftraggeber höhere Anforderungen geknüpft.

Alle Durchgriffskonstellationen zeichnen sich dadurch aus, daß der Mittelsmann keine eigenen wirtschaftlichen Risiken trägt und nicht über unternehmerischer Befugnisse verfügt. Der Mittelsmann selbst ist dem Dritten strukturell unterlegen.

Die Umgehung der gewählten Vertragsbeziehungen im Sinne eines Durchgriffs auf den Nicht-Vertragspartner ist im Regelfall nur dann geboten, wenn sich die gewählte Vertragskonstellation als Umgehung zwingender Schutzregelungen darstellt.

(e)   Anwendung auf die Nettolohnhaftung

Zum Zwecke der Anwendung dieser Gesichtspunkte auf die Nettolohnhaftung soll hier zwischen der Anwendung auf den Generalunternehmer oder sonstigen Bauunternehmer, der Subaufträge vergibt, und dem Auftraggeber, der bei der Auftragsvergabe nicht selbst als Bauunternehmer tätig wird, unterschieden werden.

Unabhängig bejaht werden kann hier die Schutzbedürftigkeit des einzelnen Arbeitnehmers. Es ist davon auszugehen, dass der Arbeitnehmer zu den besten ihm erreichbaren Vertragsbedingungen tätig wird. Wenn der einzelne Arbeitnehmer zu einem Lohn tätig wird, der dem Mindestlohn nicht entspricht, dann offensichtlich deshalb, weil es ihm nicht möglich war, einen Arbeitsplatz zu finden, für den er den Mindestlohn erhalten hätte. Es ist davon auszugehen, dass der Arbeitnehmer den Vertragsschluss zu den Bedingungen des Mindestlohntarifvertrages aufgrund fehlender Verhandlungsposition nicht erreichen konnte. Wenn das Mindestlohnniveau als angestrebtes Schutzniveau betrachtet wird, ist der Arbeitnehmer schutzbedürftig.

(i) Nichtbauunternehmer

Die Bauaufträge sind Werkverträge. Ein Weisungsrecht im rechtlichen Sinne hat der Auftraggeber nicht, da der Auftragnehmer lediglich die Erstellung des vereinbarten Werkes, nicht aber ein Tätigwerden nach Anweisungen des Auftraggebers schuldet. Der Nichtbauunternehmer als Auftraggeber nimmt auch faktisch im Regelfall kein Direktionsrecht gegenüber dem einzelnen Arbeitnehmern wahr. Er kann im Regelfall schon deshalb kein Weisungsrecht in Bezug auf die Arbeitnehmer ausüben, weil ihm die dazu notwendigen Fachkenntnisse fehlen. Er nimmt insoweit in keiner Weise typische Arbeitgeberfunktionen wahr.

(ii) Generalunternehmer oder sonstiger Bauunternehmer

Etwas anders sieht die Situation für den Fall aus, dass der Auftraggeber selbst Bauunternehmer ist. Dieser verfügt über die notwendigen Fachkenntnisse, um eine wirksame Ausübung eines Weisungsrechts überhaupt erst zu ermöglichen. Die wirtschaftliche Herrschaft verschafft ihm zwar nicht das Direktionsrecht in bezug auf den einzelnen Arbeitnehmer, er kann dadurch aber einen vergleichbar intensiven Einfluß nehmen. Im Einzelfall kann faktisch ein sehr weitgehendes Weisungsrecht gegeben sein. Dies ist insbesondere bei der Subvergabe von Aufträgen der Fall, bei denen die Arbeitnehmer des Subunternehmers unter der ständigen direkten Kontrolle durch den Auftraggeber oder dessen Bevollmächtigten tätig werden.

Dogmatisch liegt jedoch auch hier keine Arbeitgeberstellung vor. Der Werkvertrag mit dem Auftragnehmer als Grundlage des Tätigwerdens des einzelnen Arbeiters ist zu respektieren, da er keine Umgehung einer sonst vorliegenden Arbeitnehmerbeziehung darstellt.

Der beauftragte Unternehmer hat jedoch in beiden Konstellatinen eigene unternehmerische Befugnisse, er trägt das wirtschaftliche Risiko seiner Tätigkeit. Eine Gewinnerzielung ist nicht nur möglich[234], sondern die ausschlaggebende Motivation der Tätigkeit der Auftragnehmer. Damit ist ein Gesichtspunkt, der allen zuvor betrachteten Konstellationen zu eigen war, offensichtlich nicht gegeben.

---

[234] So die Erwägung des BAG in der Entscheidung v. 20.07.1982, AP Nr. 5 zu § 611 Mittelbares Arbeitsverhältnis.

(iii) Fazit

Zusammenfassend lässt sich sagen, dass die Nettolohnhaftung des gewerblichen Auftraggebers, der kein Bauunternehmer s einen Generalunternehmers in das Haftungskonzept einzupassen sein mag. Ausgeschlossen ist dies jedoch für den Auftraggeber, der nicht selbst Bauunternehmer ist.

b) Ergebnis

Die Nettolohnhaftung lässt sich daher nicht in das herkömmliche System der vertraglichen/quasivertraglichen Haftung des deutschen Zivilrechts einpassen.

2. Einordnung als Gefährdungshaftung

Da es bei der Nettolohnhaftung nicht darauf ankommt, ob der Auftraggeber weiß, dass der Auftragnehmer seinen Pflichten als Arbeitgeber nicht nachkommt, ob er dies bei einer sorgfältigen Prüfung hätte erkennen können oder ob er dies auch bei optimaler Durchleuchtung des von ihm beauftragten Betriebes nicht hätte entdecken können, sondern der gewerbliche Auftraggeber *allein aufgrund der Auftragsvergabe ohne Rücksicht auf ein Verschulden* haftet, liegt es nahe, den Haftungstatbestand an den allgemeinen Grundsätzen der Gefährdungshaftung zu messen.

a) Ausgangslage: Haftung für Verschulden

Das deutsche Haftungsrecht geht von dem Grundsatz aus, dass ein Schaden nur im Falle des Verschuldens zu ersetzen ist[235]. So kann mit Jhering gesagt werden: „Nicht der Schaden verpflichtet zum Schadensersatz, sondern die Schuld"[236]. *Larenz/Canaris* postuliert eine „rechtsethische Überlegenheit des Verschuldensprinzips"[237].

Die Gefährdungshaftung ist eine Ausnahme von diesem Prinzip, wenngleich es sich bei ihr um ein eigenständiges Zurechnungsprinzip handelt[238] und sie sich auf eine

---

[235] Motive zum BGB, Bd. II, 1888, S. 744; Protokolle der II.Kommission, Mugdan. Materialien, Bd. I, Berlin 1899, S. 1075. *Rinck*, S. 6.

[236] Zitiert nach *Rinck*, S. 6. Einen abweichenden Ansatz über den Schaden geht *Stark*, in: FS Deutsch, S. 349, (350).

[237] *Larenz/Canaris*, § 84 I d), S. 608.

[238] *Deutsch*, JuS 1981, S. 317. *Larenz/Canaris* § 84 I, S. 600 spricht von der verschuldensunabhängigen Haftung als „irregulärem Ausnahmetatbestand".

Tradition bis ins römische Recht berufen kann[239]. Auch in der deutschrechtlichen Tradition ist das Institut durchaus verwurzelt, bereits das germanische Recht kannte eine Haftung aus der „absichtlosen Missetat"[240].

Ein neues Kapitel in der Geschichte der Gefährdungshaftung begann mit der einsetzenden Industrialisierung und der daraus folgenden Einführung neuer, in ihren Chancen und Risiken nicht voll einschätzbaren Technologien. Die Gefährdungshaftung kann im wesentlichen als Reaktion auf die Gefahren der modernen Technik bezeichnet werden, bei der sich Ursache und Wirkung bestimmter Ereignisse nicht immer im erforderlichen Maße voraussehen bzw. nachträglich feststellen ließen, die Tätigkeit selbst jedoch sozial erwünscht war. Eine Erfassung daraus erwachsener Unfälle durch die herkömmlichen Haftungstatbestände lehnte die Rechtsprechung ab[241]. 1838 beschloss der preußische Staatsrat – in bewusster Abkehr vom Allgemeinen Landrecht und den Regelungen in Frankreich und Großbritannien – den neuen Eisenbahngesellschaften eine Haftung auch für unverschuldete Schäden aufzuerlegen. Eine Verallgemeinerung dieser Vorschrift durch die Rechtsprechung und ihre Übertragung auf gleich gelagerte Parallelfälle unterblieb. So wurde die Gefährdungshaftung des LuftVG als Reaktion darauf eingeführt, dass es das Reichsgericht mit der Begründung, die bloße Gefährdung reiche als Haftungsgrund nicht aus, ablehnte, eine Haftung für Personenschäden bei einem unverschuldetem Flugunfall[242] anzunehmen. In der Folge wurden weitere Gefährdungshaftungstatbestände eingeführt[243]. Bei allen Haftungstatbeständen lassen sich bestimmte gemeinsame Prinzipien feststellen, die eine Verallgemeinerung der Gefährdungshaftung durchaus als möglich erscheinen lassen. Trotz der geforderten Einführung einer Generalklausel für die Gefährdungshaftung[244] blieb es jedoch bislang bei Einzelregelungen in Spezialgesetzen.

---

[239] So konnte das Halten wilder oder zahmer Tiere (pauperies), der Besitz baufälliger Häuser oder der Bau von Wasseranlagen auch ohne Verschulden eine Ersatzpflicht auslösen.

[240] *Deutsch*, Haftungsrecht, S. 54, Rn. 75 spricht von einer „typisch deutschen Erscheinung".

[241] Als Ausnahme muss aber die Entscheidung des Obersten Appellationsgericht München gesehen werden, in der das Gericht bereits in dem Betrieb einer Eisenbahn ein im zivilrechtlichen Sinne unerlaubtes Verhalten sah und daher den Betreiber bei jedem Schadensfall in die Haftung nahm, OAG München, Seufferts Archiv, Band 14, Nr. 208, S. 356. Diese Entscheidung wurde sogleich kritisiert und vom Reichsgericht ausdrücklich verworfen, RGZ 78, 171, (172).

[242] RGZ 78, S. 171.

[243] im einzelnen hierzu: *Hehl*, S. 76ff.

[244] *Kötz*, AcP 170 (1970), S. 1, (3); *ders.*, in: Gutachten und Vorschläge zur Überarbeitung des Schuldrechts, S. 1779ff.; *Will*, S. 264ff.

b) Dogmatische Herleitung der Gefährdungshaftung

Die Gefährdungshaftung wurde zunächst durch die Einführung von Haftungstatbeständen durch den Gesetzgeber und deren inhaltlicher Ausgestaltung durch die Praxis geprägt. Die Wissenschaft befasste sich zunächst nicht mit ihr. Die rechtsdogmatische Herleitung der Gefährdungshaftung basierte zunächst auf der Annahme eines vermuteten Verschuldens, indem man davon ausging, dass die Technik so fortgeschritten sei, dass jedem Schadensfall ein Verschulden vorausging, auch wenn man dieses nicht nachweisen könne[245]. Das österreichische Eisenbahnhaftpflichtgesetz von 1869 ging soweit, ein Verschulden durch Festlegung der Unwiderlegbarkeit im Gesetzestext zu fingieren. Jedoch zeigte sich bald, dass die Kompliziertheit moderner Technik eine Haftung für unwiderlegbar vermutetes Verschulden nicht rechtfertigen kann. So wurde die Haftungsbegründung durch ein vermutetes Verschulden aufgegeben und inhaltlich zu dem erweitert, was unter der heutigen Gefährdungshaftung zu verstehen ist, in der Sache aber bereits zuvor gegeben war: Eine Haftung auch ohne individuell vorwerfbares Fehlverhalten, d.h. ohne Verschulden.

Ein zweiter Erklärungsansatz war eine Herleitung der Haftung ohne Verschulden allein aus der Interessenlage. Wer bei der Verfolgung seiner Interessen einen anderen schädige, müsse diesem Ersatz leisten[246]. Als pointiertester Vertreter dieser Ansicht stellte *Müller-Erzbach* die These auf, dass für jede „einseitige" Interessengefährdung gehaftet werden müsse, wenn der Geschädigte seine Interessen nicht exponiert und damit selbst gefährdet habe[247]. Dagegen ist allerdings anzuführen, dass nicht jede Schädigung von Interessen für die Haftung ausreichen kann. Wer seinen Konkurrenten im Preis unterbietet und ihm deshalb Kunden abzieht, schädigt ihn ohne Zweifel und ist dennoch nicht schadensersatzpflichtig[248].

Schließlich hat *Rümelin* die Erklärung entwickelt, dass die Haftung auf der typischen Gefährlichkeit einer Tätigkeit beruht[249], eine Ansicht, die allgemein Anerkennung gefunden hat[250] und in verschiedenen Ausprägungen auch heute noch vertreten wird. Als Grundgedanke der Gefährdungshaftung kann bezeichnet werden, dass bei nicht voll beherrschbaren Gefahren, deren Inkaufnahme aber nicht

---

[245] *Rinck*, S. 4.
[246] So *Merkel*, S. 272, S. 701.
[247] Müller-Erzbach, S. 44.
[248] Mit diesem Argument lehnt *Rinck*, S. 4, diese Ansicht ab.
[249] *Rümelin*, S. 30, S. 46.
[250] *Rinck*, S. 4.

verboten ist, derjenige das Risiko auch unverschuldeter Schäden tragen soll, der die Gefahrquelle beherrscht und nutzt[251].

c) Ansatzpunkte zur Begründung der Gefährdungshaftung

Die im aktuellen Schrifttum vertretenen Hauptprinzipien der Gefährdungshaftung können mit den 6 folgenden Schlagworten umschrieben werden.

(1) Einstehenmüssen für erlaubte Gefahren

Als Haftungsprinzip wird ausgeführt, dass man, wenn der Gesetzgeber die Schaffung bestimmter Gefahren erlaube, als Ausgleich für alle Folgen dieser Gefahren einzutreten habe. Die moderne Welt bedinge, dass eine Vielzahl potentiell gefährlicher Tätigkeiten trotz dieser Gefährlichkeit unumgänglich sei. Wer eine solche Gefahrenquelle erlaubtermaßen schafft und nutzt, soll auch für daraus entstehende Schäden einzutreten haben. Jedoch greift dieses Kriterium zu kurz. Es verkennt, dass die Gefährdungshaftung – gerade in der gesetzlichen Realisierung – auf die Erlaubtheit nicht eingeht. Wer eine – mangels bestimmter Genehmigungen – rechtswidrige Anlage betreibt, für deren Betrieb durch das Gesetz eine verschuldensunabhängige Gefährdungshaftung festgelegt ist, haftet selbstverständlich ebenfalls bei Unfällen wie derjenige, der über die Genehmigung verfügt[252].

(2) Zurechnung aufgrund Gefahrbeherrschung

Ein weiterer Zurechnungsaspekt ist die Schaffung, Unterhaltung und Beherrschung der Gefahrenquelle durch den Haftungsverpflichteten.

Blaschczok wendet sich gegen dieses Kriterium mit dem Argument, die Entstehung des Schadens zeige gerade, dass der Gefahrenverursacher die Gefahr nicht beherrsche[253]. Diese Annahme beruht nicht nur, wie *Hehl* meint, auf einer zu engen Auslegung des Begriffes „Beherrschung"[254]. *Blaschczok* verkennt dabei, dass bei der Zurechnung nicht auf die konkrete, schließlich zu dem betreffenden Schaden führende Gefahr abzustellen ist. Anknüpfungspunkt ist vielmehr die abstrakte Gefahr durch die vom Haftenden ausgeübten Tätigkeit. Diese abstrakte Gefahr wird vom Haftenden auch abstrakt beherrscht und veranlasst. Die Haftung gründet sich auf diese Wagnisübernahme.

---

[251] *v.Caemmerer*, S. 15; *Hehl*, S. 76ff.
[252] So auch *Hehl*, S. 87f.
[253] *Blaschczok*, S. 66f.
[254] *Hehl*, S. 89.

(3) Gefahrenschaffung und Vorteilsziehung

Die Haftung desjenigen, der die Gefahrenquelle beherrscht, erscheint insbesondere dann sachgerecht, wenn der Inhaber der Gefahrenquelle zur Gewinnerzielung tätig wird. Da er auch die Früchte dieses Risikos zu ernten berechtigt ist, muss er nach dem Rechtsgrundsatz der Zusammengehörigkeit von Vorteil und korrespondierendem Risiko[255] auch für die möglichen Schäden einstehen. Dafür spricht insbesondere die Möglichkeit, die Kosten für die Absicherung eines solchen Risikos, sei es durch Abschluss von Versicherungen oder durch Anlegung von Rücklagen für eventuell eintretende Schäden, auf die Abnehmer weiterzuverlagern.

(4) Besondere Qualität der Gefahr

Ein weiteres Haftungsprinzip der Gefährdungshaftung sei in der besonderen Qualität der Gefahr zu sehen[256]. *Deutsch*[257] sieht in der besonderen Schadenshöhe oder der besonderen Schadenshäufigkeit die Ursache des Bedürfnisses einer verschuldensunabhängigen Haftung. Das Opfer der Gefahr soll vor einem Risiko geschützt werden, das für ihn zufällig, unvorhersehbar und nicht kalkulierbar ist.

Ein maßgebliches Kriterium dafür ist insbesondere die Unausweichlichkeit der Gefahr[258]. Entsprechend soll derjenige, der sich aus einem freien Entschluss in den Gefahrenbereich begeben hat, weniger schutzwürdig sein[259].

Ein bestehender Vertrag kann zwar nicht als Ausschlusskriterium für die Einführung einer Gefährdungshaftung zu sehen sein, findet jedoch teilweise in Form abgestufter Anspruchsvoraussetzungen Eingang in die Haftungsregelungen. So haftet der Halter eines Luftfahrzeugs nach § 33 LuftVG gegenüber Außenstehenden ohne Befreiungsmöglichkeit auch für höhere Gewalt, für die Flugpassagiere und Frachtversender, die über die Beförderungsverträge mit dem Betreiber verbunden sind, jedoch nur aus vermuteten Verschulden gemäß §§ 44f. LuftVG.

Rinck geht so weit, dass er nicht die Regel, dass in einem risikobehafteten Vertragsverhältnis milder gehaftet wird als außerhalb, bemerkenswert findet, sondern die Tatsache, dass überhaupt in einem Vertrag eine Schadensersatzpflicht ohne Verschulden eingeführt wird[260].

---

[255] *Larenz/Canaris*, § 84 I 2a), S. 605.

[256] *Larenz/Canaris*, § 84 I 2b), S. 607.

[257] *Deutsch*, Haftungsrecht, S. 410, Rn. 641.

[258] *Larenz/Canaris*, § 84 I 2a), S. 606.

[259] *Rinck*, S. 11.

[260] *Rinck*, S. 11. Das dies jedoch kein neuer Vorgang ist, zeigt die Gastwirtshaftung des § 701 BGB. Diese von der h.M. ebenfalls als Gefährdungshaftung eingestufte Haftung des Gastwirts

Auf der anderen Seite ist zu sehen, dass gerade bei den klassischen Fällen der Gefährdungshaftung im Beförderungsverhältnis mit Eisenbahnen oder Fluggesellschaften die Inkaufnahme der Risiken der Technik nicht mehr vom Willen des möglichen Opfers allein abhängt. Die moderne Welt übt vielfältige Zwänge auf jeden aus, diese Gefahren auf sich zu nehmen. Die Entscheidung, etwa eine Zugreise anzutreten und daher einen Beförderungsvertrag mit der Bahn zu schließen, hängt in vielen Fällen nicht mehr von einer autonomen Risikoabwägung und Entscheidung des einzelnen ab, sondern wird durch berufliche oder soziale Erfordernisse zwingend vorausgesetzt. Eine prinzipielle Ablehnung der Gefährdungshaftung im Falle des Bestehens vertraglicher Beziehungen zwischen den Beteiligten kann daher nicht gefolgert werden.

Als monokausaler Erklärungsansatz für die Gefährdungshaftung, wie von *Deutsch*[261] vertreten, erscheint die Lehre von der besonderen Gefahr somit nicht überzeugend[262], als Argument für die Einführung der Gefährdungshaftung in einem speziellen Fall jedoch gut benutzbar.

(5)   Instrument der Verhaltenssteuerung

Die Wahl einer Gefährdungshaftung für bestimmte Sachverhalte kann auch Auswirkungen auf die Anstrengungen der Bezugssubjekte haben, einen Haftungsfall zu verhindern. Bereits *v. Caemmerer* hat darauf hingewiesen, dass die Gefährdungshaftung die Tendenz habe, auf Gefahrenbeherrschung und – vermeidung und Risikominderung hinzuwirken[263]. Dies lässt sich von der verschuldensabhängigen Haftung mit gleicher Berechtigung behaupten. *Adams* und *Endres* haben im Wege der ökonomischen Analyse des Rechts versucht, die Wirkungen verschiedener Haftungsformen auf die Schadenswahrscheinlichkeit zu bestimmen und volkswirtschaftlich optimale Lösungen zu eruieren[264]. Dabei ließ sich eine unterschiedliche Wirkung eher auf bestimmte andere Konstellationen wie

---

für eingebrachte Sachen des Gastes (BGHZ 32, 150, (152), Soergel-*Mühl* § 701 BGB, Rn. 1, a. A. Staudinger-*Werner*, Vorbem. zu §§ 701ff, Rn. 5) ging bis auf das römische Recht zurück und galt auch im gemeinen Recht und im PrALR. § 701 BGB war in der ursprünglichen, bis 1966 geltenden Form sogar ohne die Haftungsbeschränkungen des § 702 BGB konzipiert. Hier ist die Haftung zwar Folge des tatsächlichen Aufnahmevorgangs i.S. einer geschäftsähnlichen Handlung (Staudinger-*Werner*, § 701, Rn. 23). Der Verzicht auf den Nachweis eines gültigen Vertragschlusses liegt jedoch auf Beweisschwierigkeiten und der gewünschten Einbeziehung auch geschäftsunfähiger Personen in den Schutzbereich begründet. Die Erwägungen bzgl. der Freiwilligkeit greifen in gleichem Maße.

[261] *Deutsch*, Haftungsrecht, S. 406, Rn. 635ff.

[262] Ablehnend auch *Blaschczok*, S. 77.

[263] *v. Caemmerer*, S. 13.

[264] Sie gingen dabei von der der paretianischen Wohlfahrtsökonomie entstammenden Vorstellung aus, für jede wirtschaftliche Aktivität sei ein volkswirtschaftlich bestes, pareto-optimales Niveau vorhanden.

Haftungshöchstgrenzen und der Berücksichtigung von Mitverschulden des Opfers zurückführen. Eine prinzipielle volkswirtschaftliche Vorzugswürdigkeit der Gefährdungshaftung vor der Verschuldenshaftung ließ sich dabei nicht feststellen[265]. Jedoch sei eine Überlegenheit der Gefährdungshaftung bei „einseitigen Unfällen", d.h. bei Unfällen, bei deren Eintritt ein Verhalten des Opfers in keiner Weise beizutragen imstande ist, zu konstatieren[266].

(6)   Gedanke der distributiven Gerechtigkeit

Nach *Esser* ist Hintergrund der Gefährdungshaftung der Umverteilungsgedanke[267]. Vor dem Hintergrund der Erkenntnis, dass der „homo oeconomicus" nicht existiere und eine individuelle Wirkung zum Schutze der Allgemeinheit von ihm nicht ausgehe, müsse die Allgemeinheit geschützt werden[268]. Die Aktivitäten, deren Gefahren mit der Gefährdungshaftung begegnet werde, seien in hohen Maße kapitalintensiv. Ihre Vornahme wird sich daher auf sozial besser gestellte Personen beschränken, während die Gefahren durch die Allgemeinheit getragen werden[269]. Die Gefährdungshaftung diene der sozial gerechten Verteilung unvermeidbarer Wagnisse. Dieser Gedanke passt jedoch in gleichem Maße auch auf andere Haftungsformen, so dass er als konstitutives Element der Einführung der Gefährdungshaftung nicht überzeugt[270]. Des weiteren kann in diesem Umverteilungsgedanken lediglich das Ziel der Haftung gesehen werden, als Voraussetzung der Gefährdungshaftung ist er kaum brauchbar[271].

d)   **Anwendung dieser Kriterien auf die Auftraggeberhaftung**

Die Rechtfertigung der Gefährdungshaftung liegt also in einer Vielfalt von Gesichtspunkten, die bei den einzelnen Fällen der Gefährdungshaftung mehr oder weniger vollständig und mit verschiedener Intensität zusammenwirken.

Die IG Bau hatte in den Anhörungen zum Gesetzgebungsverfahren in Bezug auf die bisherige Regelung kritisiert, dass die Generalunternehmer als Nutznießer des Subunternehmereinsatzes für Gesetzesverstöße ihrer Subunternehmer, die sie kennen müssten, nicht hafteten. Wer den Nutzen aus dem Subunternehmereinsatz ziehe, müsse auch für den von ihm „mitverursachten" Schaden haften.

---

[265] *Adams,* S. 56ff.; *Endres,* S. 195ff.
[266] *Adams* S. 138.
[267] *Esser,* S. 42f., S. 72.
[268] *Eike Schmidt,* JZ 1980, S. 153, (156).
[269] so z.B. auch *Adams* S. 140ff.
[270] *Blaschczok,* S. 47.
[271] *Hehl,* S. 86.

Die Haftungsprinzipien zusammenfassend lässt sich sagen, dass die verschuldensunabhängige Haftung nur für die Schaffung einer besonderen Gefahrenquelle anerkannt ist, wenn deren generelles Risiko die Gefahr eines Schadenseintritts in sich birgt[272]. Der Auftraggeber müsste sich folglich, um in den Kategorien der Gefährdungshaftung zu bleiben, einer Gefahrenquelle bedienen, deren Gefahren er nicht vollständig beherrscht.

Hier könnte auf die Beauftragung von Werkunternehmern abgestellt werden, da der Auftraggeber eine Situation schafft, die mitursächlich für die Beschäftigung zu einem den Mindestlohn unterschreitenden Lohn ist. Der Auftraggeber ist bei der Auftragsvergabe bestrebt, eine bestimmte Werkleistung zu möglichst niedrigen Preisen zu erhalten. Da der Werklohn neben der Qualität der Maßnahme und der dafür benötigten Zeit das maßgebliche Kriterium für die Vergabe ist, stellt der vom Unternehmer gezahlte Lohn einen Umstand dar, der als Fixkosten in dessen Kalkulation einfließt.

Bei dieser Gewinnmaximierung über Ausgabenminimierung wohnt der Beauftragung eines günstigen Anbieters zugleich die Gefahr inne, dass dieser die Leistung zu dem angegebenen Preis nur über die Lohnkostenersparnis durch Mindestlohnunterschreitung hat anbieten können. Die Beauftragung unterliegt der Entscheidungsbefugnis des Auftraggebers; wird durch die Erteilung eine Gefahr geschaffen, kann möglicherweise eine Gefahrschaffung im Sinne der Gefährdungshaftungsdogmatik angenommen werden[273]. Die Fremdvergabe von Bauleistungen liegt bei einem als Generalunternehmer auftretenden Werkunternehmer in dessen Verantwortungsbereich, er profitiert auch finanziell von dieser Art der Arbeitsteilung durch Subvergabe.

Bei einem Unternehmen außerhalb der Bauindustrie, das den Auftrag im Rahmen der Geschäftstätigkeit erteilt, ist eine eigene Erstellung gerade nicht möglich. Die Inkaufnahme von Risiken um des eigenen Vorteils Willen kann in der Einschaltung eines Werkunternehmers nicht gesehen werden. Hier könnte lediglich auf das einem günstigeren Angebot innewohnende Risiko abgestellt werden, dass diesem eine höhere Wahrscheinlichkeit eines Verstoßes gegen den vorgeschriebenen Mindestlohn innewohnt. Indes ist der Preis verschiedener Angebote zur Erbringung einer Werkleistung für den Auftraggeber in der Regel nicht nachvollziehbar, die Kalkulation ist Sache des Auftragnehmers, eine günstigeres Angebot kann in gleichem Maße durch vorübergehende Überkapazitäten, höheren Maschineneinsatz oder sonstige Gründe bedingt sein. Die genaue Kalkulation wird vom Auftragnehmer als Geschäftsgeheimnis betrachtet. Es liegt nicht in der Sphäre des

---

[272] *Knipper*, Prot. der 5. Sitzung des Ausschusses für Arbeit und Sozialordnung des deutschen Bundestags, S. 33; *Meyer*, NZA 1999, S. 121, 127.
[273] A.A. *Harbrecht*, BauR 1999, S. 1376, (1377).

fachunkundigen oder zumindest kalkulationsunkundigen Auftraggebers, zu beurteilen, ob in die Kalkulation ein Verstoß gegen Mindestlohnzahlungen aufgenommen worden ist.

Eine besondere Gefahr, die durch Ausmaß des Schadens oder Häufigkeit des Schadenseintritts qualifiziert ist, kann in der Beauftragung eines Werkunternehmers nicht gesehen werden. Der drohende Schaden beschränkt sich auf die Differenz zwischen Mindestlohn und tatsächlich gezahlter Vergütung, Verstöße gegen das Mindestlohngebot sind – immer noch – auch bei Unternehmen aus anderen EG-Mitgliedstaaten eine Ausnahme, so dass ein weiteres Kriterium für den Verzicht auf ein Verschuldenserfordernis bei der Nettolohnhaftung zu verneinen ist.

Eine Vorteilsziehung im Sinne eines spezifischen Ausnutzens der Gefahr zur Gewinnerzielung ist zu verneinen, da das Risiko durch einen Verzicht auf das billigste Angebot nicht ausgeschaltet werden kann – wie bereits oben ausgeführt, ist die Kalkulation eines Auftragnehmers für den Auftraggeber nicht einsehbar.

Einzig der Gedanke der Verhaltenssteuerung lässt sich bei der Einführung der Nettolohnhaftung anführen. Aufgrund des Niveaus der deutschen Löhne, aber auch der Lohnersatzleistungen sind Verstöße gegen das Mindestlohngebot bei deutschen Auftraggebern auch vor dem Hintergrund hoher Arbeitslosigkeit seltener anzutreffen, als dies bei Unternehmen aus Niedriglohnländern der Fall sein wird[274]. Insofern führt das Risiko einer Inanspruchnahme zu dem vom Gesetzgeber angestrebten Ergebnis, dass die Beauftragung deutscher Unternehmer bevorzugt wird.

e) Sonstige Merkmale der Gefährdungshaftung

(1) Kriterium der gegenständlichen Verkörperung

Nach überkommener Auffassung setzt die Gefährdungshaftung eine gegenständlich verkörperte Gefahrenquelle voraus[275]. Eine solche ist bei der Entsendeproblematik, wo man die Gefährdung im Abschluss von Werkverträgen mit – im Ergebnis – unzuverlässigen Werkunternehmern zu sehen hat, nicht gegeben.

---

[274] Indes wurde auch über Verstöße gegen das Mindestlohngebot bei inländischen Arbeitnehmern, insbesondere in Ostdeutschland berichtet. Des weiteren ist insbesondere bei größeren Bauvorhaben, bei dem der als Generalunternehmer auftretende Geschäftspartner des Auftraggebers seinerseits Subunternehmer einschaltet, die Beauftragung von ausländischen Subunternehmen zu diesen üblich und entsprechend in die Kalkulation aufgenommen.

[275] *Esser/Weyers*, Schuldrecht II, 3. Auflage 1969 § 114,VI S. 488; Kötz, AcP 1970, S. 1, (24); *Larenz*, Schuldrecht II, 9.Auflage 1969, § 71 VIII S. 508

Zwar ist zuzugeben, dass sich viele der Haftungstatbestände tatsächlich auf eine verkörperte Gefahrenquelle beziehen[276]. Jedoch kann dies nicht bei allen bislang normierten Haftungstatbeständen bejaht werden, z.b. ist für die Haftung nach § 32 GentG neben dem Betrieb der Anlage zusätzlich ein bestimmtes Verhalten des Gefahrenverursachers notwendig. Bei vielen anderen Tatbeständen erscheint die Trennung zwischen Gefahrenquelle und gefährlicher Tätigkeit nicht voll stringent, da der Sache nach eher eine bestimmte Tätigkeit Anknüpfungspunkt für die Haftung ist[277]. Die Haftung nach dem auf altem Recht beruhenden § 22 Abs. 1 WHG verzichtet ganz auf die Anknüpfung an eine bestimmte Gefahrenquelle, sondern verfolgt ein eindeutig verhaltensbezogenes Haftungskonzept[278].

Die dogmatische Notwendigkeit einer gegenständlichen Verkörperung zur Zulassung der Gefährdungshaftung muss daher verneint werden. Insofern kann aus der Tatsache, dass bei der Nettolohnhaftung eine solche Verkörperung der Gefahrenquelle nicht vorliegt, kein Argument gegen die Einfügung in das System der Gefährdungshaftung gezogen werden. Die Einführung einer Gefährdungshaftung ohne gegenständliche Verkörperung der Gefahrenquelle mag eine Ausnahme darstellen, einen Systembruch stellt sie nicht dar.

(2) Beschränkung des Schutzes auf bestimmte Rechtsgüter

Nach *Larenz/Canaris* zeichne sich die Gefährdungshaftung durch eine Beschränkung des Kreises der geschützten Rechtsgüter aus, grundsätzlich seien nur die auch über § 823 BGB abgedeckten Schäden an Leben, Leib und Eigentum ersatzfähig[279]. Diese Beschränkung sei aufgrund der höheren Schutzintensität bei diesen Rechtsgütern und der leichten Abgrenzbarkeit angemessen.

Vermögensschäden fallen dementsprechend grundsätzlich nicht in den Schutzbereich der Gefährdungshaftung[280].

Eine Ausnahme, die gegen eine solche Regel sprechen könnte, bildet jedoch der § 22 WHG, der auch die Erstattung von Vermögensschäden zulässt, wenn keines der genannten Rechtsgüter verletzt wird[281]. Diese Sonderstellung ist jedoch nicht auf einen Systembruch zurückzuführen, sondern beruht auf Besonderheiten der Rechtslage hinsichtlich des Wassers: Die bei Verunreinigung dem

---

[276] Eine solche verkörperte Gefahrenquelle ist zu bejahen bei der Transportmittelhaftung nach § 7 StVG, § 1 Abs. 1 HPflG oder § 33 LuftVG, ebenso bei der Anlagenhaftung nach § 1 UHG, § 2 HPflG oder § 25 AtomG.

[277] *Will*, S. 278f.

[278] *Hehl*, S. 82; *Larenz/Canaris* § 84 V 1a); S. 631f.; *Will*, S. 36.

[279] *Larenz/Canaris* § 84 I 1c), S. 602; *Deutsch*, Haftungsrecht, S. 415, Rn. 648.

[280] A.A. wohl *Stark*, FS Deutsch, S. 359, (356).

[281] siehe BGHZ 46, S. 1, (13); 103, S. 129, (140).

Nutzungsberechtigten zu ersetzenden Vermögensschäden wie Kosten anderweitiger Wasserbeschaffung oder Reinigungskosten von Erdreich wären als einfache Folgeschäden unproblematisch zu erstatten, wenn das Wasser im Eigentum des Nutzungsberechtigten stünde. Die Haftung für Vermögensschäden kompensiert lediglich die Schutzdefizite auf der eigentumsrechtlichen Ebene. Deshalb sprechen hier triftige Sachgründe für die Aufnahme von Vermögensschäden in den Schutzbereich.

Es ist daher davon auszugehen, dass die Gefährdungshaftung prinzipiell auf die genannten Rechtsgüter zu beschränken ist.

Der Schaden, der dem Arbeitnehmer, der von einem Arbeitgeber zu Entgeltbedingungen unterhalb der Festsetzungen eines gültigen Mindestlohntarifvertrags beschäftigt wird, durch diese Minderzahlung entsteht, ist als Vermögensschaden einzustufen. Bereits insofern muss die Einführung einer verschuldensunabhängigen Haftung als Fremdkörper im Haftungssystem eingestuft werden.

(3)   Andere Gefährdungshaftungstatbestände im Arbeitsrecht

In der gesetzlichen Bezeichnung als „Gefährdungshaftung" firmierende Tatbestände sind im Arbeitsrecht nicht vorhanden. Jedoch kann die Arbeitgeberhaftung mit der Neufassung des § 611a BGB[282] durchaus als eine solche aufgefasst werden.

Dieser Schadensersatzanspruch, der potentielle Arbeitnehmer gegen Diskriminierung wegen des Geschlechts schützen soll, wird unabhängig von einem Verschulden gewährt und kann nach der Rechtsprechung des EuGH als objektive Voraussetzung auch nicht durch Rechtfertigungsgründe ausgeschlossen werden[283]. Dabei hat sich der EuGH auch mit der ursprünglichen Auffassung der deutschen Rechtsprechung, nur die zu vertretende Diskriminierung mit dem Schadensersatzanspruch zu pönalisieren, auseinandergesetzt. Aufgrund des objektiven Diskriminierungsmaßstabs bleibt nach Ansicht des EuGH kein Raum für ein Verschuldenserfordernis. Das Erfordernis zumindest fahrlässigen Verhaltens – das im Regelfall stets vorliegt – musste deshalb aufgegeben werden. Damit ist § 611a BGB nunmehr eine Gefährdungshaftung wegen Verhaltens[284]. Auch der Haftungsumfang wurde verändert.

---

[282] Gesetz zur Änderung des Bürgerlichen Gesetzbuches und des Arbeitsgerichtsgesetzes vom 29.06.1998, BGBl. 1998 I, S. 1694.
[283] EuGH v. 22.04.1997, Rs. C-180/95 – *Draehmpaehl* – Slg. 1997 I, S. 2195, (2220), Rz. 21
[284] *Müller-Glöge*, FS Dieterich, S. 387; *Treber*, NZA 1998, S. 856, (859).

Während zuvor lediglich der durch die erfolglose Bewerbung entstandene Aufwand ersetzt wurde und lediglich in dem Fall, dass der diskriminierte Bewerber nachweislich der am besten qualifizierte war, ein Schadensersatzanspruch wegen des entgangenen Lohns entstand, wird nunmehr immer eine angemessene Entschädigung geschuldet. Selbst für den Fall, dass der Bewerber auch bei benachteiligungsfreier Auswahl nicht eingestellt worden wäre, ist eine Entschädigung bis zu 3 Monatsgehältern zu zahlen.

Diese verschuldensunabhängige Haftung wird in diesem Fall als Systembruch im deutschen Zivilrecht bezeichnet[285] und ist lediglich mit den Zwangswirkungen des Europäischen Rechts erklärbar. Eine solche Zwangswirkung kann bei der Nettolohnhaftung indes nicht bejaht werden. Auch die Entsende-Richtlinie kann hier nicht herangezogen werden. Sie fordert die Mitgliedstaaten lediglich auf, eine Beachtung des Mindestlohns durch geeignete Maßnahmen sicherzustellen[286]. Eine Haftung des Auftraggebers – noch dazu verschuldensunabhängig – wird von der Entsende-Richtlinie nicht gefordert.

f) Ergebnis

Die Einordnung der Auftraggeberhaftung als verschuldensunabhängige Gefährdungshaftung ist aus rechtssystematischen Gründen abzulehnen[287].

Zwischen dem Auftraggeber und dem einzelnen bei der Werkerstellung tätigen Arbeitnehmer bestehen keine direkten vertraglichen Verbindungen. Jedoch ist dem Auftraggeber bekannt, dass der eingeschaltete Auftragnehmer den Auftrag nicht in eigener Person erbringt, sondern sich dazu seiner Arbeitnehmer oder der Arbeitnehmer eines von ihm eingeschalteten Subunternehmers bedient. Es besteht eine Kette von Verträgen vom Auftraggeber über den Generalunternehmer, den Subunternehmer bis hin zum einzelnen Arbeitnehmer.

---

[285] *Ehmann/Emmert*, SAE 1997, S. 254, (255); *Treber*, NZA 1998, S. 856, (859). Soergel-*Raab*, § 611a BGB, Rn. 49.
[286] Art. 5 S. 1: „Die Mitgliedstaaten sehen geeignete Maßnahmen für den Fall der Nichteinhaltung dieser Richtlinie vor.".
[287] *v. Danwitz*, RdA 1999, S. 322, (326); *Harbrecht*, BauR 1999, S. 1376, (1377).

C. VEREINBARKEIT MIT DEN GRUNDFREIHEITEN DES EGV [288]

Jeder nationale Gesetzgeber ist gehalten, das Europäische Recht zu beachten und ist bei der Schaffung neuen nationalen Rechts an dessen Schranken gebunden. Nach der Rechtsprechung des EuGH haben die nationalen Gesetzgeber durch den Beitritt zur Union ihre Souveränitätsrechte endgültig beschränkt, dem gesamten Recht der Europäischen Gemeinschaft kommt der Vorrang vor nationaler Rechtssetzung zu[289]. Bei diesem Vorrang handelt es sich um einen Anwendungsvorrang, d. h. entgegenstehendes nationales Recht ist nicht „nichtig"[290], sondern wird lediglich nicht angewendet, soweit der Konflikt reicht[291].

Kollidiert Europäisches Recht mit zuvor oder später erlassenem nationalen Recht, muss letzteres zurücktreten, gleich ob es sich um einen Verstoß gegen primäres oder sekundäres Europarecht handelt. Die Gültigkeit dieses Vorrangs auch für Sekundärrecht wird aus Art. 249 EGV (Art. 189 EGV a.F.) gefolgt, da eine Verordnung „verbindlich" und „unmittelbar" gelte. Wäre es möglich, dass die Mitgliedstaaten Recht setzten könnten, das dem Gemeinschaftsrecht vorgeht, würde diese Regelung gegenstandslos[292], so dass der Grundsatz des effet-utile eine solche Auslegung fordert. Dies gilt nach herrschender Ansicht auch gegenüber nationalem Verfassungsrecht.

---

[288] Zitiert wird nach der konsolidierten Fassung im Anschluss an die Änderung des Vertrags von Amsterdam zur Änderung des Vertrags über die Europäische Union, der Verträge zur Gründung der Europäischen Gemeinschaften sowie einiger damit zusammenhängender Rechtsakte, unterzeichnet in Amsterdam am 2. Oktober 1997. Aus Gründen der Verständlichkeit werden die Bezeichnungen der Maastrichter Fassung mit angegeben, da diese Fassung einem großen Teil der verwendeten Literatur zugrunde liegt.

[289] EuGH v. 15.07.1964, Rs. 6/64 – *Costa-E.N.E.L.* – Slg. 1964, S. 1251, (1270); EuGH v. 17.12.1970, Rs 11/70 – *Internationale Handelsgesellschaft* – Slg. 1970, S. 1125, (1135); EuGH v. 21.05.1987, Rs 249/85 – *Alboko* – Slg. 1987, S. 2345, (2359).

[290] So aber *Grabitz*, Gemeinschaftsrecht bricht nationales Recht, S. 113. Die Rechtsfolge der Nichtigkeit von nationalen Recht bei Verstoß gegen Gemeinschaftsrecht bezeichnet *Behrens*, EuR 1992, S. 145, (161) als „Ziel" der Weiterentwicklung der Grundfreiheiten.

[291] BVerfGE 31, 145, (174); 73, 339, (375); 75, S. 223, (244); 85, S. 191, (204f.); *Arndt*, Europarecht, S. 75; *Jarass*, DVBl. 1995, S. 954, (958); *Plesterninks*, S. 41; *Otmar Schneider*, EuBl. 1997, S. 31, (35); *Stettner*, in: Dauses Handbuch des EU-Wirtschaftsrecht, A IV, Rn. 30; *Streinz*, Europarecht, S. 59, Rn. 200; *Wyatt /Dashwood*, European Union Law, S. 65f.; zur Durchsetzung dieses Prinzips in Frankreich: *Stotz*, EuZW 1991, S. 119.

[292] *Grabitz*, in: Grabitz/Hilf, EUV/EGV, Altbd. II, Art. 189, Rn. 27; *Weindl/Woyke*, S. 84.

Auch das BVerfG hat mit der *Solange II*-Entscheidung[293] und dem *Kloppenburg*-Beschluss[294] inzwischen diesen Vorrang anerkannt und die konkrete Überprüfung europarechtlicher Regelungen anhand deutschen Verfassungsrechts eingestellt.

Das *Maastricht*-Urteil vom 12.10.1993 hatte zunächst für einige Verwirrung gesorgt, da es als teilweise Rücknahme der *Solange II*-Entscheidung interpretiert worden ist[295]. Das BVerfG beschränkt sich dabei jedoch auf die „generelle" Gewährleistung der Grundrechte, während es die Überprüfung der Verfassungsmäßigkeit europäischer Regelungen dem EuGH zuordnet. Solange das BVerfG bei seiner bisherigen Beurteilung der „generellen Gewährleistung der unabdingbaren Grundrechtsstandards" bleibt – und derzeit spricht nichts für eine Änderung dieser Einschätzung – und keine evidenten Verstöße europäischer Organe gegen deutsche Verfassungsprinzipien erfolgen, ergibt sich für die grundsätzliche Anerkennung des Vorrangs des EG-Rechts vor nationalem Verfassungsrecht keine Veränderung[296].

Die Normen, die den Gemeinsamen Markt konstituieren haben ein gemeinsames Ziel, nämlich die Öffnung und Offenhaltung der nationalen Märkte zu sichern[297]. Das primäre Gemeinschaftsrecht kennt zwar nur wenige Normen, die ausdrückliche Rechte oder Pflichten für den einzelnen beinhalten[298], jedoch hat der EuGH einer großen Zahl von Normen, die sich direkt nur an die einzelnen Mitgliedstaaten richten, unmittelbare Wirkung auch für den einzelnen zuerkannt. Als Voraussetzung zur Annahme einer solchen unmittelbaren Wirkung hat der EuGH postuliert, die entsprechenden Normen müssten „rechtlich vollkommen", d. h. ohne weitere Konkretisierung oder Umsetzungsakte anwendbar sein, sie müssten hinreichend klar, vollständig und unbedingt abgefasst sein und schließlich konkrete Handlungs- oder Unterlassungspflichten für die Mitgliedstaaten beinhalten[299]. Nach Ablauf der Übergangszeit am 31.12.1969 hat der EuGH eine entsprechende

---

[293] BVerfGE 73, S. 339, (387): „[Das BVerfG wird] seine Gerichtsbarkeit [...] nicht mehr ausüben".

[294] BVerfGE 75, S. 223, (244).

[295] BVerfGE 89, S. 155, insbesondere die Erwägungen des BVerfG zu dem von ihm nunmehr angenommenen „Kooperationsverhältnis" mit dem EuGH (174f.).

[296] *Arndt*, Europarecht, S. 79; *Drathe*n, S. 41.

[297] *Grabitz*, FS Ipsen, S. 645, (647).

[298] Zu nennen wären hier die Art. 81, 82, 230 Abs. 4, 232 Abs. 3 EGV (Art. 85, 86, 173, 175 EGV a.F.).

[299] EuGH v. 05.02.1963, Rs. 26/62 – *Van Gend/Loos* – Slg. 1963, S. 1, (25ff.); EuGH v. 16.06.1966, Rs. 57/65 – *Lütticke* – Slg. 1966, S. 257, (266); EuGH v. 23.02.1994, Rs. C-236/92 – *Lombardia* – Slg. 1994 I, S. 497 (501), Rz. 8ff.

Wirkung sowohl für die Warenverkehrs-[300], Niederlassungs-[301] und Dienstleistungsfreiheit[302] als auch für die Arbeitnehmerfreizügigkeit[303] bejaht.

Der EGV zielt nach seiner Präambel darauf, durch Schaffung einer Gemeinschaft wirtschaftliche und soziale Prosperität in den Mitgliedstaaten zu erreichen, um auf diese Weise den Frieden in Europa dauerhaft zu sichern und das Lebensniveau aller Gemeinschaftsbürger zu heben. Die Europäische Gemeinschaft ist, wie ihr Vorläufer, die EWG, primär ein Zusammenschluss zur Förderung der wirtschaftlichen Integration, mögen die Vertragsparteien mit der Europäischen Union auch eine Ausdehnung der Zusammenarbeit auf andere Bereiche anstreben. Grundlage der Verwirklichung dieser Ziele ist zuallererst die Schaffung eines Gemeinsamen Marktes. Wirtschaftspolitisch liegt dem das Konzept zugrunde, dass die Koordination der wirtschaftlichen Einzelentscheidungen dem Prinzip der marktgemäßen Selbststeuerung überlassen werden soll[304]. Dazu gehörte wesentlich der Abbau von Handelshemmnissen aller Art und mit dem 31. Dezember 1992 die Schaffung eines einheitlichen Binnenmarktes[305]. Nach Art. 7a Satz 2 EGV handelt es sich um einen Raum ohne Binnengrenzen, das heißt: einen einheitlichen Wirtschaftsraum ohne staatliche Binnengrenzen und ohne Segmentierung in nationalstaatliche Rechtskreise, der durch die Beseitigung der Hindernisse für den freien Waren-, Personen-, Dienstleistungs- und Kapitalverkehr zwischen den Mitgliedstaaten gekennzeichnet ist[306]. Die Marktfähigkeit von Waren und Dienstleistungen und die Möglichkeit, in einem Mitgliedstaat selbständig oder unselbständig tätig zu werden, richtet sich EG-weit nach dem Herkunftslandprinzip[307]. Zusätzliche Anforderungen des Zielstaates sind nur unter besonderen Voraussetzungen zulässig.

---

[300] EuGH v. v. 16.06.1966, Rs. 57/65 – *Lütticke* – Slg. 1966, S. 257, (266).

[301] EuGH v. 21.06.1974, Rs. 2/74 – *Reyners* – Slg. 1974, S. 631, Rz. 24.

[302] Bezüglich der Inländergleichbehandlung: EuGH v. 03.12.1974, Rs. 33/74 – *van Binsbergen* – Slg. 1974, S. 1299; bezüglich des Verbotes sonstiger Beschränkungen : EuGH v. 18.01.1979, Rs. 110/76, 111/76 – *Van Wesemael* – Slg. 1979, S. 35; hierzu näher *Pfeil*, S. 255ff.

[302] hierzu näher *Pfeil*, S. 255ff.

[303] EuGH v. 07.07.1976, Rs. 118/75 – *Watson und Belmann* – Slg. 1976, S. 1185, Rz. 11/12; S. a. *Lenz*, Recht im Binnenmarkt, S. 247.

[304] *Müller-Graff*, in: Dauses Handbuch des EU-Wirtschaftsrecht, A. I, Rn. 124; *Zuleeg*, FS Everling, S. 1717.

[305] Es soll hier nicht problematisiert werden, ob Binnenmarkt und Gemeinsamer Markt synonyme Begriffe sind oder inwieweit zwischen ihnen zu unterscheiden ist, vgl. hierzu *Streinz*, S. 308, Rn. 909ff.

[306] vgl. Art. 3 c) EGV.

[307] Mehr dazu unter C. 4. a) (3) (d).

1. **Anwendungsbereich der unterschiedlichen Grundfreiheiten und ihr Schutzumfang**

Eine der Säulen der Schaffung des Binnenmarktes besteht aus dem freien Wettbewerb auf dem Markt für Dienstleistungen und Waren, aber auch auf dem Arbeitsmarkt[308], rechtlich geschützt durch die Grundfreiheiten. Die Grundfreiheiten sind die elementaren Bausteine dieses freien Marktes und können als die wirtschaftlichen Grundrechte der Europäischen Gemeinschaft bezeichnet werden[309].

Neben der Warenverkehrsfreiheit dienen auch die Grundfreiheiten der freien Niederlassung und Dienstleistung sowie die Freizügigkeit der Arbeitnehmer diesem Ziel.

Das AEntG hat zweifellos Auswirkungen auf den Markt, es ist somit zu überprüfen, ob die Nettolohnhaftung des AEntG mit den Grundfreiheiten des EGV vereinbar ist.

Da die Art und Weise, wie in den Schutzbereich der Grundfreiheiten eingegriffen werden kann, im große und ganzen identisch ist und sich nach der Entwicklung der Rechtsprechung des EuGH eine Tendenz zur vollständigen Angleichung der Rechtfertigungsvoraussetzungen zeigt, erscheint es zweckmäßig, die allgemeingültigen Aussagen vor die Klammer zu ziehen, auf divergierende Einzelheiten und unterschiedliche Entwicklungen wird bei der jeweiligen Grundfreiheit selbst eingegangen.

a) **Eingriffstatbestände**

Nach herrschender Ansicht ist zwischen drei möglichen Eingriffstatbeständen zu unterscheiden, deren Zulässigkeit an unterschiedliche Voraussetzungen gebunden wird: die unmittelbare (offene) Diskriminierung, die mittelbare (verdeckte) Diskriminierung und Beeinträchtigungen ohne Diskriminierungsgehalt.

Inzwischen wird überwiegend vertreten, dass alle Grundfreiheiten vor allen diesen Eingriffen Schutz bieten[310], dass also solche Eingriffe rechtfertigungsbedürftig sind – wenn sich die Rechtfertigungsvoraussetzungen auch im einzelnen unterscheiden.

(1) Unmittelbare Diskriminierung

Von einer unmittelbaren, offenen Diskriminierung ist auszugehen, wenn die Regelung ausdrücklich an die Staatsangehörigkeit der Beteiligten anknüpft. Eine

---

[308] *Blanke*, ArbuR 1999, S. 417, (423).
[309] *Bleckmann*, GS Sasse, S. 665, (667).
[310] Zu dieser Entwicklung mehr unter C. 1. c).

solche auf die Staatsangehörigkeit abstellende Regelung der Gemeinschaft oder der Mitgliedstaaten ist bereits nach dem Vertragswortlaut der Grundfreiheiten untersagt, zudem verstieße dies auch gegen den allgemeinen Gleichbehandlungsgrundsatz des Art. 12 EGV (Art. 6 EGV a. F.).

Dabei sind diese Ausnahmefälle als Beschränkung der Freiheiten eng auszulegen – Der EuGH geht vom Auslegungsprinzip „in dubio pro libertate" aus[311].

(2) Mittelbare Diskriminierungen

Mittelbare, verdeckte Diskriminierungen sind solche Maßnahmen, die zwar allgemein formulierte, scheinbar neutrale Anforderungen enthalten, diese faktisch jedoch zu einer Ungleichbehandlung von Aus- und Inländern führen und somit eine verschleierte diskriminierende Wirkung entfalten[312]. Bereits das Allgemeine Programm zur Aufhebung der Beschränkungen der Niederlassungsfreiheit vom 18.12.1961 nennt hierfür Regelungen, die „zwar unabhängig von der Staatsangehörigkeit gelten, jedoch ausschließlich oder vorwiegend Ausländer [...] behindern"[313].

Anhaltspunkte für die genauere begriffliche Ausgestaltung können in der Legaldefinition der Richtlinie 97/80/EWG gesehen werden[314]. Diese stellt für die Diskriminierung aufgrund des Geschlechts in ihrem Art. 2 Abs. 2 fest, eine mittelbare Diskriminierung liege vor, wenn „dem Anschein nach neutrale Vorschriften, Kriterien oder Verfahren einen wesentliche höheren Anteil der Angehörigen eines Geschlechts benachteiligen, es sei denn, diese Vorschriften, Kriterien oder Verfahren sind angemessen und notwendig sowie durch nicht auf das Geschlecht bezogene sachliche Gründe gerechtfertigt.". Diese Definition kann m. E. problemlos auch auf die mittelbaren Diskriminierungen aus anderen Gründen übertragen werden.

---

[311] EuGH v. 15.03.1988, Rs. 147/86 – *Kommission – Griechische Republik* – Slg. 1988, S. 1637, (1651); EuGH v. 17.10.1995, Rs. C-450/93 – *Kalanke/Stadt Bremen* – Slg 1995 I, S. 3036; zu Art. 56 EuGH Rs C-260/89 – *ERT* – Slg. I 1991, S. 2951, (2960) Rz. 24; *Anweiler*, S. 231; *Bleckmann*, NJW 1982, S. 1177, (1180); *Hailbronner*, EuZW 1992, S. 105, (110); ausführlich zu dem Auslegungsgrundsatz „exceptio est strictissimae interpretationis" *Schilling*, EuR 1996, S. 44ff..

[312] Dabei hat der EuGH eine versteckte Diskriminierung gesehen, wenn von einer neutral formulierten Regelung faktisch zu 75% Ausländer betroffen sind, EuGH v. 30.05.1989, Rs. 33/88 – *Allué* – Slg. 1989 I, S. 1591 (1610), Rz. 12.

[313] ABl. EG 1962, S. 36, (38).

[314] Richtlinie über die Beweislast bei Diskriminierung aufgrund des Geschlechts vom 15.12.1997, ABl. EG 1997, Nr. L 14. Genauer zur Diskriminierung aufgrund des Geschlechts siehe *Dötsch*, AuA 1999, S. 122ff.

Durch das Verbot offener und verdeckter Diskriminierung bleiben all solche Hemmnisse eines Binnenmarktes bestehen, die sich aufgrund der Unterschiedlichkeit der nationalen Rechtsordnungen ergeben. Erreicht wird dadurch lediglich ein binnenmarktähnlicher Zustand, der als ein Nebeneinander selbständig geordneter nationaler Märkte, die den Angehörigen anderer Mitgliedstaaten Zutritt gewähren, beschrieben werden kann[315].

(3) Sonstige Beschränkungen ohne Diskriminierungscharakter

Mit dem Verbot sonstiger Beschränkungen ohne diskriminierende Wirkung wird der Bereich verlassen, in dem die Entwicklung als abgeschlossen betrachtet werden kann. „Beschränkungen" sind hier in einem engeren Sinn nur diejenigen Beschränkungen der Freiheiten, die sich nicht als mittelbare oder unmittelbare Diskriminierung darstellen; Existenz, Umfang und Rechtfertigungsgründe eines solchen Beschränkungsverbots bei den verschiedenen Grundfreiheiten sind in Rechtsprechung und Lehre noch nicht einheitlich bestimmt und lebhaft umstritten[316]. Entscheidend ist, dass sie den binnenmarktweiten Warenverkehr bzw. die binnenmarktweite sonstige Tätigkeit behindert. Exemplarisch dafür sind Vorschriften, die eine Tätigkeit vollständig untersagen, so dass überhaupt kein Markt entstehen kann.

Sonstige Beschränkung und mittelbare Diskriminierung sind daher keine Gegensätze, der Tatbestand einer Beschränkung der vertraglichen Freiheiten im weiteren Sinne umfasst prinzipiell auch die Diskriminierung. Eine „sonstige Beschränkung" i.e.S. liegt danach vor, wenn eine Beschränkung vorliegt, ohne dass eine unmittelbare oder mittelbare Diskriminierung bejaht werden kann.

Maßgeblich für die Abgrenzung zur mittelbaren Diskriminierung ist die Definition der mittelbaren Diskriminierung als „ausschließlich oder vorwiegend" Ausländer erfassend. Kann eine vorwiegende Erfassung von Ausländern nicht bejaht werden, bleibt es bei einer sonstigen Beschränkung. Der Übergang ist also nicht qualitativer, sondern quantitativer Natur.

---

[315] *Steindorf*, EuR 1988, S. 20.
[316] Teilweise wird vertreten, dass jede Beschränkung zugleich eine Diskriminierung minderer Schwere darstelle, da der Ausländer stets dadurch beschwert sei, neben den unterschiedslos geltenden Vorschriften des Rechts des Zielstaates auch den Vorschriften des Heimatlandes unterworfen zu sein, siehe *Trautwein*, Jura 1995, S. 191, (195). Die Gültigkeit eines Beschränkungsverbots ist insbesondere bei der Niederlassungsfreiheit umstritten, näheres dazu bei der Darstellung der einzelnen Grundfreiheiten.

(a)   Genauere Bestimmung des Begriffs der sonstigen Beschränkung – Freiheitsrecht oder Gleichheitsrecht?

Obwohl als Rechtsfigur allgemein anerkannt, hat sich eine allgemeingültige Bestimmung der „sonstigen Beschränkung" indes noch nicht durchgesetzt. Sowohl Schutzumfang als auch Rechtsnatur sind noch nicht endgültig geklärt.

Während teilweise *jede* nichtdiskriminierende Behinderung der Freiheiten als sonstige Beschränkung definiert wird, wird andererseits gefordert, dass die sonstige Beschränkung nur Belastungen ab einem gewissen Gewicht und Umfang umfasst oder dass eine lediglich potentielle Beschränkung nicht erfasst wird.

(i)   Schrankenloser Beschränkungsbegriff nach Lackhoff

Die wohl weiteste Auslegung des Beschränkungsbegriffs wird von *Lackhoff* vertreten. In seiner Untersuchung der Niederlassungsfreiheit fasst er jede Maßnahme eines Mitgliedstaats, die geeignet ist, die Aufnahme oder Ausübung einer selbständigen Erwerbstätigkeit unmittelbar oder mittelbar, tatsächlich oder potentiell zu behindern, als Beschränkung der Niederlassungsfreiheit auf.

Entsprechend wäre bei Art. 39 EGV (Art. 48 EGV a. F.) auf die Aufnahme und Ausübung einer unselbständigen Erwerbstätigkeit und bei Art. 49 EGV (Art. 59 EGV a. F.) auf das Anbieten und Ausführen einer Dienstleistung abzustellen. Die Grundfreiheiten stellen sich damit als umfängliche Freiheitsrechte des einzelnen dar. Ein spezifischer Grenzbezug der Beschränkung wird von ihm nicht verlangt. Begrenzungen im Schutzbereich folgen seiner Ansicht nach nicht aus dem Begriff der Beschränkung, sondern aus den Zielen, die durch die jeweiligen Freiheit gefördert werden. Beschränke sich dabei die Warenverkehrsfreiheit auf grenzüberschreitende Vorgänge, so könne dies bei der Niederlassungsfreiheit nicht konstatiert werden; von ihr würden auch Sachverhalte erfasst, die keinerlei Grenzbezug aufwiesen[317]. *Lackhoff* kommt zu der Feststellung, dass der Beschränkungsbegriff nicht zwingend einen grenzüberschreitenden Bezug des Sachverhalts voraussetzt, d. h., für die Diagnose einer sonstigen Beschränkung kommt es auf eine Marktbeeinträchtigung, nicht speziell auf eine Beeinträchtigung des Binnenmarkts an.

(ii)   Grenzbezug als Voraussetzung einer sonstigen Beschränkung

Demgegenüber zeichnet die h. M. ein vorsichtigeres Bild des Begriffs[318]. Sie definiert das Verbot sonstiger Beschränkungen als das Verbot, die Grundfreiheiten dadurch zu beeinträchtigen, dass grenzüberschreitende Sachverhalte gegenüber

---

[317] *Lackhoff*, Niederlassungsfreiheit, S. 55ff. und 427; so auch *Bleckmann*, EuR 1987, S. 28, (33).
[318] *Classen*, EWS 1995, S. 97, (103) mit weiteren Nachweisen.

Sachverhalten ohne Grenzbezug (anders als durch offene oder verdeckte Diskriminierung) rechtlich oder faktisch benachteiligt werden. Die Transnationalität könne sich dabei daraus ergeben, dass der Wirtschaftsvorgang oder der Akteur des Vorgangs eine innergemeinschaftliche Grenze überschreitet, überschritten hat oder überschreiten wird[319].

Eine nationale Regelung, die z. B. einheitlich für inländische und ausländische Waren gilt und die auch faktisch nicht zu einer Schlechterstellung ausländischer Waren führt, ist daher nicht als Beschränkung der Warenverkehrsfreiheit einzustufen. Entsprechend wäre die Schaffung eines Dienstleistungs- oder Produktionsmonopols, da es ja inländische und ausländische Konkurrenz in gleicher Weise berührt, kein Verstoß gegen die Grundfreiheiten.

(iii) Spürbarkeitserfordernis

Teilweise wird eine Reduktion des Beschränkungsbegriffs bei der Dienstleistungsfreiheit auf spürbare oder nur tatsächlich eingetretene Behinderungen vertreten[320]. Diese Auffassung kann sich auf die Ausführungen des Generalanwalts *Jacobs* in der Rechtssache *Alpine Investments* stützen[321], der eine Vergleichbarkeit des Sachverhalts mit der Rechtssache *Peralta*[322] mit der Begründung verneint, dort seien die Auswirkungen der Vorschrift auf die Dienstleistungsfreiheit so „entfernt, schwach und indirekt" gewesen, dass sie nicht als Beschränkung angesehen werden konnten. Ein weiteres Argument wäre der Gleichlauf mit dem europäischen Wettbewerbsrecht, das Absprachen und Vereinbarungen von Unternehmen nur dann untersagt, wenn sie zu spürbaren Auswirkungen auf den Wettbewerb führen (De-Minimis-Regel)[323], Bagatellfälle werden auch bei Vorliegen der sonstigen Voraussetzungen nicht erfasst[324].

---

[319] *Jarass*, EuR 1995, S. 202, (216), *ders.*, RIW 1993, S. 1, (5); *Wetzel*, S. 33.

[320] *Fezer*, JZ 1994, S. 317; (324); *Zuleeg*, FS Everling S. 1717, (1726).

[321] Schlussanträge vom 26.01.1995 zur Rs C-384/93 – *Alpine Investments* – Slg. 1995 I, S. 1141, (1158) Ziff. 58).

[322] EuGH v. 14.07.1994, Rs. C-379/92 – *Peralta* – Slg. 1994 I, S. 3453.

[323] EuGH v. 06.05.1971, Rs. 1/71 – *Cardillon* – Slg. 1971, S. 351 (356), Rz. 7-10; EuGH v. 28.04.1998, Rs. C-306/96 – *Javico* – Slg. 1998 I. S. 1997, (2005), Rz. 26; EuGH v. 21.01.1999, Rs. C-215 und 216/96 – *Bagnasco* – Slg. 1999 I, S. 161 (178), Rz. 47ff.; Bagatellbekanntmachung der Kommission im ABl. EG 1997, Nr. C 372, S. 13: Umsatzanteil der beteiligten von 5% bei horizontalen Vereinbarungen und 10% bei vertikalen Vereinbarungen.

[324] *Geiger*, EUV/EGV, Art. 81 EGV, Rn 16.

(iv) Entscheidung

Zu Recht ist in der Einführung des Beschränkungsverbotes eine Erweiterung der Rechtsposition der Begünstigten einer Grundfreiheit zu sehen. Beschränkten sich die Rechte zuvor auf die Möglichkeit, die gleiche Behandlung wie ein Einheimischer zu verlangen, so können jetzt zusätzlich Beschränkungen abgewehrt werden, denen der Einheimische ebenso unterworfen ist.

Die Erweiterung ist jedoch nicht so weitgehend, dass es auf einen Grenzbezug schlechthin nicht mehr ankommt. Das Verbot von Beschränkungen der Grundfreiheiten kann nur so weit reichen, wie die Grundfreiheiten selber reichen. Die Beeinträchtigung von Vorgängen, die nicht unter die Grundfreiheiten zu fassen sind, kann keine Beschränkung im Sinne der Grundfreiheitsdogmatik sein. Soweit *Lackhoff* der Ansicht ist, ein „Grenzbezug" sei nicht zu fordern, geht er von einem zu weiten Geltungsbereich des EGV aus. Zwar ist ihm zuzugeben, dass sich die Niederlassungsfreiheit prinzipiell nur im Hoheitsgebiet eines Nationalstaates auswirkt, jedoch ist auch hier ein über-nationales Element zu fordern. Wie der EuGH in ständiger Rechtsprechung annimmt, ist ein Bezug zum Binnenmarkt notwendige Voraussetzung zur Berufung auf eine Grundfreiheit. Dies kann darin liegen, dass ein Produkt und/oder eine Person eine mitgliedstaatliche Grenze überschreitet. Im Bereich der Niederlassungsfreiheit oder der Arbeitnehmerfreizügigkeit kann dieser Bezug aber auch darin liegen, dass ein Inländer bestimmte Qualifikationen in einem anderen EG-Mitgliedstaat erworben hat. Dass ihm diese in seinem Heimatland anerkannt werden müssen, während ein anderer Inländer, der die gleiche Qualifikation in einem Nicht-EG-Staat oder dem Heimatland selbst erworben hat, keine Anerkennung findet, ist auf das Beschränkungsverbot des EGV und auf den besonderen Bezug zum Binnenmarkt – also dem geforderten Grenzbezug – zurückzuführen[325].

Bei dem Inländer ohne einen solchen Bezug zu EG-Ausland ist keine Beschränkung der Grundfreiheit erfolgt – anstatt, wie dies *Lackhoffs* Sichtweise wäre, dass er einer Beschränkung seiner Grundfreiheit unterliegt, die lediglich deshalb mit dem EGV zu vereinbaren ist, weil dieser ihre Abschaffung nicht fordert.

Bereits aus der Präambel des EGV, erst recht aber aus dessen Art. 2 wird deutlich, dass Aufgabe der Gemeinschaft – und damit auch die Funktion der Grundfreiheiten – die Errichtung eines „Gemeinsamen" Marktes ist. Geschützt werden soll nicht der Markt an sich, sondern lediglich in seiner speziellen Ausprägung des Gemeinsamen Marktes. Ziel des EGV ist nicht, in Anwendung eines allgemeinen „laisser faire"-Gedankens jede Art von Marktbeschränkungen aufzuheben und ein „Grundrecht

---

[325] *Jarass*, FS Everling, S. 593, (599).

auf den Verkauf von Waren"[326] zu begründen. Erfasst werden können daher nur Maßnahmen, die sich im Anwendungsbereich des EGV bewegen. Daher ist für die Anwendbarkeit jeder Grundfreiheit ein mitgliedschaftlicher Bezug des Sachverhalts zu fordern, vermittelt durch einen spezifischen Bezug zu den nationalen Grenzlinien, die nicht zu Grenzen des Marktes werden sollen. Auch bei der Niederlassungsfreiheit, bei der *Lackhoff* diese Notwendigkeit ablehnt[327], hat der EuGH einen grenzüberschreitenden Bezug gefordert[328]. Die Lösung des Beschränkungsbegriffs von diesen Erfordernissen wäre eine Abkehr von diesen Grundgedanken und kann daher nicht überzeugen.

Sowohl das Verbot unmittelbarer und mittelbarer Diskriminierungen als auch das Verbot sonstiger, nicht diskriminierender Beschränkungen stellen Ausprägungen des Verbots der Schlechterstellung grenzüberschreitender Vorgänge dar.

Eine Beschränkung der Annahme von Verstößen gegen die Dienstleistungs- und Niederlassungsfreiheit auf spürbaren Beeinträchtigungen ist hingegen abzulehnen. Dies liefe einem einheitlichen Beschränkungsbegriff zuwider, da bei der Warenverkehrsfreiheit das Vorhandensein tatsächlich spürbarer Beeinträchtigungen nicht vorausgesetzt wird[329]. Der damit erzielte Gleichlauf mit dem Wettbewerbsrecht kann nicht überzeugen, da die Dienstleistungs- und die Niederlassungsfreiheit den anderen Freiheiten verwandter sind als dem Wettbewerbsrecht. Es genügt daher die Eignung einer Maßnahme oder Regelung zur Behinderung des freien Waren- oder Dienstleistungsverkehrs[330].

(b)   Sonstige Beschränkung als Freiheits- oder Gleichheitsrecht

Fraglich ist, ob der Übergang vom reinen Diskriminierungs- zu einem Beschränkungsverbot als eine Erweiterung des Inhalts der Grundfreiheiten von einem Gleichheits- zu einem Freiheitsrecht bezeichnet werden kann[331].

Jarass hält an der Einordnung des Beschränkungsverbots als Gleichheitsrecht fest. Zwar könne nicht, wie zuvor, die Wirkungen der Grundfreiheiten als Verbot der

---

[326] Sitzungsbericht des Richters am EuGH Moitinho de Almeida, Rs. 98/86 – *Mathot* – Slg. 1987, S. 809, (814).

[327] *Lackhoff*, Niederlassungsfreiheit, S. 427 sowie 2. Teil B. I. 4.; a.A. *Classen*, EWS 1995, S. 97, (103) mit der h. M.

[328] EuGH v. 16.01.1997, Rs. C-134/95 – *USSL ./. INAIL* – Slg. 1997 I, S. 195, (210f.), Rz. 19.

[329] EuGH v. 13.03.1984, Rs. 16/83 – *Prantl* – Slg. 1984, S. 1299, (1326), Rz. 20. A.A. *Sack*, EWS 1994, S. 37, (45); *ders.*, GRUR 1998, S. 871, (874), der das Spürbarkeitserfordernis auf die Warenverkehrsfreiheit und auf die Dienstleistungsfreiheit anwenden will.

[330] *Kort*, JZ 1996, S. 132 (138); *Lackhoff*, Niederlassungsfreiheit, S. 429, 431; *Müller-Graff*, in: von der Groeben/Thiesing/Ehlermann, EG-Vertrag, Art. 30 Rn. 31.

[331] So zunächst wohl *Erhard*, in: Lenz, EGV 1994, Art. 52, Rn. 7. Ebenso *Wolf*, JZ 1996, S. 1151, (1155).

Benachteiligung von Ausländern zusammengefasst werden. Hingegen sei nunmehr das Verbot von Schlechterstellungen grenzüberschreitender bzw. transnationaler Wirtschaftsprozesse verboten[332]. Somit sei nicht mehr von der Frontstellung Inländer-Ausländer auszugehen, sondern inländischer Sachverhalt-Sachverhalt mit Binnenmarktbezug. Das Verbot sonstiger Beschränkungen bleibt seiner Ansicht nach ein Gleichheitsrecht[333].

Dies wäre ein Scheinproblem, wenn sich die Freiheitserweiterung bei anderer Wahl des Vergleichsmaßstabes zugleich als Gleichheitsrecht darstellt; beide Begriffe hätten dann ihre Berechtigung. Konnte man vorher nur die gleiche Behandlung wie ein Einheimischer verlangen, so könnten jetzt zusätzlich Beschränkungen abgewehrt werden, denen der Einheimische ebenso unterworfen ist. Nunmehr sind alle Maßnahmen, die die Grundfreiheiten behindern, verboten.

Und hier zeigt sich der Unterschied des Beschränkungsverbots zum Diskriminierungsverbot: Es ist sogar verboten, dem transnationalen Wirtschaftsprozess die gleiche Behandlung wie einem inländischen Vorgang zukommen zu lassen, wenn dies im Ergebnis zu einer faktischen Schlechterstellung dieses Prozesses führt. Insofern ist eine Erweiterung der Rechtssphäre durchaus zu erkennen. Zuvor war über das Verbot der mittelbaren und unmittelbaren Diskriminierung nur die direkt oder faktisch unterschiedliche Behandlung des Ausländers untersagt.

Selbst wenn man den Unterschied einer ungleichen Behandlung und einer ungleichen Wirkung einer gleichen Behandlung übergehen will, macht die Bezeichnung dieses Vorgangs als Freiheitsrechts jedoch insofern Sinn, als dass damit die Unterscheidung zu der früheren Rechtslage einer Gleichheit in bezug auf die Staatsangehörigkeit deutlich gemacht werden kann. Daher soll hier von einer Einordnung des Beschränkungsverbots als Ausdruck eines Freiheitsrechts ausgegangen werden.

(4) Abschaffung der Trennung von mittelbarer Diskriminierung und sonstiger Beschränkung

Die Abgrenzung von mittelbarer Diskriminierung und bloßer Beschränkung der Grundfreiheiten ist in der Praxis nur schwer zu ziehen[334], es hängt zumeist von der Wahl des Vergleichsmaßstabs ab, ob nur oder überwiegend Ausländer durch eine Regelung getroffen werden, oder ob lediglich eine sonstige Beschränkung zu konstatieren ist. So sind einige Entscheidungen des EuGH, in denen dieser einen

---

[332] *Jarass*, EuR 1995, S. 202, (216).

[333] *Hoffmann*, Grundfreiheiten, S. 112; *Jarass*, EuR 1995, 202, (216), *ders.*, FS für Everling, S. 593ff.

[334] *Hakenberg*, in: Lenz, EGV, Art. 49/50, Rn. 23; *Webers*, EWS 1997, S. 292, (294).

Verstoß gegen das Beschränkungsverbot feststellte, eher aus dem Gesichtspunkt verdeckter Diskriminierung begründet[335].

Aus diesem Grund will *Hakenberg* die Unterscheidung von mittelbarer Diskriminierung und sonstiger Beschränkung aufgeben und statt dessen ein einheitliches Kriterium der „Erschwerung des Marktzugangs" schaffen[336]. Er verweist dazu auf die Rechtsprechung des EuGH, der in neueren Entscheidungen nicht mehr auf die Abgrenzung von mittelbarer Diskriminierung und sonstiger Beschränkung eingegangen ist[337].

Diese Ansicht hat durchaus einiges für sich, wenn man davon ausgeht, dass inzwischen alle Grundfreiheiten umfassenden Schutz vor sonstigen Beschränkungen bieten. Dennoch ist Vorsicht geboten: zum einen ist noch nicht sicher, dass der EuGH in Zukunft bei mittelbaren Diskriminierungen zwingende Gründe des Allgemeininteresses als Rechtfertigung wird genügen lassen, die Aufhebung der Unterscheidung bricht jedoch zusammen, wenn mittelbare Diskriminierung und sonstige Beschränkung unterschiedliche Maßstäbe erfordern. Zur Rechtfertigung einer mittelbaren Diskriminierung sind nach h.M. jedoch strengere Anforderungen zu erfüllen[338].

Zum anderen ist der von der Niederlassungsfreiheit ausgehende Schutz noch nicht vollständig geklärt. Zwar spricht einiges dafür, dass nunmehr auch diese Freiheit einen vollständigen Schutz vor sonstigen Beschränkungen bietet; eine Einschätzung, die auch vom Verfasser geteilt wird. Jedoch kann noch nicht als endgültig geklärt angesehen werden, ob dieser Schutz wirklich umfassend ist oder nur bestimmte, näher einzugrenzende sonstige Beschränkungen ausschließt. Solange hier aber noch nicht ausgeschlossen ist, dass bei der Niederlassungsfreiheit bei mittelbaren Diskriminierungen und sonstigen Beschränkungen ein anderer Maßstab angelegt werden muss, erscheint die Aufgabe der Unterscheidung noch nicht angebracht. Entsprechend folgt auch diese Bearbeitung der getrennten Prüfung der Eingriffstatbestände.

---

[335] Z. B. die Entscheidungen EuGH v. 28.04.1977, Rs. 71/76 – *Thieffry* – Slg. 1977, S. 765; EuGH v. 28.06.1977, Rs. 11/77 – *Patrick* – Slg. 1977, S. 1199; EuGH v. 12.07.1984, Rs. 107/83, – *Klopp* – Slg. 1984, 2971; vgl. dazu auch: *Eberhartinger*, EWS 1997, S. 43, (46); *Jarass*, RIW 1993, S. 6; *Wägenbaur*, EuZW 1991, S. 427, (429f.);

[336] *Hakenberg*, in: Lenz, EUV/EGV, Art. 49/50 EGV, Rn. 20.

[337] EuGH v. 28.04.1988, Rs. C-118/96 – *Safir* – Slg. 1998 I, S. 1897, (1926), Rz. 23; EuGH v. 28.04.1998, Rs. C-158/96 – *Kohll* – Slg. 1998 I, S. 1931, (1946), Rz. 33.

[338] Schwarze-*Holoubek*, EU-Kommentar, Art. 49 EGV, Rn. 75.

b) Eingriffsrechtfertigung

Bestimmte Vertragsvorschriften dispensieren den nationalen Gesetzgeber, aber auch die Organe der Europäischen Gemeinschaft von der Beachtung der Grundfreiheiten.

(1) Rechtfertigungsmöglichkeiten aus dem Vertrag selbst

Ausnahmen gegenüber dem Diskriminierungsverbot sind nur in den durch den EGV selbst postulierten Fällen zulässig; die Arbeitnehmerfreizügigkeit kann nach Art. 39 Abs. 3 (Art. 48 Abs. 3 EGV a. F.) aus Gründen der öffentlichen Ordnung, Sicherheit und Gesundheit und nach Abs. 4 bei Beschäftigten der öffentlichen Verwaltung eingeschränkt werden. Bei der Niederlassungsfreiheit und der Dienstleistungsfreiheit ist eine unmittelbare Diskriminierung aus Gründen der Staatsangehörigkeit nach Art. 45, 46 EGV (Art. 55, 56 EGV a. F.) – bzgl. der Dienstleistungsfreiheit über die Verweisungsnorm des Art. 55 EGV (Art. 66 EGV a. F.) – dann zulässig, wenn die Maßnahmen aus Gründen der öffentlichen Sicherheit, Ordnung oder Gesundheit gerechtfertigt sind oder wenn die entsprechende Tätigkeit mit der Ausübung öffentlicher Gewalt verbunden ist.

(2) Rechtfertigendes Allgemeininteresse / zwingende Erfordernisse

Die Anforderungen für die Zulässigkeit einer mittelbaren Diskriminierung wurden ursprünglich ebenfalls nur an Art. 45, 46, 55 EGV (Art. 55, 56, 66 EGV a.F.) gemessen, ein sonstiges Interesse an der Regelung reichte nicht aus[339]. Bei manchen dieser mittelbaren diskriminierenden Regelungen bestand jedoch eine auch vom EuGH nachvollzogene Regelungsnotwendigkeit außerhalb der Ausnahmetatbestände.

Der EuGH hat in den Entscheidungen *Futura*[340] und *Saint-Gobain*[341] zwingende Gründe des Allgemeininteresses ausreichen lassen, um Regelungen, die man als mittelbar diskriminierend ansehen kann, zu rechtfertigen[342]. In der Entscheidung

---

[339] EuGH v. 04.05.1993, Rs. C-17/92 – *Fedecine ./. Spanien* – Slg. 1993 I, S. 2239, (2272), Rz. 16; EuGH v. 14.11.1995, Rs. C-484/93 – *Svensson und Gustavsson* – Slg. 1995 I, S. 3955, (3976), Rz. 15. Dies entspricht der h. M. im Schrifttum, siehe z.B. *Jarass*, RIW 1993, S. 1, (6); *Mussler*, S. 105; *Roth*, in: Dauses Handbuch des EU-Wirtschaftsrechts, E I, Rn. 118.

[340] EuGH v. 15.05.1997, C-250/95 – *Futura* – Slg. 1997 I, S. 2471, (2500), Rz. 24.

[341] EuGH v. 21.09.1999, Rs. C-307/97 – *Saint-Gobain* – Slg. 1999 I, S. 6161, (6198), Rz. 45.

[342] Die Unterscheidung zu den im folgenden behandelten sonstigen Beschränkungen ist häufig nicht einfach. Der EuGH arbeitet sehr kasuistisch und hat oft keine klare Unterscheidung zwischen den mittelbaren Diskriminierungen und sonstigen Beschränkungen ohne Diskriminierungscharakter getroffen. Deshalb hat er Regelungen, die eigentlich als mittelbare Diskriminierung eingeordnet werden müssten, als sonstige Beschränkung bezeichnet und analog diesen anhand eines zwingenden Allgemeininteresses gerechtfertigt.

PreussenElektra stuft der EuGH die angegriffene deutsche Regelung sogar selbst als diskriminierend ein, rechtfertigt sie jedoch mit dem Umweltschutz als Rechtfertigungsgrund, obwohl dieser in der Liste der Rechtfertigungsgründe des Art. 30 EGV nicht aufgeführt ist[343].

In dieser Rechtsprechung sehen viele die Tendenz zur Ausweitung der Rechtfertigungsmöglichkeit für staatliche Maßnahmen[344].

Ein Zwang zur Gleichbehandlung mit der unmittelbaren Diskriminierung besteht nicht, da der Wortlaut der Diskriminierungsverbote die mittelbare Diskriminierung nicht erfasst und somit eine andere Ausgestaltung der Rechtfertigung ohne Verstoß gegen den Vertragswortlaut möglich wäre. Bei versteckter Diskriminierung spricht vieles dafür, Ausnahmen zuzulassen, wenn für die Regelung zwingende Gründe des Allgemeininteresses sprechen und die Regelung geeignet und erforderlich ist, die Gründe des Allgemeininteresses zu erreichen und die Ziele der Regelung in einem angemessenen Verhältnis zu diesen Gründen des Allgemeininteresses stehen[345].

(3) Dogmatische Einordnung der Eingriffsrechtfertigung

Hier soll eine Einordnung der Prüfung einer Eingriffsrechtfertigung in die Grundfreiheitsdogmatik vorgenommen werden.

Auf der einen Seite ließen sich die vertraglichen Vorbehalte und die vom EuGH ermöglichte Berufung auf zwingende Gründe des Allgemeininteresses bereits als Begrenzung des Schutzbereichs der Grundfreiheiten definieren. Auf der anderen Seite können diese Kriterien als Rechtfertigungsgründe für Einwirkungen in den eröffneten Schutzbereit der Grundfreiheiten verstanden werden.

Diese Unterscheidung ist jedoch nicht nur dogmatischer Natur, sondern hat auch Auswirkungen auf die materielle Rechtsanwendung[346]. Denn wenn man oben genannte Vorbehalte und Allgemeininteressen als Grenzen des Anwendungsbereiches der Grundfreiheiten auffasst, stellen sie eine absolute Grenze dar. Diese Grenze wäre abstrakt festzulegen, so dass es nicht auf die

---

[343] EuGH v. 13.03.2001, Rs. C-379/98 – *PreussenElektra* – Slg 2001 I, S. 2099, Rz. 71 und 74.

[344] *Hailbronner/Nachbaur*, EuZW 1992, S. 105, (111); *Hakenberg*, in: Lenz, EGV, Art. 49/50, Rn. 26, *Lackhoff*, Niederlassungsrecht, S. 458; *Ruge*, EuZW 2001, S. 248, (249).

[345] Jedoch wird der Fortgang der Prüfung zeigen, dass es hier nicht auf eine solche Frage ankommt, auf eine Entscheidung soll daher in diesem Rahmen verzichtet werden.

[346] Anders sieht dies *Wichmann*, S. 106, Fn. 344, die keine inhaltlichen Auswirkungen der dogmatischen Einordnung feststellen kann.

Bedeutung der kollidierenden Rechtsgüter ankommt[347]. Eine Prüfung, welches Rechtsgut im Einzelfall das gewichtigere ist, kann dann nicht erfolgen.

Kennzeichnend für eine Einordnung als „Rechtfertigungsgrund" für die Beschränkung einer Grundfreiheit in deren Schutzbereich ist demhingegen die Möglichkeit einer Abwägung der relativen Bedeutung der kollidierenden Rechtsgüter. Die Beschränkung der Grundfreiheit muss im Hinblick auf das zu schützende Rechtsgut verhältnismäßig sein.

Bei der Beantwortung dieser Frage ist zwischen dem Verbot der unmittelbaren und mittelbaren Diskriminierung zu differenzieren.

(a)   *Diskriminierungsverbote*

Vorschriften des EGV, die Ausnahmen zu den Diskriminierungsverboten des EGV darstellen, also unter bestimmten Voraussetzungen Beschränkungen der Grundfreiheiten rechtfertigen, werden allgemein nicht als Grenzen des Anwendungsbereichs der Grundfreiheiten eingestuft, sondern in einer eigenen Prüfungsstufe behandelt[348].

Klar erscheint dies Vorgehen bei Vorbehalten wie Art. 46 und Art. 30 EGV (Art. 56 und 36 EGV a. F.). Bereits nach deren Wortlaut folgt, dass Beschränkungen im Hinblick auf bestimmte Rechtsgüter oder Umstände „gerechtfertigt" sein müssen. Aus der Notwendigkeit der Rechtfertigung wird dann auch auf die Notwendigkeit einer Verhältnismäßigkeitsprüfung geschlossen[349], da der Grundsatz der Verhältnismäßigkeit inzwischen als allgemeines Prinzip der Rechtstaatlichkeit Bestandteil des primären Gemeinschaftsrechts ist[350].

Abweichend hiervon hat der EuGH im Urteil *Debus* diese Notwendigkeit bei Art. 30 EGV aus dessen S. 2 gefolgert, wonach Verbote nicht willkürlich diskriminieren oder verschleierte Handelsbeschränkungen darstellen dürfen[351], und nicht auf den Charakter als Rechtfertigungsgrund rekurriert. Diese Herleitung der Notwendigkeit einer Verhältnismäßigkeitsprüfung erscheint jedoch bereits bei einem Vergleich mit der EuGH-Rechtsprechung zu anderen Vorbehalten kaum tragfähig, da der EuGH die Notwendigkeit einer Verhältnismäßigkeitsprüfung auch

---

[347] *Jarass*, EuR 1995, S. 202, (222).

[348] *Jarass*, EuR 1995, S. 202, (221).

[349] *Behrens*, EuR 1992, S. 145, (153); *Jarass*, EuR 1995, S. 202, (223); *Roth*, in: Dauses Handbuch des EU-Wirtschaftsrechts, E I, Rn. 125.

[350] *Geiger*, EUV/EGV, § 220 EGV, Rn. 25, 31.

[351] EuGH, Urt. v. 04.06.1992, Rs. C-13/91 und C-113/91, – *Debus* – Slg. 1992 I, 3617, (3641), Rz. 16.

bei den anderen Vorbehalten fordert, die nicht über entsprechende Formulierungen eingeschränkt sind[352].

(b) Sonstige Beschränkungen

Nationale Maßnahmen können jedoch wie oben ausgeführt auch dann die Grundfreiheiten beschränken, wenn sie nicht zugleich „diskriminieren". Beschränkungen dieser Art sind dann gerechtfertigt, wenn sie durch zwingende Gründe des Allgemeininteresses gerechtfertigt sind. Die dogmatische Einordnung dieser Rechtfertigung durch das Allgemeininteresse ist umstritten[353].

(i) Tatbestandslösung

Hierzu wird vertreten, dass diese Rechtfertigungsgründe bereits als Grenzen des Anwendungsbereiches der Grundfreiheit gesehen werden müssten[354]. Es handele sich um immanente Schranken des Tatbestands; die zwingenden Gründe des Allgemeininteresses seien daher als ungeschriebene, negative Tatbestandsmerkmale zu sehen[355]. Begründet wird diese Ansicht mit der Notwendigkeit, bereits den Schutzbereich einzugrenzen. Die sonstige Beschränkung trage – anders als ein Eingriff in das Diskriminierungsverbot – nicht schon das Verdikt der Rechtswidrigkeit in sich, da der Tatbestand der sonstigen Beschränkung so weit sei, dass seine Erfüllung nicht schon die Rechtswidrigkeit indiziere[356].

(ii) Zweiaktige Prüfung (Rechtfertigungslösung)

Die Einordnung als tatbestandsimmanenter Vorbehalt ist jedoch nicht unbedingt zwingende Folge des weiten Beschränkungsbegriffs. Wie bereits oben ausgeführt, ist die Abgrenzung von mittelbarer Diskriminierung und sonstiger Beschränkung fließend und nur schwer fassbar. Es hängt hauptsächlich davon ab, wie hoch der

---

[352] EuGH v. 15.03.1988, Rs. 147/86 – Kommission ./. Griechische Republik – Slg. 1988, S. 1637, (1654) bzgl. des Vorbehalts zu hoheitlichen Aufgaben bei der Niederlassungsfreiheit; EuGH v. 18.05.1989, Rs. 249/86 – Kommission ./. Deutschland – Slg. 1989, S. 1263, (1292), Rz. 20 zur Arbeitnehmerfreizügigkeit.

[353] Jarass, EuR 1995, S. 202, (224).

[354] Becker, EuR 1994, S. 162, (167); Everling, EuR 1982, S. 301, (305); Kingreen, S. 115ff.; Müller-Graff, in: von der Groeben/Thiesing/Ehlermann, EG-Vertrag, Art. 30 Rn. 190; Schöne, Dienstleistungsfreiheit, S. 159, Fn. 618; Seidel, ZVersWiss 1987, S. 175, (191); Wichmann, S. 106.

[355] Becker, EuR 1994, S. 162, (167).

[356] Jarass, FS Everling, S. 593, (607) vergleicht dies zutreffend mit dem Nötigungstatbestand des StGB.

Anteil ausländischer Betroffener durch eine nationale Regelung sein muss, um eine ausschließliche oder zumindest vorwiegende Erfassung von Ausländern zu bejahen.

Die Abweichung beider Rechtsinstitute voneinander ist daher zu minimal, als dass dies eine grundlegend andere Bewertung rechtfertigen könnte[357].

Bei der mittelbaren Diskriminierung ist aber wohl einhellige Ansicht, dass die rechtfertigenden Gründe dogmatisch als Rechtfertigung zu verstehen seien. Dies gilt auch, soweit hier auf das zwingende Allgemeininteresse als Begründung verwiesen wurde. Es macht dann wenig Sinn, bei der sonstigen Beschränkung eine Ausnahme zu machen.

Ein weiteres Argument gegen die Tatbestandslösung ist die Rechtslage im Bereich der mengenmäßigen Handelsbeschränkungen und der Maßnahmen gleicher Wirkung. Die in Art. 30 EGV aufgeführten Allgemeinerfordernisse sind vom EuGH stets als Rechtfertigungsgründe und nicht im Sinne der Tatbestandsmäßigkeit einer Maßnahme gleicher Wirkung behandelt worden, ohne dass dies auf Kritik gestoßen wäre[358]. Das Verbot sonstiger Beschränkungen ist jedoch nichts anderes als die Übertragung des Instituts der Maßnahme gleicher Wirkung auf die anderen Grundfreiheiten – Warum sollte dies eine andere Behandlung erlauben?

(iii) Entscheidung

Bei der Beantwortung der Fragestellung wäre der Rechtsprechung des EuGH großes Gewicht beizumessen, ist die Kategorie der sonstigen Beschränkung doch in erstem Maße eine Schöpfung des EuGH.

Der EuGH hat jedoch eine entgültige Festlegung bislang vermieden. Auf der einen Seite stehen Entscheidungen, die eine Deutung im Sinne eines negativen Tatbestandsmerkmals nahe legen[359]. Auf der anderen Seite stehen Urteile wie *Torfaen*[360], bei denen der EuGH dem Schlussantrag des Generalanwalts *van Gerven* nicht entsprochen hat, der davon ausgeht, dass staatliche Maßnahmen, die nicht auf

---

[357] *Hakenberg*, in: Lenz, EUV/EGV, Art. 49/50 EGV, Rn. 20 will ja sogar die mittelbaren Diskriminierungen und die sonstigen Beschränkungen zu einer neuen Kategorie der Erschwerung des Marktzugangs schaffen. Folgt man dem, verbietet sich die unterschiedliche Behandlung von selbst.

[358] *Behrens*, EuR 1992, S. 145, (150), Fn. 14.

[359] EuGH v. 23.02.1988, Rs. 216/84 – *Kommission ./ Frankreich* – Slg. 1988, S. 793, (811), Rz. 7.

[360] EuGH v. 23.11.1989, Rs. C-145/88 – *Torfaen* –Slg. 1989, S. 3851.

eine Warenverkehrsbeschränkung abzielen, nicht in den freien Warenverkehr eingreifen[361].

Soweit der EuGH sich bislang zu nationalen Maßnahmen geäußert hat, die als sonstige Beschränkungen einzuordnen sind, hat er – im Falle der Niederlassungsfreiheit sogar teilweise ausschließlich – jedoch die Verhältnismäßigkeit der Maßnahme auch dann geprüft, wenn ein zwingender Grund des Allgemeininteresses bejaht wurde. Eine Verhältnismäßigkeitsprüfung ist aber wie bereits dargestellt immer auch eine abwägende Entscheidung. Die Notwendigkeit einer Abwägung mit den kollidierenden Interessen und Rechtsgütern lässt es aber nicht zu, von vornherein eine absolute Grenze für den Schutzbereich einer Grundfreiheit zu ziehen; sei es, weil bestimmte Entwicklungen noch nicht erkannt worden sind, sei es, weil die Wertschätzung, die bestimmte Rechtgüter (z.B. der Umweltschutz) genießen, im Laufe der Zeit wächst oder sinkt. Da die letztendliche Entscheidung über den von den Grundfreiheiten geschützten Bereich somit immer eine relative ist, erscheint es folgerichtig, den Schutzbereich zunächst zu definieren und erst in einem zweiten Schritt bestimmte Eingriffe in den Schutzbereich zu rechtfertigen. Die Meinung, wonach die zwingenden Gründe des Allgemeininteresses bereits das Vorhandensein einer Beschränkung ausschließen sollen, ist daher abzulehnen. Das Vorliegen zwingender Gründe des Allgemeininteresses schließt daher den Tatbestand einer sonstigen Beschränkung einer Grundfreiheit nicht aus, sondern rechtfertigt lediglich den Eingriff[362].

(4) Das Verhältnismäßigkeitsprinzip des Gemeinschaftsrechts

(a) Bedeutung des Verhältnismäßigkeitsprinzips

Das Verhältnismäßigkeitsprinzip, der Grundsatz, Eingriffe im Sinne von Diskriminierung oder Beschränkungen der Grundfreiheiten nur dann zuzulassen, wenn der Eingriff auch verhältnismäßig ist[363], wird heute als notwendiger Bestandteil jeder nationalen, supranationalen oder internationalen Rechtsordnung

---

[361] So besonders deutlich Generalanwalt *van Gerven* im Schlussantrag vom 18.11.1992 zur verb. Rs. C-267 und C-268/91 – *Keck* und *Mithouard* – Slg. 1993 I, S. 6097.

[362] Zu diesem Ergebnis kommt auch *Becker,* NJW 1996, S. 179, (180); *Jarass,* EuR 1995, S. 202, (225) und Schwarze-*Holoubek,* EU-Kommentar, Art. 49 EGV, Rn. 96; ebenso, wenn auch ohne Begründung, auch *Dörr,* RabelsZ 54 (1990), S. 677, (690); *Ehlers,* Jura 2001, S. 266, (270); *Hailbronner/Nachbaur,* EuZW 1992, S. 105, (110); *Knobbe-Keuk,* DB 1990, S. 2573, (2577); *Rebhahn,* DRdA 1999, S. 173, (183), *Selmayr,* ZfA 1996, S. 615, (628); *Steindorff,* WRP 1993, S. 139, (142).

[363] *Jarass,* FS Everling, S. 593, (607); *Krebber,* JbJZW 1998, S. 129, (145); *Nicolaysen,* Europarecht II, S. 181; *Roth,* in: Dauses Handbuch des EU-Wirtschaftsrechts, E. I Rn. 120.

angesehen, die auch materiell des Anforderungen des Rechtsstaatsprinzip genügen will, angesehen[364].

Das Verhältnismäßigkeitsprinzip ist ein wesentlicher Bestandteil des Europäischen Rechtssystems, nicht nur bezüglich der Europäischen Gemeinschaft und der Union, sondern auch der EMRK[365]. Beim EGV kommt hinzu, dass ohne solche Grundsätze seine im wesentlichen wirtschaftliche und soziale Materien betreffenden Regelungen nicht wirklich angewandt und ausgelegt werden können[366]. Auch das Recht der meisten anderen EG-Mitgliedstaaten kennt das Verhältnismäßigkeitsprinzip[367], wenngleich die dogmatische Ausprägung und Strukturierung dort nicht das Maß erreicht hat, wie dies im deutschen Recht der Fall ist[368].

(b) Herleitung und Ausgestaltung des Verhältnismäßigkeitsprinzips

Als Rechtsquellen im Vertrag können hier die Bestimmungen angeführt werden, die Gemeinschaftshandeln nur zulassen, wenn es zur Erreichung bestimmter Ziele „erforderlich", „gerechtfertigt" oder „notwendig" ist.

Der EuGH hat aus den Einzelregelungen, dem Rechtsstaatsprinzip und dem „Gerechtigkeitsgrundsatz"[369] schon früh ein allgemeines Prinzip des Gemeinschaftsrechts hergeleitet. Dabei kam dem Verhältnismäßigkeitsprinzip eine Ersatzfunktion für die anfänglich noch nicht entwickelten Gemeinschaftsgrundrechte zu und sorgte so für den sonst in der Gemeinschaftsrechtsordnung nicht vorgesehenen Schutz individueller Interessen vor Gemeinschaftsrechtsakten[370].

Als erstes Urteil, bei dem der EuGH das Verhältnismäßigkeitsprinzip in einem weiteren Sinne angewandt hat, kann die Entscheidung *Fédéchar* aus dem Jahr 1956 bezeichnet werden. Der EuGH hat darin das Vorgehen der Hohen Behörde nach dem EGKS-Vertrag gegen unerlaubte Verhaltensweisen eines belgischen Unternehmens davon abhängig gemacht, dass dieses Vorgehen zu dem vorgeworfenen Verhalten „in einem gewissen Verhältnis stehen" muss[371]. Die

---

[364] *Pache*, NVwZ 1999, S. 1033.

[365] Vgl. dazu: *Iliopoulos-Strangas*, RabelsZ 63 (1999), S. 414ff.

[366] *Kutscher*, in: Kutscher/Ress/Teitgen/Ermacora/Ubertazzi, Der Grundsatz der Verhältnismäßigkeit in europäischen Rechtsordnungen, S. 89, (90).

[367] Im Angloamerikanischen Rechtskreis war der Verhältnismäßigkeitsgrundsatz weitgehend unbekannt, aufgrund der Rechtsprechung des EuGH ist er mittlerweile in das britische Recht aufgenommen worden, vgl. dazu: *Marauhn*, VerwArch 85 (1994), S. 52ff.

[368] *Hirsch*, S. 5.

[369] EuGH v. 13.07.1962, Rs. 19/61 – *Mannesmann ./. Hohe Behörde* – Slg. 717, (749).

[370] *Pache*, NVwZ 1999, S. 1033, (1033); *Schwarze*, Europäisches Verwaltungsrecht, S. 709.

[371] EuGH v. 29.11.1956, Rs. 8/55 – *Fédéchar* – Slg. 1956, S. 297, (311).

Geltung des Verhältnismäßigkeitsgrundsatzes als eines allgemeinen, auf das gesamte Gemeinschaftsrecht anwendbaren Rechtsprinzips entwickelte sich in der Folgezeit und kann spätestens mit der Entscheidung *Internationale Handelsgesellschaft* als abgeschlossen betrachtet werden[372]. Dabei gewährt das Verhältnismäßigkeitsprinzip nicht nur ein subjektives Recht der einzelnen, sondern stellt ein objektives Rechtsprinzip des Gemeinschaftsrechts dar[373].

In ständiger Rechtsprechung nimmt der EuGH einen Verstoß an, wenn die Handlungen die Grenzen dessen überschreiten, was zur Erreichung des mit der fraglichen Regelung zulässigerweise verfolgten Ziels geeignet und erforderlich ist. Sind mehrere gleich geeignete Maßnahmen möglich, muss die am wenigsten belastende gewählt werden. Zudem müssen die verursachten Nachteile in einem angemessenen Verhältnis zu dem angestrebten Ziel stehen[374]. Insofern entspricht das Prüfungsschema des EuGH mit der Unterscheidung von Geeignetheit, Erforderlichkeit und Verhältnismäßigkeit im engeren Sinn (Übermaßverbot) inhaltlich der Verhältnismäßigkeitsprüfung des deutschen öffentlichen Rechts[375], wenngleich die „Verästelung"[376] deutscher Grundrechtsdogmatik noch nicht erreicht worden ist.

Der Unionsvertrag von Maastricht hat das Verhältnismäßigkeitsprinzip in Art. 5 Abs. 3 EGV (Art. 3b EGV a.F.), wenn auch beschränkt auf die Erforderlichkeit, ausdrücklich in den Vertrag aufgenommen. Mit dieser Beschränkung sollten die übrigen mit dem Verhältnismäßigkeitsprinzip erfaßten Voraussetzungen nicht verneint werden, die Norm muss eher als der sprachlich misslungene Versuch, die bisherige EuGH-Rechtsprechung in den Vertrag aufzunehmen, angesehen werden[377]. Damit hat sich die Diskussion, ob es innerhalb der Normenhierarchie des Gemeinschaftsrechts die Qualität von Verfassungsrecht hat, erledigt.

Der Anwendungsbereich des Verhältnismäßigkeitsprinzips beschränkt sich nicht auf Handlungen von Gemeinschaftsorganen. Es gilt auch für alle Maßnahmen der Mitgliedstaaten, soweit diese Gemeinschaftsinteressen berühren[378].

---

[372] EuGH v. 17.12.1970, Rs. 11/70 – *Internationale Handelsgesellschaft* – Slg. 1970, S. 1125, (1135), Rz. 3f.

[373] *Kutscher*, in: Kutscher/Ress/Teitgen/Ermacora/Ubertazzi, Der Grundsatz der Verhältnismäßigkeit in europäischen Rechtsordnungen, S. 89, (94).

[374] EuGH v. 29.02.1996, Rs. C-296 und 307/93 – *Frankreich und Irland ./. Kommission* – Slg. 1996 I, S. 795, (842), Rz. 30. Schwarze-*Lienbacher*, EU-Kommentar, Art. 5 EGV, Rn. 39 spricht insofern von „Proportionalität".

[375] *Zapka*, Recht und Politik 32 (1996), S. 95, (96).

[376] *Nettesheim*, EuZW 1995, S. 106, (108).

[377] *Hirsch*, S. 10; *Pache*, NVwZ 1999, S. 1033, (1035).

[378] *V. Bogdandy/Nettesheim* in: Grabitz/Hilf, EUV/EGV, Altbd. I, Art. 3b , Rn. 46; *Hirsch*, S. 20f.

c) Die Entwicklung der Rechtsprechung des EuGH zum Schutzbereich der Grundfreiheiten

Zum Verständnis der folgenden Prüfung scheint es vorzugswürdig, die Entwicklung der Rechtsprechung des EuGH zum Schutzbereich der einzelnen, hier in Frage kommenden Grundfreiheiten überblicksweise darzustellen.

(1) Die Dienstleistungsfreiheit

Der EWG-Vertrag hatte die Dienstleistungsfreiheit nicht vollständig in einem eigenen Abschnitt geregelt, sondern hatte sie parallel zur Niederlassungsfreiheit ausgestaltet; an dieser Art der Regelung gingen die Vertragsänderungen spurlos vorbei und auch die Amsterdamer Fassung verweist in Art. 55 EGV (Art. 66 EGV a.F.) ausdrücklich auf die Regelungen der Niederlassungsfreiheit in den Art. 45 – 48 EGV (Art. 55 – 58 EGV a.F.). Der Gehalt der Dienstleistungsfreiheit entspricht jedoch eher der Warenverkehrsfreiheit[379] – regeln die Art. 28ff. EGV (Art. 30ff. EGV a.F.) den Handel mit dem Produkt „Waren", regeln die Art. 49ff. EGV (Art. 59ff. EGV a.F.) den Handel mit dem Produkt „Dienstleistung". Die Abgrenzung von Ware und Dienstleistung ist zwar in anderen Bereichen noch immer nicht eindeutig geklärt[380], ein Unterfallen der Erbringung von Bauleistungen unter die Warenverkehrsfreiheit ist aber auch dann ausgeschlossen, wenn bestimmte Materialien mitzuliefern wären, da diese neben der Bauleistung als reines Zubehör zu sehen wären.

Die wirtschaftlichen Freiheiten des EWG-Vertrags wurden zunächst durchgängig als Diskriminierungsverbote im Sinne des Inländerbehandlungsgrundsatzes angesehen[381]. Sie waren daher im Ergebnis nichts anderes als spezielle Ausprägungen des allgemeinen Diskriminierungsverbotes des damaligen Art. 7 EWG-Vertrag (Art. 12 EGV, Art. 6 EGV a. F.).

---

[379] *Bleckmann*, EuR 1987, S. 28, (29); *Classen*, EWS 1995, S. 97, (101); *Knobbe-Keuk*, DB 1990, S. 2573.

[380] So wurde – nicht unbestritten – vom EuGH in der steuerlichen Benachteiligung von Druckerzeugnissen, die im Auftrag französischer Zeitungsunternehmen im Ausland gedruckt werden, eine Beeinträchtigung der Warenverkehrsfreiheit gesehen (EuGH v. 07.05.1985, Rs. 18/84 – *Kommission ./. Frankreich* – Slg. 1985, S. 1339), während das Verbot, Werbebroschüren für eine Lotterie nach Großbritannien zu senden, eine Beeinträchtigung der Dienstleistungsfreiheit darstellen soll (EuGH v. 24.03.1994, Rs. C-275/92 – *Schindler* – Slg. 1994 I, S. 1039); näheres zu dieser Problematik: *Everling*, FS Hahn, S. 365, (371ff.).

[381] *Ipsen*, Europäisches Gemeinschaftsrecht, 30/6, S. 594.

Danach setzte ein Prozess der Erweiterung des Schutzbereiches ein. Dies begann jeweils mit Entscheidungen zur Warenverkehrsfreiheit, der „Pionierfreiheit" des EG-Vertrages[382].

Der Wendepunkt war die inzwischen legendären *Dassonville*-Entscheidung vom 11.07.1974. Nach Art. 30, 34 EGV a.F. (Art. 28, 29 EGV n.F.) waren mengenmäßige Ein- und Ausfuhrbeschränkungen sowie alle Maßnahmen gleicher Wirkung zwischen den Mitgliedstaaten verboten. Der EuGH hat den Anwendungsbereich der bis dahin als Diskriminierungsverbot ausgestalteten Grundfreiheit ausgedehnt auf „jede Handelsregelung der Mitgliedstaaten, die geeignet ist, den innergemeinschaftlichen Handel unmittelbar oder mittelbar, tatsächlich oder potentiell zu behindern"[383]. Nach dieser Entscheidung konnten auch unterschiedslos anwendbare Maßnahmen gegen Art. 28 EGV verstoßen, wenn sie den Absatz ausländischer Ware behinderten oder geeignet waren, eine solche Behinderung zu bewirken[384].

Eine Behinderung des Absatzes wurde vom EuGH bereits dann angenommen, wenn als Folge einer nationalen Maßnahme eine mengenmäßige Verminderung des Absatzes von ausländischen Erzeugnisse möglich erscheit; ob der Absatz inländischer Waren davon ebenfalls betroffen ist, wird dabei nicht betrachtet. Auch Maßnahmen, die gleichermaßen den Vertrieb einheimischer wie ausländischer Waren betrafen, wie das britische Sonntagsverkaufsverbot, unterfielen der Prüfung[385]. Zugleich stellt der EuGH nicht nur auf die rechtliche, sondern auch auf die tatsächliche Behandlung von ausländischen Erzeugnissen ab. Eine solche Perspektive, die auch lediglich faktische Auswirkungen mit einbezieht, ist vielen nationalen Rechtsordnungen fremd[386]. Auch die Rechtsprechung in Deutschland hat sich stets darauf beschränkt, den rechtlichen Rahmen bestimmter Regelungen zu beurteilen, ohne auf faktisch differierende Auswirkungen der Regelung in der Praxis einzugehen[387]. Ausnahmen können lediglich in Entscheidungen zum Gleichberechtigungsgebot des Art. 3 Abs. 2 GG konstatiert werden, wo das BVerfG ähnliche Überlegungen angestellt hat[388].

---

[382] *Müller-Graff* spricht insofern von „Vorreiterrolle", in: von der Groeben/Thiesing/Ehlermann, EG-Vertrag, vor Art. 30-37, Rn. 10.

[383] EuGH v. 11.07.1974, Rs. 8/74 – *Dassonville* – Slg. 1974, S. 837. Paradoxerweise lag der Entscheidung eine formelle Diskriminierung zugrunde.

[384] *Bernhard*, EWS 1995, S. 404, (405); *Wolf*, JZ 1994, S. 1151, (1158); *v. Wilmowski*, EuR 1996, S. 362, (365).

[385] EuGH v. 23.11.1989, Rs. C-145/88 – *Torfaen* –Slg. 1989, S. 3851.

[386] *Classen*, EWS 1995, S. 97; dazu *Wolf*, JZ 1994, S. 1151, (1156f.).

[387] Vgl. nur BVerfGE 55, S. 72, (88).

[388] z.B. BVerfGE 89, S. 276, (285).

Bei der Dienstleistungsfreiheit konnte dem Vertragstext nicht unmittelbar entnommen werden, dass mehr als ein allgemeines Diskriminierungsverbot vorgesehen war. Art. 60 Satz 3 des EWG-Vertrags (nunmehr Art. 50 des EGV in Amsterdamer Fassung) bestimmte eindeutig nur, dass der Leistende nicht mehr verlangen kann als die Inländergleichbehandlung: „...der Leistende [kann] zwecks Erbringung seiner Leistungen seine Tätigkeit vorübergehend in dem Staat ausüben, in dem die Leistung erbracht wird, und zwar unter den Voraussetzungen, welche dieser Staat für seine Angehörigen vorschreibt". Eine solche Bedeutung der Dienstleistungsfreiheit entsprach auch dem, was sich die „Väter des Vertrages" bei seiner Schaffung vorgestellt hatten[389].

(Dabei soll aber nicht unerwähnt bleiben, dass der EuGH von Anfang an der historischen Auslegung wenig Bedeutung beigemessen hat und stets von einer dynamischen Wirkung des Vertrages ausgegangen ist[390]).

Jedoch sind dem Vertragstext selbst auch Ansatzpunkte für die Interpretation, dass die Art. 59ff. EWG-Vertrag mehr umfassten als ein bloßes Diskriminierungsverbot, zu entnehmen: Art. 49 EGV (Art. 59 EGV a. F.) stellt nicht auf die Inländergleichbehandlung ab, er spricht von „Beschränkungen", die aufzuheben sind. Da diese in der Terminologie deutlich von Art. 50 Satz 3 EGV (Art. 60 Satz 3 EGV a. F.) abweicht, kann hieraus geschlossen werden, dass der Begriff der Beschränkungen eine eigenständige Bedeutung besitzt und über denjenigen der Diskriminierung hinausgeht[391].

Ein weiteres Argument hierfür sind die in den Vertrag aufgenommenen Aufgabenbestimmungen der Gemeinschaft. Nach Art. 3 Abs. 1 c) EGV umfasst die Tätigkeit der Gemeinschaft die Beseitigung der Hindernisse für den freien Personen-, Dienstleistungs- und Kapitalverkehrs zwischen den Mitgliedstaaten. Bei diesen Bestimmungen handelt es sich nach allgemeiner Auffassung und der Rechtsprechung des EuGH um mehr als unverbindliche Programmsätze, sondern um Rechtssätze, die die Ziele der Gemeinschaft festlegen[392].

Ein solches Verständnis der Dienstleistungsfreiheit kann auch mit der parallelen Entwicklung der Warenverkehrsfreiheit begründet werden. Strukturell ist die Dienstleistungsfreiheit wohl am ehesten mit dieser vergleichbar. Insofern ist es als missverständlich zu bezeichnen, wenn die Dienstleistungsfreiheit vom manchen Autoren in Abgrenzung von der Warenverkehrsfreiheit gemeinsam mit der

---

[389] *Everling*, FS von der Groeben, S. 111, (120). *Knobbe-Keuk*, DB 1990, S. 2573 bemerkt hierzu, der Vertrag sei insofern „klüger als seine Väter".

[390] *Bleckmann*, NJW 1982, S. 1176; *Borchardt*, in: Lenz, EGV, Art. 220, Rn. 15.

[391] *Weber*, EWS 1995, S. 292, (293).

[392] EuGH v. 14.12.1962, Rs. 2 und 3/62 – Kommission ./. Luxemburg und Belgien – Slg. 1962, S. 873, (882), weitere Nachweise bei *Bleckmann*, DVBl. 1986, S. 72, Fn. 20.

Niederlassungsfreiheit und der Arbeitnehmerfreizügigkeit als „Personenverkehrsfreiheit" bezeichnet wird[393]. Dieser Begriff ist m. E. ungeeignet, die Charakteristik dieser Freiheiten angemessen darzustellen oder sie von der Warenverkehrsfreiheit abzugrenzen. Die Wahrnehmung der Dienstleistungs- und Niederlassungsfreiheit ist in einer Weise möglich, die nicht mit einem Personengrenzübertritt einhergeht. Bei der Niederlassungsfreiheit mag man das mögliche Fehlen jedes tatsächlichen notwendigen Grenzübertritts einer Person bei der Gründung einer Tochtergesellschaft im Ausland mit der Gleichstellung von Gesellschaften als juristischen Personen nach Art. 48 EGV (Art. 58 EGV a. F.) begründen. Dies gelingt jedoch nicht bei der Form der Dienstleistungsfreiheit, bei der nur die Dienstleistung eine mitgliedstaatliche Grenze überschreitet (sog. Korrespondenzdienstleistungen), wie dies bei der grenzüberschreitenden Ausstrahlung von Rundfunk- oder Fernsehprogrammen oder beim Versand von speziell gefertigter Software über Internet der Fall ist. Diese Kategorie, die nach allgemeiner Ansicht und der Rechtsprechung des EuGH von der Dienstleistungsfreiheit umfasst wird[394], kann nicht mehr als Personenverkehrsfreiheit bezeichnet werden. Insofern erscheint diese Kategorisierung irreführend. Sinnvoller ist es, nur die Niederlassungsfreiheit und die Arbeitnehmerfreizügigkeit als „Personenverkehrsfreiheiten" zu bezeichnen. Die Dienstleistungsfreiheit – die ja nichts anderes als das „Produkt" Dienstleistung schützt – ist gemeinsam mit der Warenverkehrsfreiheit dem Begriff der „Produktverkehrsfreiheit" zuzuordnen[395].

Entsprechend dieser Parallelität mit der Warenverkehrsfreiheit hat der EuGH bereits 1974 im Fall *van Binsbergen* klargestellt, dass die Dienstleistungsfreiheit sich nicht in der Beseitigung der Ausländerdiskriminierung erschöpft, sondern umfassend alle Beschränkungen, die „in anderer Weise geeignet sind, die Tätigkeit des Leistenden zu unterbinden oder zu behindern", erfasst werden[396]. Der Entscheidung lag jedoch ein Sachverhalt zugrunde, der nicht als sonstige Beschränkung sondern als mittelbare Diskriminierung anzusehen war, so dass die Anwendung des Beschränkungsverbots auf die Dienstleistungsfreiheit umstritten blieb[397].

Dabei hat der EuGH aber zugleich deutlich gemacht, dass nationale Regelungen, die sich „aus der Anwendung durch das Allgemeininteresse gerechtfertigter

---

[393] So z. B. *Hakenberg*, in: Lenz, EUV/EGV Art. 49/50 EGV, Rn. 23; *Reichold*, ZEuP 1998, S. 434, (442). *Rothfuchs*, S. 2.

[394] Siehe unten.

[395] So auch *Jarass*, EuR 1995, S. 202, (205f.); *Roth*, in: Dauses Handbuch des EU-Wirtschaftsrechts, E. I Rn. 100; *Jarass*, EuR 1995, S. 202, (205f.), *Völker*, S. 181.

[396] EuGH v. 03.12.1974, Rs. 33/74 – *van Binsbergen* – Slg. 1974, S. 1299, (1309) Rz. 11.

[397] *Doppler*, S. 33.

Berufsregelungen" ergäben, vor dem Gemeinschaftsrecht Bestand hätten[398]. Konkretisiert wurde diese Rechtsprechung 1981 durch die Entscheidung im Fall *Webb*[399]. In diesem Urteil fasste der Gerichtshof zusammen, dass „der freie Dienstleistungsverkehr als fundamentaler Grundsatz des Vertrages nur durch Regelungen beschränkt werden [kann], die durch das Allgemeininteresse gerechtfertigt sind..."[400].

In der Entscheidungen *Säger* und *Vander Elst* hat der EuGH wiederholt, dass auch Bestimmungen, die unterschiedslos für in- und ausländische Dienstleistende gelten, aber faktisch geeignet sind, eine Unterbindung oder zumindest Behinderung der Tätigkeit des in einem anderen Mitgliedstaat ansässigen Dienstleistenden zu bewirken, gegen die Dienstleistungsfreiheit verstoßen[401]. Da hier eine mittelbare Beschränkung zugrunde lag, zeigte sich die Richtigkeit jener Auffassung, die die Entscheidung *van Binsbergen* als Votum für die Anwendung des Beschränkungsverbots auf die Dienstleistungsfreiheit angesehen hat. In der Entscheidung *Schindler* hat der EuGH eine ausdrücklich als nichtdiskriminierend bezeichnete Regelung des britischen Gesetzgebers, die Werbung auch für Lotterien anderer Mitgliedstaaten zu verbieten, an der Dienstleistungsfreiheit gemessen[402]. Die damit erreichte Konvergenz zwischen Warenverkehrs- und Dienstleistungsfreiheit ist klar erkennbar[403], auch bzgl. der Dienstleistungsfreiheit ist deshalb von einem allgemeinen Beschränkungsverbot auszugehen[404].

Weber will differenzieren zwischen Korrespondenzdienstleistungen – also solchen, bei denen lediglich die Dienstleistung eine Grenze überschreitet – und sonstigen Dienstleistungen, die mit dem Grenzübertritt von Personen verbunden sind. Lediglich bei ersteren sei ein allgemeines Beschränkungsverbot anzuerkennen, bei letzteren beschränke sich der Schutz auf ein Verbot formeller und materieller Diskriminierungen[405]. Er begründet dies damit, dass nur bei Korrespondenzdienstleistungen eine Vergleichbarkeit zur Warenverkehrsfreiheit

---

[398] EuGH v. 03.12.1974, Rs. 33/74 – *van Binsbergen* – Slg. 1974, S. 1299, (1309) Rz. 12.

[399] EuGH v. 17.12.1981, Rs. 279/80 – *Webb* – Slg. 1981, S. 3305.

[400] EuGH v. 17.12.1981, Rs. 279/80 – *Webb* – Slg. 1981, S. 3305, (3325) Rz. 19.

[401] EuGH v. 25.07.1991, Rs. C-76/90 – *Säger* – Slg. 1991 I S. 4221, (4243) Rz. 12; EuGH v. 09.08.1994, Rs. C-43/93 – *Vander Elst* – Slg. I 1994, S. 3803, (3823), Rz. 14.

[402] EuGH v. 24.03.1994, Rs. C-275/92 – *Schindler* – Slg. 1994 I, S. 1039, (1095) Rz. 42f.

[403] *Behrens*, EuR 1992, S. 145, (151); *Eberhartinger*, EWS 1997, S. 43ff.; *Franzen*, DZWir 1996, S. 89, (93); *Kort*, JZ 1996, S. 132, (135); ähnlich *Hailbronner*, in: Hailbronner/Klein/Magiera/Müller-Graff, EUV/EGV, Art. 59, 60 EGV, Rn. 3, dieser stellt auf die Funktion der Dienstleistungsfreiheit ab, die wie die Warenverkehrsfreiheit der Produktmobilität diene.

[404] *Doppler*, S. 34; *Pfeil*, S. 253; *Streinz*, Europarecht, S. 247, Rn. 721; *Völker*, S. 180; *Wank/Borgmann*, NZA 2001, S. 177, (180); a.A. *Trautwein*, Jura 1995, S. 191, (193); *Webers*, DB 1996, S. 574, (577).

gegeben sei[406]. Diesen qualitativen Unterschied habe der EuGH im Gutachten 1/94 auch anerkannt[407]. Bei diesem Gutachten ging es um die Kompetenz der Gemeinschaft zum Abschluss der Abkommen zur Errichtung der Welthandelsorganisation, insbesondere um das Allgemeine Abkommen über den Dienstleistungsverkehr (GATS[408]). In Art. 1 Abs. 2 des GATS werden vier Arten der Dienstleistung unterschieden – solche ohne, solche mit dem Grenzübertritt von Personen, die gewerbliche Niederlassung und die Niederlassung von Personen. Im System der Grundfreiheiten werden erstere von der Dienstleistungsfreiheit des Art. 49 EGV (59 EGV a.F.), die beiden letzteren von der Niederlassungsfreiheit des Art. 43 EGV (Art. 52 EGV a. F.) erfasst. Der EuGH hat eine Außenkompetenz der Gemeinschaft im Rahmen ihrer die Handelspolitik betreffende Befugnis aus Art. 133 EGV (113 EGV a.F.) lediglich für nichtkörperliche Dienstleistungen ohne den Grenzübertritt von Personen angenommen, da nur diese Form der Dienstleistung dem Warenverkehr „nicht unähnlich" sei und damit noch unter den Begriff der Handelspolitik subsumiert werden könne.

In der Entscheidung *Säger* habe der EuGH diese Unterscheidung dadurch angedeutet, dass Beschränkungen „erst recht" bei Korrespondenzdienstleistungen unzulässig sein können[409]. Die Übertragung einer solcher Differenzierung auf den Schutzbereich der Grundfreiheiten erscheint problematisch und ohne Ansatz im Vertragswerk nur schwer zu rechtfertigen. Der EuGH geht ersichtlich von einer umfassenden Geltung des Beschränkungsverbots aus – dass dieses Beschränkungsverbot „erst recht" auch für Korrespondenzdienstleistungen gilt, zeigt ja gerade, dass auch von einer Geltung für alle anderen Formen der Dienstleistungen ausgegangen wird.

Das Hauptargument *Webers*, nur so könnten Widersprüche im Schutzbereich von Dienstleistungs- und Niederlassungsfreiheit vermieden werden, ist hinfällig, wenn auch der Schutzbereich der Niederlassungsfreiheit ein allgemeines Beschränkungsverbot umfasst. Davon ist allerdings – wie im folgenden ausgeführt wird – auszugehen.

Die *Dassonville*-Formel war jedoch so weit, dass fast die gesamte sozialpolitische Gesetzgebung der EG-Mitgliedstaaten am Gemeinschaftsrecht zu messen war, eine Aufgabe, der das Gemeinschaftsrecht nicht gewachsen war[410]. In der *Cassis de Dijon*-Entscheidung versuchte der EuGH eine Einschränkung vorzunehmen:

---

[405] *Weber*, EWS 1995, S. 292, (296).
[406] *Weber*, EWS 1995, S. 292, (295).
[407] EuGH v. 15.11.1994, Gutachten 1/94, Slg. 1994 I, S. 5267, (5401), Rz. 44.
[408] „General Agreement on Trade in Services".
[409] EuGH v. 25.07.1991, Rs. C-76/90 – *Säger* – Slg. 1991 I, S. 4221, (4243), Rz. 13.
[410] *Behrens*, EuR 1992, S. 145, (162), *Classen*, EWS 1995, S. 97, (99); *Eberhartinger*, EWS 1997, S. 43, (45).

Beschränkungen, die unterschiedslos in- und ausländische Waren betreffen, konnten durch zwingende Erfordernisse gerechtfertigt sein[411]. Dennoch fiel dem EuGH eine einheitliche, dogmatisch stringente Prüfung schwer; Beschränkungen der Warenverkehrsfreiheit, die in- und ausländische Produzenten in gleichem Maße betrafen, wurden teils überhaupt nicht an Art. 30 EGV gemessen[412], teils genügte bei der Rechtfertigungsprüfung bereits ein legitimes Ziel des Mitgliedstaates[413], teils wurden zwingende Gründe des Allgemeinwohls gefordert[414].

Steindorff sah in seiner Besprechung des zweiten *Allué*-Urteils[415] bereits den „horror iuris" einer gemeinschaftsrechtlichen Verhältnismäßigkeitsprüfung des gesamten Zivilrechts aufziehen[416].

Eine Eingrenzung und Konkretisierung war überfällig. Der EuGH hat in der *Keck*-Entscheidung eine ausdrückliche Abkehr von seiner bisherigen Rechtsprechung vollzogen[417]. Dem Fall lag zugrunde, dass zwei französische Händler ihre Waren unter Einstandspreis verkauft hatten, was in Frankreich verboten ist. Das Verbot wurde vom EuGH mit der Begründung aufrechterhalten, dass Bestimmungen, die bestimmte Verkaufs- oder Vertriebsmodalitäten beschränken oder verbieten, nicht mehr als Maßnahmen gleicher Wirkung wie mengenmäßige Beschränkungen angesehen werden, wenn sie für alle betroffenen Wirtschaftsteilnehmer gelten und den Absatz der inländischen Erzeugnisse und der Erzeugnisse aus anderen Mitgliedstaaten rechtlich wie tatsächlich in der gleichen Weise berühren[418]. Mit anderen Worten: Produktbezogenen Regelungen unterfallen Art. 30 EGV,

---

[411] EuGH v. 20.02.1979, Rs. 120/78 – *Rewe-Zentral-AG* – Slg. 1979, S. 649; vgl. hierzu *Becker*, EuR 1994, S. 162, (164) und *Dörr*, RabelsZ 54 (1990), S. 677, (681ff.).

[412] So z. B. EuGH v. 24.01.1978 , Rs. 82/77 – *Van Tiggele* – Slg. 1978, S. 25, (39) Rz. 11; EuGH v. 11.07.1990, Rs. C-23/89 – *Quietlynn* – Slg. 1990 I, S. 3059, (3081) Rz. 11.

[413] So EuGH v. 1107.1985, Rs. 60 und 61/84 – *Cinéthèque* – Slg. 1985, S. 2605, (2626) Rz. 14; EuGH v. 23.11.1989, Rs. C-145/88 – *Torfaen* –Slg. 1989, S. 3851, (3888), Rz. 13.

[414] EuGH v. 15.12.1982, Rs. 286/81 – *Oosthoek* – Slg. 1982, S. 4575, (4587) Rz. 14.

[415] EuGH v. 02.08.1993, Rs. C-259/91 und C-331/91, C-332/91 – *Allué II.* – Slg. 1993 I, S. 4309.

[416] *Steindorff*, JZ 1994, S. 95, (97).

[417] EuGH v. 24.11.1993, verb. Rs. C-267 und C-268/91 – *Keck* und *Mithouard* – Slg. 1993 I, S. 6097, (6131), Rz. 14.

[418] EuGH v. 24.11.1993, verb. Rs. C-267 und C-268/91 – *Keck* und *Mithouard* – Slg. 1993 I, S. 6097, (6131), Rz. 15f.; bestätigt in EuGH v. 15.12.1993, Rs. C-292/92 – *Hünermund* – Slg. 1993 I, S. 6787. Die inhaltliche Bedeutung dieser Entscheidung wurde zunächst äußerst kontrovers beurteilt, siehe dazu mit teilweise stark auseinanderliegenden Einschätzungen: *Arndt*, ZIP 1994, S. 188; *Basedow*, EuZW 1994, S. 225; *Becker*, EuR 1994, S. 162; *Bernhard*, EWS 1995, S. 404; *Chalmers*, ELRev. 19 (1994), S. 385; *Fezer*, JZ 1994, S. 317, (321); *Jestaed/Kästle*, EWS 1994, S. 26; *Reich*, ZIP 1993, S. 1815; *Sack*, EWS 1994, S. 37, (39); *v. Wilmowski*, EuR 1996, S. 362, (369f.).

nichtdiskriminierende Verkaufsmodalitäten nicht[419]. Eine Klarstellung, wann von einer nichtdiskriminierenden Regelung von Verkaufsmodalitäten auszugehen ist, erfolgte in der *Mars*-Entscheidung vom 06.07.1995[420]: Wenn dem ausländischen Anbieter aufgrund des Zwanges, sich bei Produktion oder Vertrieb auf die inländische Rechtslage einzustellen, zusätzliche Kosten entstehen, besteht die Möglichkeit der Schlechterstellung ausländischer Waren durch formell unterschiedslos anwendbares inländisches Recht[421].

In der Sache stellt der EuGH damit auf das Kriterium des Vorliegens oder Drohens einer Marktzersplitterung ab, um den Schutz des einheitlichen Binnenmarktes zu gewährleisten[422].

In Anwendung dieser Grundsätze ist die Festsetzung staatlicher Mindestpreise für bestimmte Waren, die verhindern, dass sich der niedrigere Gestehungspreis eines Importproduktes im Verkaufspreis niederschlägt, unproblematisch als Maßnahme gleicher Wirkung anzusehen, da der Absatz dadurch erschwert wird, dass der „natürliche Wettbewerbsvorteil"[423] des Anbieters genommen wird, und der Anbieter daran gehindert wird, aus seiner günstigeren Wettbewerbslage Vorteile zu ziehen[424].

Die Auswirkung der *Keck*-Rechtsprechung auf die Dienstleistungsfreiheit, aber auch die anderen Freiheiten ist noch nicht endgültig geklärt[425].

Eine Meinung will diese Rechtsprechung auf die anderen Freiheiten nicht anwenden[426]. Eine Vergleichbarkeit mit der Warenverkehrsfreiheit sei bei den anderen Grundfreiheiten nicht gegeben.

---

[419] Hierzu *Fezer*, JZ 1994, S. 317, (321); *Wunder*, S. 192ff.; anders jedoch *Basedow*, EuZW 1994, S. 225, der das neue Kriterium in der Notwendigkeit eines Auslandsbezuges bei der Warenverkehrsfreiheit oder *Mülbert*, ZHR 159 (1995), S. 2, (17), der darin eine Rückbesinnung auf ein reines Diskriminierungsverbot sah.

[420] EuGH v. 06.07.1995, Rs. C-470/93 – *Mars* – Slg 1995 I, S. 1923.

[421] *Ackermann*, RIW 1994, S. 189, (192f.); *Bernhard*, EWS 1995, S. 404, (409); *Mülbert*, ZHR 159 (1995), S. 2, (22).

[422] *Chalmers*, ELRev. 19 (1994), S. 385, (402); *Kilian*, Rn. 247.

[423] EuGH v. 29.01.1985, Rs. 231/83 – *Henri Cullet* – Slg. 1985, S. 305, (321), Rz. 23; EuGH v. 24.01.1978, Rs. 82/77 – *van Tiggele* – Slg. 1978, S. 25, (39), Rz. 13ff.

[424] *Dause*, in: Dauses Handbuch des EU-Wirtschaftsrecht, C I, Rn. 101.

[425] Der EuGH hätte erstmals im *Alpine Investments*–Urteil die Grundsätze der *Keck*-Entscheidung auch auf die Dienstleistungsfreiheit anwenden können (Urt. v. 10.05.1995, Rs 384/93, Slg. 1995 I, S. 1141, (1177) Rz. 36), ist jedoch dogmatisch eindeutige Kriterien schuldig geblieben.

[426] Für die Arbeitnehmerfreizügigkeit: *Scheuer* in: Lenz, EUV/EGV, Art. 39 EGV, Rn. 35; für die Niederlassungsfreiheit: *Scheuer*, in: Lenz, EUV/EGV, Art. 43 EGV, Rn. 10; für die Dienstleistungsfreiheit: *Hakenberg*, in: Lenz, EUV/EGV Art. 49/50 EGV, Rn. 23.

Führt man sich den Grund für die *Keck*-Rechtsprechung als Eingrenzungskriterium für das als zu weit angesehene Beschränkungsverbot der *Dassonville*-Entscheidung vor Augen, wird klar, dass auch die anderen Freiheiten eines solchen Korrektivs bedürfen. Selbstverständlich kann z.B. die Beschilderung des Verkehrsnetzes eines Mitgliedstaates in dessen Nationalsprache dazu führen, dass der Wechsel des Wohnortes einer Person oder der Wechsel der Niederlassung einer Firma oder die Ausübung von Dienstleistungen aus einem anderen Mitgliedstaat „behindert" und „weniger attraktiv" wird. Einzelne Bürger aus einem anderen Mitgliedstaat mögen deswegen auf eine berufliche Übersiedelung nach Deutschland verzichten, weil der hohe deutsche Mieterschutz sie vom Erwerb einer Eigentumswohnung abschreckt[427].

Begrifflich mögen sich solche indirekten Beschränkungen als mittelbare Beschränkung der Grundfreiheiten erfassen lassen. Dennoch würde hier niemand eine Pflicht zur Aufstellung mehrsprachiger Hinweisschilder oder zur Änderung der deutschen Mietgesetzgebung annehmen. Dies deshalb, weil der Grundgedanke der *Keck*-Rechtsprechung, dass Maßnahmen, die nicht in spezifischer Weise zur Schaffung getrennter Märkte führen, keine rechtfertigungspflichtige Beschränkung seien, hier offensichtlicher zu Tage tritt und von vornherein diese Annahme ausschließt. In Bezug auf eine andere Freiheit, nämlich auf die Arbeitnehmerfreizügigkeit, hat der EuGH in der *Bosman*-Entscheidung ausdrücklich ausgeführt: „... dies ändert aber nichts daran, dass diese Regeln den Zugang [...] zum Arbeitsmarkt [...] unmittelbar beeinflussen und somit geeignet sind, die Freizügigkeit von Arbeitnehmern zu beeinträchtigen. Sie können daher nicht den Regelungen über die Modalitäten des Verkaufs von Waren gleichgestellt werden, die nach dem Urteil *Keck und Mithouard* nicht in den Anwendungsbereich des Art. 30 EWGV [Art. 28 EGV n.F.] fallen."[428]. Eine Anwendung der *Keck*-Grundsätze auch auf die anderen Grundfreiheiten ist daher zu bejahen, lediglich die Ausgestaltung erscheint schwierig: Eine Übertragung der Art, dass in Bestimmungen bzgl. der Dienstleistung selbst und Bestimmungen, die lediglich die Angebotsmodalitäten betreffen, getrennt wird, erscheint wenig praktikabel[429]. Geht man davon aus, dass die Dienstleistungsfreiheit wie die Warenverkehrsfreiheit als Produktverkehrsfreiheit anzusehen ist, ist das Produkt der Dienstleistungsfreiheit die Erstellung des Werkes. Jede diese Erstellung beschränkende Regelung wäre zugleich eine produktbezogene Regelung, so das im Endeffekt kein Anwendungsbereich für den Entscheidungssatz der *Keck*-Rechtsprechung verbliebe.

---

[427] Beispiel nach *Steindorff*, JZ 1994, S. 95, (97). Weitere Bespiele bei *Nettesheim*, NVwZ 1996, S. 342, (343f.).
[428] EuGH v. 15.12.1995, Rs. C-415/93 – *Bosman* – Slg. I 1995, 4921, (5071), Rz. 103.
[429] *Troberg*, in: von der Groeben/Thiesing/Ehlermann, EG-Vertrag, Art. 59, Rn. 34.

Vorzuziehen ist eine Auffassung, die nicht auf den Wortlaut der *Keck*-Entscheidung, sondern auf den der Entscheidung zugrundeliegenden Grundsatz, die Verhinderung einer Marktzersplitterung, abstellt[430]. Eine Beschränkung ist dann anzunehmen, wenn die im Binnenmarkt überflüssigen Grenzen für die Freiheit der Dienstleistungserbringung aufrechterhalten oder neu geschaffen werden, und dadurch der Zugang zu einem Markt behindert wird[431].

Zusammenfassend kann man eine mitgliedstaatliche Bestimmung dann nicht als Dienstleistungshemmnis einordnen, wenn sie im Sinne eines faktischen Beschränkungsmaßstabs den Marktzugang für ausländische Dienstleister nicht behindert, im Sinne eines normativen Diskriminierungsmaßstabs für alle betroffenen Wirtschaftsteilnehmer unterschiedslos gilt und im Sinne eines faktischen Diskriminierungsmaßstabs das Erbringen von inländischen Dienstleistungen und von Dienstleistungen aus anderen Mitgliedstaaten auch tatsächlich in gleicher Weise betrifft[432].

(2) Die Arbeitnehmerfreizügigkeit

Bei der Arbeitnehmerfreizügigkeit ist in Art. 39 Abs. 2 EGV (Art. 48 Abs. 2 EGV a. F.) wiederum die Inländergleichbehandlung „umfasst", im Gegensatz zu den anderen Grundfreiheiten enthält Abs. 3 aber bereits weitere Beschränkungsverbote, die sich nicht in einer bloßen Diskriminierungsbeseitigung erschöpfen[433]. Zur Durchführung dieser Bestimmungen ergingen unter anderem die Verordnung 1612/68/EWG über die Freizügigkeit der Arbeitnehmer innerhalb der Gemeinschaft[434] und die Richtlinie 68/360 zur Aufhebung der Reise- und Aufenthaltsbeschränkungen für Arbeitnehmer der Mitgliedstaaten und ihrer Familienangehörigen innerhalb der Gemeinschaft[435].

Jede an die Staatsangehörigkeit anknüpfende Diskriminierung ist den Mitgliedstaaten untersagt[436]. Auch die indirekte Diskriminierung durch

---

[430] *Kort*, JZ 1996, S. 132, (136); *Steindorff*, EG-Vertrag und Privatrecht, S. 106.
[431] *Becker*, NJW 1996, S. 179, (180); *Koenig/Haratsch*, Rn. 601; *Loibl*, S. 104.
[432] So die Formulierung von *Koenig/Haratsch* Rn. 602.
[433] Dies zeigt sich deutlich an der Rechtsprechung des EuGH, der hieraus Pflichten der Mitgliedstaaten gegenüber ihren eigenen Bürgern abgeleitet hat, vgl. EuGH v. 07.02.1979, Rs. 115/78 – *Knoors* – Slg. 1979, S. 399 (412); EuGH v. 06.10.1981, Rs. 246/80 – *Broekmeulen* – Slg. 1981, S. 2311.
[434] ABl. EG 1968, Nr. L 257, S. 2, zuletzt geändert durch ABl. EG 1992, Nr. L 164, S. 1f.
[435] ABl. EG 1968, Nr. L 257, S. 13.
[436] EuGH v. 22.03.1994, Rs. C-375/92 – *Kommission ./. Spanien* – Slg. 1994 I, S. 935.

Anknüpfungspunkte, die zwar neutral formuliert sind, in der Regel aber Ausländer treffen, und so zu einer tatsächlichen Benachteiligung führen, sind verboten[437].

Der erste Schritt zu einem allgemeinen Beschränkungsverbot bei der Arbeitnehmerfreizügigkeit war in der *Biehl*-Entscheidung zu sehen[438]. Der EuGH hat hier eine luxemburgische Regelung, die die Lohnsteuererstattung für Arbeitnehmer, die nicht ganzjährig in Luxemburg tätig waren, von einem inländischen Wohnsitz abhängig machte, für gemeinschaftsrechtswidrig gehalten. Er hat mit der Begründung, dass von einer solchen Regelung „oft" Angehörige anderer Mitgliedstaaten betroffen seien, eine mittelbare Diskriminierung bejaht[439]. Damit wurde die Definition der mittelbaren Beschränkung, die ja eine ausschließliche oder zumindest vorwiegende Behinderung von Ausländern fordert[440], erheblich ausgedehnt. Der Sache nach kann darin bereits der Übergang zu einem allgemeinen Beschränkungsverbot gesehen werden[441]. Diesen Schritt hat der EuGH dann in der Entscheidung *Kraus* vollzogen und in ständiger Rechtsprechung ausgebaut[442].

In der *Bosman*-Entscheidung, bei der dieser Übergang augenfällig war, hatte der EuGH ausgeführt, die angegriffenen Transfer-Regelungen „können daher nicht den Regelungen über die Modalitäten des Verkaufs von Waren gleichgestellt werden, die nach dem Urteil *Keck und Mithouard* nicht in den Anwendungsbereich des Art. 30 EWGV [Art. 28 EGV n.F.] fallen."[443] und damit die *Keck*-Rechtsprechung unmittelbar auf die Arbeitnehmerfreizügigkeit angewandt. Regelungen, die nur Modalitäten der Arbeitsausübung betreffen, verstoßen nicht gegen Art. 39 EGV, wenn sie diskriminierungsfrei für Inländer und Ausländer gelten und auch rein tatsächlich nicht zu einem Schutz für inländische Arbeitnehmer führen[444].

---

[437] So z. B. in EuGH v. 30.05.1989, Rs. 33/88 – *Fremdsprachenlektoren* – Slg. 1989 I, S. 1591, Rz. 11; EuGH v. 08.05.1990, Rs. C-175/88 – *Biehl* – Slg. 1990 I, S. 1779.

[438] EuGH v. 08.05.1990, Rs. C-175/88 – *Biehl* – Slg. 1990 I, S. 1779.

[439] EuGH v. 08.05.1990, Rs. C-175/88 – *Biehl* – Slg. 1990 I, S. 1779, (1793), Rz. 14.

[440] So schon das Allgemeine Programm zur Aufhebung von Beschränkungen des freien Dienstleistungsverkehrs vom 18.12.1961, ABl. EG 1962, S. 32, (33) und das Allgemeine Programm zur Aufhebung von Beschränkungen der Niederlassungsfreiheit vom 18.12.1961, ABl. EG 1962, S. 36, (38).

[441] Ausführlich hierzu: *Knobbe-Keuk*, DB 1990, S. 2573, (2576f.). *Everling*, DB 1990, S. 1853, (1856) sieht hierin weiterhin nur ein weit auszulegendes Diskriminierungsverbot.

[442] EuGH v. 31.03.1993, Rs. C-19/92 – *Kraus* – Slg. 1993 I, S. 1663, (1693), Rz. 16; EuGH v. 15.12.1995, Rs. C-415/93 – *Bosman* – Slg. I 1995, 4921, (5071), Rz. 104; *Muschietti*, AJP 1997, S. 44.

[443] EuGH v. 15.12.1995, Rs. C-415/93 – *Bosman* – Slg. I 1995, 4921, (5071), Rz. 103.

[444] *Loibl*, S. 93f. Deshalb ist es problematisch, wenn, wie von *Wank/Borgmann*, NZA 2001, S. 177, (181), allein aus der Gleichbehandlung ausländischer Arbeitnehmer das Nichtvorliegen eines Verstoßes gegen die Arbeitnehmerfreizügigkeit gefolgert wird.

(3) Die Niederlassungsfreiheit

Bei der Niederlassungsfreiheit ist ausgehend vom Wortlaut des Art. 52 EWG-Vertrag wieder zunächst das Prinzip der Inländergleichbehandlung garantiert worden. Nach einer bis in die jüngste Zeit als herrschend zu bezeichnenden Meinung sollte es dabei sein Bewenden haben[445], da Art. 43 EGV (Art. 52 EGV a. F.) lediglich als Konkretisierung des allgemeinen Diskriminierungsverbotes des Art. 6 EGV anzusehen sei[446]. Dies war die Ansicht der „Väter des Vertrages"[447], dies vertrat zunächst auch der EuGH[448].

Begründet wurde dieses von der Rechtslage bei Art. 49 EGV (Art. 59 EGV a. F.) abweichende Ergebnis mit der unterschiedlichen Funktion der Freiheiten: Während die Dienstleistungsfreiheit wie die Warenverkehrsfreiheit der Produktmobilität diene und deshalb wie diese zu behandeln sei, greife die unbeschränkte Niederlassung der Angehörigen eines anderen Mitgliedstaates deutlicher in die Hoheitsrechte des aufnehmenden Mitgliedstaates ein und könne daher nicht in gleichem Maße geschützt sein.

Auch der Grundsatz der Subsidiarität spricht für ein enges Verständnis der Niederlassungsfreiheit, da es eine weitere Beschränkung der Regelungsbefugnis der Mitgliedstaaten vermeidet[449].

Aus dem Wortlaut des Vertragstextes ergibt sich jedoch nicht zwingend eine Beschränkung auf die Inländergleichbehandlung: nach Art. 52 Abs. 2 EWG-Vertrag „umfasst" diese Freiheit das Diskriminierungsverbot. Daraus lässt sich nicht zwingend schließen, dass sie sich auch darin erschöpft[450].

Die Möglichkeit einer solchen erweiternden Auslegung dieser Formulierung ist auch keine Besonderheit des deutschen Textes; die in der englischen und französischen Fassung verwendeten Begriffe „to include" bzw. „comporter" sprechen ebenfalls für dieses Ergebnis.

Es ist auch nicht unbedingt einsehbar, warum ein und dieselbe Tätigkeit, je nachdem ob sie ausgehend von einer festen Niederlassung oder im Rahmen einer

---

[445] *Everling*, DB 1990, S. 1853, (1857); *Eyles*, S. 71ff.; *Groß*, AG 1990, S. 530, (536); *Hailbronner*, JuS 1991, S. 917, (919f.); *ders.*, in: EWS 1997, S. 401, (405); *Ipsen*, S. 645; *Nachbaur*, EuZW 1991, 470, *Nicolaysen*, Europarecht II, S. 186; *Rabe*, NJW 1987, S. 2185, (2188); *Randelzhofer*, in: Grabitz/Hilf, EUV/EGV, Altbd. I, Art. 52, Rn. 43, *Troberg*, in: von der Groeben/Thiesing/Ehlermann, EG-Vertrag, Art. 52, Rn. 38.
[445] *Pfeil*, S. 253; *Streinz*, Europarecht, S. 247, Rn. 721.
[446] *Eberhartinger*, EWS 1997, S. 43, (46).
[447] *Everling*, FS von der Groeben, S. 111, (113).
[448] Z. B. in EuGH v. 21.06.1974, Rs. 2/47 – *Reyners* – Slg. 1974, S. 631.
[449] *Eberhartinger*, EWS 1997, S. 43, (46).
[450] *Behrens*, EuR 1992, S. 145, (151); *Wägenbaur*, EuZW 1991, S. 427, (433).

grenzüberschreitenden Dienstleistung erbracht wird, einem unterschiedlichen Schutzniveau unterliegen soll[451].

Ein weiteres Argument dafür, dass auch die Niederlassungsfreiheit zu einem allgemeinen Beschränkungsverbot zu erweitern ist, ist die Entwicklung im Recht der Arbeitnehmerfreizügigkeit. Hier hat der EuGH ein allgemeines Beschränkungsverbot relativ früh anerkannt[452]. Die Arbeitnehmerfreizügigkeit ist der Sache nach nichts anderes als ein „Niederlassungsrecht für Arbeitnehmer"[453] – warum soll die Niederlassung von Selbständigen davon abweichend behandelt werden?

Die Ausführungen des EuGH waren keineswegs eindeutig auf ein Diskriminierungsverbot beschränkt – wenngleich sich die zu beurteilende Sachverhalte zumeist auf Diskriminierungen beschränkten, die Urteile daher wenig Anlass zu weiteren Ausführungen boten. Die ersten Ansätze für eine Erweiterung auch dieser Grundfreiheit waren bereits in dem Urteil *Thieffry* aus dem Jahr 1977 zu sehen[454]. Der EuGH hat, gestützt auf Art. 10 EGV (Art. 5 EGV a. F.), eine Verpflichtung der Mitgliedstaaten zur Prüfung der Möglichkeit zur Anerkennung ausländischer Diplome angenommen, auch ohne dass entsprechende Richtlinien ergangen sind. Dabei hat er ausgeführt, dass die Niederlassungsfreiheit nicht nur die offene, sondern auch die verdeckte Diskriminierung verböte[455] und hat damit die formalen Grenzen der speziellen „Ausländerbehandlung" gesprengt[456].

In der Sache *Klopp* hat der EuGH ein französisches Verbot des Unterhaltens von mehr als einer Anwaltskanzlei aufgehoben. Dieses Verbot galt nicht nur für Ausländer wie den klagenden deutschen Rechtsanwalt mit einer zweiten Kanzlei im Ausland, sondern auch alle französischen Anwälte daran hinderte, mehr als eine Kanzlei zu unterhalten[457]. Gefolgert wurde dies allerdings nicht ausdrücklich aus dem Beschränkungsverbot, der EuGH stützte sich auf den Vertrag selbst, der durch die Gewährleistung der sekundären Niederlassungsfreiheit bestätige, dass sich die Niederlassungsfreiheit nicht darauf beschränke, innerhalb der Gemeinschaft nur *eine* Niederlassung zu gründen.

Weitergehender hat der EuGH 1986 festgestellt, das Beschränkungen der Niederlassungsfreiheit nicht gerechtfertigt seien, wenn sie trotz unterschiedsloser

[451] *Eberhartinger*, EWS 1997, S. 43, (46).
[452] Siehe oben.
[453] *Nettesheim* bezeichnet daher Arbeitnehmerfreizügigkeit und Niederlassungsfreiheit als „dogmatische Zwillinge", NVwZ 1996, S. 342, (343);
[454] EuGH v. 28.04.1977, Rs. 71/76 – *Thieffry* –Slg. 1977, S. 765.
[455] EuGH v. 28.04.1977, Rs. 71/76 – *Thieffry* –Slg. 1977, S. 765, (777) Rz. 13-18.
[456] *Eberhartinger*, EWS 1997, S. 43, (46).
[457] EuGH v. 12.07.1984, Rs. 107/83, – *Klopp* – Slg. 1984, 2971.

Anwendung geeignet sind, zu diskriminieren „*oder* den Zugang zum Beruf über das zur Erreichung der genannten Ziele erforderliche Maß hinaus zu behindern"[458]. Der EuGH fordert damit der Sache nach eine Verhältnismäßigkeitsprüfung. Wenn aber die Niederlassungsfreiheit ohne Diskriminierung nicht betroffen ist, wie kann die Notwendigkeit der Verhältnismäßigkeit der Behinderung europarechtlich gefordert sein?[459] Anklänge an die Formulierung im Urteil *van Binsbergen* sind deutlich zu erkennen. Mit dem Urteil in der Sache *Gebhard* kann man die Angleichung als inhaltlich vollendet betrachten. Hier hat der EuGH über die dem Urteil zugrundeliegende Verletzung der Dienstleistungsfreiheit hinaus allgemein auf die Beschränkung aller „*durch den Vertrag garantierten Freiheiten*" abgestellt[460].

Aufgrund dieser Wortwahl des EuGH ist davon auszugehen, dass sich damit das Beschränkungsverbot auch auf die Niederlassungsfreiheit erstreckt. Dementsprechend hat der EuGH dann auch in der Sache *Futura*[461] die Auferlegung einer zusätzlichen Buchführungspflicht am Ort einer Zweigstelle als eine Beschränkung der Niederlassungsfreiheit angesehen.

Zum Teil wurde in der Literatur zwar anerkannt, dass der EuGH bestimmte Bereiche der Niederlassungsfreiheit nunmehr auch vor sonstigen Beschränkungen schütze, jedoch wurden die dazu ergangenen Urteile nicht verallgemeinert und lediglich auf ein „punktuelles Beschränkungsverbot" erkannt[462]. Dies wird mit dem Wortlaut des Art. 43 Abs. 2 EGV begründet, der nach wie vor nur eine Behandlung „nach den Bestimmungen des Aufnahmestaates für seine eigenen Angehörigen" fordere. Ein solcher Schluss kann jedoch aufgrund der angeführten Argumente nicht überzeugen; es ist lediglich zu konzedieren, dass es im Bereich der Niederlassungsfreiheit von den Betroffenen eher verlangt werden kann, das Recht des Niederlassungsstaats hinzunehmen[463], was dann die Frage der Rechtfertigung bzw. der Verhältnismäßigkeit der Regelung betrifft. Es ist daher von einem allgemeinen Beschränkungsverbot auch für die Niederlassungsfreiheit auszugehen[464].

---

[458] EuGH v. 30.04.1986 , Rs. 96/85 – *Kommission ./. Französische Republik* – Slg. 1986, S. 1475, (1485) Rz. 11.

[459] Zu einem solch eingeschränkten Schluss kommt indessen *Behrens*, EuR 1992, S. 145, (153).

[460] EuGH v. 30.11.1995, C-55/94 – *Gebhard* – Slg. 1995, I S. 4165, (4197), Rz. 37.

[461] EuGH v. 15.05.1997, C-250/95 – *Futura* – Slg. 1997 I, S. 2471, (2500), Rz. 24.

[462] *Geiger*, EUV/EGV Art. 43 EGV, Rn. 16; ebenso *Beutler/Bieber/Pipkorn/Streil*, S. 328f.; *Randelzhofer*, in: Grabitz/Hilf, EUV/EGV, Bd. I, Art. 52 EGV Rn. 43b.

[463] *Eberhartinger*, EWS 1997, S. 43, (48); *Jarass*, EuR 1995, S. 202, (214); *Schwarz*, Rn. 140.

[464] So auch *Behrens*, RabelsZ 52 (1988), S. 498, (512); *Bröhmer*, in: Calliess/Ruffert, EUV/EGV, Art. 43, Rn. 29; *Eberhartinger*, EWS 1997, S. 43, (48); *Ehlers* NVwZ 1990, S. 810, (811); *ders.* Jura 2001, S. 266, (270); *Jarass*, RIW 1993, S. 1, (6); *Knobbe-Keuk*, DB 1990, S. 2573,

Zugleich ist die *Keck*-Rechtsprechung auch bei der Niederlassungsfreiheit zu berücksichtigen[465]. Dies folgt bereits aus der Bosman-Entscheidung. Wird eine Anwendung dieses Grundsatzes auf die Arbeitnehmerfreizügigkeit gefordert[466], faktisch also auf die „Niederlassungsfreiheit von Arbeitnehmern", macht es wenig Sinn, Eingriffe in die Niederlassungsfreiheit von Selbständigen härteren Kriterien zu unterwerfen. Der EuGH hat im *Sodemare*-Urteil eine Beschränkung der Niederlassungsfreiheit mit der Erwägung verneint, das durch die fragliche Regelung Angehörige anderer Mitgliedstaaten „weder sachlich noch rechtlich benachteiligt" würden[467], eine deutliche Parallele zur Formulierung in der *Keck*-Entscheidung „rechtlich und tatsächlich in gleicher Weise berührt"[468].

In der Entscheidung *Semeraro Casa Uno u.a.*[469] hat der EuGH eine solche Übertragung der Grundsätze auf die Niederlassungsfreiheit vorgenommen. Dem lag eine italienische Regelung zugrunde, wonach die lokalen Behörden über die Öffnungszeiten von Supermärkten zu entscheiden hatten. Verschiedene Einkaufszentren hatten eine Sonntagsöffnung beantragt, die von den Behörden abgelehnt wurde. Der EuGH hatte eine Verletzung von Art. 43 EGV (Art. 52 EGV a.F.) verneint, da die Auswirkungen der Regelung nicht die Niederlassung als solche behinderten und damit in der Sache die *Keck*-Rechtsprechung angewandt.

Soweit lediglich die „Modalitäten" einer Niederlassung geregelt werden, d.h. keine marktzersplitternde Wirkungen hervorgerufen werden, ist kein Verstoß gegen Art. 43 EGV anzunehmen, wenn diese Regelung diskriminierungsfrei für Inländer wie für Ausländer gilt und auch rein tatsächlich nicht zu einer Besserstellung inländischer Unternehmen führt.

(4) Ergebnis: Konvergenz der Grundfreiheiten

Der EuGH hat einen einheitlichen Prüfungsmaßstab für alle Grundfreiheiten eingeführt. Dem ist zuzustimmen. Nationale Eingriffsregelungen sind nunmehr bei

---

(2577); *Lackhoff*, Niederlassungsfreiheit, S. 382; ders., Grundfreiheiten, S. 69f.; *Loibl*, S. 99; *Nowack*, DZWiR 1991, S. 150, (152); *Scheuer*, in: Lenz, EUV/EGV, Art. 43 EGV Rn. 9; *Schnichels*, S. 134f.; *Schwarz*, Rn. 136ff.; Schwarze-*Schlag*, EU-Kommentar, Art. 43 EGV, Rn. 45; *Wägenbaur*, EuZW 1991, S. 427, (430).

[465] *Loibl*, S. 98; *Nettesheim*, NVwZ 1996, S. 342, (344).

[466] EuGH v. 15.12.1995, Rs. C-415/93 – *Bosman* – Slg. I 1995, 4921, (5071), Rz. 102.

[467] EuGH v. 17.06.1997, Rs. C-70/95 – *Sodemare* – Slg. 1997 I, S. 3395, (3434), Rz. 33.

[468] EuGH v. 24.11.1993, verb. Rs. C-267 und C-268/91 – *Keck* und *Mithouard* – Slg. 1993 I, S. 6097, (6131), Rz. 16.

[469] EuGH v. 20.06.1996, Rs. C-418 bis 421/93, C-460 bis 464/93, C-9 bis 11/94, C-14 und 15/94, C-23 und 24/94 sowie C-332/94 – *Semeraro Casa Uno u. a.* – Slg. 1996 I, S. 2975, (3009), Rz. 32.

allen Grundfreiheiten an den gleichen Maßstäben zu messen[470]. Auch die Prüfung der Beschränkungen der Grundfreiheiten ist im einheitlichen Europa angekommen. Bei allen Freiheiten sind unmittelbar diskriminierende Regelungen verboten (bzw. nur erlaubt, soweit sich dies aus dem Vertrag selbst ergibt). Sonstige Beschränkungen sind nur dann zulässig, wenn ein Allgemeininteresse den Eingriff zu rechtfertigen vermag. Zudem muß der Eingriff dem Verhältnismäßigkeitsgrundsatz genügen[471]. Insofern ist nunmehr von einheitlichen Beschränkungsregelungen für alle in Betracht kommenden Grundfreiheiten auszugehen[472].

d) Bisherige Rechtsprechung des EuGH zu den Entsendefällen

Der EuGH hatte bereits einige Entscheidungen zu treffen, denen die Entsendung von Mitarbeitern über eine mitgliedstaatliche Grenze zugrunde lag. Er hat dabei – allerdings ohne dass diese Erwägungen entscheidungserheblich gewesen wären – ausgeführt, dass es den Mitgliedstaaten möglich sei, darauf gestützt ihre Mindestlöhne auch auf nur vorübergehend in ihrem Hoheitsgebiet tätige Arbeitnehmer anzuwenden[473]. Diese Entscheidungen sollen an dieser Stelle lediglich kurz vorgestellt werden, die inhaltliche Auseinandersetzung erfolgt, soweit notwendig, an anderer Stelle.

(1) Entscheidung Seco und EVI

Der Ausgangspunkt dieser Rechtsprechung war die Entscheidung *Seco und EVI*[474]. Ein französisches Unternehmen führte mit seinen Mitarbeitern Gleisbauarbeiten in Luxemburg durch. Gemäß des luxemburgischen Sozialversicherungsrecht muss der Arbeitgeber bei einer vorübergehenden Entsendung von ausländischen Arbeitnehmern den auf ihn entfallenden Beitragsanteil zur Sozialversicherung entrichten, ohne dass die Arbeitnehmer Ansprüche erworben hätten. Zudem waren die entsprechenden Arbeitnehmer auch im französischen

---

[470] So fasst Generalanwalt *La Pergola* die Rechtsprechung des EuGH zusammen, Schlussanträge v. 04.03.1999 in der Rs. C-124/97 – *Markku Juhani Läärä* – Slg. 1999 I, S. 6067, (6087). Ebenso *Behrens*, EuR 1992, S. 145, (151); *Eberhartinger*, EWS 1997, S. 43, (49); *Franzen*, DZWir 1996, S. 89, (93), *Jarass*, RIW 1993, S. 1, (6); *Nettesheim*, NVwZ 1996, S. 342, (344); *Mülbert*, ZHR 159 (1995), S. 2, (28), Fn. 119 m. w. Nachweisen.

[471] *Eberhartinger*, EWS 1997, S. 43, (48); *Koenig/Haratsch* Rn. 485ff.

[472] *Loibl*, S. 102; *Nagel*, Wirtschaftsrecht, S. 76 und 78; *Nettesheim*, NVwZ 1996, S. 342, (343); *Pfeil*, S. 249, 251; *Streinz*, Europarecht, S. 237, Rn. 701. *Troberg*, in: von der Groeben/Thiesing/Ehlermann, EG-Vertrag, Art. 59, Rn. 5, 18.

[473] EuGH v. 03.02.1982, Rs. 62/81 und 63/81 – *Seco ./. EVI* – Slg. 1982, S. 223, (235), Rz. 9f., (236) Rz. 14; EuGH v. 27.03.1990, Rs. C-113/89 – *Rush Portuguesa* – Slg. 1990 I, S. 1417, (1445), Rz. 18.

[474] EuGH v. 03.02.1982, Rs. 62/81 und 63/81 – *Seco ./. EVI* – Slg. 1982, S. 223.

Sozialversicherungssystem pflichtversichert. Da die Beiträge ohne Rücksicht auf eine eventuelle parallele Verpflichtung des Heimatrechts zu entrichten waren konstatierte der EuGH eine versteckte Diskriminierung. Da den Arbeitnehmern kein sozialer Vorteil zugewandt wurde, gab es kein Allgemeininteresse, dass diese Regelung rechtfertigte. Im Rahmen der Prüfung führte der EuGH aus, „...*dass es das Gemeinschaftsrecht den Mitgliedstaaten nicht verwehrt, ihre Rechtsvorschriften über Mindestlöhne oder hierüber von den Sozialpartnern geschlossenen Tarifverträge auf alle Personen auszudehnen, die in ihrem Staatsgebiet, und sei es auch nur vorübergehend, eine unselbständige Erwerbstätigkeit ausüben...*"[475].

(2) Entscheidung Rush Portuguesa

In der Entscheidung *Rush Portuguesa* war ein portugiesisches Unternehmen mit seinen Mitarbeitern in Frankreich tätig. Da aufgrund von Übergangsvorschriften nur die Dienstleistungsfreiheit, nicht aber die Freizügigkeit verwirklicht war, galten die portugiesischen Mitarbeiter insofern nicht als EG-Staatsangehörige. Die Anwerbung von Mitarbeitern aus Drittstaaten war in Frankreich dem staatlichen Einwanderungsamt vorgehalten, das dem portugiesischen Unternehmen deshalb einen Sonderbeitrag abforderte. Der EuGH hat diese Benachteiligung der portugiesischen Unternehmens als mit der Dienstleistungsfreiheit unvereinbar angesehen, da die entsandten Arbeitnehmer keinen Zugang zum französischen Arbeitsmarkt verlangten. Dabei hat er ausgeführt, „...*dass es das Gemeinschaftsrecht den Mitgliedstaaten nicht verwehrt, ihre Rechtsvorschriften oder die von den Sozialpartnern geschlossenen Tarifverträge unabhängig davon, in welchem Land der Arbeitgeber ansässig ist, auf alle Personen auszudehnen, die in ihrem Hoheitsgebiet, und sei es auch nur vorübergehend, eine unselbständige Erwerbstätigkeit ausüben.*"[476]. Dabei fällt auf, dass der EuGH hier keine Beschränkung auf den Mindestlohn vorgenommen hat, sondern allgemein von Rechtsvorschriften und Tarifverträgen spricht.

(3) Entscheidung Vander Elst

In der Sache *Vander Elst* hat der EuGH die französische Praxis, von den marokkanischen Arbeitnehmern eines belgischen Unternehmers neben den vorhandenen belgischen auch französische Arbeitserlaubnisse zu verlangen, als Verstoß gegen die Dienstleistungsfreiheit eingestuft. Dies schied nach Ansicht des EuGH aus, da auch diese Arbeitnehmer keinen Zutritt zum französischen Arbeitsmarkt verlangten[477]. Der EuGH wiederholte dabei die Möglichkeit,

---

[475] EuGH v. 03.02.1982, Rs. 62/81 und 63/81 – *Seco ./. EVI* – Slg. 1982, S. 223, (236), Rn. 14.
[476] EuGH v. 27.03.1990, Rs. C-113/89 – *Rush Portuguesa* – Slg. 1990 I S. 1417, (1443) Rz. 12.
[477] EuGH v. 09.08.1994, Rs. C-43/93 – *Vander Elst* – Slg. I 1994, S. 3803, (3825), Rz. 25.

Vorschriften und Tarifverträge über Mindestlöhne auf vorübergehend entsandte Arbeitnehmer auszudehnen und bezeichnete dies als „ständige Rechtsprechung"[478].

(4) Entscheidung *Guiot*

In der *Guiot*-Entscheidung hat der EuGH einen Fall der Entsendung aus Luxemburg nach Belgien zu beurteilen. Ein in Luxemburg ansässiges Bauunternehmen hat in Belgien Bauarbeiten ausgeführt. Der Geschäftsführer dieses Unternehmens, Herr Guiot, weigerte sich, für diese entsandten Arbeitnehmer die nach belgischem verbindlichen Tarifvertrag notwendigen Beiträge für „Treuemarken" und „Schlechtwettermarken" zu leisten. Im folgenden Strafverfahren legte das Gericht dem EuGH vor. Der EuGH betonte, dass der soziale Schutz der Arbeitnehmer gerade am Bausektor ein Allgemeininteresse für die Erstreckung der nationalen Vorschriften auf entsandte Arbeitnehmer darstellen kann[479], hat die Erstreckung der Vorschriften im aktuellen Fall jedoch abgelehnt, da das Heimatrecht bereits einen im wesentlichen vergleichbaren Schutz gewährte.

(5) Entscheidung Arblade und Leloup

In der Entscheidung *Arblade und Leloup* haben zwei französische Unternehmen Arbeitnehmer nach Belgien entsandt, ohne die dort notwendigen Personalunterlagen vor Ort vorlegen zu können. Gegen ihre Bestrafung wandten sie ein, dass die dies fordernden belgischen Bestimmungen mit der Dienstleistungsfreiheit unvereinbar seien, da sie aufgrund des französischen Rechts inhaltlich vergleichbare Verpflichtungen in Frankreich zu erfüllen hätten. Der EuGH gab ihnen mit der Begründung Recht, dass auch Einschränkungen der Dienstleistungsfreiheit nur zulässig seien, wenn die Normen des Heimatrechts nicht einen ausreichenden Schutz böten[480].

(6) Entscheidung *Mazzoleni*

Anfang 2001 ist das Urteil *Mazzoleni* ergangen[481]. Der Kläger, der Geschäftsführer eines französischen Wachunternehmens, das seinen Sitz nahe an der belgischen Grenze hat, sollte in Belgien verurteilt werden, weil er Mitarbeiter des Unternehmen zur Bewachung eines Objekts in Belgien eingeteilt hatte, ohne ihnen den für Belgien maßgeblichen Mindestlohn zu zahlen. Der EuGH hat dem nationalen Gericht aufgegeben, im Rahmen der belgischen Strafvorschrift zu prüfen, ob die Erstreckung des Mindestlohns auf entsandte Mitarbeiter überhaupt

---

[478] EuGH v. 09.08.1994, Rs. C-43/93 – *Vander Elst* – Slg. I 1994, S. 3803, (3825), Rz. 23.

[479] EuGH v. 28.03.1996, Rs. C-272/94 – *Guiot* – Slg. 1996 I S. 1905, (1921), Rz. 16.

[480] EuGH v. 23.11.1999, Rs. C-369 und 376/96 – *Arblade und Leloup* – Slg. 1999 I, S. 8453, (8515), Rz. 39.

[481] EuGH v. 15.03.2001, Rs. C-165/98 – *Mazzoleni* – ZIP 2001, S. 583.

erforderlich sei. Dies sei zu verneinen, wenn das angestrebte Schutzniveau auch dadurch erreicht werde, dass sich der entsandte Mitarbeiter unter Berücksichtigung des Entgelts, der Steuerlast und der Sozialabgaben in einer vergleichbaren Lage befindet wie die Arbeitnehmer in Belgien[482].

(7) Entscheidung *Finalarte*

In der Sache *Finalarte* stritten ausländische Bauunternehmen, die Arbeitnehmer in die Bundesrepublik Deutschland entsandt haben, mit der Urlaubs- und Lohnausgleichskasse der Bauwirtschaft (ULAK) über die Berechtigung von Auskunfts- und Beitragsforderungen der ULAK[483]. Die Bauunternehmen hielten das Urlaubskassenverfahren als solches für gemeinschaftsrechtswidrig und rügten zudem § 1 Abs. 4 AEntG. Inländische Betriebe, die zum Teil eine baugewerbliche und zum Teil eine nicht baugewerbliche Tätigkeit ausführen (Mischbetriebe) unterfallen dem Sozialkassentarifvertrag nur dann, wenn die Arbeitszeit der im Bausektor beschäftigten Arbeitnehmer gegenüber der Arbeitszeit des anderen Sektors überwiegt. Nach § 1 Abs. 4 AEntG gelten jedoch die im Inland eingesetzten Arbeitnehmer eines ausländisches Unternehmens als ein Betrieb. Damit gälte der Tarifvertrag auch dann, wenn bei Betrachtung des gesamten Unternehmens überwiegend Tätigkeiten außerhalb des Bausektors erbracht würden.

Nach Vorlage durch das Arbeitsgericht Wiesbaden[484] hat der EuGH, wie schon Generalanwalt *Mischo* in seinen Schlussanträgen[485], die Vereinbarkeit der Regelungen des AEntG mit Gemeinschaftrecht prinzipiell bejaht, hat jedoch im Betriebsbegriff des § 1 Abs. 4 AEntG eine unmittelbare Diskriminierung gesehen[486].

(8) Entscheidung Portugaia Construções

In der Rechtssache *Portugaia Construções* hält das Amtsgericht Tauberbischofsheim das AEntG als solches für gemeinschaftsrechtswidrig[487]. Es stellt darauf ab, dass das Gesetz lediglich den Schutz der nationalen Bauwirtschaft bezwecke und führt als Beleg hierfür die Gesetzesbegründung an[488]. Zudem sei es

---

[482] EuGH v. 15.03.2001, Rs. C-165/98 – *Mazzoleni* – ZIP 2001, S. 583, Rz. 36.

[483] EuGH v. 25.10.2001, C-49, 50, 52 bis 54 und 68 bis 71/98 – *Finalarte* – EuZW 2001, S. 759.

[484] ArbG Wiesbaden, NZA-RR 1998, S. 217.

[485] Schlussanträge des Generalanwalts *Jean Mischo* v. 13.07.2000 zu den Rs. C-49, 50, 52 bis 54 und 68 bis 71/98 – *Finalarte* – noch unveröffentlicht. Die Schlußanträge können jedoch auf der Internet-Seite des Eugh unter http://europa.eu.int eingesehen werden.

[486] EuGH v. 25.10.2001, C-49, 50, 52 bis 54 und 68 bis 71/98 – *Finalarte* – EuZW 2001, S. 759, (761), Rz. 82.

[487] AG Tauberbischofsheim, NStZ-RR 1999, S. 343.

[488] Siehe oben.

lediglich inländischen Unternehmen möglich, die Zahlung des Mindestlohns durch den Abschluss eines Firmentarifvertrags zu umgehen.

Der EuGH hat festgestellt, dass wirtschaftliche Ziele wie der Schutz der Bauwirtschaft einen Eingriff in die Grundfreiheit nicht rechtfertigen können[489]. Er hat jedoch die in der Gesetzesbegründung niedergelegten Erwägungen des Gesetzgebers, nicht genügen lassen, um daraus einen Verstoß gegen Gemeinschaftsrecht herzuleiten. Das vorlegende Gericht müsse selbst prüfen, ob bei objektiver Betrachtung ein Schutz der entsandten Arbeitnehmer gewährleistet würde[490]. Der EuGH hat allerdings einen Verstoß gegen Gemeinschaftsrecht darin gesehen, dass ein inländischer Arbeitgeber den nach dem AEntG zu zahlenden Mindestlohn durch Abschluß eines Firmentarifvertrages unterlaufen könne, während es einem in einem anderen Mitgliedstaat ansässigen Arbeitgeber nicht möglich sei, solchen einen Firmentarifvertrag abzuschließen[491].

(9)   Derzeit anhängiges Verfahren zum AEntG

Mit einem weiteren, noch unveröffentlichten Vorlagebeschluss v. 15.02.2000 lässt das ArbG Wiesbaden die Vereinbarkeit bestimmter Urlaubskassenregelungen mit Gemeinschaftsrecht überprüfen[492]. Dieses Verfahren dürfte sich erübrigt haben, da die Einordnung der entsandten Arbeitnehmer als „Betrieb" überprüft werden sollte. Der EuGH hat diese Frage im Urteil *Finalarte* beantwortet.

2.   Bestimmung der für die Arbeitnehmerentsendung maßgeblichen Grundfreiheit

Während relativ klar ist, dass die grenzüberschreitende Erbringung von Bauleistungen eine Tätigkeit ist, die zum Gemeinsamen Markt der EG-Mitgliedstaaten gehört und durch die Grundfreiheiten geschützt wird, bereitet die Bestimmung der maßgeblichen Grundfreiheit mehr Probleme, als es auf den ersten Blick den Anschein hat.

Zwar kann der Standard-Fall in der öffentlichen Diskussion – eine portugiesische Baukolonne reist im Rahmen eines größeren Bauvorhabens als Subunternehmer zur Erbringung einer bestimmten Leistung an und kehrt nach Leistungserbringung in das Heimatland zurück – als Dienstleistung im Sinne der Dienstleistungsgrundfreiheit angesehen werden, jedoch kann diese durch andere ebenfalls in Betracht kommende Grundfreiheiten verdrängt werden. Daneben sind

---

[489] EuGH v. 24.01.2002, C-164/99 – *Portugaia Construções* – ZIP 2002, S. 273, (275), Rz. 26.
[490] EuGH v. 24.01.2002, C-164/99 – *Portugaia Construções* – ZIP 2002, S. 273, (275), Rz. 28.
[491] EuGH v. 24.01.2002, C-164/99 – *Portugaia Construções* – ZIP 2002, S. 273, (276), Rz. 35.
[492] ArbG Wiesbaden v. 15.02.2000, unveröffentlicht, Eingang beim EuGH am 02.03.2000, Rs. C-77/00, ABl. EG 2000, Nr. C 135, 8).

Konstellationen denkbar, bei denen die Dienstleistungsfreiheit nicht unmittelbar einschlägig ist, etwa die Anwerbung ausländischer Arbeitnehmer durch deutsche Bauunternehmungen in ihren Heimatländern oder die vollständige Übersiedlung eines ausländischen Unternehmens in die Bundesrepublik Deutschland.

Daher erscheint es notwendig, zunächst den Geltungsbereich der Dienstleistungsfreiheit näher zu bestimmen und die Auswirkungen der verschiedenen denkbaren Konstellationen zu beleuchten.

a) Bestimmung des Begriffs der Dienstleistung

Eine inhaltliche Bestimmung des Dienstleistungsbegriffs kann nicht aus dem Vertrag selbst hergeleitet werden, da eine positive Definition des Begriffs oder Umschreibung seines Inhalts fehlt.

Jedoch ist klar, dass der EG-Vertrag den Dienstleistungsbegriff in einem erheblich weiteren Sinn benutzt als die Volkswirtschaftslehre, die damit nur den tertiären Sektor erfasst[493]. Damit ist die Erstellung von Bauwerken, die in volkswirtschaftlicher Terminologie z. T. eher dem sekundären Sektor zurechnet werden müssten, nicht per se aus dem Geltungsbereich ausgeschlossen. Der EGV bietet nur eine negative Definition; vom Begriff der „Dienstleistung" erfasst sind nach Art. 50 Satz 1 EGV (Art. 60 Satz 1 EGV a. F.) alle entgeltlichen Leistungen, die nicht bereits den Vorschriften betreffend dem freien Waren- und Kapitalverkehr und zur Personenfreizügigkeit unterliegen.

Damit ist zugleich die subsidiäre Funktion der Dienstleistungsfreiheit augenfällig, die ihr von den „Vätern des Vertrags" zugedacht wurde. Sie wurde ursprünglich als Auffangvorschrift für solche Dienstleistungen angesehen, die durch die anderen Freiheiten nicht erfasst worden sind[494].

---

[493] *Schöne, Dienstleistungsfreiheit,* S. 32; *Troberg,* in: von der Groeben/Thiesing/Ehlermann, EG-Vertrag, vor Art. 59-66 EGV, Rn. 8ff.; *Wichmann,* S. 51. Wobei einige volkswirtschaftlich dem tertiären Sektor zuzurechnende Tätigkeiten aufgrund vorgehender Regelungen anderer Freiheiten unterfallen, z.B. die Dienstleistung der Kreditvergabe durch Bankinstitute dem freien Kapitalverkehr etc...

[494] *Hakenberg,* in: Lenz, EUV/EGV, Art. 49/50 EGV, Rn. 2; *Otmar Schneider,* EuBl. 1997, S. 38; a. A. *Randelzhofer,* Referat X. Wissenschaftliches Kolloquium der Wissenschaftlichen Gesellschaft für Europarecht am 9. Und 10.10.1986 in Bad Ems; vgl. Tagungsbericht *Goerlich,* DVBl. 1986 S. 1192, (1193).

Im Laufe der Zeit hat sich ihr Bedeutungsgehalt erhöht, inzwischen kann sie als gleichberechtigte Grundfreiheit mit selbständiger Bedeutung und einem eigenständigen Charakter bezeichnet werden[495].

GA *Lenz* hat dazu hervorgehoben: „Nachdem in den Regeln über die Ziele und die Tätigkeiten der Gemeinschaft (Art. 3 EWG-Vertrag) der Dienstleistungsverkehr gleichberechtigt neben Waren-, Personen- und Kapitalverkehr aufgeführt wird, kann der Anwendungsbereich nicht auf eine Auffangfunktion beschränkt werden. Ihm kommt innerhalb der Grundfreiheiten eine selbständige Rolle zu. Eine Abgrenzung des materiellen Geltungsbereichs muss sich orientieren an dem Bild eines gemeinsamen Marktes, in dem sämtliche wirtschaftlichen Betätigungen innerhalb der Gemeinschaft von allen Beschränkungen aus Gründen der Staatsangehörigkeit und des Wohnsitzes befreit sind. [...] Will man die Dienstleistungsfreiheit nicht nur negativ als Auffanginstitut, sondern positiv definieren, so ist sicher *der grenzüberschreitende ‚Produktaustausch' von Produkten, die nicht ‚Waren' sind*, erfasst"[496].

Aus der Subsidiarität gegenüber der Arbeitnehmerfreizügigkeit folgt, dass als Dienstleistungen nur die wirtschaftlichen Tätigkeiten von Selbständigen zu qualifizieren sind[497].

b) Formen der Dienstleistungserbringung

(1) Aktive Dienstleistungserbringung

Bei der Schaffung der Dienstleistungsfreiheit hatten die „Väter" des EWG-Vertrags den Standardfall der Dienstleistung im Blick: Der Dienstleistungserbringer überschreitet eine Grenze, um bei dem Dienstleistungsempfänger in einem anderen Mitgliedstaat die vereinbarte Dienstleistung zu erbringen. Schon bald war jedoch klar, dass dies lediglich eine mögliche Form der Dienstleistungserbringung darstellt. Neben dem eben genannten Fall der „aktiven" Dienstleistungsfreiheit werden inzwischen zwei weitere Formen der Dienstleistungsfreiheit anerkannt:

(2) Passive Dienstleistungserbringung

Bei der „negativen" oder „passiven" Dienstleistungsfreiheit begibt sich der Dienstleistungsempfänger zum Dienstleistungserbringer, um die vereinbarte Dienstleistung dort in Empfang zu nehmen. Von dieser Art der Dienstleistungsfreiheit ging offensichtlich bereits der Rat bei der Verabschiedung

---

[495] *Völker*, S. 178.
[496] Schlussanträge des Generalanwalt Lenz vom 6.12.1988 in der Rs. 186/87 – *Cowan* – Slg. 1989, S. 203, (250) Rz. 12, 13.
[497] Schöne, Dienstleistungsfreiheit, S. 35.

der Richtlinie 73/148/EWG aus, da gemäß deren Art. 4 Abs. 2 ein Aufenthaltsrecht für die Dauer der Leistung für Leistungserbringer *und* Leistungsempfänger festgelegt wird. Der EuGH hat diese Auffassung bestätigt[498] und auch die Literatur folgt dieser Sicht einhellig[499].

(3) Korrespondenzdienstleistung

Als weitere Form der Dienstleistungsfreiheit ist die Korrespondenzdienstleistung anerkannt, welche sich dadurch auszeichnet, dass hierbei keine Personen, sondern nur die Leistung, die Gegenstand der Dienstleistung ist, eine mitgliedstaatliche Grenze überschreitet[500]. Diese Form der Dienstleistungserbringung gewinnt an Bedeutung, da die Erbringung von Dienstleistungen durch die moderne Informationsgesellschaft immer häufiger nicht von einem körperlichen Substrat abhängig ist[501]. Als Beispiel hierfür ist z.B. die Ausstrahlung von Rundfunksendungen[502] oder Versand von individuell erstellter Software via Internet zu nennen.

Gemeinsames Kriterium und zugleich notwendige Voraussetzung für eine Berufung auf die Grundfreiheiten ist ein grenzüberschreitender Bezug des Sachverhalts[503]. Ist bei der Erbringung einer Dienstleistung ein solcher Bezug nicht vorhanden, scheidet die Berufung auf die Grundfreiheit aus.

c) Entsendung bzw. Mitbringen von Arbeitnehmern als Unterfall der Dienstleistungsfreiheit?

Die Erbringung von Bauleistungen durch einen Unternehmer aus einem anderen EG-Staat auf dem Staatsgebiet der Bundesrepublik ist als grenzüberschreitende Dienstleistung in ihrer aktiven Form zu subsumieren. Zwar erbringt der Unternehmer die Dienstleistung nicht selbst, sondern er bedient sich dazu der von

---

[498] EuGH v. 31.01.1984, Rs. 286/82 und 26/83 – *Luisi und Carbone* – Slg. 1984, S. 377; Auch Touristen – die ja typischerweise Dienstleistungen im Besuchsstaat entgegennehmen – unterfallen daher dem Anwendungsbereich der Dienstleistungsfreiheit, siehe hierzu EuGH v. 02.02.1989, Rs. 186/87 – *Cowan* – Slg. 1989, S. 195, (220), Rz. 15, wonach einem britischen Touristen, der in Frankreich Opfer einer Straftat geworden war, ein Anspruch auf eine Opferentschädigung zugebilligt, der nach französischem Recht nur Inländern oder solchen Ausländern, bei denen die Gegenseitigkeit verbürgt ist, zustand.

[499] Ausführlich hierzu: *Völker,* Passive Dienstleistungsfreiheit im Europäischen Gemeinschaftsrecht, 1990.

[500] *Roth,* in: Dauses Handbuch des EU-Wirtschaftsrechts, E. I Rn. 100. *Becker,* NJW 1996, S. 179, (180) bezeichnet sie daher als „personenunabhängig".

[501] *Kort,* JZ 1996, S. 132, (134).

[502] EuGH v. 18.03.1980, Rs. 52/79 – *Debauve* – Slg. 1980, S. 833, (855), Rz. 9.

[503] *Eichenhofer,* ZIAS 1996, S. 55, (58), *Geiger,* EUV/EGV, Art. 50 EGV, Rn. 5; *Streinz,* Europarecht, S. 229, Rn. 679.

ihm beschäftigten Arbeitnehmer. Auch die Beschäftigung und Mitführung eigener Arbeitnehmer zur Wahrnehmung dieser Freiheit wird jedoch von der Dienstleistungsfreiheit erfasst. Anderenfalls ist Sinn und Zweck der Dienstleistungsfreiheit nicht erreichbar. Dienstleistungen werden typischerweise nicht stets vom beauftragten Unternehmer selbst erbracht, der Einsatz von beauftragtem Personal ist in der arbeitsteiligen Welt geradezu der Regelfall[504]. Der ausländische Unternehmer würde gegenüber dem inländischen, der sich zur Leistungserbringung ungehindert seiner Arbeitnehmer bedienen könnte, benachteiligt.

Der EuGH hat in der Rechtssache *Rush Portugesa* ausdrücklich ausgeführt, dass Art. 59 einen Mitgliedstaat daran hindere, „es einem in einem anderen Mitgliedstaat ansässigen Erbringer von Dienstleistungen zu verbieten, mit seinem gesamten Personal frei in das Gebiet des erstgenannten Staates einzureisen oder die Einreise des betroffenen Personals von einschränkenden Bedingungen wie der Bedingung der Einstellung von Personal an Ort und Stelle oder der Pflicht zur Einholung einer Arbeitserlaubnis abhängig zu machen"[505]. Damit fällt der gesamte Entsende-Vorgang in den Anwendungsbereich der Dienstleistungsfreiheit, soweit diese nicht durch andere Freiheiten verdrängt wird[506]. Das AEntG koordiniert die arbeitsrechtlichen Voraussetzungen, die die Anbieter von Bauleistungen zu erfüllen haben. Dazu kann auch die Ausgestaltung des Verhältnisses von Auftraggeber zu Auftragnehmer gehören. Daher fällt die Nettolohnhaftung des § 1a AEntG in den Anwendungsbereich der Dienstleistungsfreiheit.

d)   Dienstleistungsfreiheit und Sozialpolitik

Nach Art. 136 EGV bleibt es bei der Zuständigkeit und Verantwortung der Mitgliedstaaten für die Sozialpolitik. Der EGV versteht Sozialpolitik in einem sehr weiten Sinn, der auch das Arbeitsrecht mitumfasst. Insofern unterfällt das AEntG diesem Regelungsbereich nicht nur in Bezug auf die Einbeziehung der ausländischen Anbieter in das deutsche Urlaubskassensystem, sondern auch in Bezug auf die Einführung eines nationalen Mindestlohns und der Gewährung zusätzlicher Haftungsschuldner für diesen.

Eine Unterstützung und Ergänzung der Tätigkeit der Mitgliedstaaten durch die Gemeinschaft erfolgt nur auf den in Art. 137 Abs. 1 EGV genannten Gebieten, Das Arbeitsentgelt, das Koalitionsrecht, das Streik- und Aussperrungsrecht gehört jedoch nach dem ausdrücklichen Ausschluss in Art. 137 Abs. 6 EGV nicht dazu. Art. 137 Abs. 5 EGV garantiert den Mitgliedstaaten darüber hinaus die

---

[504] *Krebber*, IPRax 2001, S. 22, (23f.).
[505] EuGH v. 27.03.1990, Rs. C-113/89 – *Rush Portuguesa* – Slg. 1990 I S. 1417, (1443) Rz. 12.
[506] Dazu siehe unten.

Möglichkeit, auch bei Tätigwerden der Gemeinschaft zugunsten der Arbeitnehmer strengere Schutzmaßnahmen anzuordnen. Auch der EuGH stellt immer wieder klar, dass das Gemeinschaftsrecht die Befugnisse der Mitgliedstaaten zur Ausgestaltung ihrer Systeme der sozialen Sicherheit unberührt lässt[507].

In Ermangelung einer Harmonisierung auf Gemeinschaftsebene bestimmt somit das Recht eines jeden Mitgliedstaats, unter welchen Voraussetzungen ein Recht auf Anschluss an ein System der sozialen Sicherheit oder eine Verpflichtung hierzu besteht[508], bei einem weiten Verständnis dieses Begriffs stellt die Nettolohnhaftung ein solches soziales Sicherungssystem dar.

Daraus kann jedoch nicht gefolgert werden, eine nationale Regelung müsse nicht an den Grundfreiheiten gemessen werden, wenn sie die soziale Sicherheit betreffe. Der EuGH hat dazu ausgeführt, *„dass die Besonderheiten bestimmter Dienstleistungen nicht dazu führten, dass diese nicht unter den elementaren Grundsatz des freien Verkehrs fielen"[509]*. Das heißt, unabhängig davon, dass sich der einzelne Mitgliedstaat bei einer nationalen Regelung auf seine Befugnis zur Ausgestaltung des nationalen Systems der sozialen Sicherheit berufen kann, ist die Regelung so auszugestalten, dass sie entweder den Schutzbereich der Grundfreiheiten des EG-Vertrages nicht berührt oder die Beschränkung aufgrund einer Rechtfertigung keinen Verstoß gegen die Grundfreiheiten darstellt.

e) **Subsidiarität der Dienstleistungsfreiheit und Abgrenzung zu den Schutzbereichen der anderen Grundfreiheiten**

Aufgrund ihrer Subsidiarität kann die Dienstleistungsfreiheit jedoch nur dann zum Zuge kommen, wenn sie nicht durch vorgehende Regelungen verdrängt wird. Der Anwendungsbereich der Dienstleistungsfreiheit nach Art. 50 Satz 1 EGV (Art. 60 Satz 1 EGV a. F.) ist nur eröffnet, „soweit sie [die Dienstleistungen] nicht den Vorschriften über den freien Waren- und Kapitalverkehr und über die Freizügigkeit der Personen unterliegen".

In Bezug auf die Erbringung von Bauleistungen ist hier eine Abgrenzung zur Arbeitnehmerfreizügigkeit nach Art. 39 EGV (Art. 48 EGV a. F.) und zur Niederlassungsfreiheit nach Art. 43 EGV (Art. 52 EGV a. F.) notwendig.

---

[507] EuGH v. 07.02.1984, Rs. 238/82 – *Duphar* – Slg. 1984, S. 523, (540f.) Rn. 16; EuGH v. 17.02.1993, Rs. 159 und 160/91 – *Poucet und Pistre* – Slg. 1993 I, S. 637, (667), Rz. 6; EuGH v. 17.06.1997, Rs. C-70/95 – *Sodemare* – Slg. 1997 I, S. 3395, (3433), Rz. 27;

[508] EuGH v. 24.04.1980, Rs. 110/79 – *Coonan* – Slg. 1980, S. 1445, (1458), Rz. 12; EuGH v. 04.10.1991, Rs. C-349/87 – *Paraschi* – Slg. 1991 I S. 4501, (4524), Rz. 15.

[509] EuGH v. 28.04.1998, Rs. C-158/96 – *Kohll* –Slg. 1998 I, S. 1935, (1943), Rz. 1943

Eine Anwendung der Warenverkehrsfreiheit hingegen ist auch dann ausgeschlossen, wenn der Auftragnehmer bestimmte zur Bauerstellung nötige Werkzeuge und Zutaten aus dem Heimatland mitführt, da dies absolut untergeordnete Bedeutung hat.

Die Dienstleistungsfreiheit nach Art. 49ff. EGV erfasst – anders als Art. 39 EGV– die selbständige Erwerbstätigkeit und – anders als Art. 43 EGV – Tätigkeiten, die ohne das Vorhandensein einer Niederlassung in einem anderen Mitgliedstaat erbracht werden.

(1) Abgrenzung zur Arbeitnehmerfreizügigkeit

Ob eine Abgrenzung erforderlich ist, hängt davon ab, ob das Ausschließlichkeitsverhältnis, das durch die Subsidiaritätsklausel des Art. 50 Satz 1 EGV postuliert wird, auch in Bezug auf das Verhältnis zur Arbeitnehmerfreizügigkeit gilt.

In der Literatur werden bei der Prüfung des Entsendegesetzes teilweise beide Grundfreiheiten nebeneinander angewandt[510]. Auch das ArbG Wiesbaden hat argumentiert, die Arbeitnehmerfreizügigkeit sei neben der Dienstleistungsfreiheit von den Regelungen des AEntG betroffen, wenn die Regelung dazu führt, dass ein Arbeitgeber von der Erbringung von Dienstleistungen in Deutschland absieht und sich damit die Chancen der (potenziellen) Arbeitnehmer, eingestellt und im Ausland eingesetzt zu werden, verringerten[511].

Eine solche Sicht wird jedoch durch den Wortlaut des Art. 50 Satz 1 EGV ausgeschlossen, wonach eine Leistung nur eine Dienstleistung darstellt, *soweit* sie nicht einer anderen Grundfreiheit unterfällt. Auch der EuGH hat ausdrücklich klargestellt, dass sich die Dienstleistungsfreiheit und die Arbeitnehmerfreizügigkeit gegenseitig ausschließen[512]. Deshalb ist eine Berufung auf die Dienstleistungsfreiheit ausgeschlossen, wenn in der Entsendung zugleich ein Vorgang vorliegt, der der Beurteilung nach der Arbeitnehmerfreizügigkeit unterliegt.

Der Unternehmer selbst ist in der Freizügigkeit nicht verletzt, da er nicht Arbeitnehmer im Sinne des EGV ist. „Arbeitnehmer" ist, wer während einer bestimmten Zeit für einen anderen nach dessen Weisung Leistungen erbringt, für

---

[510] *Gerken/Löwisch/Rieble* BB 1995, S. 2369, (2373); *Hanau*, NJW 1996, S. 1369, (1371); *Koenigs,* DB 1997, S. 225, (230).
[511] ArbG Wiesbaden, NZA-RR 1998, S. 217.
[512] EuGH v. 30.11.1995, Rs. C-55/94 – *Gebhard* – Slg. 1995 I, S. 4164, (4193), Rz. 20.

die er als Gegenleistung eine Vergütung erhält[513]. Die Tätigkeit des Bauunternehmers ist auf jeden Fall dann eine selbständige, wenn dieser nicht oder nicht nur selbst tätig wird, sondern zur Erbringung der geschuldeten Leistung andere Arbeitnehmer beschäftigt, da seine Arbeitgeberstellung eine Qualifikation als Arbeitnehmer ausschließt. Auch im Rahmen eines Subunternehmerverhältnisses, bei dem ein einzelner Subunternehmer selbst tätig wird und in erheblichen Maße den Vorgaben des auftraggebenden übergeordneten Unternehmens unterliegt, ist er im Rahmen dieser Vorgaben nicht weisungsgebunden und daher mangels persönlicher Abhängigkeit kein Arbeitnehmer.

Insofern kommt für ihn selbst die Arbeitnehmerfreizügigkeit nicht in Betracht.

Auf einem anderen Blatt steht aber, ob sich nicht auch der Bauunternehmer auf die Rechte der bei ihm beschäftigten Arbeitnehmer berufen kann und – wenn er das kann – ob diese Möglichkeit aufgrund der Subsidiarität die Berufung auf die Dienstleistungsfreiheit ausschließt.

(a) *Berufung des Unternehmers auf die Freizügigkeit seiner Arbeitnehmer*

Einen solchen Fall hatte der EuGH in dem Urteil *Clean Car Autoservice* zu beurteilen[514]: Das beschwerdeführende Unternehmen hatte versucht, in Wien ein Gewerbe anzumelden und bei der dabei nötigen Geschäftsführerbestellung einen in Berlin wohnhaften deutschen Staatsangehörigen angegeben. § 39 Abs. 2 östGewO bestimmte aber, dass der Geschäftsführer eines Gewerbebetriebes seinen Wohnsitz in Österreich haben muss. Dementsprechend hatte die Behörde den Antrag abgelehnt. Im Klageverfahren hatte die Beschwerdeführerin geltend gemacht, in den Rechten aus Art. 12 und 39 EGV (Art. 6 und 48 EGV a. F.) verletzt worden zu sein. Der öst. VGH legte daraufhin dem EuGH die Frage vor, ob sich der Arbeitgeber überhaupt auf die Arbeitnehmerfreizügigkeit berufen könnte.

Der EuGH führt aus, dass sich aus Art. 39 EGV (Art. 48 EGV a. F.) kein Hinweis darauf entnehmen lässt, dass sich nicht auch andere Personen auf die Arbeitnehmerfreizügigkeit berufen könnten. Weiter folgert er, dass das Recht der Arbeitnehmer, bei Einstellung und Beschäftigung nicht diskriminiert zu werden,

---

[513] Der Arbeitnehmerbegriff im Sinne der Arbeitnehmerfreizügigkeit hat eine gemeinschaftsrechtliche Bedeutung, er kann durch mitgliedstaatliches Recht nicht anders definiert werden, EuGH v. 23.03.1982, Rs. 53/81 – *Levin* – Slg. 1982, S. 1035, (1049), Rz. 11; EuGH v. 21.06.1988, Rs. 39/86 – *Lair* – Slg. 1988, S. 3161, (3201), Rz. 41. Deutliche Darstellung der Kriterien für die Bejahung der Arbeitnehmerstellung in: EuGH v. 21.06.1988, Rs. 197/86 – *Brown* – Slg. 1988, S. 3205, Rz. 21ff.

[514] EuGH v. 7.5.1998, Rs. C-350/96 – *Clean Car Autoservice* – Slg. 1998 I, S. 2521, (2544), Rz. 18ff.

nur dann seine volle Wirksamkeit entfalten kann, wenn die Arbeitgeber ein entsprechendes Recht darauf haben, Arbeitnehmer nach Maßgabe der Bestimmungen beschäftigen zu können. Sonst könnten die Rechte der Arbeitnehmer dadurch umgangen werden, dass die Mitgliedstaaten Regelungen träfen, die nicht den Arbeitnehmer selbst als Ansatzpunkt wählten, sondern den Arbeitgebern die Einstellung eines Arbeitnehmers untersagten, wenn dieser nicht bestimmte Voraussetzungen erfüllt.

Dieser Entscheidung ist zuzustimmen. Mit ihr wird die bisherige Rechtsprechung des EuGH konsequent weiterentwickelt. Im *Bosman*-Urteil[515] hatte der EuGH ausgeführt, dass sich auch die Fußballvereine, also private Dritte, als Arbeitgeber auf die Beschränkungsmöglichkeiten der Freizügigkeit nach Art. 39 Abs. 3 EGV (Art. 48 Abs. 3 EGV a. F.) berufen könnten, um Beschränkungen für die Profis zu rechtfertigen, die sich aus ihren Verträgen ergäben. Wenn sich ein Arbeitgeber also auf die *Ausnahme* des Art. 39 Abs. 3 EGV zur Arbeitnehmerfreizügigkeit berufen kann, muss er sich erst recht auch auf die Grundsätze berufen können.

(b) Vorgehen der Arbeitnehmerfreizügigkeit?

Wenn sich daher auch der Arbeitgeber auf die Arbeitnehmerfreizügigkeit berufen kann, ist die Frage aufgeworfen, ob damit nicht die Berufung auf die Dienstleistungsfreiheit aufgrund ihrer oben angesprochener Subsidiarität ausgeschlossen ist. Eine solche Verdrängung kann jedoch nur dann anzunehmen sein, wenn der gesamte Entsendevorgang durch die Arbeitnehmerfreizügigkeit vollständig erfasst wird.

Dies ist zumindest dann nicht gegeben, wenn der Unternehmer aus einem anderen Mitgliedstaat nicht nur Staatsangehörige von EG-Staaten beschäftigt, sondern sich auch Arbeitnehmer bedient, die aus Nicht-EG-Staaten stammen – die Berufung auf die Arbeitnehmerfreizügigkeit durch den Arbeitgeber ist dann im Hinblick auf diese Arbeitnehmer ausgeschlossen, da sich diese selbst ebenfalls nicht auf die Arbeitnehmerfreizügigkeit berufen können[516]. Die Dienstleistungsfreiheit umfasst hingegen unbestritten auch die Entsendung drittstaatsangehöriger Arbeitnehmer[517].

---

[515] EuGH v. 15.12.1995, Rs. C-415/93 – *Bosman* – Slg. I 1995, S. 4921.

[516] *Geiger*, EUV/EGV, Art. 39 EGV, Rn. 8; anderes gilt, soweit dem Nicht-EU-Bürger durch ein Assoziierungsabkommen mit seinem Heimatstaat nach Art. 310 EGV die Freizügigkeit gewährt wurde sowie im Anwendungsbereich der Richtlinie 1408/71/EWG.

[517] EuGH v. 03.02.1982, Rs. 62/81 und 63/81 – *Seco ./. EVI* – Slg. 1982, S. 223, (235), Rz. 9 f.; EuGH v. 09.08.1994, Rs. C-43/93 – *Vander Elst* – Slg. I 1994, S. 3803, (3804). Daraufhin wurde die abweichende deutsche Verwaltungspraxis, die von Drittstaatsangehörigen Arbeitnehmern eine Arbeitserlaubnis verlangte geändert, Vgl. Runderlass 72/95 der Bundesanstalt für Arbeit.

Zu überprüfen bleibt, ob bei Arbeitnehmern aus EG-Staaten in der Entsendung zum Zwecke der Dienstleistungserbringung ein Vorgang zu sehen ist, welcher der den Arbeitnehmern verbürgten Freizügigkeit unterfällt

Dazu wird vertreten, dass auch der entsandte Arbeitnehmer von seiner Freizügigkeit Gebrauch macht[518], der Anwendungsbereich der Arbeitnehmerfreizügigkeit somit eröffnet ist. Art. 39 Abs. 1 EGV (Art. 48 Abs. 1 EGV a. F.) stellt zwar darauf ab, ob die Arbeitnehmer Zugang zum Arbeitsmarkt eines anderen Mitgliedstaates erstreben, Art. 39 Abs. 2 EGV kennt eine solche Voraussetzung jedoch nicht.

Wenn sich der Arbeitnehmer dauerhaft in den deutschen Arbeitsmarkt eingliedern will, hat er nach Art. 7 der Verordnung 1612/68/EWG[519] Anspruch auf volle Gleichbehandlung. Das gleiche müsse gelten, wenn sich der Arbeitnehmer dazu entschließe, im Rahmen eines Arbeitsverhältnisses mit einem Unternehmen mitzugehen[520]. Entsprechend sei die Zulässigkeit der Regelungen des AEntG auch an der Arbeitnehmerfreizügigkeit zu messen[521].

Auf der anderen Seite legt der Wortlaut von Art. 39 Abs. 3 EGV (Art. 48 EGV a. F.) nahe, die Freizügigkeit lediglich als das Recht auf Begründung eines Arbeitsverhältnisses im Hoheitsgebiet eines anderen Staates zu definieren[522]. Begründung ist nicht die bloße Ausübung der Tätigkeit, sondern die Konstituierung des Vertragsverhältnisses mit einem in einem anderen Mitgliedstaat ansässigen Arbeitgeber. Der Wortlaut des Art. 39 EGV spricht also tendenziell gegen eine Erstreckung der Arbeitnehmerfreizügigkeit auf diesen Sachverhalt.

Auch die parallele Struktur von Niederlassungsfreiheit und Freizügigkeit[523] spricht gegen eine solche Annahme. Unter Niederlassung ist, wie oben ausgeführt[524], die tatsächliche Ausübung einer wirtschaftlichen Tätigkeit mittels einer festen Einrichtung in einem anderen Mitgliedstaat auf unbestimmte Zeit[525]. Fällt die Tätigkeit des Unternehmers damit nicht unter die Niederlassungsfreiheit, spricht einiges dafür, dass auch die Tätigkeit des von ihm beschäftigten Arbeitnehmers nicht unter die Freizügigkeit zu subsumieren ist.

---

[518] *Gerken/Löwisch/Rieble* BB 1995, S. 2369, (2372); *Hanau*, NJW 1996, S. 1368, (1370); *Koenigs*, DB 1997, S. 225, (230); *Langer-Stein* CR 1992, S. 97, (100). Ebenso ArbG Wiesbaden, NZA-RR 1998, S. 217.

[519] VO 1612/68/EWG, ABl. EG 1968, Nr. L 257, S. 2, zuletzt geändert durch ABl. EG 1992, Nr. L 164, S. 1f.

[520] *Koenigs*, DB 1997, S. 225, (230).

[521] *Gerken/Löwisch/Rieble*, BB 1995, S. 2369, (2372); *Hanau*, NJW 1996, S. 1369, (1371).

[522] *Eichenhofer* ZIAS 1996, S. 55, (61); *Plesterninks*, S. 43.

[523] *Streinz*, Europarecht, S. 242, Rn. 708e; *Franzen*, DZWir 1996, S. 89, (94).

[524] Siehe C. 1. c) (3).

[525] *Borchardt*, § 10 C, S. 285.

Ein Argument für die Erwägung, auch die entsandten Arbeitnehmer könnten sich auf die Freizügigkeit berufen, ist die Verordnung 1408/71/EWG, mit der der Rat von seiner aus Art. 42 EGV (Art. 51 EGV a.F.) folgenden Kompetenz, auf dem Gebiet der sozialen Sicherheit für die Herstellung der Freizügigkeit zu sorgen, Gebrauch gemacht hat. Diese umfasst auch den entsandten Arbeitnehmer. Daraus könnte folgen, dass der entsandte Arbeitnehmer bei seiner Tätigkeit von der Freizügigkeit Gebrauch macht.

Jedoch ist festzustellen, dass die Anwendungsbereiche von Verordnung und Art. 39 EGV (Art. 48 EGV a. F.) differieren. Für Art. 39 EGV und daraus folgend aus der Verordnung 1612/68/EWG[526] hat der EuGH den Begriff des Arbeitnehmers aus arbeitsrechtlicher Sicht auf europäischer Ebene definiert. Demgegenüber überlässt die Verordnung 1408/71/EWG die Definition des Begriffs aus der Sicht des Sozialrechts dem nationalen Recht des Mitgliedstaates, in dem die betreffende Person versichert ist.

Insbesondere enthält die Verordnung 1408/71/EWG mit Art. 14a lit. a auch Regelungen für die Entsendung von Selbständigen. Bei diesem Personenkreis ist die der Freizügigkeit entsprechende Grundfreiheit in Gestalt der Niederlassungs- und Dienstleistungsfreiheit geregelt. Ein Rückschluss von dem Anwendungsbereich der Verordnung auf den Inhalt der Arbeitnehmerfreizügigkeit scheitert damit daran, dass der Anwendungsbereich der Verordnung 1408/71/EWG *insgesamt* weiter reicht, als der des Art. 39 EGV[527].

Jedoch hat der EuGH in der Rechtssache *Webb*[528] ausgeführt, dass „...auch auf Arbeitnehmer, die von Arbeitnehmerüberlassungsunternehmen beschäftigt werden, eventuell die Artikel 48 bis 51 EWG-Vertrag [also Art. 39 ff. EGV n.F.] und die zu deren Durchführung erlassenen Verordnungen anwendbar seien." Diese in einem Nebensatz gemachte, die Entscheidung nicht tragende Aussage ist jedoch nicht verallgemeinerungsfähig. Dagegen sprechen zum Beispiel die Ausführungen des EuGH in der Rechtssache *Vander Elst*[529]. Der EuGH hatte dort das Verlangen des französischen Gesetzgebers, dass drittstaatsangehörige Arbeitnehmer, die von einem Arbeitgeber mit Sitz in einem anderen Mitgliedstaat vorübergehend nach Frankreich entsandt worden sind, einer Arbeitserlaubnis bedürften, mit der Begründung abgelehnt, diese verlangten eben keinen Zutritt zu Arbeitsmarkt des Einsatzstaates Frankreich.

---

[526] Verordnung des Rates über die Freizügigkeit der Arbeitnehmer innerhalb der Gemeinschaft (1612/68/EWG) vom 15.10.1968 (ABl. EG 1968, Nr. L 257 vom 19.10.1968, S. 2ff., zuletzt geändert durch die Verordnung 2434/92/EWG des Rates vom 27.07.1992, ABl. EG 1992, Nr. L 245 vom 26.08.1992, S. 1ff.)

[527] *Eichenhofer*, ZIAS 1996, S. 55, (61); *Plesterninks*, S. 45.

[528] EuGH v. 17.12.1981, Rs. C-279/80 – *Webb* – Slg. 1981, S. 3305, (3322) Rz. 10.

[529] EuGH v. 09.08.1994, Rs. C-43/93 – *Vander Elst* – S. 1994 I, S. 3803, (3825) Rz. 21.

Dies ist als zutreffendes Abgrenzungskriterium zu sehen. Wer keinen Zutritt zu einem nationalen Arbeitsmarkt verlangt, hat nicht die Veranlassung, eine Gleichbehandlung mit den anderen, in diesem Arbeitsmarkt tätigen Arbeitnehmern zu verlangen.

Im Urteil *Prodest* hat der EuGH entschieden, dass die Arbeitnehmerfreizügigkeit Anwendung findet, wenn ein Arbeitgeber aus einem EG-Staat bei ihm beschäftigte Arbeitnehmer aus einem anderen Mitgliedstaat für eine begrenzte Zeit *außerhalb* des Gemeinsamen Marktes einsetzt[530]. Darin wurde ein Votum für die Anwendung der Freizügigkeit auf Entsendefälle gesehen[531]. Jedoch handelte es sich hier um einen Sachverhalt, in dem ein zusätzlicher grenzüberschreitender Bezug festzustellen war, da der Arbeitnehmer aus einem anderen Mitgliedstaat stammte, als der Arbeitgeber. Im Urteil ist auch ausdrücklich auf die Voraussetzung gerade einer dauerhaften Beschäftigung eines Staatsangehörigen eines Mitgliedstaates in einem anderen abgestellt worden, so dass eine verallgemeinerungsfähige Aussage über die Geltung der Freizügigkeit für alle Entsendefälle gerade nicht vorliegt.

Davon unterschieden werden muss der Fall, dass der Arbeitnehmer dauerhaft in einen anderen Mitgliedstaat versetzt wird. Hier kann der erfolgten Integration in den fremden Arbeitsmarkt nicht widersprochen werden[532]. Dass der Arbeitnehmer sich nun auf die Arbeitnehmerfreizügigkeit berufen kann, leuchtet ein. Es kann keinen Unterschied machen, ob der Arbeitnehmer sein Arbeitsverhältnis im Aufnahmestaat begründet oder ob er ein in einem anderen Mitgliedstaat begründetes Arbeitsverhältnis dauerhaft im Aufnahmestaat fortsetzt[533].

---

[530] EuGH v. 12.07.1984, Rs. 237/83 – *Prodest* – Slg. 1984, S. 3153, (3162) Rz. 10.

[531] *Langer-Stein*, CR 1992, S. 100; einschränkend *Eichenhofer*, ZIAS 1996, S. 60.

[532] In dieser Konstellation will deshalb auch Generalanwalt *Mischo* in Auseinandersetzung mit der Argumentation des ArbG Wiesbaden (NZA-RR 1998, S. 217) die Arbeitnehmerfreizügigkeit anwenden, Schlussanträge vom 13.07.2000 zu den Rs. C-49, 50, 52 bis 54 und 68 bis 71/98 – *Finalarte* – noch unveröffentlicht, Nr. 30.

[533] Als konsequent erschiene, insofern auf die Kriterien der Richtlinie VO 1408/71/EWG zurückzugreifen. Nach ihrem Art. 14 Abs. 1 unterliegt eine entsandte Person weiterhin den Rechtsvorschriften des ersten Mitgliedstaats, sofern die voraussichtliche Dauer dieser Arbeit zwölf Monate nicht überschreitet. Die Regelung betrifft zwar direkt nicht die Integration in den Arbeitsmarkt des Aufnahmestaates, sondern die Fortgeltung der System der sozialen Sicherung des Herkunftsstaats. Die zugrundeliegende Fragestellung ist jedoch identisch: angesichts der von Land zu Land unterschiedlichen Sozialleistungen soll die den Umständen besser entsprechende Sozialordnung zum Zuge kommen. Bestimmender Faktor für Frist ist die Überzeugung, dass nach ihrem Ablauf eine stärke Bindung des Arbeitnehmers an den Aufnahmestaat zu bejahen ist. Gleiches kann für die Integration in den Arbeitsmarkt des Tätigkeitsstaates gefolgert werden. Danach wäre für eine Entsendung, die mehr als 12 Monate dauern soll, die Arbeitnehmerfreizügigkeit maßgeblich.

Im Rahmen der üblichen Entsendevorgänge entscheidet der Arbeitnehmer nicht selbst darüber, ob er in einem anderen Land arbeiten will, sondern wird im Rahmen seines Beschäftigungsverhältnisses lediglich abgeordnet. Er nimmt kein eigenes Recht als Grundfreiheit wahr, sondern erfüllt lediglich seine vertragliche Verpflichtung gegenüber seinem Arbeitgeber. Freiheitsausübender Gemeinschaftsbürger ist in einem solchen Falle nur der Arbeitgeber[534]. Die Entsendung des Arbeitnehmers selbst stellt sich als *„bloßes Anhängsel der von einer der drei übrigen Grundfreiheiten erfassten Betätigung des Unternehmers"* dar[535]. Die Arbeitnehmer bleiben daher im Arbeitsmarkt ihres Herkunftslandes tätig und können sich nicht auf die Freizügigkeit berufen[536].

Die Dienstleistungsfreiheit wird daher nicht durch die Arbeitnehmerfreizügigkeit verdrängt.

Sollte hingegen eine dauerhafte Entsendung angestrebt werden, wäre eine Einschlägigkeit der Arbeitnehmerfreizügigkeit kaum zu verneinen. Dabei kann zugleich eine Konstellation vorliegen, bei der die Tätigkeit des Arbeitgebers mangels jeder Agentur nicht als Betätigung der Niederlassungs-, sondern der Dienstleistungsfreiheit zu beurteilen ist.

Wie sieht es dann mit der Subsidiarität aus? Kann die Arbeitnehmerfreizügigkeit dann *neben* der Dienstleistungsfreiheit angewandt werden?

Eine dauerhafte Verlagerung seiner Tätigkeit in ein fremdes Land ist vom Direktionsrecht des Arbeitgebers nicht mehr gedeckt. Hier kann der Arbeitnehmer nicht mehr als Anhängsel des Arbeitnehmers gesehen werden. Wenn von der Ausübung einer eigener Entscheidungsbefugnis des Arbeitnehmers auszugehen ist, muss die Anwendbarkeit der Arbeitnehmerfreizügigkeit auf diesen Vorgang bejaht werden. Die Subsidiarität steht dem dann nicht entgegen, wenn es sich nicht um die *gleiche* Leistung handelt. Die Gründe, die unter den üblichen Entsendeumständen dafür sprechen, hier keine Leistung des Arbeitnehmers anzunehmen, könnten hier dafür sprechen, den Entsendevorgang unter diesen Umständen in mehr als eine Leistung aufzuspalten[537].

Die hier zugrundeliegenden Entsendevorgänge sind jedoch solche, bei denen der Arbeitnehmer lediglich für die Dauer eines Projekts nach Deutschland entsandt wird, die Dienstleistungsfreiheit wird daher nicht verdrängt.

---

[534] *Däubler*, DB 1995, S. 726, (727); *Eichenhofer*, ZIAS, 1996, S. 55, (61).
[535] *Krebber*, JbJZW 1998, S. 128, (139f.).
[536] Zu diesem Ergebnis kommen daher auch *Doppler*, S. 51; *Eichenhofer*, ZIAS 1996, S. 55, (61); *Franzen*, DZWir 1996, S. 89, (94); *Selmayr*, ZfA 1996, S. 615, (635).
[537] So *Wichmann*, S. 57.

(2) Abgrenzung zur Niederlassungsfreiheit

Die Niederlassungsfreiheit umfasst nach Art. 43 Abs. 1 S. 2 (Art. 52 EGV a.F.) auch die Errichtung von Agenturen, Zweigniederlassungen und Tochtergesellschaften im Hoheitsgebiet jedes anderen Mitgliedstaates. Folglich können auch natürliche Personen in mehr als einem Mitgliedstaat im Sinne des Vertrages niedergelassen sein[538]. Die Etablierung einer neuen Niederlassung ist daher nicht zwingend mit der Aufgabe der bisherigen Niederlassung verbunden. Somit kommt für die Unternehmen, die in Deutschland Bauleistungen erbringen, auch die Niederlassungsfreiheit als maßgebliche Grundfreiheit in Betracht.

Der Begriff der Niederlassung im Sinne des Vertrages ist ein sehr weiter Begriff, der die Möglichkeit für einen Gemeinschaftsangehörigen impliziert, in stabiler und kontinuierlicher Weise am Wirtschaftsleben eines anderen Mitgliedstaates teilzunehmen und daraus Nutzen zu ziehen[539], während die Dienstleistungsfreiheit Tätigkeiten von vorübergehender Dauer erfasst. Grundsätzlich stellt sich die Abgrenzungsfrage, ob der Unternehmer die Produktionsfaktoren und sonstigen Kostenelemente der fremden Volkswirtschaft nutzen will oder lediglich die Leistung seines Betriebes in die fremde Volkswirtschaft einbringen will[540].

Der Übergang von der Dienstleistung in einem Mitgliedstaat zur Niederlassung in diesem Mitgliedstaat ist damit eher gradueller Natur. Entscheidendes Abgrenzungskriterium ist der lediglich vorübergehende Charakter der Leistungserbringung in einem anderen Mitgliedstaat.

(a)   Abgrenzungskriterien

Eine allgemeingültige Abgrenzung ist derzeit nicht ersichtlich und kann aufgrund der Vielschichtigkeit der denkbaren Sachverhalte kaum entwickelt werden[541]. Als Kriterien werden das Vorhandensein einer räumlichen Präsenz, die Selbständigkeit der Vertretung gegenüber der Hauptniederlassung[542], eine bestimmte Dauer der

---

[538] EuGH v. 12.07.1984, Rs. 107/83, – *Klopp* – Slg. 1984, 2971, (2989), Rz. 19; EuGH v. 30.11.1995, C-55/94 – *Gebhard* – Slg. 1995 I, S. 4165, (4194) Rz. 24.

[539] EuGH v. 30.11.1995, C-55/94 – *Gebhard* – Slg. 1995 I, S. 4165, (4195) Rz. 25.

[540] *Jarass*, RIW 1993, S. 1, (3); *Troberg*, in: von der Groeben/Thiesing/Ehlermann, EG-Vertrag, vor Art. 59-66 EGV, Rn. 6; *Randelzhofer*, in: Grabitz/Hilf, EUV/EGV, Altbd. I, Art 52, Rn. 10; *Schöne*, Dienstleistungsfreiheit, S. 42; Schwarze-*Holoubek*, EU-Kommentar, Art. 50 EGV, Rn. 12;

[541] *Weber*, EWS 1995, S. 292, (295); eine Einzelfallwürdigung fordert auch *Hailbronner*, in: Hailbronner/Klein/Magiera/Müller-Graff, EUV/EGV, Art. 59, 60 EGV, Rn. 17.

[542] *Schöne*, Dienstleistungsfreiheit, S. 40.

Tätigkeit[543], der Schwerpunkt der Tätigkeit[544] oder kombinierte Merkmale vertreten.

Abgrenzungsprobleme bereiten etwa die Fälle, in denen die Dienstleistungen mit einer gewissen Regelmäßigkeit erbracht werden und der Dienstleistungserbringer im Empfangsstaat in Form eines vorübergehend besetzten Büros ständig vertreten ist[545]. Problematisch erscheint auch die Erbringung ständig wiederholter, jedoch jeweils nur kurzfristiger Tätigkeiten über die Grenze hinweg[546].

Der EuGH hat im *Versicherungs*-Urteil ausgeführt, dass bereits eine sichtbare Präsenz in einem anderen Mitgliedstaat ausreichen kann, um die Anwendung der Dienstleistungsfreiheit auszuschließen. Der Begriff der Präsenz wurde dabei sehr weit gefasst, eine solche sei bereits dann gegeben, „wenn die Präsenz nicht die Form einer Zweigniederlassung oder einer Agentur angenommen hat, sondern lediglich durch ein Büro wahrgenommen wird, das von eigenem Personal des Unternehmens oder von einer Person geführt wird, die zwar unabhängig, aber beauftragt ist, auf Dauer für dieses Unternehmen wie eine Agentur zu handeln." [547].

Ob die sichtbare Präsenz eines Unternehmens als zwingender Anhaltspunkt für eine erfolgte Niederlassung tauglich ist, muss bezweifelt werden. Ein ausländischer Bauunternehmer, der einmalig ein Bauprojekt in Deutschland durchführt, mag für die Dauer der Durchführung feste Einrichtungen für Personal und Gerät erstellen und somit „präsent" sein, jedoch wird kaum behauptet werden können, dies stelle bereits eine Niederlassung dar[548].

Die Voraussetzung einer festen Präsenz allein kann daher nicht konstituierendes Merkmal für die Einschlägigkeit der Niederlassungsfreiheit sein.

Auf der anderen Seite kann ein Unternehmer aus einem EG-Mitgliedstaat auch ohne feste Einrichtung in die Wirtschaft eines anderen Mitgliedstaates integriert sein, als Beispiel können mobile Eisverkäufer, Kesselflicker oder Scherenschleifer

---

[543] *Eichenhofer*, ZIAS 1996, S. 55, (64); *Franzen*, DZWir 1996, S. 89, (96). *Hailbronner/Nachbaur*, EuZW 1992, S. 105, (106).

[544] *Schwarz*, Rn. 121.

[545] *Bleckmann*, Europarecht, Rn. 1672.

[546] *Weber*, EWS 1995, S. 292, (295).

[547] EuGH v. 04.12.1986, Rs. 205/84 – *Kommission ./. Deutschland* – Slg. 1986, S. 3755, (3801) Rz. 21.

[548] So auch *Troberg*, in: von der Groeben/Thiesing/Ehlermann, EG-Vertrag, Art. 52, Rz. 5; *Randelzhofer*, in Grabitz/Hilf, EUV/EGV, Altbd. I, Art. 52 EGV, Rz. 8ff.; *Roth*, in: Dauses Handbuch des EU-Wirtschaftsrechts, E I, Rz. 24. So ist auch die Ansicht des EuGH, siehe EuGH v. 30.11.1995, C-55/94 – *Gebhard* – Slg. 1995 I, S. 4165, (4195) Rz. 27.

genannt werden. Auch das Fehlen einer festen Präsenz kann kaum Anhaltspunkt für den Ausschluss der Niederlassungsfreiheit sein[549].

Der EuGH hat im Urteil *Gebhard* vom 30.11.1995 versucht, durch Definition eines Kriterienbündels die Abgrenzung zu erleichtern: der in Art. 50 Satz 3 EGV genannte vorübergehende Charakter ist unter Berücksichtigung ihrer Dauer, ihrer Häufigkeit, ihrer regelmäßigen Wiederkehr und ihrer Kontinuität zu beurteilen[550].

Eine generelle Einordnung der in Deutschland tätigen Bauunternehmen aus anderen EG-Mitgliedstaaten erscheint auch mittels dieser Kriterien nicht möglich. Mag ein Unternehmen den überwiegenden oder fast ausschließlichen Teil seiner Tätigkeit in Deutschland abwickeln, regelmäßig Aufträge in Deutschland annehmen und auf mehrere Jahre bei Großbauvorhaben tätig sein, so gibt es andere, die nur vereinzelt für kleinere Projekte und nur von kurzer Dauer in Deutschland tätig sind.

Eine genauere Bestimmung der Größe des Anteils von Unternehmen aus anderen EG-Mitgliedstaaten, die sich aufgrund einer Niederlassung i.S. der Grundfreiheitsdogmatik nicht von der Dienstleistungs-, sondern von der Niederlassungsfreiheit erfasst werden, ist angesichts fehlenden Datenmaterials über das Vorliegen der maßgeblichen Abgrenzungskriterien nicht möglich. Der EuGH hatte bislang nur Sachverhalte zu beurteilen, in denen die Entsendung von Arbeitnehmern mangels einer solchen Niederlassung an der Dienstleistungsfreiheit zu messen war[551]. Auch die Literatur misst – soweit ersichtlich – die Entsendeproblematik ausschließlich an der Dienstleistungsfreiheit.

In diesem Zusammenhang wäre noch auf eine weitere Aussage des Versicherungsurteils zuweisen, das sog. *Kumulverbot*. Der EuGH hat die parallele Inanspruchnahme von Niederlassungs- und Dienstleistungsfreiheit abgelehnt. Ein Unternehmen, das in einem Mitgliedstaat eine Niederlassung unterhält, kann sich auch für andere Dienstleistungsvorgänge aus dem Ausland, die mit dieser Niederlassung des Aufnahmestaates nichts zu tun haben und prinzipiell eine Betätigung der Dienstleistungsfreiheit darstellten, nicht auf die Dienstleistungsfreiheit berufen[552].

Von Belang wäre diese Problematik der Abgrenzung von Dienstleistungs- und Niederlassungsfreiheit jedoch nur dann, wenn der Schutzumfang durch die Niederlassungsfreiheit ein geringerer wäre.

[549] So auch EuGH v. 12.12.1996, Rs. C-3/95 – *Broede* – Slg. 1996 I, S. 6511, (6536), Rz. 22.
[550] EuGH v. 30.11.1995, C-55/94 – *Gebhard* – Slg. 1995 I, S. 4165, (4198) Rz. 39.
[551] EuGH v. 27.03.1990, Rs. C-113/89 – *Rush Portuguesa* – Slg. 1990 I S. 1417, (1444) Rz. 17; EuGH v. 03.02.1982, Rs. 62/81 und 63/81 – *Seco ./. EVI* – Slg. 1982, S. 223.
[552] EuGH v. v. 04.12.1986, Rs. 205/84 – *Kommission ./. Deutschland* – Slg. 1986, S. 3755, (3801), Rz. 21.

(b)   Schutzumfang der Freiheiten

Nach dem der EuGH zunächst in vielen Entscheidungen die Niederlassungs- und Dienstleistungsfreiheit gemeinsam geprüft hatte[553], war ein solches Vorgehen aufgrund der Differenz des Schutzumfangs nach Durchsetzung des Beschränkungsverbots bei der Dienstleistungsfreiheit nicht mehr möglich.

Wie oben ausgeführt, hat sich der Schutz gegen solche sonstigen Beschränkungen mittlerweile nicht nur weitgehend angeglichen, sondern ist bzgl. der Niederlassungsfreiheit zu einem durchgängigen Schutz auch gegen sonstige Beschränkungen entwickelt worden. Der Schutzumfang der Niederlassungsfreiheit ist damit deckungsgleich mit dem der Dienstleistungsfreiheit.

Im Regelfall wird bei der Erbringung von Bauvorhaben lediglich die Dienstleistungsfreiheit die betroffene Grundfreiheit sein, teilweise wird die Tätigkeit einzelner Bauunternehmen bereits unter die Niederlassungsfreiheit fallen. Der Schutzbereich ist jedoch inhaltlich identisch, Unterschiede kann es lediglich auf der Ebene der Rechtfertigung, nämlich bei der Verhältnismäßigkeit im engeren Sinne geben. Einem Unternehmen, das im Aufnahmeland eine Niederlassung begründet, kann eher zugemutet werden, die Gesetze des Aufnahmestaates in vollem Umfang zu beachten, als dies bei einer grenzüberschreitenden Dienstleistung der Fall wäre[554].

(3)   Ergebnis

Wendet man oben ausgeführtes auf die Regelungen des § 1a AEntG an, so zeigt sich, dass im Regelfall die Dienstleistungsfreiheit die durch die Regelung betroffene Grundfreiheit darstellt.

Die Arbeitnehmerfreizügigkeit steht der Berufung auf die Dienstleistungsfreiheit nicht entgegen, da die Arbeitnehmer nicht in den deutschen Arbeitsmarkt integriert werden.

Die überwiegende Mehrzahl der Entsendevorgänge vollzieht sich, ohne dass sich der ausländische Bauunternehmer in Deutschland niedergelassen hat.

Sollte der ausländische Bauunternehmer in Deutschland hingegen eine feste Niederlassung unterhalten, bietet ihm die Niederlassungsfreiheit in gleicher Weise Schutz.

---

[553] EuGH v. 08.04.1976, Rs. 48/75 – *Jean Noël/Royer* – Slg. 1976, S. 497, (510), Rz. 12-15; EuGH v. 28.11.1978, Rs. 16/78 – *Choquet* – Slg. 1978, S. 2293, (2303), Rz. 7; EuGH v. 07.02.1979, Rs. 115/78 – *Knoors* – Slg. 1979, S. 399 (409), Rz. 9; EuGH v. 06.10.1981, Rs. 246/78 – *Broekmeulen* – Slg. 1981, S. 2311, (2329), Rz. 20ff.
[554] *Jarass*, RIW 1993, S. 1, (7).

f) Begünstigter Personenkreis und sachlicher Schutzbereich der Dienstleistungsfreiheit

Neben der Bestimmung des Schutzumfanges der Grundfreiheiten ist der Personenkreis zu bestimmen, der sich, gestützt auf die Dienstleistungsfreiheit, auf die Gemeinschaftsrechtswidrigkeit nationaler Regelungen berufen kann.

(1) Bestimmung des personalen Schutzbereichs

Der personale Schutzbereich der Grundfreiheiten ist ausgehend von ihrer Funktion herzuleiten. Die Grundfreiheiten sollen den Gemeinsamen Markt bzw. den europäischen Binnenmarkt schützen. Bereits im Allgemeinen Programm zur Aufhebung der Beschränkungen des freien Dienstleistungsverkehrs vom 18.12.1961 werden im Abschnitt I als Begünstigte nicht nur die Leistungsempfänger genannt, die durch den freien Wettbewerb eine Leistung zu marktoptimierten Preisen erhalten, sondern auch die Leistungserbringer, die als Staatsangehörige der Mitgliedstaaten, die innerhalb der Gemeinschaft ansässig sind bzw. Gesellschaften, die ihren satzungsmäßigen Sitz, ihre Hauptverwaltung oder ihre Hauptniederlassung innerhalb der Gemeinschaft haben[555], die durch fallende Binnenmarktgrenzen einen größeren Markt bedienen können[556].

Die Grundfreiheiten und Grundrechte des Europäischen Rechts stehen juristischen Personen aus EG-Mitgliedstaaten ohne eine Art. 19 Abs. 2 GG vergleichbare Einschränkung in gleicher Weise zur Verfügung wie natürlichen Personen. Dies ist auf die Entstehung der Europäischen Union aus der anfänglichen Wirtschaftsgemeinschaft zurückzuführen, die dem häufig in der Form einer juristischen Person betriebenen unternehmerischem Wirtschaftsteilnehmer großes Gewicht beimaß.

Die Staatszugehörigkeit juristischer Personen wurde – und ist – in den einzelnen Mitgliedstaaten unterschiedlich geregelt, so dass der EGV eine eigenständige Regelung getroffen hat: Nach Art. 48 Abs. 1 EGV (Art. 58 Abs. 1 EGV a.F.) können sich solche juristische Personen auf die Grundfreiheiten des EGV berufen, die nach den Rechtsvorschriften eines Mitgliedstaates gegründet worden sind und ihren satzungsmäßigen Sitz oder ihre Hauptniederlassung innerhalb der Gemeinschaft haben[557].

---

[555] ABl. EG 1962, S. 32.
[556] EuGH v. 15.02.1996, Rs. C-53/95 – *Inasti* – Slg. 1996 I, S. 703, (714f.), Rz. 9, 11.
[557] Dazu näher *Groß*, AG 1990, S. 530, (532f.) und *Behrens*, RabelsZ 52 (1988), S. 498, (499ff.).

(2)   Begrenzung des sachlichen Schutzbereichs

Wirtschaftliche Prosperität aller Mitgliedstaaten – und damit Förderung aller Marktteilnehmer – ist zwar in Art. 2 EGV als Ziel der Europäischen Wirtschaftsgemeinschaft genannt. Die Grundfreiheiten dienen jedoch in spezifischer Weise der Herstellung des gemeinsamen Marktes. Die Dienstleistungsfreiheit zielt nicht auf eine allgemeine Erhöhung der Nachfrage nach Dienstleistungen im Sinne einer Förderung der Konjunktur und der Steigerung volkswirtschaftlichen Profits. Schutzobjekt ist lediglich der Dienstleistungsverkehr, der in besonderer Weise durch die fortbestehenden nationalen Grenzen zwischen den Mitgliedstaaten im EG-Wirtschaftsraum betroffen ist. Zu fordern ist daher das Vorhandensein eines besonderen Bezugs der Dienstleistung zu einem anderen Mitgliedstaat, der Dienstleistungsverkehr mit Grenzbezug[558]. Entsprechend wird nicht Schutz vor jeder nationalen Regelung gewährt, die die Handlungsfreiheit des Dienstleistungserbringer direkt oder indirekt beschränkt, sondern nur derjenige kann sich auf die Dienstleistungsfreiheit berufen, der auch einen europarechtlichen Bezug des Sachverhalts geltend machen kann[559].

Mit anderen Worten: die nationale Regelung darf nicht angewandt werden, *soweit* der grenzüberschreitende Dienstleistungsverkehr behindert werden würde. Die nationale Vorschrift bleibt in Kraft, *soweit* ein solcher Grenzbezug nicht vorliegt.

Der inländische Dienstleistungserbringer ohne Auslandskontakte ist daran gebunden. Dieses Ergebnis ist nicht unumstritten, da dies zu einer Besserstellung des grenzüberschreitenden Dienstleistungsverkehrs gegen über dem rein inländischen Verkehr führt.

(a)   *Ausschluss rein nationaler Sachverhalte aus dem Schutzbereich*

Der EuGH hat in der *Mathot*-Entscheidung zu Art. 28 EGV (Art. 30 EGV a.F.) ausdrücklich festgestellt: „Art. 30 [...] soll nicht gewährleisten, dass Waren aus nationaler Produktion in jedem Fall genauso behandelt werden wie eingeführte Waren."[560]. Ziel dieses Artikels sei es nämlich, die Hindernisse für die Wareneinfuhr zu beseitigen. Solche Hindernisse bestehen aber nicht, wenn eine Benachteiligung nur für das inländische Produkt besteht.

Diese Rechtsprechung wurde im *Bier*-Urteil bestätigt. Auf Klage der elsässischen Brasserie du Pêcheur wurde das „Reinheitsgebot" für Bier (§ 9 BStG a.F.) lediglich

---

[558] *Classen*, EWS 1995, S. 97, (101); *Geiger*, EUV/EGV, Art. 50 EGV, Rn. 5; *Lackhoff*, S. 37ff.; *Roth*, in: Dauses Handbuch des EG-Wirtschaftsrechts, E I Rz. 20; *Weindl/Woyke*, S. 186; *Wunder*, S. 11.

[559] EuGH v. 23.11.1989, Rs. C-145/88 – *Torfaen* – Slg. 1989, S. 3851 für das britische Sonntagsverkaufsverbot.

[560] EuGH v. 18.02.1987, Rs. 98/84 – *Mathot* – Slg. 1987, S. 809, (821), Rz. 7.

für ausländisches Bier aufgehoben[561]. Deutsche Brauereien waren bis zur Änderung der Gesetzeslage weiterhin an das Verbot von 1516, bei der Herstellung von Bier andere Inhaltsstoffe als Wasser, Malz und Hopfen zu verwenden, gebunden. Diese Einschränkung des Schutzbereiches gilt nicht nur für die Warenverkehrsfreiheit, sondern in gleicher Weise auch für alle anderen Grundfreiheiten[562]. Es sei nicht originäre Aufgabe der Grundfreiheiten, Deutsche vor Maßnahmen der deutschen Staatsgewalt zu schützen[563]. Die Diskriminierung heimischer Unternehmen durch das Aufbürden einer zusätzlichen Haftung ist gemeinschaftsrechtlich unbedenklich[564].

Lediglich soweit es um Inlandssachverhalte mit direkten oder indirekten Effekten auf den Binnenmarkt geht, schützen die Grundfreiheiten auch vor Maßnahmen des eigenen Staates[565].

Diese Benachteiligung wird als „Inländerdiskriminierung" bezeichnet, wobei auch die Bezeichnungen als „umgekehrte Diskriminierung" oder „discrimination à rebours" Verwendung gefunden haben[566]. Der Begriff „Inländerdiskriminierung" ist etwas missverständlich. Die Grundfreiheiten enthalten ein einseitig wirkendes Differenzierungsverbot zugunsten grenzüberschreitender Vorgänge[567]. Sie schützen auch Inländer, wenn grenzüberschreitende Elemente bedeutsam sind. Erlaubt ist also nicht die Diskriminierung von Inländern schlechthin – dies wäre eine Diskriminierung anhand der Staatsangehörigkeit – sondern die Diskriminierung von inländischen Dienstleistungsvorgängen.

(b)   Rechtsschutzmöglichkeiten des beteiligten Personenkreises

Im Fall der Nettolohnhaftung des AEntG können sich folglich potentielle Auftragnehmer aus anderen EG-Staaten auf die Dienstleistungsfreiheit berufen, da sie durch die Regelung faktisch vom deutschen Markt ausgeschlossen werden und zu den von der Dienstleistungsfreiheit geschützten Leistungserbringern gehören.

Diese Unternehmer können jedoch mit dem Argument, durch § 1a AEntG in ihrer Grundfreiheit verletzt worden zu sein, kaum vor den EuGH gelangen. Sie können gegen eine EG-rechtswidrige nationale Regelung nur im Wege des

---

[561] EuGH v. 12.03.1987, Rs. 178/84 – *Kommission ./. Deutschland* – Slg. 1987, S. 1227, (1268), Rz. 24.

[562] *Pfeil*, S. 251; *Schöne*, RIW 1989, S. 450, (454); *Weindl/Woyke*, S. 186.

[563] So auch Dreier-*Wieland*, GG Art. 12, Rn. 22.

[564] EuGH v. 16.02.1995, verb. Rs. C-29 bis 35/94 – *Aubertin* – Slg. 1995 I, S. 301, (316), Rz. 9.

[565] *Kilian*, Rn. 230.

[566] Siehe hierzu mit wechselnder Terminologie *Bleckmann*, RIW 1985, S. 917; *Ensthaler*; RIW 1990, S, 734; *Fastenrath*, JZ 1987, S. 170; *Nicolaysen*, EuR 1991, S. 95, (96); *Schilling*, JZ 1994, S. 8; *Schlachter*, S. 86; *Schöne*, RIW 1989, S. 450.

[567] *Jarass*, FS Everling, S. 593, (603).

Vorlageverfahrens nach Art. 234 EGV (Art. 177 EGV a.F.) vorgehen. Notwendige Voraussetzung dafür ist die Anhängigkeit eines Rechtsstreits vor einem nationalen Gericht, das die Frage für entscheidungserheblich hält. Da die Unternehmen als Folge der Regelung faktisch vom Markt ausgeschlossen werden, sind kaum Konstellationen denkbar, in denen ein nationales Gericht im Rahmen eines Rechtsstreit in die Lage versetzt würde, die Regelung durch den EuGH überprüfen zu lassen.

Denkbar wäre insofern nur die Ausübung von Druck der betroffenen Unternehmen und ihrer Organisationen auf ihre nationalen Regierungen, ein Vertragsverletzungsverfahren gemäß Art. 227 EGV (Art. 270 EGV a.F.) gegen die Bundesrepublik Deutschland einzuleiten.

Deutsche Unternehmer können die Verletzung von EG-Recht rügen, wenn sie im Zuge der Beauftragung ausländischer Unternehmer oder Subunternehmer vor einem deutschen Arbeitsgericht nach § 1a AEntG in Anspruch genommen werden, da dann der erforderliche Grenzbezug vorhanden ist. Im Rahmen dieses Rechtsstreits kann das deutsche Gericht die Frage dem EuGH zur Vorabentscheidung vorlegen.

Anders hingegen können die Unternehmer, die die Bauleistungen bei deutschen Bauunternehmungen und Subunternehmern in Auftrag gaben, keine Verletzung rügen, wenn sie nach § 1a AEntG von Arbeitnehmern inländischer Subunternehmern oder deren Rechtsnachfolgern in Anspruch genommen werden. Hier würde es am erforderlichen Bezug zum Gemeinschaftsrecht fehlen, da der oben aufgeführte Grenzbezug fehlt.

Der EuGH lehnt unter solchen Umständen im Vorlageverfahren eine Befassung mit der Begründung ab, dass die Regelung einen Fall betrifft, der nicht in den Anwendungsbereich des Gemeinschaftsrecht fällt[568].

Daher können die dadurch betroffenen deutschen Unternehmen nicht über das Vorlageverfahren eine Beachtung der Dienstleistungsfreiheit durch den deutschen Gesetzgeber sicherstellen.

---

[568] So z.B. in EuGH v. 08.12.1987, Rs. 20/87 – *Gauchard* – Slg. 1987, S. 4879, (4896), Rz. 12 und EuGH v. 29.05.1997, Rs. C-299/95 – *Kremzow* – Slg. 1997 I, S. 2629, (2646), Rz. 19. Soweit aus den Entscheidung des EuGH v. 09.08.1994, verb. Rs. C-363, 407, 408, 410 und 411/93 – *Lancry* – Slg. 1994 I, S. 3957 und v. 07.05.1997, Rs. C-321 bis 324/94 – *Pistre* – Slg. 1997 I, S. 2343 eine sich andeutende Änderung der Rechtsprechung hergeleitet wurde (so *Weyer*, EuR 1998, S. 435 und *Graser*, EuR 1998, S. 571), haben sich diese Erwartungen bislang nicht erfüllt.

(3)   Europarechtliche Zulässigkeit der Inländerdiskriminierung

Die Folge ist also ein Auseinanderfallen des Schutzes von Personen, die einen Bezug zum Gemeinschaftsrecht geltend machen können, und solche denen dies versagt ist.

In der Literatur wird vertreten, diese umgekehrte Diskriminierung sei bereits durch den EG-Vertrag untersagt. *Fezer* stützt sich dabei auf das Binnenmarktziel als Rechtsprinzip und folgert daraus die einheitliche Geltung der Vorschriften des europäischen Rechts auf alle Vorgänge im Bereich des Binnenmarktes[569]. Andere stellen auf Art. 12 EGV (Art. 6 EGV a. F., Art. 7 EWG-Vertrag) und den EG-rechtliche Gleichheitssatz ab, die *jede* Diskriminierung aus Gründen der Staatsangehörigkeit verböten, also auch zum Nachteil von Inländern[570]. Angesichts der Zielbestimmung in Art. 3 Abs. 1 c) EGV müssten Inländer genauso geschützt werden wie Ausländer[571]. Dieser findet nach dem Wortlaut „unbeschadet besonderer Bestimmungen" Anwendung; unter besonderen Bestimmungen wären hier die spezielleren Verbote aus den Grundfreiheiten der Art. 43, 49 EGV (Art. 52, 59 EGV a. F.) zu verstehen[572]. Da hier die Anwendbarkeit der Dienstleistungs- bzw. Niederlassungsfreiheit ausscheidet, wäre diese Voraussetzung erfüllt.

Art. 12 EGV gilt jedoch nach seinem Wortlaut lediglich „im Anwendungsbereich des Vertrages". Adressat sind prinzipiell die Organe der Europäischen Union, für die Mitgliedstaaten gilt der Gleichheitssatz nur, soweit sie Gemeinschaftsrecht anwenden[573].

Soweit der nationale Gesetzgeber durch die Regelung keine Gemeinschaftsaufgabe wahrgenommen hat, d.h. sich die Regelung also lediglich auf interne Sachverhalte bezieht, kommt eine Berufung auf Art. 12 EGV nicht in Betracht. Dies ist auch dann der Fall, wenn Ausländer aufgrund der Dienstleistungsfreiheit der Regelung

---

[569] *Fezer*, JZ 1994, S. 317, (325f.).
[570] *Bleckmann*, RIW 1985, S. 917, (919); *ders.*, Europarecht, Rn. 1257; *Eberhartinger*, EWS 1997, S. 43, (51); *Kewenig*, JZ 1990, 20, (23); *Schlachter*, S. 105. *Ensthaler*, RIW 1990, S. 734, (739) folgert jedoch aus dem politischen Primat den Vorrang des Integrationsgedankens vor dem Gleichheitsgedanken und nimmt die Diskriminierung von Inländern um der weiteren Integration willen in Kauf.
[571] Zumindest in Bezug auf mittelbare Diskriminierungen *Bleckmann*, RIW 1985, S. 917, (920f.). Dieser erkennt zwar an, es könne durchaus ein Auslandsbezug auch bei den Inländern gefordert werden, meint diesen jedoch bereits in der Konkurrenzsituation zu den EU-ausländischen Wettbewerbern zu erkennen.
[572] *Loibl*, S. 31.
[573] *Lackhoff*, EWS 1997, S. 109, (114); *Bleckmann*, Europarecht, Rn. 1257, stellt demhingegen auf die im EGV geregelten Materien ab und kommt daher zu einem weiteren Anwendungsbereich des Grundsatzes.

nicht unterliegen, sie sich damit nur noch an Inländer wendet[574]. Inländer können sich nur dann auf den Gleichheitssatz berufen, wenn ein Bezug zum Gemeinschaftsrecht besteht, wenn sie z. B. von der Freizügigkeit Gebrauch gemacht haben[575].

Ob diese Schlechterstellung von Inländern gegenüber den Staatsangehörigen anderer EG-Staaten hinzunehmen ist, ist damit eine Frage des Gleichheitssatzes der einzelnen Mitgliedstaaten, was zu unterschiedlichen Ergebnissen in den verschiedenen Staaten führen kann.

(4) Prüfung der Zulässigkeit der Inländerdiskriminierung nach nationalen Verfassungsrecht

In der Bundesrepublik könnte in diesem Falle ein vor dem Bundesverfassungsgericht zu rügender Verstoß gegen Art. 3 Abs. 1 GG anzunehmen sein[576].

Deutsche Gerichte haben die Verletzung von Art. 3 Abs. 1 GG häufig mit dem Argument verneint, hier läge keine willkürliche Ungleichbehandlung vor, da das Europarecht ein sachlicher Grund für die Differenzierung zwischen Inländern und Ausländern darstellt[577].

Dabei ist jedoch bereits die Möglichkeit, sich auf Normen des Grundgesetzes zu berufen, fraglich, da lediglich deutsches Recht Gegenstand der Begutachtung sein kann, die Vertragsnorm selbst und ihre Auslegung durch den EuGH kann im Sinne der *Solange II*-Rechtsprechung[578] nicht vor dem Bundesverfassungsgericht als gleichheitswidrig angegriffen werden.

Die Inländerdiskriminierung ist nur die Folge der Unterworfenheit mancher Rechtssubjekte unter mehrere Rechtsordnungen, nämlich nationaler und EG-

---

[574] Dreier-*Heun*, GG Art. 3, Rn. 9; *Ehlers*, NVwZ 1990, S. 810, (811); *Graser*, EuR 1998, S. 571, (572f.); *Hammerl*, S. 150.

[575] EuGH v. 07.02.1979, Rs. 115/78 – *Knoors* – Slg. 1979, S. 399 (412).

[576] Dreier-*Heun*, GG Art. 3, Rn. 10; *Epiney*, S. 426ff.; *Fezer*, JZ 1994, S. 317, (325); *Hammerl*, S. 171; *Kleier*, RIW 1988, S. 623, (630); *Schilling*, JZ 1994, S. 8, (10); *Weindl/Woyke*, S. 113.

[577] BVerwG v. 22.01.1970, DVBl. 1970, S. 627; OVG Berlin v. 12.05.1971, DVBl. 1972, S. 280, (281). Dem scheint auch das BVerfG v. 08.11.1989, NJW 1990, S. 1033 nicht abgeneigt zu sein. Der österreichische VerfGH nimmt jedoch bei ähnlicher Formulierung der Gleichheitsklausel in der gleichen Konstellation einen Verstoß gegen nationales Verfassungsrecht an, öst. VerfGH Wien v. 17.06.1997, EuGRZ 1997, S. 362, (363); öst. VerfGH v. 07.10.1997, ÖZW 1999, S. 51 mit Anm. *Schulev-Steindl*; öst. VerfGH v. 09.12.1999, EuZW 2001, S. 219 mit Anm. *Huber-Wilhelm/Plank*.

[578] BVerfGE 73, S. 339, (387).

rechtlicher[579]. Art. 3 Abs. 1 GG richtet sich nur an *einen* Normsetzer und verpflichtet diesen, innerhalb seines Gesetzgebungsbereichs den allgemeinen Gleichheitssatz zu befolgen. Er dient nicht dazu, einen Normsetzer zu verpflichten, sich an den Normen eines anderen Normsetzers zu orientieren. Der Gleichheitssatz würde sonst zu einem Angleichungsgebot, da das entgegenstehende Europäische Recht dem Zugriff des Gesetzgebers entzogen ist.

Dabei kann auf eine ähnliche Konstellation des deutschen Verfassungsrechts verwiesen werden. Hier ist es denkbar, dass ein Bundesland eine Regelung trifft, die über die Wirkung eines generellen Bundesgesetzes hinausgeht. Auch hier ist der Bürger dieses Landes im Verhältnis zu den Bürgern der anderen Bundesländer ungleich behandelt. Dennoch wird dies vom Bundesverfassungsgericht für zulässig erachtet, da jeder Gesetzgeber nur gehalten ist, den Gleichheitssatz innerhalb des ihm zugewiesenen Gesetzgebungsbereichs zu wahren[580].

Übertragen auf das Verhältnis der Europäischen Union zu den Mitgliedstaaten bedeutet dies, dass Art. 3 Abs. 1 GG nicht anwendbar ist, weil keine Ungleichbehandlung *durch* den nationalen Gesetzgeber vorliegt, da die Vergleichsfälle wesentlich anderen rechtlichen Ordnungsbereichen angehören und daher nicht vergleichbar sind[581]. Entsprechend urteilt auch die überwiegende Rechtsprechung in Deutschland[582].

Andere[583], insbesondere *Hammerl*[584], gehen jedoch davon aus, dass das entgegenstehende EG-Recht dem Bund rechtlich zuzurechnen sei, da dieses durch die Zustimmungsgesetze zu den Gründungsverträgen Bestandteil der deutschen Rechtsordnung geworden sei. Die Inländerdiskriminierung läge daher im „Machtbereich" des deutschen Gesetzgebers[585]. Diese Sicht lässt sich jedoch mit der herrschenden Ansicht zum Verhältnis von Europäischen und nationalen Recht

---

[579] *Arndt*, Europarecht, S. 94; *Classen*, EWS 1995, S. 97, (105); *Heintzen*, EWS 1990, S. 82, (86f.). OLG Hamm, EuZW 1992, 157, (158). Dabei kommt es nicht auf die territoriale Überschneidung an (so aber wohl *Kleier*, RIW S. 623, (629)), sondern die inhaltliche Unabhängigkeit der Rechtsordnungen ist das maßgebliche Argument.

[580] BVerfGE 16, S. 6, (24); 21, S. 54, (68); 37, S. 314, (323); 42, S. 20, (27); 51, S. 42, (57).

[581] *Fastenrath*, JZ 1987, S. 170, (177f.); *Lackhoff*, S. 58; *Schöne*, RIW 1989, S. 450, (454). Offen gelassen von BVerfG v. 08.11.1989, NJW 1990, S. 1033.

[582] BGH v. 28.02.1985, RIW 1985, S. 588, (589); OLG Hamm, EuZW 1992, 157, (159); VGH Mannheim v. 07.08.1995, NJW 1996, S. 72, (74); Offen gelassen von BGH v. 18.09.1989, NJW 1990, S. 108, (109). vergl. aber auch BGH DB 1991, S. 2483, (2485).

[583] *Schilling*, JZ 1994, S. 8, (10); *Weis*, NJW 1983, S. 2721, (2725).

[584] *Hammerl*, S. 176ff. Er belegt dies auch mit einer Entscheidung des BVerwG, das einen solchen Schluss träfe, BVerwGE 98, S. 298, (307f.).

[585] *Hammerl*, S. 180.

kaum in Einklang bringen. Gemeinschaftsrecht wird zwar Teil der „nationalen Rechtsordnung", Teil des „nationalen Rechts" als Ansatzpunkt für die Überprüfung wird es jedoch nicht. Diese Ansicht ist deshalb abzulehnen.

Soweit die nationale Rechtsordnung Sachverhalte ohne Gemeinschaftsbezug dadurch schlechter behandelt, dass sie aufgrund der Einwirkung von europäischen Recht auf Sachverhalte mit Grenzbezug nicht anzuwenden sei, kann nicht von einem Verstoß gegen den Gleichheitsgrundsatz des Art. 3 Abs. 1 GG ausgegangen werden. Insofern ist es Sache des deutschen Gesetzgebers, bei zu weitgehender Inländerdiskriminierung durch Anpassung der für Inländer geltenden Regeln an die Rechtslage für EG-Ausländer Abhilfe zu schaffen[586].

3. Überprüfung eines Eingriffs in die Dienstleistungsfreiheit durch § 1a AEntG

Bevor die Nettolohnhaftung an der Dienstleistungsfreiheit gemessen wird, soll Bedenken gegen ihre Vereinbarkeit mit speziellerem europäischen Sekundärrecht nachgegangen werden.

a) Europarechtswidrigkeit wegen Verstoßes gegen die Sperrwirkung der Entsende-Richtlinie

Nach *Lütke* verstößt die Einführung der Generalunternehmerhaftung gegen die Sperrwirkung der Entsende-Richtlinie[587]. Er folgert dies daraus, dass die Generalunternehmerhaftung nun auch zwischen deutschen Auftraggebern und deutschen Auftragnehmern anzuwenden sei, die Richtlinie jedoch nur länderübergreifende Entsendevorgänge regeln wolle. Die Einführung der Auftraggeberhaftung auch für Entsendungen im nationalen Rahmen sei von den verbleibenden Rechten der Mitgliedstaaten nach Art. 3 Abs. 10 Entsende-Richtlinie nicht erfasst.

Dies ist ein unzutreffender Schluss. Zwar trifft zu, dass richtlinienkonform harmonisiertes nationales Recht nur noch im Rahmen der Richtlinie abgeändert werden darf[588]. Dabei ist eine Sperrwirkung für zusätzliche Maßnahmen nur in dem der Gemeinschaft zugewiesenen Kompetenzbereich anzunehmen. Soweit eine Kompetenz der Gemeinschaft nicht gegeben ist, kann EG-Recht nationalen Maßnahmen nicht entgegenstehen. Die Belastung von Inländern ist vom Anwendungsbereich der Grundfreiheiten nicht erfasst und daher ohne Verstoß

---

[586] *Heintzen*, EWS 1990, S. 82, (92); *Randelzhofer*, in: Grabitz/Hilf, EUV/EGV, Altbd. I, Art. 48, Rn. 27.

[587] *Lütke*, wistra 2000, S. 84, 87.

[588] EuGH v. 06.12.1990, Rs. C-208/88 – *Kommission ./. Dänemark* – Slg. 1990 I, S. 4445, (4462), Rz. 7.

gegen die auf Art. 47, 55 EGV gestützte Richtlinie möglich. Im Gegensatz dazu wäre die auf Ausländer beschränkte Anwendbarkeit der Nettolohnhaftung als direkte Diskriminierung mit Europäischen Recht unvereinbar.

b) Offene Diskriminierung

Eine offene Diskriminierung setzt voraus, dass die Staatsangehörigkeit das Kriterium ist, das über das Eingreifen einer nachteiligen Regelung entscheidet. Das AEntG knüpft keine Rechtsfolgen an die Staatsangehörigkeit des Unternehmers oder seiner Arbeitnehmer an, da es für alle Arbeitnehmer und Arbeitgeber unabhängig von der Nationalität gilt. Dies ist nach der Änderung von § 1 Abs. 1 S. 1 AEntG durch das Gesetz vom 19.12.1998[589] nunmehr unstrittig und gilt auch für die Nettolohnhaftung nach § 1a AEntG.

(1) Geltung nur für ausländische Bauunternehmer?

Für die Rechtslage bis zur Novellierung ist dies jedoch zweifelhaft gewesen. Zunächst hatte die Rechtsprechung das AEntG so ausgelegt, dass es nur für ausländische Arbeitgeber galt[590]. Diese Auslegung, die sogleich auf Kritik gestoßen ist[591], aber auch Zustimmung erfahren hat[592], hätte dazu geführt, dass hier eine unmittelbare Diskriminierung vorgelegen hätte[593], da nur der ausländische Arbeitgeber den Anforderungen des Gesetzes unterworfen war, der inländische Arbeitgeber jedoch nicht. Die Tatsache, dass die Anforderungen des Gesetzes in der Praxis faktisch auch von den Inländischen Arbeitgebern erfüllt wurde, kann eine solche unterschiedliche rechtliche Geltung nicht ungeschehen machen. Zudem wurde insbesondere im Ostteil Deutschlands in den Jahren 1992-1995 eine Vielzahl von Fällen bekannt, in denen nicht tarifgebundene Unternehmen einen deutlich unter dem angestrebten Mindestlohn liegenden Bruttolohn an ihre Arbeitnehmer gezahlt hatten[594]. Außerdem ist das Mindestlohnerfordernis in § 5 AEntG strafbewehrt, während ein Verstoß gegen das TVG für deutsche Arbeitgeber keine Strafbarkeit nach sich zieht[595]. Eine sich nur gegen Ausländer richtende Bußgelddrohung wäre als direkte Diskriminierung einzustufen.

---

[589] Gesetz zu Korrekturen in der Sozialversicherung und zur Sicherung der Arbeitnehmerrechte, BGBl. 1998 I, S. 3843.

[590] OLG Düsseldorf v. 03.07.1998, NZA 1998, S. 1286f.

[591] *Hanau*, NZA 1998, S. 1249, (1250); aber auch bereits in NJW 1996, 1369.

[592] *Böhm*, NZA 1999, S. 128, (129).

[593] *Löwisch*, Festschrift für Zeuner, S. 91, (95) hat darin ein mit nationalen Mitteln zu lösendes Problem der Inländerdiskriminierung gesehen. Dies ist jedoch nicht überzeugend, da dies eine Ungleichbehandlung von ausländischen und inländischen Entsendefällen und damit eine Diskriminierung aufgrund der Staatsangehörigkeit darstellt.

[594] Handelsblatt vom 23.5.1995, S. 12.

[595] *Bieback*, RdA 2000, S. 207, 211.

Der BGH hat den Vorlagebeschluss des OLG Naumburg[596], das von der Düsseldorfer Entscheidung abweichen wollte, zwar wegen Fehlens der Vorlegungsvoraussetzungen zurückgegeben, hat dies jedoch damit begründet, dass die Richtigkeit der Auffassung des OLG Naumburg auch für die frühere Gesetzeslage außer Frage stehe und damit eine Geltung des AEntG für inländische Arbeitnehmern und Arbeitgebern auch nach der früheren Gesetzeslage angenommen[597].

Der Gesetzgeber hat bei der Novellierung des AEntG ausdrücklich auf diese Diskussion reagiert und klargestellt, dass das AEntG auf alle Arbeitsverhältnisse anzuwenden ist[598].

(2)   Diskriminierung durch Umgehungsmöglichkeit für inländische, nicht aber für ausländische Unternehmen?

Eine Diskriminierung ausländischer Arbeitgeber wird jedoch darin gesehen, dass der inländische Arbeitgeber den durch einen allgemeinverbindlich erklärten festgesetzten Mindestlohn durch einen Firmentarifvertrag umgehen könne, während dies dem EG-ausländischen Arbeitgeber im Falle einer beabsichtigten Entsendung – zumindest faktisch - nicht möglich sei[599]. Zu diesem Ergebnis kommt auch der EuGH in der Entscheidung *Portugaia Construções*, obwohl ein solcher Firmentarifvertrag bislang nicht geschlossen worden ist[600]. Angesichts des Interesses der DGB-Gewerkschaft Bauen-Agrar-Umwelt am Mindestlohn und am weiteren Bestand des AEntG ist der Abschluss eines Firmentarifvertrags, dessen Festlegungen unter dem Niveau des Mindestlohntarifvertrags liegen, auch kaum zu erwarten. *Doppler* schließt bereits aus diesem Grund aus, dass eine Diskriminierung vorliegen könne[601]. Jedoch ist die von *Junker/Wichmann*

---

[596] OLG Naumburg v. 22.04.1999, wistra 2000; S. 153f.

[597] BGH v. 21.03.2000, NJW 2000, S. 1880, (1881); ebenso OLG Hamm, v. 28.06.2000, wistra 2000, S. 393f.

[598] BT-Drucks. 14/45, S. 25.

[599] *Junker/Wichmann*, NZA 1996, S. 505, (509). Dies ist auch die Ansicht des Generalanwalts *Jean Mischo*, unter ausdrücklichem Hinweis bei diesem Verdikt von der Richtigkeit der Grundhypothese des Amtsgerichts ausgehen zu müsse. Schlussanträge v. 03.05.2001 zur Rs. C-164/99 - *Portugaia Construções* – noch unveröffentlicht, Nr. 73.

[600] EuGH v. 24.01.2002, C-164/99 – *Portugaia Construções* – ZIP 2002, S. 273, (276), Rz. 36.

[601] *Doppler*, S. 61. Sie stellt durchaus nachvollziehbar dar, dass die von *Junker/Wichmann* angeführte *Paletta*-Entscheidung (EuGH v. 03.06.1992, Rs. C-45/90, Slg. 1992 I, S. 3432) nicht übertragen werden kann. Jedoch stellt der EuGH allgemein, nicht nur in dieser Entscheidung, auf die rechtliche Situation ab. Trotz einer möglicherweise vertragskonformen Praxis genügt allein die in der rechtlichen Situation angelegte Möglichkeit eines vertragswidrigen Vorgehens, um die entsprechende Norm als unvereinbar mit Gemeinschaftsrecht zu erklären. So schon EuGH v. 04.04.1974, Rs. 167/73 – *Kommission ./. Frankreich* – Slg. 1974, S. 359.

dargestellte Konstellation, Langzeitarbeitslosen durch niedrige Einstiegslöhne in Verbindung mit finanzieller Förderung der Bundesanstalt für Arbeit einen Wiedereinstieg in ihren Beruf zu ermöglichen, eine durchaus vorstellbar und realistische Perspektive.

Bereits die rechtliche *Möglichkeit* eines solchen Vorgehens eines inländischen Bauunternehmens wäre indes ausreichend, um einen Verstoß gegen die Grundfreiheiten anzunehmen. Der EuGH hat immer betont, dass auch eine nur potentielle Behinderung der Freiheiten ausreicht, um eine Diskriminierung zu bejahen[602]. Konsequenterweise hat er deshalb die Argumentation, keine Gewerkschaft würde mit einem inländischen Bauunternehmen einen Firmentarifvertrag abschließen, der den Mindestlohn unterschreitet, zurückgewiesen[603].

Hier müssen zwei Aspekte auseinandergehalten werden. Wenn ein deutscher Arbeitgeber seinen Arbeitnehmern aufgrund eines Firmentarifvertrags ein geringeres Entgelt zu zahlen hat, als dies ein ausländischer Arbeitgeber aufgrund des Mindestlohns nach dem AEntG muss, wäre eine Diskriminierung aufgrund der Nationalität zweifellos gegeben[604]. Voraussetzung wäre jedoch, dass ein solcher Firmentarifvertrag dem Mindestlohntarifvertrag vorgeht. Erst dann wäre die Frage zu stellen, ob es nur dem deutschen Unternehmer möglich ist, einen solchen Firmentarifvertrag abzuschließen.

    (a)   *Konkurrenzverhältnis zwischen Firmentarifverträgen und allgemeinverbindlichen Tarifverträgen*

    (i)   *Vorrang des Firmentarifvertrags*

Ein Firmentarifvertrag geht nach absolut herrschender Auffassung einem für allgemeinverbindlich erklärten Tarifvertrag vor. Dabei kann dahinstehen, ob dieser Vorrang prinzipiell bereits aufgrund der mitgliedschaftlichen Legitimation eines solchen Firmentarifvertrags eintritt[605] oder ob man mit der Rechtsprechung die allgemeinen Kollisionsregeln von Tarifeinheit und Tarifspezialität befolgt[606]. Der speziellere Tarifvertrag, also derjenige, der „den besonderen Bedürfnissen des Betriebes und der in ihm beschäftigten Arbeitnehmern am meisten entspricht"[607],

---

[602] EuGH v. 11.07.1974, Rs. 8/74 – *Dassonville* – Slg. 1974, S. 837.

[603] EuGH v. 24.01.2002, C-164/99 – *Portugaia Construções* – ZIP 2002, S. 273, (276), Rz. 36.

[604] *Junker/Wichmann*, NZA 1996, S. 505, (509); *Selmayr*, ZfA 1996, 615, (626).

[605] So die h.Lit.: *Däubler*, Rn. 1498; EK-*Schaub*, TVG § 5, Rn. 115; *Löwisch/Rieble*, TVG § 4, Rn. 297ff, insb. 299. Ebenso *Büdenbender*, RdA 2000, S. 193, (205), Fn. 75.

[606] BVerfG v. 24.05.1977, AP Nr. 15 zu § 5 TVG; BAG v. 14.06.1989, AP Nr. 16 zu § 4 TVG Tarifkonkurrenz; BAG v. 20.03.1991, AP Nr. 20 zu § 4 TVG Tarifkonkurrenz.

[607] BAG v. 29.03.1957, AP Nr. 4 zu § 4 TVG Tarifkonkurrenz.

135

geht dem allgemeineren vor (lex specialis derogat legi generali). Der Rücktritt des generelleren Tarifvertrags gilt nach der Rspr. auch dann, wenn dieser für allgemein verbindlich erklärt wurde[608]. Der Firmentarifvertrag ist spezieller und geht daher dem allgemeinverbindlichen Mindestlohntarifvertrag auch deshalb vor[609].

(ii) Günstigkeitsprinzip

Nach anderer Ansicht soll für die Konkurrenz von Tarifverträgen das Günstigkeitsprinzip gelten[610]. Dies folge aus dem Zweck des Tarifvertragsrechts und der Allgemeinverbindlicherklärung. Die Allgemeinverbindlicherklärung dient der lückenlosen Erfassung der Arbeitsverhältnisse eines Industriezweiges oder eines einzelnen Unternehmens durch einen TV und damit verbunden dem Schutz der Arbeitnehmer[611]. Die Regelungen des für allgemein verbindlich erklärten Tarifvertrags stellten das Mindestschutzniveau dar. Bei konkurrierenden Tarifverträgen gelten die Normen des für die Arbeitnehmer günstigeren Tarifvertrages, das Günstigkeitsprinzip sei bereits zu Weimarer Zeiten auf konkurrierende Tarifverträge angewandt worden[612].

Es ist jedoch kein Grund ersichtlich, warum ein Tarifvertrag aus dem Grunde vorgehen soll, weil er den Arbeitnehmern die günstigsten Bindungen gewährt. Der Gesetzgeber hat den Tarifvertragsparteien einen weiten Ermessensspielraum zugestanden. Art. 9 Abs. 3 GG gewährleistet die Tarifautonomie, weil der Gesetzgeber den Tarifvertragsparteien zutraut, angemessene Regelungen zu treffen, um die gegensätzlichen Interessen in Konkordanz zu bringen. Ein Tarifvertrag genießt deshalb die Vermutung der Richtigkeit, eine Billigkeitsüberprüfung seiner Regelungen erfolgt, anders als beim Individualvertrag, nicht[613]. Die Günstigkeit seiner Regelungen für eine der vertragsschließenden Parteien trifft keine Aussage darüber, ob dieser Tarifvertrag angemessener oder weniger angemessen ist.

---

[608] BAG v. 19.01.1962, AP Nr. 11 zu § 5 TVG. Die einzelvertragliche Verweisung auf einen spezielleren Tarifvertrag genügt jedoch nicht, damit sich dieser gegen einen für allgemeinverbindlich erklärten Tarifvertrag durchsetzt, BAG v. 22.09.1993, EzA Nr. 8 zu § 4 TVG Tarifkonkurrenz.

[609] *Koberski/Clasen/Menzel*, § 3 TVG, Rn. 31; *Wank* in: Wiedemann, TVG, § 5 Rn. 146. A.A. *Gerhard Müller*, der einen generellen Vorrang allgemeinverbindlicher Tarifverträge postuliert und nach erfolgter Allgemeinverbindlicherklärung bereits die Zulässigkeit des Abschlusses eines Firmentarifvertrags verneint , DB 1989, S. 1970, (1972).

[610] So noch *Kempen/Zachert*, TVG, 2. Aufl., § 4, Rn. 114, einschränkend 3. Aufl., § 4, Rn. 134; Nach *Deinert*, RdA 1996, S. 339, (346) bleibt der allgemeinverbindliche Tarifvertrag anwendbar, weil er eine „Sperrwirkung" gegenüber anderen Tarifverträgen erzeuge, die deutlich hinter seinem sozialen Schutzniveau zurückbleiben; ablehnend hierzu *Eichenhofer*, ZIAS 1996, 61, (70); *Selmayr*, ZfA 1996, S 615, (626).

[611] *Wank*, in: Wiedemann, TVG, § 5, Rn. 5.

[612] *Kempen/Zachert*, TVG § 4, Rn. 134.

[613] Insofern für den Mindestlohntarifvertrag zweifelnd: *Büdenbender*, RdA 2000, S. 193, (203).

Die Möglichkeit für Organisationen, Tarifverträge abzuschließen, bestimmt sich nach der Tariffähigkeit[614]. Wenn die dazu notwendigen Voraussetzungen vorliegen, dann ist ein von den Tarifvertragsparteien gefundenes Ergebnis auch prinzipiell zu akzeptieren, und nicht durch Oktroyierung einer anderes Regelung zu korrigieren. Dies gilt auch gegenüber dem Staat und seiner Befugnis zur Allgemeinverbindlicherklärung eines konkurrierenden Tarifvertrags. Das prinzipielle Vorgehen der staatlich legitimierten Tarifverträge wäre ein unverhältnismäßiger Eingriff in die Normsetzungsbefugnis der Tarifvertragsparteien[615].

Zudem überdehnt diese Ansicht den Anwendungsbereich des Günstigkeitsprinzips. § 4 Abs. 3 TVG ist als spezielle Regelung des Tarifvertragsrechts zum Günstigkeitsprinzip anzusehen. Das Günstigkeitsprinzip stellt danach eine Kollisionsregel für das Verhältnis von schwächeren zu stärkeren Rechtsnormen dar. Für die Arbeitnehmer günstigere Bestimmungen einer ranghöheren oder rangniedrigeren Regelung bleiben bestehen. Der Vorrang der günstigeren Vorschrift wird jedoch nicht im Verhältnis von Rechtsnormen gleichen Ranges gewährt. Treffen mehrere tarifvertragliche und daher ranggleiche Regelungen zusammen, gelten die üblichen Regelungen zur Konkurrenz von Tarifverträgen[616].

(iii) Besonderheiten des AEntG

Das AEntG erhebt die allgemein verbindlich erklärten Mindestlohntarifvertrag zu international zwingenden Vorschriften. Der deutsche Mindestlohn geht einer abweichenden ausländischen Bestimmung vor gleich ob es sich um einen gesetzlichen Mindestlohn oder eine tarifvertragliche Regelung handelt. Ein Tarifvertrag, an den der Unternehmer mit Sitz im Ausland nach dem Recht des Entsendestaates gebunden ist, findet daher keine Anwendung auf das Arbeitsverhältnis, da dieses insofern deutschem Recht unterliegt[617].

Fraglich ist indes, ob dem Mindestentgelt-Tarifvertrag nicht absoluter Vorrang auch vor schlechteren inländischen Firmentarifverträgen eingeräumt ist[618]. Die Geltung des Mindestentgelt-Tarifvertrags wird gemäß §§ 1 Abs. 1 S. 3 und Abs. 3a, S. 3 AEntG auch für alle inländischen Arbeitgeber ausdrücklich festgeschrieben.

Der oben festgestellte Vorrang des Firmentarifvertrags würde nicht gelten, wenn der Gesetzgeber damit die Koalitionsfreiheit der Sozialpartner im Rahmen seiner

---

[614] BAG v. 06.06.2000, AP Nr. 55 zu § 2 TVG.
[615] *Junker/Wichmann*, NZA 1996, S. 505, (509).
[616] BAG v. 24.01.2001, BB 2001, S. 1531, (1532).
[617] *Kempen/Zachert*, TVG § 4, Rn. 73.
[618] So *Nettekoven*, S. 100.

fortbestehenden Regelungskompetenz auf dem Gebiet der Tarifautonomie eingeschränkt hat und der Abschluss von Firmentarifverträgen, die den festgelegten Mindestlohn unterschreiten sollen, unstatthaft ist[619]. Zwar sind Bedenken geäußert worden, ob es mit der Tarifautonomie vereinbar sein kann, wenn der Staat für allgemein verbindlich erklärten Tarifverträgen den Vorrang vor mitgliedschaftlich legitimierten einräumt[620]. Damit greift der Staat in einen Bereich ein, den das Grundgesetz prinzipiell den Tarifpartnern vorbehalten hat. Der Vorrang der mitgliedschaftlichen Legitimation wird z. B. von dem Gesetz über Mindestarbeitsbedingungen anerkannt. Zwar räumt es dem Staat das Recht ein, Mindestlöhne festzulegen, jedoch nur dann, wenn nicht Tarifverträge andere Regelungen enthalten[621]. Der Staat hat sich jedoch nicht vollständig aus der Festsetzung der Lohn- und Arbeitsbedingungen zurückgezogen. Es ist anerkannte Aufgabe des Staates, eine Untergrenze für Löhne festzulegen, um einer Ausbeutung von Arbeitnehmern entgegenzuwirken. Soweit dies über Lohnwuchervorschriften im BGB erfolgt, erhebt sich kein Widerspruch. Und auch soweit der Gesetzgeber aus Gründen des Arbeitnehmerschutzes einen Mindestlohn durch ein allgemeines Gesetz festlegen würde (wie das in vielen anderen Staaten der Gemeinschaft der Fall ist), würde ein solcher Eingriff in die Tarifautonomie soweit ersichtlich gebilligt[622].

Auch die Allgemeinverbindlicherklärung eines Tarifvertrags ist ein staatlicher Hoheitsakt[623]. Der Vorwurf, der dem BMA gemacht werden kann, bezieht sich daher nur auf die Ermittlung der Höhe des Mindestlohns. Da die Allgemeinverbindlicherklärung auch eine Überprüfung voraussetzt, ob ein staatliches Interesse gegeben ist, liegt keine „blinde Übernahme" einer von Dritten gefundenen Regelung vor. Das BVerfG hat es daher auch gebilligt, dass im Konkurrenzfall eines mitgliedschaftlich legitimierten mit einem allgemeinverbindlichen Tarifvertrag letzterer nach den allgemeinen Konkurrenzregeln vorgehen *kann*[624].

---

[619] AG Tauberbischofsheim, NStZ-RR 1999, S. 343, (345). Ein genereller Vorrang von allgemein verbindlichen Tarifverträgen, wie von *Gerhard Müller*, DB 1989, S. 1970, (1972), vertreten, ist hingegen mit der Garantie der Tarifautonomie durch Art. 9 Abs. 3 GG kaum vereinbar.

[620] *Löwisch/Rieble*, TVG § 4, Rn. 297f.; *Gerken/Löwisch/Rieble*, BB 1995, S. 2370, (2374); *Zöllner/Loritz*, ArbR, S. 421; *Fenn*, FS Kissel, S. 213, (235); *Wiedemann/Arnold*, ZTR 1994, S. 399, (409f.).

[621] § 8 Abs. 2 MiArbG: „Tarifvertragliche Bestimmungen gehen den Mindestarbeitsbedingungen vor.".

[622] *Gerken/Löwisch/Rieble*, BB 1995, S. 2370, (2374).

[623] Daraus folgert *Gerhard Müller*, DB 1989, S. 1970, (1972) sogar den generellen Vorrang des allgemeinverbindlichen Tarifvertrags.

[624] BVerfG v. 24.05.1977, AP Nr. 15 zu § 5 TVG.

Eine ausdrücklicher Vorrang eines für allgemein verbindlich erklärten Mindestlohntarifvertrag ist indes dem AEntG nicht zu entnehmen. Das AEntG bezweckt damit nicht mehr und nicht weniger als die „Verlängerung"[625] einer Allgemeinverbindlicherklärung auf Auslandssachverhalte. *Nettekoven* leitet aus dem Wortlaut des § 1 Abs. 1 S. 4 AEntG in der ursprünglichen Fassung einen Vorrang auch vor abweichenden inländischen Tarifverträgen ab[626]. Aus der Formulierung: „*Dies gilt auch für einen unter den Geltungsbereich eines Tarifvertrags nach Satz 1 fallenden Arbeitgeber mit Sitz im Inland.*" folgert sie die zwingende Erstreckung auf inländische Arbeitgeber. Mit diesem Verständnis ignoriert sie jedoch den Willen des Gesetzgebers, der damit lediglich einen Anknüpfungspunkt für die Bußgeldbewährung des Verstoßes gegen den Mindestlohntarifvertrag auch für inländische Unternehmer schaffen wollte[627]. Die Norm dient damit lediglich dazu, eine Rechtsfolge an einen Verstoß zu binden, nicht aber dazu, die Voraussetzungen eines Verstoßes zu verändern. § 1 Abs. 3a S. 1 AEntG stellt eindeutig klar, dass die Erstreckung des Mindestlohntarifvertrags nur auf nicht tarifgebundene Arbeitgeber erfolgt. Zudem vernachlässigt sie dabei das Wirkungsprinzip des AEntG. Die für allgemein verbindlich erklärten Tarifverträge werden zu zwingendem Recht i.S.d. Art. 34 EGBGB. Die Erfassung der Arbeitsverhältnisse im Inland ist nicht Wirkung des AEntG, sondern der Allgemeinverbindlichkeit des Tarifvertrages[628]. Die Argumente, die für den Vorrang eines mitgliedschaftlich legitimierten Tarifvertrags vor allgemein verbindlichen Tarifverträgen angeführt werden, gelten hier in gleicher Weise. Damit gilt der Vorrang spezieller Firmentarifverträge auch für den Geltungsbereich der Mindestlohntarifverträge nach § 1 AEntG.

(b)   Firmentarifvertrag für ausländische Arbeitgeber möglich?

Interessant wäre in diesem Zusammenhang, ob die Aussage von *Junker/Wichmann*[629], ausländische Unternehmer könnten einen solchen, vorrangigen Firmentarifvertrag nicht abschließen, wirklich zutrifft[630]. Das Urteil des EuGH ist insofern ohne Belang, da dieser nicht beurteilt hat, ob ausländische Unternehmen einen Firmentarifvertrag abschließen könnten. Er hat lediglich die Vereinbarkeit der deutschen Rechtslage, wie sie vom Amtsgericht Tauberbischofsheim dargestellt wurde, mit Gemeinschaftsrecht zu bewerten. Ob

---

[625] LArbG Frankfurt v. 10.04.2000, AR-Blattei ES 370.3, Nr. 3.

[626] *Nettekoven*, S. 100.

[627] BT-Drucks. 13/2414, S. 9.

[628] *Koberski/Sahl/Hold*, AEntG § 1 Rn. 91.

[629] Diese Ansicht wird vom AG Tauberbischofsheim geteilt, welches mit dieser Begründung am 13.04.1999 den Vorlagebeschluss zum EuGH gefasst hat, siehe NStZ-RR 1999, S. 343.

[630] Aus dieser Erwägung verneint auch *Nettekoven*, S. 98f., eine Ungleichbehandlung ausländischer Unternehmer.

die Darstellung der deutschen Rechtslage zutrifft, hat er nicht überprüft – dies wäre, wie auch Generalanwalt *Mischo* in den Schlussanträgen zu dieser Entscheidung ausdrücklich feststellt[631], auch nicht seine Aufgabe.

Dabei ist davon auszugehen, dass auch im Bereich des AEntG die allgemeinen Kollisionsregeln zwischen Tarifverträgen gelten.

Die Möglichkeit, einen Firmentarifvertrag mit einer deutschen Gewerkschaft abzuschließen, besteht indes auch für ausländische Unternehmen. Es ist zudem durchaus vorstellbar, dass das ausländische Unternehmen eine Gewerkschaft „mitbringt", und mit dieser einen nach deutschen Recht gültigen Tarifvertrag abschließt.

Zwar sind ausländische Gewerkschaften bislang in Deutschland noch nicht im Rahmen von Tarifabschlüssen in Erscheinung getreten (von der Beratung ausländischer Arbeitnehmer, die beispielsweise von italienischen Gewerkschaften in Deutschland angeboten wird, einmal abgesehen), es ist jedoch kein Grund ersichtlich, warum ein Firmentarifvertrag, den ein Entsendeunternehmen mit einer in Deutschland tätigen ausländischen Gewerkschaft für die Tätigkeit in Deutschland nach deutschem Recht abschließt, dem allgemeinverbindlichen Tarifvertrag *nicht* vorgehen sollte[632].

Der Schutz der Koalitionsfreiheit nach Art. 9 Abs. 3 GG ist nicht auf deutsche Arbeitnehmer beschränkt, sondern wird als Jedermann-Grundrecht auch ausländischen Arbeitnehmern gewährt. Ausländischen Gewerkschaften als juristischen Personen ist die Berufung auf Art. 9 Abs. 3 GG zwar prinzipiell ausgeschlossen[633], da der Inlandsvorbehalt des Wortlauts von Art. 19 Abs. 3 GG den im Wege des Umkehrschlusses zu ziehenden Ausschluss der ausländischen juristischen Person zum Ausdruck bringt, auch wenn das entgültige Klärung bringende „nur" im Wortlaut fehlt[634]. Auch die Entstehungsgeschichte der Norm macht dies deutlich[635]. Allerdings wird auch vertreten, dass Art. 9 Abs. 3 einen menschenrechtlichen Kern enthalte und soweit auch auf ausländische juristische

---

[631] Dieser weist darauf hin, bei seinem Verdikt von der Richtigkeit der Grundhypothese des Amtsgerichts ausgehen zu müssen. Schlussanträge v. 03.05.2001 zur Rs. C-164/99 - *Portugaia Construções* – noch unveröffentlicht, Nr. 73.

[632] *Büdenbender*, RdA 2000, S. 193, (205); *Mayer*, BB 1999, S. 842.

[633] BVerfGE 21, S. 207, (208f.); 23, S. 229, (236).

[634] Daraus wurde allerdings teilweise Zweifel am Ausschluss genährt, so z.B. noch BVerfGE 12, S. 6 (8): „Wenn aus dieser Vorschrift überhaupt zu folgern sein sollte, dass ausländische juristische Personen nicht Träger von Grundrechten sein können...". In der Literatur wurde daraus gefolgert, dass auch ausländische juristische Personen den Schutz der Grundrechte in Anspruch nehmen könnten. *Rupp-v. Brünneck*, FS für Arndt, S. 349, (382).

[635] Dreier-*Dreier*, Art. 19 III, Rn. 35; v. Münch-*Krebs*, GG Art. 19, Rn. 33 m.w.N.

Personen Anwendung fände[636]. Zudem kennt das TVG als Konkretisierung der als Teil der kollektiven Koalitionsfreiheit gewährleisteten Tarifautonomie keine an der Nationalität der Koalitionen orientierte Differenzierung. § 2 Abs. 1 TVG enthält kein Tatbestandsmerkmal, dass die Möglichkeit der Anerkennung der Tarifverträge von ausländischen Tarifvertragsparteien ausschließt.

Die Bedenken gegen eine Grundrechtsgewährung an ausländische juristische Personen greifen jedoch ohnehin nicht für juristische Personen aus dem Geltungsbereich des EGV. Dabei kann dahinstehen, ob das europarechtliche Diskriminierungsverbot des Art. 12 EGV (Art. 7 EGV a.F.) eine formelle Gleichstellung von juristischer Personen aus anderen EG-Mitgliedstaaten erfordert[637] oder ob es genügt, juristischen Personen aus anderen EG-Mitgliedstaaten im Anwendungsbereich des Diskriminierungsverbots über Art. 2 Abs. 1 GG einen identischer Schutz zu gewähren[638]. Denn die Grundfreiheiten und Grundrechte des Europäischen Rechts stehen juristischen Personen aus EG-Mitgliedstaaten ohne eine Art. 19 Abs. 2 GG vergleichbare Einschränkung in gleicher Weise zur Verfügung wie natürlichen Personen[639]. Dies ist auf die Entstehung der Europäischen Union aus der anfänglichen Wirtschaftsgemeinschaft zurückzuführen, die dem häufig in der Form einer juristischen Person betriebenen unternehmerischem Wirtschaftsteilnehmer großes Gewicht beimaß. Koalitionen aus EG-Mitgliedstaaten können sich daher ebenfalls auf Art. 9 Abs. 3 GG berufen. Eine ausländische Gewerkschaft müsste daher – nach gleichen Maßstäben wie eine deutsche Gewerkschaft – für Deutschland gültige Tarifverträge abschließen können[640]. Die Möglichkeit für ausländische Gewerkschaften, Tarifverträge nach deutschem Recht abzuschließen, wurde vom Gesetzgeber zumindest für den Geltungsbereich des Flaggenrechtsgesetzes anerkannt[641]. Die ausländischen Gewerkschaften müssen jedoch die Anforderungen des deutschen Tarifrechts erfüllen, d.h. insbesondere den Anforderungen an Staat- und Gegnerfreiheit sowie an die „soziale Mächtigkeit"[642] genügen.

Nach der Konzeption des AEntG soll der allgemeinverbindliche Mindestlohntarifvertrag „auch" auf ein Arbeitsverhältnis zwischen einem Arbeitgeber mit Sitz im Ausland und seinem im räumlichen Geltungsbereich

---

[636] MK-ArbR-*Birk*, § 20, Rn. 2; Maunz-Dürig-*Scholz* GG Art. 9, Rn. 188; *Wimmer*, S. 27.

[637] *Breuer*, in: HdbStR VI, § 147, Rn. 2; *Wölker*, in: von der Groeben/Thiesing/Ehlermann, EG-Vertrag, Art. 48, Rn. 4.

[638] Dreier-*Wieland*, GG Art. 12, Rn. 66; Maunz-Dürig-*Scholz* GG Art. 12, Rn. 97.

[639] *Drathen*, S. 170f.; *Wölker,* in: von der Groeben/Thiesing/Ehlermann, EG-Vertrag, Art. 48 Rn. 4.

[640] *Demarne*, S. 179; *Hergenröder*, AR-Blattei, SD 1550.15, Rn. 125; *Löwisch/Rieble*, TVG Einl., Rn. 71f.; *Mayer*, BB 1999, S. 842; MHdb-ArbR-*Löwisch/Rieble*, § 254, Rn. 9; *Wimmer*, S. 28.

[641] *Hergenröder*, AR-Blattei, SD 1550.15, Rn. 115.

[642] Vgl. BAG v. 16.01.1990, AP Nr. 38 zu § 2 TVG.

beschäftigten Arbeitnehmer zwingend Anwendung finden[643]. Der Begriff „auch" bedeutet nach allgemeinem Sprachgebrauch nichts anderes als „gleichfalls, ebenso, zugleich"[644]. Die Verwendung des Begriffs „auch" stellt damit klar, dass der Mindestlohntarifvertrag in gleicher Weise für alle in Deutschland tätigen Arbeitnehmer gelten soll. Ein Firmentarifvertrag, den das ausländische Unternehmen mit einer in Deutschland tätigen ausländischen Gewerkschaft für die Entsendefälle geschlossen hat, wird die Gegebenheiten des Entsendestaates und des Betriebs weit besser berücksichtigen, als dies dem Mindestlohntarifvertrag möglich sein dürfte. Das Argument, das einem ausländischen Tarifvertrag der Schutz durch Art. 9 Abs. 3 GG nicht zukommt, weil dieser nur die ökonomische und soziale Situation des ausländischen Staats berücksichtige[645], kann einem in Deutschland nach deutschem Recht abgeschlossenen Tarifvertrag nicht entgegengehalten werden. Er wäre gegenüber dem deutschen Mindestlohntarifvertrag ebenso als spezieller anzusehen wie dies für einen inländischen Firmentarifvertrag gelten würde.

Im umgekehrten Fall, bei der Erstreckung deutscher Tarifverträge auf Auslandssachverhalte, hat das Bundesarbeitsgericht die Anwendung deutscher Tarifverträge auf Entsendevorgänge stets sehr großzügig beurteilt. So wurden die Goethe-Institute verpflichtet, in ihren ausländischen Dependancen deutsche Tarifverträge anzuwenden, wenn diese für den Fall der Entsendung geschlossen wurden[646]. Das BAG geht auch ohne weiteres davon aus, dass ein Tarifvertrag zwischen einer deutschen Gewerkschaft und einer amerikanischen Gesellschaft wirksam ist und deutschem Recht untersteht[647].

Daher muss davon ausgegangen werden, dass auch ein ausländisches Unternehmen die Möglichkeit hat, in Deutschland wirksame Firmentarifverträge abzuschließen.

Selbst wenn man die Möglichkeit, vorgehende Firmentarifverträge abzuschließen, bestreitet, wäre eine Diskriminierung der ausländischen Unternehmen indes nur dann zu bejahen, wenn ein ausländischer Unternehmer den festgesetzten Mindestlohn zu zahlen hat, wenn es zumindest einem inländischen Unternehmen gelingt, sich dieser Pflicht zu entziehen.

(c)   *Rechtsfolge des Abschlusses eines vorgehenden Firmentarifvertrags?*

Fraglich ist indes, ob der Abschluss eines Firmentarifvertrag, der einen Mindestlohn unterhalb des Mindestlohns des für allgemein verbindlich erklärten

---

[643] Vgl. § 1 Abs. 1 S. 1 AEntG.
[644] *Wahrig*, Deutsches Rechtswörterbuch, S. 193.
[645] *Büdenbender*, RdA 2000, S. 193, (205); *Hergenröder*, AR-Blattei, SD 1550.15, Rn. 123.
[646] Vgl. BAG v. 09.07.1980, NJW 1981, S. 1574.
[647] BAG v. 09.11.1977, AP Nr. 13 zu IPR-Arbeitrecht.

Mindestlohntarifvertrags vorsieht, zu einer Diskriminierung ausländischer Unternehmen führen würde. Dies ist nur dann der Fall, wenn die ausländischen Unternehmen nach wie vor den allgemein verbindlichen Mindestlohn zu zahlen hätten, während zumindest ein inländisches Unternehmen einen niedrigeren Lohn zahlen dürfte.

§ 1 Abs. 1 Satz 1 AEntG stellt jedoch ausdrücklich klar, dass ausländische Arbeitgeber nur dann den Mindestlohn zahlen müssen, wenn „auch inländische Arbeitgeber ihren im räumlichen Geltungsbereich des Tarifvertrags beschäftigten Arbeitnehmern mindestens die am Arbeitsort geltenden tarifvertraglichen Arbeitsbedingungen gewähren müssen". Der Wortlaut „auch inländische Arbeitgeber" deutet nicht darauf hin, dass hier eine Verpflichtung weniger, mancher oder vieler inländischer Arbeitgeber gemeint ist. Die Verpflichtung muss *alle* inländischen Arbeitgeber treffen. Die Anwendung des Mindestlohntarifvertrags auf alle inländischen Unternehmen wäre demnach eine Bedingung für die Erstreckung auf Arbeitsverhältnisse, die dem deutschen Recht nicht unterliegen. Für diese Auslegung spricht auch die Geschichte dieser Formulierung. Hintergrund war nämlich die Befürchtung, dass deutsche Arbeitgeber aus den neuen Bundesländern zu den niedrigeren Löhnen der dortigen Tarifverträge in den alten Bundesländern tätig werden. Es sollte sichergestellt werden, dass auch diese Arbeitgeber an den Mindestlohn gebunden sind, was nur sichergestellt werden konnte, wenn sich der zu zahlende Lohn nach dem Ort der Auftragserbringung richtete.

Gelänge es einem inländischen Arbeitgeber, sich der Verpflichtung zur Zahlung des Mindestlohns zu entziehen, wäre diese Bedingung nicht mehr erfüllt, da inländische Arbeitgeber nicht den tarifvertraglichen Mindestlohn zahlen müssten. Die Zahlungsverpflichtung für den ausländischen Arbeitgeber tritt in der gleichen juristischen Sekunde außer Kraft[648].

Eine direkte Diskriminierung anhand der Staatsangehörigkeit kann daher in der Nettolohnhaftung nicht gesehen werden.

c) Mittelbare Diskriminierung bzw. sonstige Beschränkung

Der Ausdruck, „die geeignet sind, die Tätigkeit des Dienstleistenden zu unterbinden oder zu behindern[649]", umfasst grundsätzlich alle Maßnahmen, die geeignet sind, den Dienstleistungsverkehr zwischen den Mitgliedstaaten einzuschränken. Zu diesen Maßnahmen gehören insbesondere solche, die die

---

[648] EK-*Hanau*, AEntG, § 1, Rn. 14. *Ossenbühl/Cornils*, Tarifautonomie S. 67.
[649] EuGH v. 03.12.1974, Rs. 33/74 – *van Binsbergen* – Slg. 1974, S. 1299, (1309) Rn. 10; EuGH v. 25.07.1991, Rs. C-76/90 – *Säger* – Slg. 1991 I S. 4221, (4243) Rz. 12.

Fähigkeit des Dienstleistenden zur Dienstleistungserbringung beeinträchtigen[650] oder die Dienstleistung verteuern[651]. Verteuern ist hier nicht nur im Sinne direkter Auswirkungen auf den Preis einer Dienstleistung zu verstehen. Auch Maßnahmen, die keine direkte Verteuerung der Dienstleistung bewirken, aber dafür sorgen, dass sich potentielle Kunden aus Angst vor eventuellen finanziellen Folgewirkungen nicht für einen bestimmten Dienstleister entscheiden, stellen eine solche Einwirkung dar, da auch solche potentiellen Risiken in die Bewertung des „Preises" einer Leistung miteinbezogen werden.

Bei der Nettolohnhaftung könnte sowohl das Vorliegen einer mittelbaren Diskriminierung als auch das Vorliegen einer sonstigen Beschränkung bejaht werden, wenn durch ihre Einführung die Möglichkeit für ausländische Bauunternehmer, Aufträge in Deutschland zu bekommen, dadurch behindert oder erschwert wird. Dabei kann eine Behinderung sowohl dann bejaht werden, wenn ausländische Unternehmen durch Maßnahmen zur Garantie ihrer Liquidität zusätzliche Kosten entstehen als auch dann, wenn ihre Beauftragung ohne solche Garantiemaßnahmen zurückgeht.

Die Abgrenzung zwischen den beiden Freiheitsbeeinträchtigungen ist, wie oben dargestellt, nicht qualitativer, sondern quantitativer Art. Es ist darauf abzustellen, ob die durch die Maßnahme ausgelöste Behinderung ausschließlich oder vorwiegend Ausländer betrifft; ist eine solche vorwiegende Erfassung von Ausländern zu konstatieren, liegt eine mittelbare Diskriminierung vor.

Eine definitive Aussage, ab welchem Prozentsatz eine solche vorwiegende Erfassung zu bejahen ist, lässt sich weder aus den Verträgen, noch aus der Rechtsprechung des EuGH herleiten. Der EuGH hat allerdings klargestellt, dass bei einem Verhältnis von 75% Einwirkung auf Ausländer mit Sicherheit vom Vorliegen einer mittelbaren Diskriminierung auszugehen ist[652].

(1) Zurechenbarkeit privaten Verhaltens

Bei den hier zu vermutenden Auswirkungen ist die Besonderheit feststellbar, dass sich die beschränkende Wirkung des § 1a AEntG nicht direkt durch die Regelung selbst, sondern vermittelt durch das Verhalten von nichtstaatlichen Rechtssubjekten, den gewerblichen Nachfragern nach Bauleistungen sowie den Generalbauunternehmen, auswirkt. Die ausländischen Subunternehmer werden also nicht durch direkte staatliche Maßnahmen betroffen, sondern ihre faktische Behinderung im Wettbewerb wird durch das Verhalten privater Dritter ausgelöst.

---

[650] EuGH v. 27.03.1990, Rs. C-113/89 – *Rush Portuguesa* – Slg. 1990 I, S. 1417, (1443), Rz. 12.

[651] EuGH v. v. 04.12.1986, Rs. 205/84 – *Kommission ./. Deutschland* – Slg. 1986, S. 3755, (3803), Rz. 28.

[652] EuGH v. 30.05.1989, Rs. 33/88 – *Fremdsprachenlektoren* – Slg. 1989 I, S. 1591, Rz. 12.

Die Grundfreiheiten richten sich nach ihrem Wortlaut jedoch lediglich an die Mitgliedstaaten. Ob auch Private durch die Grundfreiheiten gebunden werden, wird unterschiedlich beurteilt[653]. Soweit der EuGH auch bestimmte Private an die Grundfreiheiten gebunden hat[654], erscheint eine Generalisierung auf alle Privatpersonen nicht sinnvoll. Würde man eine allgemein Bindung der Privaten bejahen, hätte dies erhebliche Auswirkungen auf die Lebensverhältnisse der Marktbürger. Die Grundfreiheiten wären als Verbotsgesetze im Sinne des § 134 BGB und als Schutzgesetze im Sinne des § 823 Abs. 2 BGB anzusehen, womit auch quasi-negatorische Unterlassungsansprüche nach § 1004 BGB analog bestünden[655].

Die volle Bindung von Privatpersonen durch die Grundfreiheiten würde zu einer starken Beschränkung von deren Freiheitsraum und einer unangemessenen Beschränkung ihrer Dispositionsbefugnis führen.

Es muss dem Bürger möglich sein, seine Waren weiterhin nur bei einheimischen Läden zu erwerben, selbst wenn ein Ausländer günstiger anbieten mag, er muss weiterhin berechtigt sein, sich bei der Wahl seines Zahnarztes oder seiner Putzfrau auf einheimische Personen zu beschränken. Er ist bei seiner Auswahl nicht an rationale Kriterien gebunden, seine Beweggründe unterliegen keiner Kontrolle.

Soweit der EuGH bislang die Bindung Privater bejaht hatte, lagen den Fällen stets besondere Konstellationen zu Grunde. Die privaten Rechtssubjekte waren hierbei Organisationen mit staatsähnlichem oder monopolartigem Charakter, der EuGH hat sich ausdrücklich auf „kollektive Regelungen" beschränkt[656]. Bei den im Rahmen der Auftragsvergabe tätigen Rechtssubjekten ist eine solche Sonderstellung nicht zu erkennen.

---

[653]   Ablehnend: *Beutler/Bieber/Pipkorn/Streil*, S. 297; *Hailbronner*, in: Hailbronner/Klein/Magiera/Müller-Graff, EUV/EGV, Art. 30 EGV, Rz. 3a und Art. 52 EGV, Rz. 15; *Jarass*, FS Everling, S. 593, (594); *Roth*, FS Everling, S. 1231ff.; *Lux*, in: Lenz EGV, Art. 28 Rn. 16 lehnt dies für die Warenverkehrsfreiheit ab; Befürwortet von: *Bleckmann*, Europarecht, Rn. 1517 und Rn. 1563; *Eyles*, S. 53; *Ganten*, S. 163; *Hakenberg*, in: Lenz, EGV, Art. 49/50, Rn. 28; *Reichold*, ZEuP 1998, S. 434, (449); *Scheuer*, in: Lenz, EUV/EGV, Art. 43 Rn. 2.

[654]   Im Rahmen der Arbeitnehmerfreizügigkeit hat der EuGH in der *Walrave*- und *Bosman*-Entscheidung auch private Organisationen wie die UEFA an die Grundfreiheit gebunden (EuGH v. 12.12.1974, Rs. 36/74 – *Walrave* – Slg. 1974, S. 1405, (1420), Rz. 20; EuGH v. 15.12.1995, Rs. C-415/93 – *Bosman* – Slg. I 1995, S. 4921, (5071), Rz. 104), dazu auch *Geiger*, EUV/EGV, Art. 39, Rn. 16; *Nettesheim*, NVwZ 1996, S. 342, (344).

[655]   *Ganten*, S. 222.

[656]   *Jarass*, EuR 1995, S. 202, (210); *Reichold*, ZEuP 1998, S. 434, (443); *Roth*, in Dauses Handbuch des EU-Wirtschaftsrecht, E I Rn. 17; *ders.*, FS Everling, S. 1231, (1247).

145

Eine unmittelbare Berufung auf die Grundfreiheiten durch Privatpersonen gegenüber dem Verhalten anderen Privatpersonen scheidet daher aus[657].

Der Ausschluss privaten Verhaltens aus dem Geltungsbereich der Grundfreiheiten kann aber dann nicht gelten, wenn das Handeln einer Privatperson dem Staat zumindest mittelbar zuzurechnen ist[658].

Die tatsächliche Wirksamkeit der Grundfreiheiten kann auch durch die faktischen Auswirkungen einer nationalen Regelung beeinflusst werden[659].

Auch in den Fällen einer nur mittelbaren, d.h. nicht direkt staatlichen, sondern über Dritte vermittelten Beschränkung der Grundfreiheiten ist zu konstatieren, dass es die staatliche Maßnahme ist, die das Gebrauchmachen von der Dienstleistungsfreiheit erschwert, so dass zumindest eine rechtfertigungspflichtige sonstige Beschränkung der Dienstleistungsfreiheit vorliegt[660]. Auch staatliche Empfehlungen ohne zwingende Rechtswirkungen können zu Beeinträchtigungen des Handels führen[661]. Zur Effektivität der Freiheiten gehört zwangsläufig auch die Berücksichtigung der praktischen Auswirkungen einer staatlichen Regelung, sonst ließe sich die Geltung der Grundfreiheiten leicht umgehen. Der Grundsatz des „effet utile" des Europäischen Rechts[662] gebietet daher in solchen Konstellationen die Miteinbeziehung auch privaten Handelns in die Betrachtung.

In der *Buy Irish*-Entscheidung hatte der EuGH einen Aufruf der irischen Regierung zu beurteilen, indem die Bevölkerung aufgefordert wurde, nur irische Produkte zu kaufen[663]. Weitere Vorschriften zur Durchsetzung einer solchen Veränderung der Konsumgewohnheiten wurden nicht erlassen. Da ein solcher Aufruf keinen rechtlichen oder faktischen Zwang auf die Bevölkerung ausübt, vom Kauf ausländischer Produkte abzusehen, es vielmehr von einer eigenverantwortlichen Entscheidung jedes einzelnen abhing, ob er künftig mehr irische Produkte erwarb, hat sich die irische Regierung mit dem Argument verteidigt, es liege keine staatliche Maßnahme vor. Bereits die Möglichkeit, dass sich die Kaufgewohnheiten durch solche Aufrufe zu Lasten ausländischer Anbieter verändert, genügte dem

---

[657] (Davon zu trennen ist die Berufung auf eine Grundfreiheit durch eine Person des privaten Rechts in der Weise, dass sie im Streit mit einem anderen Privaten die Ungültigkeit bestimmter nationaler Regelungen geltend machen kann, wenn diese gegen die Grundfreiheiten verstoßen).

[658] *Jarass*, EuR 1995, S. 202, (210).

[659] *V. Bogdandy/Nettesheim* in: Grabitz/Hilf, EUV/EGV, Altbd. I, Art. 1 , Rn. 36; *Bleckmann*, NJW 1982, S. 1177, (1180); *Jarass*, DVBl. 1995, S. 954, (959).

[660] *Bleckmann*, Europarecht, Rn 1501.

[661] So schon *Seidel*, NJW 1967, S. 2081, (2085).

[662] EuGH v. 25.07.1991, Rs. C-76/90 – *Säger* – Slg. 1991 I S. 4221, (4243) Rz. 13: „Ein Mitgliedstaat darf [...] nicht [...] den Bestimmungen des EWG-Vertrags, deren Ziel es gerade ist, die Dienstleistungsfreiheit zu gewährleisten, jede praktische Wirksamkeit nehmen".

[663] EuGH v. 24.11.1982, Rs. 249/81 – *Kommission ./. Irland* – Slg. 1982, S. 4005.

EuGH, um mögliche Umsatzverluste ausländischer Produzenten dem Staat zuzurechnen. Die privaten Akte sind dem Staat zuzurechnen, wenn er diese beherrscht[664]. Eine solche Beherrschung des privaten Verhaltens ist nicht nur dann gegeben, rechtlicher oder faktischer staatlicher Zwang ausgeübt wird, sondern bereits dann, wenn die staatliche Maßnahme Auslöser für die Verhaltensänderung der Privaten ist. Der EuGH hat deshalb den Aufruf für unvereinbar mit Europäischem Recht erklärt[665].

Im Rahmen der Nettolohnhaftung dient das Verhalten der Privaten der Umgehung eines den Auftraggebern sonst vom Staat auferlegten Haftungsrisikos, daher ist eine Beherrschung des Verhaltens dieser Privaten durch den Staat ohne Einschränkung zu bejahen.

Auch bei einer solchen nur indirekten Kollision werden entsprechende staatliche Regelungen mangels einer Rechtfertigung unanwendbar[666].

(2) Ergebnis

Daher ist der nationale Gesetzgeber verpflichtet, den Erlass gesetzlicher Regelungen zu unterlassen, die Private dazu veranlassen, kollektiv gegen die Grundfreiheiten zu agieren. Des weiteren ist er verpflichtet, Regelungen rückgängig zu machen, die erwiesenermaßen Private zu einem solchen Verhalten veranlassen, auch wenn ihm beim Erlass der Regelung nicht klar war, dass diese entsprechende motivierende Wirkungen haben.

Im Falle des § 1a AEntG ist es so, dass Private, die gewerblichen Bauauftraggeber und Generalunternehmer, durch das drohende Risiko der Nettolohnhaftung des AEntG zu dem oben beschriebenen, die Grundfreiheit ausländischer Bauunternehmen beschränkendem Verhalten veranlasst werden. Damit wird die Nachfrage potentieller Leistungsempfänger auf im Inland ansässige Anbieter gelenkt und der Marktzugang für die ausländischen Unternehmer beeinträchtigt[667].

Daher sind die Handlungen privater Auftraggeber, die zu einem weitgehenden Ausschluss ausländischer Bauunternehmen und daher zu einer Beschränkung der Dienstleistungsfreiheit führen, dem Gesetzgeber zurechenbar. Die Beschränkung der Dienstleistungsfreiheit durch § 1a AEntG bedarf daher der Rechtfertigung.

---

[664] *Koenig/Haratsch*, Rn. 503.
[665] EuGH v. 24.11.1982, Rs. 249/81 – *Kommission ./. Irland* – Slg. 1982, S. 4005, (4023) Rz. 28.
[666] *Jarass*, DVBl. 1995, S. 954, (962)
[667] *Roth*, in: Dauses Handbuch des EU-Wirtschaftsrecht, E. I Rn. 133. Dies ist auch der EuGH-Rechtsprechung zu entnehmen, siehe EuGH v. 25.07.1991, Rs. 353/89 – *Kommission ./. Niederlande* – Slg. 1991 I, S. 4069 (4095ff.), Rz. 23, 30.

d) Ergebnis der Prüfung

Bei der Anwendung oben ausgeführter Prüfungskriterien muss die Nettolohnhaftung als sonstige Beschränkung im Sinne der Grundfreiheitsdogmatik gesehen werden:

Folge der Nettolohnhaftung ist eine erhöhte Aufmerksamkeit der Auftraggeber gegenüber der Liquidität der Auftragnehmer. Mit der Beschränkung der Auftragsvergabe auf bekannte und bewährte Unternehmen wird der Marktzugang nicht nur bezogen auf ausländische Subunternehmer erschwert, auch für deutsche Unternehmen, die den Auftraggebern noch nicht bekannt sind, wird der Zugang zu lokalen Märkten erschwert. Jedoch ist es bei deutschen Unternehmen einfacher, die Firmen zu durchleuchten und angesichts des deutschen Lohnniveaus ist ein Verstoß gegen das Mindestlohngebot weniger wahrscheinlich.

Die Nettolohnhaftung behindert somit den Marktzugang für ausländische Dienstleister. Bei normativer Betrachtung ist nicht von unterschiedsloser Geltung für alle betroffenen Wirtschaftsteilnehmer auszugehen, sondern es muss eine spezielle Behinderung der Erbringung von Bauleistungen durch Unternehmen aus anderen Mitgliedstaaten bejaht werden, da diese durch die Regelung faktisch in stärkerer Hinsicht betroffen sind als einheimische Unternehmen.

Da die Auswirkungen der Haftung auf das Auftragsverhalten nicht ausschließlich oder vorwiegend Ausländer betreffen, sondern auch den Auftraggebern unbekannte inländische Unternehmen Schwierigkeiten haben, Aufträge zu erhalten, ist davon auszugehen, dass eine mittelbare Diskriminierung ausscheidet und von einer sonstigen Beschränkung der Dienstleistungsfreiheit auszugehen ist.

Damit gilt für die Rechtfertigung der vom EuGH formulierte Satz: „Der freie Dienstleistungsverkehr als fundamentaler Grundsatz des Vertrags darf nur durch Regelungen beschränkt werden, die durch das Allgemeininteresse gerechtfertigt sind und die für alle im Hoheitsgebiet des Staates, in dem die Dienstleistungen erfolgen soll, tätigen Personen verbindlich sind"[668].

Daher wird nun dargestellt, ob § 1a AEntG den Anforderungen, die an die Rechtfertigung von Beschränkungen gestellt werden, gerecht wird.

4. Rechtfertigung eines Eingriffs in die Dienstleistungsfreiheit

Ausgangspunkt der Beurteilung der Nettolohnhaftung anhand dieser Kriterien ist die aus dem AEntG folgende Verpflichtung aller in Deutschland tätigen

---

[668] EuGH v. 17.12.1981, Rs. 279/80 – *Webb* – Slg. 1981, 3305, (3306).

Unternehmen der Baubranche, den festgelegten Mindestlohn zu zahlen, da die Nettolohnhaftung die Funktion hat, diese Verpflichtung zu effektivieren.

Von den Befürwortern der Regelungen des Arbeitnehmer-Entsendegesetzes wird hier auf Entscheidungen des EuGH verwiesen, in denen dieser die Ausdehnung nationaler Arbeitsvorschriften auch auf Dienstleister aus anderen EG-Staaten gebilligt habe[669].

Wenn der nationale Gesetzgeber aber berechtigt ist, seine Rechtsvorschriften über Mindestlöhne oder die dafür von den Sozialpartnern hierüber geschlossenen Tarifverträge auf alle Personen auszudehnen, die in ihrem Staatsgebiet, sei es auch nur vorübergehend, eine unselbständige Erwerbstätigkeit ausüben, dann müsse er auch berechtigt sein, die Einhaltung dieser Regeln mit geeigneten Mitteln durchzusetzen[670].

Die Zulässigkeit der Effektivierung einer Regelung setzt voraus, dass diese Regelung für sich genommen ebenfalls zulässig ist. Daher soll, noch bevor die Nettolohnhaftung selbst Gegenstand der Rechtfertigungsprüfung ist, die Mindestlohnregelung begutachtet werden.

a)   Rechtfertigung der Mindestlohnregelung des AEntG

Mit der Festsetzung eines nationalen Mindestlohns, der auch für entsandte Arbeitnehmer aus Niedriglohnstaaten Anwendung findet, wird die Dienstleistungsfreiheit für jene ausländischen Unternehmer beschränkt, deren Heimatlohnniveau unter dem in Deutschland geltenden Mindestlohn liegt, da der im Lohnkostenvorteil begründete Wettbewerbsvorsprung dieser Unternehmer aufgehoben wird, was ihnen die Akquirierung von Aufträgen in der Bundesrepublik Deutschland erschwert. Damit wird die Möglichkeit des Marktzugangs für diese Unternehmen behindert, so dass auch unter Anwendung der *Keck*-Rechtsprechung eine Beschränkung der Dienstleistungsfreiheit zu konstatieren ist[671].

Die Rechtfertigungsbedürftigkeit dieser Beschränkung wird auch von den meisten Befürwortern des AEntG prinzipiell nicht in Frage gestellt[672]. Soweit die

---

[669] *Däubler*, EuZW 1997, S. 613, (615) und *Deinert*, RdA 1996, S. 339, (349) unter Hinweis die Urteile EuGH v. 03.02.1982, Rs. 62/81 und 63/81 – *Seco ./. EVI* – Slg. 1982, S. 223; EuGH v. 09.08.1994, Rs. C-43/93 – *Vander Elst* – Slg. I 1994, S. 3803; EuGH v. 17.06.1997, Rs. C-70/95 – *Sodemare* – Slg. 1997 I, S. 3395.

[670] *Hanau*, NJW 1996, S. 1369, (1372).

[671] *Nettekoven*, S. 110.

[672] *Franzen*, ZEuP 1996, S. 1055, (1063); *Hanau*, NJW 1996, S. 1368, (1372); *Hickl*, NZA 1997, S. 513, (514); *Koberski/Sahl/Hold*, AEntG, § 1 Rn. 107; MHdb-ArbR-*Birk*, § 20 Rn. 229; *Mosbacher/Beisiegel/Lepante*, JZ 1996, S. 668; (670); *Junker/Wichmann*, NZA 1996, S. 505, (507).

Kommission davon ausgeht, dass Mindestlohnvorschriften schon nicht als Beschränkungen zu betrachten seien[673], ist festzustellen, dass diese Einschätzung mit den verfolgten Zielen begründet wird und daher dogmatisch eher als Rechtfertigung verstanden werden muss. Dagegen gehen *Däubler* und *Hanau*, die im „Arbeitsortprinzip" einen konstituierenden Bestandteil der Dienstleistungsfreiheit sehen, auch dogmatisch vom Fehlen einer Freiheitsbeschränkung aus[674]. Diese Sicht ist angesichts der insoweit eindeutigen Rechtsprechung zu den sonstigen Beschränkungen, wonach auch eine zusätzliche wirtschaftliche Belastung zur Bejahung einer rechtfertigungsbedürftigen Beschränkung genügt, dogmatisch jedoch kaum haltbar. In der *Guiot*-Entscheidung hat der EuGH so auch gerade in der Anwendung inländischen Arbeitsrechts auf entsandte Arbeitnehmer einen Verstoß gegen die Dienstleistungsfreiheit gesehen[675].

Es ist daher zu überprüfen, ob diese festgestellte Beschränkung gerechtfertigt werden kann. Dabei soll hier ein Beschränkung auf das Mindestlohngebot an sich vorgenommen werden. Für eine Überprüfung der neuen Verordnungsermächtigung, der Meldepflichten oder der Ordnungswidrigkeitsvorschriften besteht im Rahmen der Aufgabenstellung kein Anlass.

(1) Rechtfertigung des Eingriffs durch die Entsenderichtlinie

Neben den nationalen Regelungen steht sekundäres Gemeinschaftsrecht, die Richtlinie 96/71/EG vom 16.12.1996 (Entsende-Richtlinie)[676]. Hier wird teilweise argumentiert, dass das AEntG bereits deshalb gerechtfertigt sei, da es als Umsetzung der Entsende-Richtlinie zu verstehen sei[677].

(a) Inhalt und Zweck der Entsende-Richtlinie

Die Entsende-Richtlinie soll einen „harten Kern" von Arbeitnehmer-Schutzbestimmungen gewährleisten[678]. Art. 3 Abs. 1 Entsende-Richtlinie sieht vor, dass die Mitgliedsländer die Arbeitnehmer, die im Rahmen einer Entsendung aus einem anderen Staat im Aufnahmestaat tätig sind, ihren Arbeits- und Beschäftigungsbedingungen unterstellen dürfen und berechtigt sind, die zur

---

[673] Vgl. Schlussanträge des Generalanwalts *Alber* v. 29.09.1999 in der Rs. C-165/98 – *Mazzoleni* – Slg. 2001 I, S. 2189, Nr. 19.

[674] *Däubler* EuZW 1997, S. 613, (615) und *Hanau*, NJW 1996, S. 1369, (1372). Auch *Kretz*, BuW 1996, S. 223 hält das AEntG ohne weitere Ausführungen für „europarechtlich unbedenklich", woraus möglicherweise ebenfalls auf eine solche Sicht geschlossen werden kann.

[675] EuGH v. 28.03.1996, Rs. C-272/94 – *Guiot* – Slg. 1996 I, S. 1905, (1921), Rn. 14.

[676] Richtlinie über die Entsendung von Arbeitnehmern im Rahmen der Erbringung von Dienstleistungen, ABl. EG 1996, Nr. L 18.

[677]*Däubler*, EuZW 1997, S. 613, (616).

[678] Vgl. Begründungserwägung Nr. 13 und 14 der Entsenderichtlinie.

Durchsetzung dieser garantierten Bedingungen notwendigen Maßnahmen zu ergreifen. Im Anhang sind als die regelbaren Tätigkeiten alle Bauarbeiten, die der Errichtung, dem Umbau oder dem Abriss von Bauwerken dienen, genannt. Da sich das AEntG nach der Neufassung mit der Festlegung auf den Bereich des Baugewerbes i.S.d. Baubetriebe-Verordnung[679] und der Seeschifffahrtsassistenz in diesem Rahmen hält, kann es als sekundärrechtskonforme Umsetzung der Entsende-Richtlinie gesehen werden[680].

In Ergänzung der allgemeinen Regeln des Internationalen Arbeitsrechts sollen spezielle Kollisionsregeln darüber bestimmen, welche arbeitsrechtlichen Vorschriften des Arbeitsortes auch auf entsandte Arbeitnehmer anzuwenden sind. Für die Kerngebiete des Tarifrechts, insbesondere das Arbeitsentgelt, besitzt die Gemeinschaft hingegen nach Art. 137 Abs. 3 i. V. m. Art. 6 EGV (früher Art. 2 Abs. 3 und 6 Protokoll und Abkommen über die Sozialpolitik vom 07.02.1992) keine Kompetenzen[681]. Die Feststellung des Art. 141 Abs. 2 EGV (Art. 119 EGV a.F.), dass unter „Entgelt" auch Mindestlöhne zu verstehen sind, gilt auch für Art. 137 EGV[682].

Die Entsenderichtlinie wurde deshalb auf die Art. 57, 66 EGV a.F. (Art. 47, 55 EGV n.F.) gestützt. Zweck der Richtlinie soll nach ihrer Begründung die Förderung der Dienstleistungsfreiheit durch die Koordinierung und Harmonisierung der in den Mitgliedstaaten der Gemeinschaft geltenden rechtlichen Rahmenbedingungen für die Dienstleistungserbringung sein[683], sie soll damit wettbewerbsrechtlichen Zwecken dienen[684]. Diese Kompetenzgrundlage ist nur einschlägig, wenn die Richtlinie die Ausübung der Freiheit tatsächlich erleichtert[685], hier also die Entsendungsmöglichkeit ausweitet. Dies ist äußerst fraglich, so dass die Rechtmäßigkeit der Richtlinie aus diesem Grund bezweifelt wurde[686].

---

[679] Verordnung über die Betriebe des Baugewerbes, in denen die ganzjährige Beschäftigung zu fördern ist, v. 28.10.1980, in der Fassung vom 13.12.1996.

[680] *Däubler*, EuZW 1997, S. 613, (616); *Wank/Borgmann*, NZA 2001, S. 177, (179).

[681] MHdb-ArbR-*Birk*, § 19 Rn 73; *Blanke*, ArbuR 1999, S. 417, (423).

[682] Schwarze-*Rebhahn*, EU-Kommentar, Art. 137, Rn. 23.

[683] Siehe die Begründungen Nr. 6 – 11 der Richtlinie, ABl. EG 1996, Nr. L 18, S. 1.

[684] *Blanke*, ArbuR 1999, S. 417, (421).

[685] *Rebhahn*, DRdA 1999, S. 173, (185); *Scheuer*, in: Lenz, EUV/EGV, Art. 47, Rn. 1; *Troberg*, in: von der Groeben/Thiesing/Ehlermann, EG-Vertrag, Art. 57, Rn. 1.

[686] Die wohl herrschende Meinung im Schrifttum lehnt die Rechtmäßigkeit der gewählten Rechtsgrundlage ab. Bereits im Entwurfsstadium wurden hier Zweifel geäußert, siehe nur *Steck*, EuZW 1994, S. 140, (141); Löwisch, FS Zeuner, S. 91, (99). Auch nach erfolgter Verabschiedung der Regelung wird weiterhin von formaler Rechtswidrigkeit der Entsenderichtlinie ausgegangen, siehe nur *Eichenhofer*, ZIAS 1996, S. 55, (74); *Franzen*, ZEuP 1997, S. 1055, (1059ff.); *Koenigs*, DB 1997, S. 228, (228f.); *Selmayr*, ZfA 1996, S. 615, (656); *Reichhold*, ZEuP 1998, S. 434, (454). Soweit *Müller*, Entsendung von Arbeitnehmern, S. 54

Die Bedenken, ob die Entsende-Richtlinie auf die richtige Rechtsgrundlage gestützt ist, sollen hier nicht näher ausgeführt werden, da diese Frage im Ergebnis für das AEntG nicht bedeutsam ist[687].

(b) Einschränkungsmöglichkeit der Grundfreiheiten durch sekundäres Gemeinschaftsrecht

Hier ist zunächst festzustellen, dass auch mit Sekundärrecht übereinstimmende nationale Regelungen der Kontrolle anhand des EGV unterliegen. Der EuGH hat ausgeführt, dass selbst wenn die Regelung einer Bestimmung des abgeleiteten Rechts entspricht, dies nicht zur Folge hat, dass sie nicht an den Bestimmungen des EG-Vertrags zu messen wäre[688]. Jedoch meinen manche, in der Richtlinie eine zulässige „Konkretisierung" der Dienstleistungsfreiheit zu sehen[689].

Grundfrage bei dieser Prüfung ist, ob die Geltung der Grundfreiheiten durch sekundäres Gemeinschaftsrecht eingeschränkt oder ihr Inhalt verändert werden kann. Die Möglichkeit der Abdingung primären Rechts durch Rechtsakte sekundären Gemeinschaftsrecht ist umstritten.

Zwar richten sich die Grundfreiheiten primär an die Mitgliedstaaten. Gegen eine solche Möglichkeit spricht jedoch, dass die von der Gemeinschaft ausgeübten Souveränitätsrechte von den Mitgliedstaaten abgeleitet sind. Wenn sich die

---

meint, die tatsächlichen Auswirkungen der Entsenderichtlinie seien angesichts der Ermessens- und Gestaltungsspielraum der Gemeinschaft beim Erlass von Rechtsakten bedeutungslos, verkennt er, dass Prognoseentscheidungen auf einer tatsächlichen Grundlage zu treffen sind. Hingegen sehen *Wank/Borgmann*, NZA 2001, S. 177, (180) unter dem Gesichtspunkt einer „sozialen Komponente" der Dienstleistungsfreiheit in der dem Gemeinschaftsgesetzgeber zustehenden Ermessens- und Einschätzungsprärogative eine ausreichende Rechtfertigung für die Wahl der Rechtsgrundlage.

[687] Zur Not könnte die Entsende-Richtlinie, auf die Rechtsgrundlage des Art. 94 EGV (Art. 100 EGV a. F.) gestützt, formal rechtmäßig ergehen, allerdings ist dabei Einstimmigkeit notwendig. Die Wahl von Art. 47, 55 EGV als Rechtsgrundlage ist daher auch vor dem Hintergrund zu sehen, dass sich Großbritannien und Portugal bereits im Vorfeld gegen eine Regelung der Entsendefrage gewandt haben und auch im Rat gegen die Richtlinie votiert haben: *Franzen*, ZEuP 1997, S. 1055, (1062); *Reichold*, ZEuP 1998, S. 434, (454). *Eichenhofer*, ZIAS 1996, S. 55, (76) hat Art. 118 a Abs. 2 EGV a. F. als Rechtsgrundlage vorgeschlagen. Dieser hat jedoch im wesentlichen zu Regelungen des technischen und sozialen Arbeitsschutzes berechtigt (näher dazu *Birk*, RdA 1992, S. 68, (71)) und nimmt in der aktuellen Fassung als Art. 137 EGV in Abs. 6 Regelungen bezüglich des Arbeitsentgeltes ausdrücklich aus. Bei Bereichen der sozialen Sicherheit und dem sozialen Schutz der Arbeitnehmer ist nach Abs. 3 ebenfalls Einstimmigkeit notwendig.
[688] EuGH v. 28.04.1998, Rs. C-158/96 – *Kohll* – Slg. 1998 I, S. 1935, (1944), Rz. 25.
[689] *Hailbronner*, EWS 1997, S. 401, (404); *Wank/Borgmann*, NZA 2001, S. 177, (181).

Mitgliedstaaten durch den Vertrag gebunden haben und sich selbst im Interesse des Gemeinsamen Marktes bestimmte Maßnahmen untersagt haben, kann dem Gemeinschaftsgesetzgeber ohne vertragliche Ermächtigung kein weitergehendes Beschränkungsrecht eingeräumt werden.

Die Gründungsverträge sind als eine Verfassung der EG zu sehen[690]. Eine dem Grundgesetz vergleichbare ausdrückliche Bindung des Gemeinschaftsgesetzgebers an die Grundfreiheiten existiert zwar im EGV nicht. Jedoch wird durch Art. 3 Abs. 1 a) und c) EGV festgelegt, dass die Tätigkeit der Gemeinschaften die Herstellung des freien Waren- und Dienstleistungsverkehrs umfasst und verpflichtet sie zur Beseitigung der Hindernisse für die Freiheiten. Die Gemeinschaft wird damit durch primäres Gemeinschaftsrecht zur Beachtung der Grundfreiheiten verpflichtet. Sekundäres Gemeinschaftsrecht, zu dem die Richtlinie gehört, steht im Rang unter primärem Gemeinschaftsrecht wie der Dienstleistungsfreiheit[691] und kann daher die aus dem Primärrecht folgenden Handlungsbeschränkungen nicht modifizieren. Art 5 EGV (Art. 3b EGV a.F.) stellt zudem klar, dass die Gemeinschaft nur innerhalb der Grenzen der ihr im Vertrag zugewiesenen Befugnisse und Ziele tätig werden darf, was in Art. 249 EGV (Art. 189 EGV a.F.) dahingehend konkretisiert wird, dass die Gemeinschaft zur Erfüllung ihrer Aufgaben „nach Maßgabe dieses Vertrags" tätig wird.

Die Bindung der Gemeinschaft an die Grundfreiheiten wird mittelbar durch Art. 32 Abs. 2 EGV (Art. 38 Abs. 2 EGV a.F.) deutlich. Danach kommen für den gemeinsamen Agrarmarkt die Vorschriften über den Gemeinsamen Markt zu Anwendung, „soweit in den Art. 33 – 38 EGV (Art. 39-45 EGV a.F.) nicht etwas anderes bestimmt ist". Art. 36 EGV (Art. 42 EGV a.F.) ermächtigt z.B. den Europäischen Rat, die Anwendung der Wettbewerbsregeln auf Handel und Produktion von landwirtschaftlichen Erzeugnissen einzuschränken.

Art. 32 Abs. 2 EGV regelt damit offensichtlich einen Ausnahmefall. Wenn der Rat im Bereich des Agrarrechts deshalb nicht an die Vorschriften des Vertrages gebunden ist, weil er durch Normen des Primärrechts ausdrücklich von der Beachtung dispensiert worden ist[692], spricht dies dafür, dass die Gemeinschaft im Bereich außerhalb des Agrarrechts – wo solche Normen fehlen – an die Grundfreiheiten gebunden ist. Damit geht der Vertrag von einer prinzipiellen Bindung der Gemeinschaft an die Grundfreiheiten aus.

---

[690] *Bleckmann*, Rn. 532.

[691] *Geiger*, EUV/EGV Art. 220 EGV, Rn. 22; Schwarze-*Rebhahn*, EU-Kommentar, Art. 136 EGV, Rn. 31.

[692] *Emmerich*, in: Dauses Handbuch des EU-Wirtschaftsrecht, H I, Rn. 7.

Der EuGH hat bereits häufiger Sekundärrecht an Primärrecht gemessen und auch wegen Verstoßes gegen Primärrecht aufgehoben[693]. Der EuGH hat ausgeführt, dass eine Richtlinie „außerhalb im Rahmen dessen, was der Vertrag zulässt", keine Beschränkung der Grundfreiheiten rechtfertigen kann[694]. Insbesondere die Rechtsetzung der Gemeinschaft durch Richtlinien müsse sich an den Grundfreiheiten messen lassen[695].

Daher werden auch die Gemeinschaft selbst und ihre Organe durch die Grundfreiheiten gebunden, sofern der Vertrag nicht selbst eine Ausnahme vorsieht. Jedoch können der Gemeinschaft auch die gleichen Beschränkungsbefugnisse eingeräumt sein wie den Mitgliedstaaten[696].

Soweit in der Literatur teilweise vertreten wird, dass dem Gemeinschaftsgesetzgeber weitergehende Einschränkungsbefugnisse zuzubilligen sind[697], ist dies größtenteils eine Frage der Perspektive: So sind in der Tat bestimmte Maßnahmen, die, wenn sie von Mitgliedstaaten ergriffen würden, als faktisch diskriminierend einzustufen wären, eine bloße Beschränkung der Grundfreiheiten, wenn sie durch gemeinschaftliche Rechtsakte europaweit zur Geltung gebracht werden. Der Gemeinschaftsgesetzgeber darf jedoch nicht die Mitgliedstaaten dazu ermächtigen, die Grundfreiheiten einzuschränken[698].

(c) Ergebnis

Auch der europäische Verordnungs- und Richtliniengeber ist daher an primäres Gemeinschaftsrecht gebunden[699]. Eine Richtlinie kann Maßnahmen, die gemeinschaftsrechtswidrig sind, nicht zulassen und noch weniger anordnen[700].

---

[693] Verfahrensrecht betreffend: EuGH v. 17.12.1992, Rs. 271/90, 281/90, 289/90 –*Spanien ./. Kommission* – Slg. 1992 I, S. 5833, (5866) Rz. 28ff.; EuGH v. 01.06.1994, Rs. C-388/92 – *Parlament ./. Rat* – Slg. 1994 I, 2067.

[694] EuGH v. 11.07.1996, verb. Rs. C-427/93, C-429/93 und C-436/93 – *Bristol-Myers Squibb* – Slg. 1996 I, S. 3457, (3529), Rz. 36, EuGH v. 09.08.1994, Rs. C-51/93 – *Meyhui ./. Schott Glaswerke* – Slg. 1994 I, S. 3879, (3898) Rz. 11.

[695] EuGH v. 25.06.1997, Rs. C-114/96 – *Kieffer und Thill* – Slg. 1997 I, S. 3629, (3655), Rz. 27. Zustimmend *Roth*, ZBB 1997, S. 373, (379).

[696] *Jarass*, EuR 1995, S. 202, (211); *Matthies/von Borries*, in: Grabitz/Hilf, EUV/EGV, Altbd. I, Art. 30 EGV, Rn. 43.

[697] *Matthies/von Borries*, in: Grabitz/Hilf, EUV/EGV, Altbd. I, Art. 30, Rn. 44.

[698] *Matthies/von Borries*, in: Grabitz/Hilf, EUV/EGV, Altbd. I, Art. 30, Rn. 44.

[699] *Jarass*, DVBl. 1995, S. 954, (959), (962).

[700] So auch Generalanwalt *Mischo* im den Schlussanträgen vom 13.07.2000 zu den Rs. C-49, 50, 52 bis 54 und 68 bis 71/98 – *Finalarte* – noch unveröffentlicht, Nr. 217.

Die Richtlinie ist im Lichte des Vertrages, d. h. vertragskonform auszulegen, wobei entsprechend der üblichen EuGH-Rechtsprechung bei ihr als freiheitsbeschränkende Norm eine enge Auslegung geboten ist[701]. Sind mehrere Auslegungen möglich, so ist die Auslegung zu wählen, welche die Grundfreiheiten am wenigsten beschränkt[702] – *in dubio pro libertate*. Soweit eine mit der Dienstleistungsfreiheit zu vereinbarende Auslegung nicht in Betracht kommt – was hier nicht Gegenstand der Prüfung sein soll – wäre auch die Richtlinie europarechtswidrig.

Die Entsende-Richtlinie erweitert daher die Rechtfertigungsmöglichkeit für freiheitsbeschränkende nationale Maßnahmen nicht. Soweit die Erstreckung des Mindestlohns auf ausländische Bauunternehmer und die Nettolohnhaftung nicht durch die für die Grundfreiheiten einschlägigen Eingriffsgrundlagen gedeckt ist, kommt auch der Entsende-Richtlinie keine rechtfertigende Wirkung zu. Auf der anderen Seite ist die psychologische Wirkung einer solchen gemeinschaftlichen, mit qualifizierter Mehrheit getroffenen Definition der Arbeitsbedingungen, die die Mitgliedstaaten gemeinschaftsweit für unabdingbar erachten, auf den EuGH nicht von der Hand zu weisen[703].

Die Entsenderichtlinie kann daher nicht als Rechtfertigungsgrund für Eingriffe in die Freiheiten durch das AEntG herangezogen werden.

Daher ist zunächst zu überprüfen, ob die im Vertrag genannten Einschränkungsmöglichkeiten der Dienstleistungsfreiheit greifen und den Mindestlohn rechtfertigen können.

(2)   Rechtfertigung des Eingriffs durch Art. 46 i. V. m. Art. 55 EGV (Art. 56, 66 EGV a. F.) – öffentliche Sicherheit und Ordnung

Die Rechtfertigung könnte möglicherweise auf den Begriff der öffentlichen Sicherheit oder Ordnung gestützt werden.

Hierbei ist wiederum auf den Zweck der Nettolohnhaftung als Mittel der Effektivierung des Zwangs zur Zahlung des Mindestentgelts abzustellen; kann die Mindestentgeltregelung selbst nicht auf die öffentliche Ordnung gestützt werden, so können auch Mittel, die ihrer effizienteren Durchsetzung dienen, nicht gerechtfertigt werden.

---

[701] EuGH v. 26.02.1991, Rs. 292/89 – *Antonissen* – Slg. 1991 I, S. 745, (777) Rz. 11; *Bleckmann*, NJW 1982, S. 1177, (1180); *Borchardt*, in: Lenz, EGV, Art. 220, Rn. 19.
[702] EuGH v. 18.12.1997, Rs. C-286/94, C-340/95, C-401/95 und C-47/96 – *Molenheide u.a.* – Slg. 1997 I, S. 7281, (7329), Rz. 41; *Leible*, in: Grabitz/Hilf, EUV/EGV, Neubd. I, Art. 28, Rn. 44.
[703] So auch *v. Danwitz*, RdA 1999, S. 322, (324).

(a)   Anwendungsbereich des Art. 46 EGV

Die Eingriffsrechtfertigung nach Art. 46 EGV gilt unmittelbar nur für die Niederlassungsfreiheit, über Art. 55 EGV wird der Anwendungsbereich auch auf die Dienstleistungsfreiheit erstreckt.

(b)   Begriff und Inhalt der „öffentliche Sicherheit oder Ordnung"

Eine ausdrückliche Definition des Begriffs der „öffentlichen Sicherheit oder Ordnung" erfolgt im Vertrag nicht. Bei der Schaffung des EWG-Vertrags griff man auf einen aus völkerrechtlichen Verträgen bekannten Rechtfertigungsgrund zurück[704].

Die inhaltliche Ausgestaltung hat sich unter dem Einfluss des dynamischen Charakters des EGV jedoch bald davon gelöst, es ist daher nicht unbeschränkt auf die für andere Rechtsgebiete erfolgte Auslegung zurückzugreifen, sondern eine spezielle, gemeinschaftsrechtliche Auslegung des Begriffs der öffentlichen Sicherheit oder Ordnung notwendig[705].

Das Verhältnis dieser Begriffe zueinander ist noch nicht endgültig geklärt; insbesondere ist noch umstritten, ob „öffentliche Sicherheit" und „öffentliche Ordnung" als Einheit zu verstehen sind oder ob beide Begriffe einen unterschiedlichen Inhalt haben[706].

Für die hier notwendige Prüfung kann die genaue Einordnung dahinstehen. Um sich der zugrunde liegenden Problematik praktisch zu nähern und zugleich die Rechtsprechung des EuGH in den dogmatischen Rahmen einzupassen, erscheint eine Sichtweise am geeignetesten, wie sie GA *Warner* in seinen Schlussanträgen in der Rechtssache 30/77 ausführte[707]: dass nämlich die Sicherheit und Ordnung verschiedene Begriffe darstellen, sie sich aber überlappen. Damit wäre auch die Vorgehensweise des EuGH zu vereinbaren, der in seinen Urteilen teilweise nur auf einen dieser Begriffe abstellte teilweise aber auch einen Verstoß gegen Sicherheit *und* Ordnung annahm[708].

---

[704] *Hartmut Schneider*, S. 21.
[705] *Hartmut Schneider*, S. 69.
[706] Hierzu ausführlich *Hartmut Schneider*, S. 33f. m.w.N.
[707] Schlussanträge in der Rs. 30/77 – *Bouchereau* – Slg. 1977, S. 1999, (2025).
[708] Z. B. in EuGH v. 14.12.1995, Rs. C-163, 165 und 250/94 – *Sanz de Lera* – Slg. 1995 I, S. 4821, (4837), Rz. 22.

Man kann den Anwendungsbereich des Art. 46 EGV umschreiben als Schutz der Gesamtheit jener hoheitlich festgelegten Grundregeln, die wesentliche Interessen des Staates schützen[709].

Der EuGH fasst unter die öffentliche Sicherheit grundlegende Interessen des Staates wie die Aufrechterhaltung wesentlicher öffentlicher Dienstleistungen oder das sichere und wirksame Funktionieren des Lebens des Staates[710].

Unter dem Begriff der öffentlichen Ordnung hat der EuGH sonstige Grundregeln verstanden, die nach Entscheidung des nationalen Gesetzgebers die wesentlichen Interessen des Staates berühren[711].

Wegen der von Land zu Land und im zeitlichen Wechsel verschiedenen Umstände steht den Mitgliedstaaten ein Beurteilungsspielraum zu, ob sie durch bestimmte Vorgänge die öffentliche Sicherheit oder Ordnung als bedroht ansehen. Dieser Beurteilungsspielraum stößt jedoch an gemeinschaftsrechtliche Grenzen. Es muss „eine tatsächliche und hinreichend schwere Gefährdung [bestehen], die ein Grundinteresse der Gesellschaft berührt"[712]. Der EuGH prüft, ob der nationale Gesetzgeber bei Erlass der Regelung das bei dieser Einschätzung gegebene Ermessen im Licht der gemeinschaftsrechtlichen Grenzen rechtmäßig angewandt hat. Der EuGH hat bei dieser Aufgabe den Anwendungsbereich gemäß seinem Grundsatz, dass freiheitsbeschränkende Normen eng auszulegen sind[713], im Ergebnis sehr restriktiv interpretiert[714].

Der Anwendungsbereich des Art. 46 EGV ist auch bei sonstigen Beschränkungen eröffnet. Zwar legt der Wortlaut „Sonderregelungen für Ausländer" eine Begrenzung des Anwendungsbereichs auf das Diskriminierungsverbot nahe. Wenn aber eine diskriminierende Einschränkung der Niederlassungs- oder Dienstleistungsfreiheit gerechtfertigt ist, muss dies ad maiore ad minus erst recht für Maßnahmen gelten, die nicht diskriminieren[715]. Der EuGH prüft zwanglos auch

---

[709] Koenig/Haratsch, Rn. 518f.; Streitz, Rn. 734.

[710] EuGH v. 10.07.1984, Rs. 72/83 – Campus Oil – Slg. 1983, S. 2727, (2748), Rz. 22.

[711] EuGH v. 27.10.1977, Rs. 30/77 – Bouchereau – Slg. 1977, S. 1999, (2013), Rz. 33-35, allerdings betreffend den gleichlautenden Art. 39 Abs. 3 EGV (Art. 48 EGV a. F.).

[712] EuGH v. 18.05.1982, Rs. 115 und 116/81– Adoui und Cornuaille – Slg. 1982, S. 1665, (1707), Rz. 8.

[713] EuGH v. 19.01.1999, Rs. C-348/96 – Calfa – Slg. 1999 I, S. 11, (30), Rz. 23.

[714] EuGH v. 04.12.1974 – Van Duyn – Slg. 1974, S. 1337, (1350), Rz. 18/19; EuGH v. 17.06.1981, Rs. 113/80 – Kommission ./. Irland – Slg. 1981, S. 1625, (1638), Rz. 7.

[715] Koenig/Haratsch, Rn. 575. A.A. hingegen Hartmut Schneider, S. 36, unter Berufung auf Urteile des EuGH, in denen dieser Sachverhalte, die an sich unter die Sicherheit und Ordnung zu subsumieren wären, anhand der zwingenden Gründe des Allgemeininteresses überprüft.

die Rechtfertigung von Maßnahmen, die er als sonstige Beschränkung einordnet, anhand der öffentlichen Sicherheit und Ordnung[716].

(c) Wirtschaftliche Probleme als Störung der öffentlichen Ordnung

Das Phänomen der Massenarbeitslosigkeit gehört schon seit längeren zu den Problemen, deren Lösung von den Bürgern als am dringendsten eingeschätzt wird. Insbesondere auf dem Bauarbeitsmarkt ist eine sehr hohe nationale Arbeitslosigkeit festzustellen, die sich bislang auch gegenüber dem einsetzenden Wirtschaftsaufschwung des neuen Jahrtausends als resistent erwiesen hat und mit ca. 210.000 Arbeitslosen nahe am absoluten Höchststand verharrt. Fraglich ist, ob durch die Verschärfung der wirtschaftlichen Probleme die Entsendung von Bauarbeitnehmern in die Bundesrepublik ohne gleichen Lohn als Verstoß gegen die öffentliche Ordnung gesehen werden kann[717].

Für die Personenverkehrsfreiheit legt Art. 2 Abs. 2 der Richtlinie 64/221/EWG vom 24.02.1964[718] fest, dass bestimmte Rechtfertigungstatbestände, namentlich wirtschaftlich motivierte, als Element der öffentlichen Ordnung ausgeschlossen werden.

Diese Regel ist die positiv-rechtliche Bestätigung eines für alle Grundfreiheiten geltenden Prinzips[719]. Der EGV ist gerade auf die Schaffung eines einheitlichen Wirtschaftsraums angelegt, die Grundfreiheiten werden als Garanten für allgemeine wirtschaftliche Prosperität gesehen. Die Beschränkung der Grundfreiheiten gerade aus wirtschaftlichen Gründen führte zur Aushöhlung dieser Rechte. Wirtschaftliche Störungen, wie etwa ein befürchtetes Ansteigen der nationalen Arbeitslosigkeit, können Beschränkungen der Grundfreiheiten daher nicht als Schutzgut der öffentlichen Sicherheit oder Ordnung rechtfertigen. Auch das Interesse an der Wahrung des Arbeitsfriedens durch Regelungen zum Zwecke der Verhinderung

---

Dies ist jedoch eher auf den wenig dogmatischen Prüfungsstil des EuGH zurückzuführen als auf eine dezidierte Entscheidung zur Problematik. Angesichts des Urteils in der Sache *de Agostini* (EuGH v. 09.07.1997, Rs. C-34, 35 und 36/95, Slg. 1997 I, S. 3843) ist ein solcher Befund auch kaum haltbar.

[716] EuGH v. 09.07.1997, Rs. C-34, 35 und 36/95 – *de Agostini* – Slg. 1997 I, S. 3843, (3893), Rz. 52.

[717] Zwar kann die Bundesrepublik und insbesondere der Sozialstaat, wie *Bieback*, FS Reich, S. 509, (511) zu Recht feststellt, mit der Massenarbeitslosigkeit leben, an der Einschätzung als dringendem Problem ändert dies nicht.

[718] Richtlinie zur Koordinierung der Sondervorschriften für die Einreise und den Aufenthalt von Ausländern, ABl. EG 1964, S. 850.

[719] Dazu ausführlicher siehe unten.

oder Beendigung von Tarifstreitigkeiten wird vom EuGH als wirtschaftlicher Grund gesehen[720].

Für die Warenverkehrsfreiheit wird dies im übrigen auch durch Art. 95 Abs. 10 (Art. 100a Abs. 5 EGV a.F.) bestätigt, der von den „in Art. 30 genannten nichtwirtschaftlichen Gründen" spricht und damit bei den Vorbehaltsklauseln wirtschaftliche Erwägungen bei der Definition der öffentlichen Ordnung und Sicherheit ausschließt. Der EuGH hat die Geltung dieses Prinzips für die Warenverkehrsfreiheit ausdrücklich bejaht[721], für die andere Produktverkehrsfreiheit, die Dienstleistungsfreiheit, gilt nichts anderes, da das Schutzbedürfnis insofern nicht abweichend beurteilt werden kann[722].

(d) Mindestlohnregelungen als Ausdruck der öffentlichen Ordnung

Zur Rechtfertigung des AEntG wird vertreten, dass die Mindestlohnregelungen Ausdruck der öffentlichen Ordnung der Mitgliedstaaten seien und daher gemäß Art. 55 i. V. m. Art. 46 EGV eine Schranke der Dienstleistungsfreiheit bilden[723].

Der Begriff der öffentlichen Ordnung kann angesichts obiger Ausführungen nicht das gesamte Arbeitsrecht eines Staates umfassen[724]. Nicht jede staatliche Norm auf diesem Gebiet berührt wesentliche staatliche Interessen. Das nationale Rechtsgefüge verdient keinen absoluten Schutz vor jedem Eindringen abweichender Standards.

Dies gilt insbesondere für Regelungen, die nicht Ausdruck der staatlichen Regelungsmacht sind. Die Mindestlöhne in der Bauindustrie sind das Ergebnis der Verhandlungen der Tarifvertragsparteien, einerlei, ob sie durch Allgemeinverbindlicherklärung oder durch VO des BMA Breitenwirkung auch für Außenseiter erhalten. Damit ist der Mindestlohn in der deutschen Bauindustrie – anders als ein Mindestlohn, der in Anwendung des Gesetzes über Mindestarbeitsbedingungen festgelegt würde und anders als dies in Frankreich mit

---

[720] EuGH v. 26.04.1988, Rs. 352/85 – *Bond van Adverteerders* – Slg. 1988, S. 2085, (2135), Rz. 34.

[721] EuGH v. 19.12.1961, Rs. 7/61 – *Kommission ./. Italien* – Slg. 1961, S. 699, (720); EuGH v. 10.12.1968, Rs. 7/68 – *Kommission ./. Italien* – Slg. 1968, S. 633, (644); EuGH v. 10.07.1984, Rs. 72/83 – *Campus Oil* – Slg. 1983, S. 2727, (2752), Rz. 35; EuGH v. 26.04.1988, Rs. 352/85 – *Bond van Adverteerders* – Slg. 1988, S. 2085, (2135), Rz. 34.

[722] EuGH v. 04.05.1993, Rs. C-17/92 – *Fedecine ./. Spanien* – Slg. 1993 I, S. 2239, (2272), Rz. 16; EuGH v. 14.11.1995, Rs. C-484/93 – *Svensson und Gustavsson* – Slg. 1995 I, S. 3955, (3976), Rz. 15. Dazu auch *Reich*, ZHR 153, (1989), S. 571, (582); *Hartmut Schneider*, S. 120ff.; *Steindorff*, EG-Vertrag und Privatrecht, S. 91f.

[723] *Bieback*, RdA 2000, S. 207, (213) mit insofern unzutreffenden Hinweis auf *Deinert*, RdA 1996, S. 339, (349f.)

[724] *Rebhahn*, DRdA 1999, S. 173, (183).

der Erstreckung des nationalen Mindestlohns (SMIC – Salaire minimum de crossance) durch Art. L 341-5 code du travail (cdt) und décret vom 11.07.1994[725] verfolgt wird, nicht Ergebnis einer eigenverantwortlichen Entscheidung des Gesetzgebers. Der Gesetzgeber hat keinen Einfluss auf die Entscheidung der Tarifvertragsparteien, er kann lediglich einem von diesen ausgehandelten Ergebnis allgemeine Wirkung verleihen, sei es im üblichen Weg der Allgemeinverbindlicherklärung oder über das neue Verfahren der ministeriellen RVO.

Der Mindestlohn nach dem AEntG gilt lediglich im Bereich der Bauindustrie. In allen anderen Wirtschaftszweigen hat der Gesetzgeber eine Mindestlohnbestimmung nicht für notwendig befunden. Welche Besonderheiten soll die Bauindustrie aufweisen, dass nur hier die Festlegung eines Mindestlohns wesentlichen Staatsinteressen schützt, während dies in anderen Branchen nicht der Fall ist. Dies gilt erst recht, weil die Baubranche im nationalen Maßstab ohnehin als Hochlohnbranche einzustufen ist.

Neben diesem Argument muss auch die Höhe eines solchen Mindestentgeltes bei der Entscheidung, ob es sich dabei um wesentliche Staatsinteressen handeln kann, miteinbezogen werden.

Ein Mindestentgelt kann schwerlich zur öffentlichen Ordnung gezählt werden, wenn es von vielen Arbeitnehmern in anderen Branchen in der Bundesrepublik Deutschland nicht erreicht wird[726]. Besonderheiten der Bauindustrie, die es rechtfertigen könnten, hier von einem erhöhten Mindestbedarf der Bau-Arbeitnehmer gegenüber den Arbeitnehmer anderer Wirtschaftszweige auszugehen, sind nicht ersichtlich.

Die Ablehnung der Einordnung einer Mindestlohnbestimmung als Ausdruck der öffentlichen Ordnung mag für einen staatlich festgesetzten Mindestlohn, der dazu dient, das Existenzminimum zu sichern und sich entsprechend an diesem Existenzminimum orientiert, anders zu beurteilen sein[727], für die nach dem AEntG festzulegenden Mindestlohnsätze muss eine Zugehörigkeit zu den notwendigen Grundinteressen des Staates verneint werden.

---

[725] Journal Officiel v. 12. 07.1994, S. 10041.

[726] Der im Tarifvertrag vom 24.04.1996 vorgesehenen Mindestlohn betrug DM 18,60/West und 17,11/Ost pro Stunde, vgl. *Bieback*, RdA 2000, S. 207, 211 Fn. 51. In anderen Branchen wie z.B. der Schuhindustrie oder dem Elektrohandwerk, sind auch die regulären Tariflöhne der untersten Lohngruppe teilweise niedriger, BT-Ausschuss für Arbeit und Sozialordnung, Ausschuss-Drucks. 13/0292, S. 26f.

[727] Insofern könnte in Deutschland zu diesem Zwecke auf das Gesetz über die Regelung von Mindestarbeitsbedingungen zurückgegriffen werden, das bis heute noch nicht angewant worden ist.

(e)   Soziale Unruhen als Bedrohung der öffentlichen Ordnung und Sicherheit

Die hohe Arbeitslosigkeit führte bereits in der Vergangenheit zu Protesten von Betroffenen und Unterstützergruppen, die nicht immer völlig friedlich blieben. Fraglich ist, ob das Argument, der Verzicht auf die Regelungen des AEntG würde zu sozialen Unruhen führen, zur Rechtfertigungsmöglichkeit über die öffentliche Sicherheit und Ordnung führen kann[728]. Hier wird das Bild gemalt, dass die Polizei eines Tages im Blitzlichtgewitter der Kameras an den Baustellen die ausländischen Bauarbeiter vor aufgebrachten deutschen Kollegen schützen müsste[729]. Zwar sind bislang in Deutschland keine Vorfälle bekannt geworden, bei denen etwa wütende arbeitslose Bauarbeiter ihre ausländischen Kollegen angegriffen oder sonst attackiert hätten. Sehen Bauarbeiter an jeder Ecke eine Baustelle, auf der nur oder vorwiegend entsandte Arbeitnehmer tätig sind, während sie selbst keine Arbeit finden, können Übergriffe zumindest nicht ausgeschlossen werden.

Dem liegt die Fragestellung zugrunde, ob das oben angesprochene Verbot, aus befürchteter Arbeitslosigkeit eine Störung der öffentlichen Ordnung herzuleiten, auch dann gilt, wenn zwar nicht die Situation, die der Regelung zugrunde lag, als Störung der öffentlichen Ordnung einzustufen ist, jedoch die Reaktion privater Dritter zu Störungen der öffentlichen Ordnung führt.

Ein solches Argument hat der EuGH in einer vergleichbaren Konstellation nicht für eine Rechtfertigung durch die öffentliche Ordnung ausreichen lassen. Dem lag zugrunde, dass bei der Kommission regelmäßig Beschwerden eingingen, die die Untätigkeit französischer Behörden bei Gewalttaten protestierender Landwirte und Fischer gegen Erzeugnisse anderer Mitgliedstaaten (Anhalten von Lastwagen, Vernichtung ihrer Ladung, Bedrohung von Supermärkten, Groß- und Einzelhändler im Rahmen einer systematischen Kampagne zur Kontrolle des Angebots an landwirtschaftlichen Erzeugnissen) gerügt haben. Die entstandenen Schäden wurden vom französischen Staat ersetzt. Auf Klage der Kommission hat der EuGH Frankreich verurteilt[730], obwohl dieses die Bedrohung der öffentlichen Ordnung durch ein erhöhtes Ausmaß gewalttätiger Auseinandersetzungen bei einem staatlichen Eingreifen als Argument anführte.

Der EuGH betont dabei die große Bedeutung der Grundfreiheiten für den Binnenmarkt. Der innergemeinschaftliche Handel könne nicht nur durch staatliche Maßnahmen behindert werden, sondern auch dadurch, dass ein Mitgliedstaat untätig bleibe oder es versäumt, ausreichende Maßnahmen zur Beseitigung von

---

[728] So befürchtet die Bundesregierung „soziale Spannungen" und eine Gefährdung der „Befriedungsfunktion" der Tarifautonomie; Begründung Allgemeiner Teil zum Gesetzentwurf der Bundesregierung, BT-Drucks. 13/2414, S. 7.

[729] *Straubhaar*, WiSt 1996, S. 53.

[730] EuGH v. 09.12.1997, Rs. C-265/95 – *Kommission ./. Frankreich* – Slg. 1997 I, S. 6959.

Hemmnissen für den freien Warenverkehr zu treffen, die insbesondere von Privatpersonen getroffen wurden.

Art. 10 EGV (Art. 5 EGV a.F.) fordert die Mitgliedstaaten dazu auf, die Gemeinschaft bei der Erfüllung ihrer Aufgaben zu unterstützen. In Verbindung mit den Grundfreiheiten schließt der EuGH aus dieser Norm, dass sich die Verpflichtung der Mitgliedstaaten nicht in der Unterlassung eigener, die Grundfreiheiten beschränkender Maßnahmen erschöpft. Im Zusammenspiel gebieten sie gegebenenfalls auch ein staatliches Eingreifen zum Schutz der grundfreiheitlichen Rechtsausübung.

Die Betroffenen hätten es sonst in der Hand, grundfreiheitsbeschränkende Maßnahmen durch öffentlichkeitswirksam gestaltete, gewalttätige Proteste möglich zu machen[731]. Die Gewährleistung der Grundfreiheiten darf nicht von mehr oder weniger effektiven Protesten nationaler Interessengruppen abhängen. Der Staat darf nicht die ausländischen „Nichtstörer" behindern, wenn auch ein Vorgehen gegen die Protestierer möglich sei. Wenn Aktionen von Privaten dazu führen, dass ein Hemmnis für den innergemeinschaftlichen Handelsverkehr entsteht, ist der Staat daher zur Vornahme geeigneter präventiver und repressiver Maßnahmen verpflichtet. Aus der staatlichen Pflicht zum Schutz der Freiheiten des EGV entspringt daher sogar ein subjektiver Anspruch des einzelnen auf staatliches Einschreiten gegen Grundfreiheitsverletzungen durch andere Private[732].

Dem steht nicht entgegen, dass das Polizeirecht ungeachtet der dritten Säule der EU weiterhin Sache der Mitgliedstaaten ist, bei der die Union nicht über Kompetenzen verfügt. Die Gemeinschaftsorgane können zwar nicht anstelle der Mitgliedstaaten entscheiden, welche speziellen Maßnahmen diese zu ergreifen hätten, um auf ihrem Gebiet die Beachtung der Grundfreiheiten zu sichern. Ob der Mitgliedstaat im Rahmen seines Ermessens geeignete Maßnahmen zum Schutz der Grundfreiheiten durchgeführt hat, könne aber vom EuGH überprüft werden[733].

Die Beschränkung der Grundfreiheit zur Verhinderung von Protestmaßnahmen kann nicht der Aufrechterhaltung der öffentlichen Ordnung dienen, soweit nicht das staatliche Eingreifen gegen die Protestierer im Einzelfall Folgen für die öffentliche Ordnung hätte, die der Mitgliedstaat mit seinen Mitteln schlechthin nicht mehr bewältigen kann[734]. Eine derartige nicht beherrschbare Situation an der Grenze zu bürgerkriegsartigen Unruhen, die eine Rechtfertigung eines Eingriffs herbeiführen

---

[731] EuGH v. 09.12.1997, Rs. C-265/95 – *Kommission ./. Frankreich* – Slg. 1997 I, S. 6959, (6999, 7003), Rz. 32, 56.

[732] *Koenig/Haratsch*, Rn. 506.

[733] EuGH v. 21.09.1999, Rs. 124/97 – *Markku Juhani Läärä* – Slg. 1999 I, S. 6067, (6118), Rz. 39.

[734] *Beutler/Bieber/Pipkorn/Streil*, S. 299f.;

könnte, kann aber auch bei militanten Aktionen arbeitsloser Bauarbeiter nicht angenommen werden.

(f)   Ergebnis

Die vertragliche Rechtfertigungsmöglichkeit nach Art. 46 EGV greift daher für die Mindestlohnfestsetzung nach dem AEntG nicht. Entsprechend kann auch die Nettolohnhaftung nicht auf diese Bestimmung gestützt werden.

(3) Rechtfertigungsmöglichkeit   des   Eingriffs   durch   Belange   des Allgemeininteresses

Wie ausgeführt, können Beschränkungen der Grundfreiheiten durch zwingende Belange des Allgemeinwohls (Allgemeininteresse) gerechtfertigt sein, wenn dem Interesse nicht durch Vorschriften des Heimatrechts in ausreichendem Maße gedient ist.

Die bestrittene Möglichkeit, auch diskriminierende Maßnahmen über ein Allgemeininteresse zu rechtfertigen[735], kann hier dahinstehen, da die Verpflichtung zur Zahlung des Mindestlohns alle Arbeitgeber auf dem Bausektor trifft; unabhängig von ihrer staatlichen Zuordnung und unabhängig von Kriterien, die zwar neutral formuliert sind, aber vorwiegend oder ausschließlich Ausländer treffen.

Hintergrund der Bestimmung eines Allgemeininteresses ist eine Abwägung zwischen dem mit dem Europäischen Binnenmarkt grundsätzlich angestrebten Freihandel und innerstaatlichen Regelungszielen[736]. Nur solche Regelungsziele können als Allgemeininteresse anerkannt werden, deren Erreichung von einem den Freihandel überwiegenden Interesse getragen wird und nicht auf andere Art herbeigeführt werden kann.

Eine abschließende Aussage, welche Belange zu diesem „Katalog" möglicher Rechtfertigungsgründe zählen, lässt sich nicht treffen[737]. Die Rechtsprechung des Europäischen Gerichtshofs hierzu ist sehr kasuistisch, zu den vom EuGH bereits anerkannten Allgemeininteressen zählen der Verbraucherschutz[738], der Schutz der Bevölkerung im Hinblick auf freiberufliche Leistungen, vermittelt durch Berufsregelungen, die bestimmte Fertigkeiten verlangen und Berufspflichten

---

[735] Siehe A. 1. b) (2).

[736] *Troberg*, in: von der Groeben/Thiesing/Ehlermann, EG-Vertrag, Art. 59, Rn. 22.

[737] *Roth*, in: Dauses Handbuch des EU-Wirtschaftsrechts, E. I Rn. 119; ein Überblick über die vom EuGH bislang angenommenen ist zu entnehmen: EuGH v. 25.07.1991, Rs. C-288/89 – *Stichting Gouda* – Slg. 1991 I, S. 4007, (4041), Rz. 14.

[738] EuGH v. v. 04.12.1986, Rs. 205/84 – *Kommission ./. Deutschland* – Slg. 1986, S. 3755, (3803), Rz. 27.

auferlegen[739], sowie soziale Belange und Schutzbedürfnisse der Arbeitnehmer, etwa im Bereich der Arbeitnehmerüberlassung, der sozialen Sicherheit und des Arbeitsschutzes[740].

Daher können nur generelle Aussagen über die Anforderungen getroffen werden, die an das zur Rechtfertigung herangezogene Interesse zu stellen sind.

(a)   Bestimmung des Allgemeininteresses – nationale oder gemeinschaftliche Sichtweise?

Noch nicht endgültig geklärt ist, ob die möglicherweise heranzuziehenden Allgemeininteressen aus der Sicht der Nationalstaaten oder aus der Sicht des Gemeinschaftsrechts zu bestimmen sind.

(i)   Notwendigkeit der Anerkennung des Allgemeininteresses durch das Europäische Recht

In der Literatur wird teilweise gefordert, dass das Allgemeininteresse, das zur Rechtfertigung einer freiheitsbeschränkenden Maßnahme angeführt wird, gemeinschaftsrechtlich zu bestimmen sei, d.h. einer Anerkennung durch das Europäische Recht bedarf[741]. Ansatzpunkt für die Bestimmung eines Allgemeininteresses wäre demnach der EGV oder Sekundärrecht; nur solche Interessen, die dort Berücksichtigung gefunden haben, könnten rechtfertigend wirken.

Für diese Auffassung spricht, dass das rechtfertigende Allgemeininteresse ein Geschöpf der Auslegung und Rechtfortbildung des Gemeinschaftsrechts durch den EuGH ist. Die Rechtfertigungsmöglichkeit stellt eine Schranke für die Sperrwirkung des Gemeinschaftsrechts gegenüber dem nationalen Gesetzgeber, aber auch gegenüber der Gemeinschaft selbst dar. Es hat dann eine gewisse Konsequenz für sich, wenn auch die inhaltliche Ausgestaltung dieser Beschränkung anhand des Gemeinschaftsrechts erfolgt.

Gegen eine Bestimmung anhand des primären und sekundären Gemeinschaftsrechts spricht jedoch die Beschränkung von dessen

---

[739] EuGH v. 18.01.1979, Rs. 110/76, 111/76 – Van Wesemael – Slg. 1979, S. 35, (52), Rz. 28; EuGH vom 03.02.1993, Rs. C-148/91- Omroep – Slg. 1993 I, S. 487, (519), Rz. 13.

[740] EuGH v. 17.12.1981, Rs. 279/80 – Webb – Slg. 1981, S. 3305, (3325), Rz. 18; EuGH v. 03.02.1982, Rs. 62/81 und 63/81 – Seco ./. EVI – Slg. 1982, S. 223, (235), Rz. 9f., (236) Rz. 14; EuGH v. 27.03.1990, Rs. C-113/89 – Rush Portuguesa – Slg. 1990 I, S. 1417, (1445), Rz. 18.

[741] Hailbronner, EWS 1997, S. 401, (405); Kort, JZ 1996, S. 132, (138); Reich, ZHR 1989, S. 571, (584); Wägenbaur, BB 1989, Beilage 3, S. 15, (18).

Regelungsmaterien auf bestimmte Inhalte aufgrund der ursprünglichen Zielrichtung der Gemeinschaft.

Anfänglich als reine Wirtschaftsorganisation gegründet, die außerhalb der reinen Wirtschaftspolitik nur einen Minimalkompromiss festlegte[742], lässt sich zwar mittlerweile – insbesondere vor dem Hintergrund der Diskussion um eine europäische Verfassung – die Tendenz zur Ausweitung des gemeinsamen Grundkonsenses feststellen[743]. Die Einfügung der europäische Sozialcharta und die beginnende Zusammenarbeit in der Innen- und Verteidigungspolitik im Rahmen des Vertrages von Amsterdam stellen Schritte zur Ausweitung des Gemeinschaftsgedankens dar.

Die Gemeinschaft hat indes noch keinen umfassenden Maßstab für die Bewertung nationaler Schutzanliegen entwickelt. Die Ergänzungen des Vertrages in außerökonomischen Bereichen erlauben keine Bewertung der zu schützenden Interessen nach Rang und Bedeutung, sie wurden lediglich unter dem Gesichtspunkt der Gebotenheit einer gemeinsamen Politik in den neu geregelten Bereichen, nicht aber unter dem Gesichtspunkt der Wichtigkeit der zugrundeliegenden Interessen eingeführt[744].

Zudem sind die in den Mitgliedstaaten differierenden Rechts-, Wirtschafts-, und Sozialstrukturen und die darin zum Ausdruck kommenden allgemeinen Wertvorstellungen noch sehr unterschiedlich und einer gemeinsamen Regelung nur schwer zugänglich[745]. Die Entwicklung einer gemeinsamen Wertordnung ist erst in ihren Anfängen und wird die Integrationsaufgabe der Zukunft darstellen. Eine Verankerung des Allgemeininteresses in den Verträgen kann daher nicht gefordert werden.

Demzufolge ist der nationale Gesetzgeber berufen, das Allgemeininteresse zu definieren[746].

---

[742] *Nettesheim*, EuZW 1995, S. 106, (108); *Wichmann*, S. 118.

[743] Dies ist das Argument für manche, die folgern, dass die Ziele des Allgemeininteresses gemeinschaftsrechtlich bestimmt werden müssten.

[744] *Wichmann*, S. 119.

[745] *Lackhoff*, Niederlassungsfreiheit, S. 450.

[746] So auch *Beutler/Bieber/Pipkorn/Streil*, S. 300; *Ehlers*, NVwZ 1990, S. 810, (813); *Müller-Graff*, in: von der Groeben/Thiesing/Ehlermann, EG-Vertrag, Art. 30 Rn. 23; *Hailbronner/Nachbaur*, EuZW 1992, S. 105, 110; *Schöne*, Dienstleistungsfreiheit, S. 123.

(ii) *Sonstige* *gemeinschaftsrechtliche* *Anforderungen* *an* *das* *Allgemeininteresse*

Wenngleich sich das Vorliegen eines rechtfertigenden Allgemeininteresses nicht durch einen Rückgriff auf die gemeinschaftsrechtliche Anerkennung dieses Interesses bestimmen lässt, kann der nationale Gesetzgeber nicht vollkommen frei darin sein, ein Allgemeininteresse zu kreieren.

Zwar können nationale Besonderheiten Grundlage der Beurteilung sein[747], aufgrund des Vorrang des Rechts der Europäischen Gemeinschaft und der Notwendigkeit, dessen Beachtung sicherzustellen, darf das Allgemeininteresse aber nicht gegen dessen Wertungen des Gemeinschaftsrechts verstoßen[748]. Der Grundsatz des „effet utile" fordert eine Beachtung der gemeinschaftsrechtlichen Grundsätze auch bei der Bestimmung eines Allgemeininteresses durch den nationalen Gesetzgeber. Demnach sind die Interessen, die für den jeweiligen nationalen Gesetzgeber bei der Gesetzgebung maßgeblich waren, nur dann beachtlich, wenn sie nicht im Widerspruch zum Inhalt und zu den Wertungen der Verträgen stehen.

(b) *Allgemeininteresse: Sicherung sozialer Mindeststandards für die entsandten Arbeitnehmer*

Der erste und bislang stets mit dem Begriff des „Mindestlohn" verbundene Gedanke ist sicherlich der Arbeitnehmerschutz. Die Diskussion um einen Mindestlohn zum Schutz der Arbeiterschaft vor der Ausbeutung durch die Kapitalistenklasse ist so alt wie die Erfindung der Klassengegensätze selbst[749].

Dem ist auch für die Gegenwart zuzugeben, dass die grundlegende Rechtfertigung des gesamten Arbeitsrechts als eines Schutzrechts für Arbeitnehmer, die strukturelle Unterlegenheit des einzelnen Arbeitnehmers gegenüber der Arbeitgeberseite[750], auch heute fortbesteht. Dies rechtfertigt nicht nur den Zusammenschluss der einzelnen Individuen zur kollektiven Verfolgung ihrer Interessen, sondern auch die Gewährung eines besonderen staatlichen Schutzes. Neben dem reinen Arbeitsschutz sind daher zahllose gesetzliche

---

[747] Etwa Ernährungsgewohnheiten bei der Bestimmung von Schutzmaßstäben, siehe EuGH v. 19.09.1984, Rs. 94/83 – *Heijn* – Slg. 1984, S. 3263, (3280), Rz. 16; EuGH v. 06.05.1986, Rs. 304/84 – *Muller* – Slg. 1986, S. 1511, (1528), Rz. 21.

[748] *Borgmann*, IPRax 1996, S. 315, (318); *Ehlers*, NVwZ 1990, S. 810, (813); *Koenigs*, DB 1995, S. 1710, (1711); *Nettekoven*, S. 119; *Streinz*, Europarecht, S. 245, Rn. 713a; *Wichmann*, S. 119.

[749] Vgl. dazu *Frieling*, Gibt einen sittlichen Mindestlohn für Arbeitnehmer?, S. 14ff.

[750] BVerfGE 84, S. 224, (229); *Peter /Peter* in: Weiss/Gagel, § 15 A, Rn. 192; *Rieble*, Arbeitsmarkt und Wettbewerb, Rn. 100; *Schaub*, § 2, Rn. 5.

Regelungen ergangen, um den Arbeitnehmer zu schützen und seine Rechte zu sichern. Der Schutz der Rechte von Arbeitnehmern wird deshalb vom EuGH als Allgemeininteresse anerkannt[751]. Dem wird – soweit ersichtlich – auch von allen Gegnern des AEntG zugestimmt.

Auch die Einführung eines Mindestlohns könnte in dieses System einzupassen sein, wenn der Mindestlohn als Maßnahme zur Sicherung eines Mindestmaßes an sozialen Arbeitnehmerschutz verstanden werden könnte. Die Festsetzung eines Mindestlohns dient dazu, den Geringverdienern ein – gemessen am durchschnittlichen Lebenshaltungsniveau – ausreichende Existenzmittel zur Verfügung zu stellen. Darunter ist nicht mehr die bloße Sicherung des nackten Überlebens zu verstehen. Diese Funktion ist in den entwickelten Staaten längst vom staatlichen System der sozialen Sicherheit übernommen worden. Es geht darum, der arbeitenden, aber gering verdienenden Bevölkerungsgruppe eine angemessene Partizipationsmöglichkeit an den Wohltaten des modernen Lebens zu verschaffen.

Das geltende Herkunftslandprinzip bei der Dienstleistungsfreiheit[752], wonach es grun Sache der Entsendestaaten wäre, Regelungen zur Ausgestaltung der Dienstleistungen zu treffen, steht der Regelung durch den Aufnahmestaat nicht entgegen, da der Mindestlohn nicht die Dienstleistung selbst, sondern das Verhältnis des Arbeitgebers zum Arbeitnehmer betrifft.

Fraglich ist, ob der Schutz der entsandten Arbeitnehmer den Erlass des AEntG zu rechtfertigen vermag. *Bieback* geht davon aus, dass das Mindestentgelt auch dazu diene, ausländischen Arbeitnehmern, die ihre Interessen in den Verhältnissen des heimischen Arbeitsmarktes nicht durchsetzen können, ein angemessenen Lohnniveau zu sichern[753]. Das AEntG verfolge damit auch in Bezug auf die entsandten Arbeitnehmer ein sozialpolitisches Anliegen[754].

---

[751] EuGH v. 17.12.1981, Rs. 279/80 – *Webb* – Slg. 1981, S. 3305, (3325), Rz. 18; EuGH v. 03.02.1982, Rs. 62/81 und 63/81 – *Seco ./. EVI* – Slg. 1982, S. 223, (235), Rz. 9f., (236) Rz. 14; EuGH v. 27.03.1990, Rs. C-113/89 – *Rush Portuguesa* – Slg. 1990 I, S. 1417, (1445), Rz. 18.

[752] *Classen*, EWS 1995, S. 97, (105); *Eberhartinger*, EWS 1997, S. 43, (46); *Franzen*, DZWir 1996, S. 89, (94); *Mülbert*, ZHR 159 (1995), S. 2, (19); *Mussler*, S. 103f.; *Roth*, in: Dauses Handbuch des EU-Wirtschaftsrechts, E. I Rn. 121; *Steindorff*, ZHR 158 (1994), S. 149, (168); *ders.*, EG-Vertrag und Privatrecht, S. 88f.; *Wägenbaur*, BB 1989, Beilage 3, S. 15, (17).

[753] *Bieback*, RdA 2000, S. 207, (212).

[754] So auch KG v. 20.03.2000, AktZ. 2 Ss 314/98, unveröffentlicht.

(i)   Zulässigkeit der Beschränkung des Schutzes auf Angehörige anderer Staaten

Soweit man in der Verpflichtung zur Zahlung eines Mindestlohns eine Sicherung sozialer Mindeststandards sehen will, beschränkte sich diese Sicherung faktisch auf ausländische Arbeitnehmer. Der Mindestlohn liegt unter den Tariflöhnen der untersten Lohngruppe und auch unter dem, was nicht-tarifgebundene deutsche Bauarbeitgeber ihren Arbeitnehmern üblicherweise zahlen. Die Festlegung eines Mindestlohns ist nur bei aus Niedriglohnländern entsandten Arbeitnehmern praktisch relevant.

Fraglich ist, ob der deutsche Gesetzgeber dazu befugt ist, Schutznormen zu erlassen, die faktisch nur die Staatsangehörigen anderer Mitgliedstaaten schützen.

(a)   Vergleichbare   Situation   im Verbraucherschutz

Eine ähnliche Diskussion wird beim Verbraucherschutz geführt, wenn es sich um Verbraucher in einem anderen EG-Mitgliedstaat handelt. Daher könnten die dabei erzielten Ergebnisse Lösungshinweise für die parallele Problematik beim sozialen Arbeitnehmerschutz geben.

Nach Ansicht von *Kort*[755] ist jedem Mitgliedstaat das generelle Recht zuzusprechen, auch isoliert die Verbraucher aus anderen Mitgliedstaaten zu schützen. Er folgert dies aus dem *Alpine Investments*-Urteil des EuGH[756]. Darin hat der EuGH das Verbot der telefonischen Kontaktaufnahme mit Verbrauchern ohne deren vorheriges Einverständnis, des sog. „cold-callings", durch den niederländischen Gesetzgeber gebilligt, obwohl das Unternehmen keine niederländischen Bürger, sondern nur Bürger anderer Mitgliedstaaten telefonisch ansprach. *Kort* sieht hier als rechtfertigendes Allgemeininteresse lediglich den Schutz der Verbraucher in diesen Mitgliedstaaten, und bezeichnet die vom EuGH genannte Begründung, der Schutz des Rufes der niederländischen Finanzmärkte genüge als Allgemeininteresse, als „vordergründig"[757]. Tatsächlicher Rechtfertigungsgrund sei der Schutz des Vertrauens der Anleger in diese Märkte, über den Weg des Schutzes der Verbraucher in anderen Mitgliedstaaten. Art. 95 Abs. 3, 153 EGV (Art. 100a Abs. 3, 129 a EGV a.F.) ermöglichen im Sinne eines umfassenden Verbraucherschutzes diese Vorgehensweise.

Damit setzt er sich jedoch in Widerspruch zur EuGH-Entscheidung selbst. Denn dieser führt aus, dass ein Mitgliedstaat seine Regeln zum Schutz der Verbraucher

---

[755] *Kort*, JZ 1996, S. 132, (138).
[756] EuGH v. 10.05.1995, Rs. 384/93 – Alpine Investments – Slg. 1995 I, S. 1141.
[757] *Kort*, JZ 1996, S. 132, (138).

nicht zugunsten der Bevölkerung anderer Mitgliedstaaten ausdehnen könne[758]. Andernfalls könnte der Mitgliedstaat seine Schutzvorstellungen im Hinblick auf grenzüberschreitende Sachverhalte durchsetzen, obwohl der andere Mitgliedstaat einen solchen Schutz nicht für erforderlich hält[759].

Dem folgt der wohl überwiegende Teil der Literatur, der ein rechtfertigendes Allgemeininteresse in den Fällen fehlenden Bezugs zu den ausländischen Verbrauchern ablehnt[760]. Ein generelles Recht eines Staates, Bürger anderer Mitgliedstaaten sozial zu schützen, kann daher nicht anerkannt werden.

(b) Ergebnis

Hier besteht aber aufgrund der Tätigkeit der Arbeitnehmer auf Baustellen in Deutschland eine Sondersituation, eine weitaus engere Verbindung des ausländischen Staatsangehörigen zur deutschen Rechtsordnung, als dies üblicherweise der Fall ist. Der ausländische Staatsangehörige lebt auf einer „Insel fremden Rechts" in Deutschland[761]. Die Wahrnehmung von Rechtsschutzmöglichkeiten seines Heimatrechts ist in dieser Situation nur eingeschränkt möglich, zumal der Heimatstaat die Umstände der Entsendung nicht vollständig regeln kann.

Daher muss man annehmen, dass dieser besondere Bezug den deutschen Gesetzgeber prinzipiell zum Erlass von Schutzvorschriften zugunsten der entsandten Arbeitnehmer berechtigen kann. Dies kann sich sogar darauf beziehen, den entsandten Arbeitnehmern einen Mindestlohn zu sichern, um ein angemessenes Auskommen zu ermöglichen.

Fraglich ist jedoch, ob hier von einer Schutzvorschrift gesprochen werden kann, da der Mindestlohn nach den Zielen des Gesetzgebers nicht zum Schutz *der* entsandten Arbeitnehmer diente – sondern zum Schutz *vor* entsandten Arbeitnehmern!

Spielen die nichtwirtschaftlichen Interessen jedoch im Rechtssetzungsverfahren erkennbar keine Rolle, kann dies in die Bewertung einfließen. Es ist erforderlich,

---

[758] EuGH v. 10.05.1995, Rs. 384/93 – Alpine Investments – Slg. 1995 I, S. 1141, (1179), Rz. 43.

[759] Entsprechend war das cold-calling in manchen EU-Mitgliedstaaten unter bestimmten Voraussetzungen zulässig, z. B. in Großbritannien.

[760] *Hailbronner/Nachbaur*, EuZW 1992, S. 105, (110); *Lackhoff*, Niederlassungsfreiheit, S. 132; *Müller-Graff*, in: von der Groeben,/Thiesing/Ehlermann, EG-Vertrag, Art. 36, Rn. 37.

[761] *Koberski/Sahl/Hold*, § 1 AEntG, Rn. 105.

sicherzustellen, dass die Mitgliedstaaten nicht unter dem Etikett eines Allgemeininteresses versteckt protektionistische Zwecke verfolgen[762].

(ii) Berücksichtigung der gesetzgeberischen Intention

Bei der Beurteilung einer nationalen Regelung ist nicht nur auf den objektiven Gehalt einer gesetzlichen Regelung abzustellen, sondern auch auf die gesetzgeberische Intention, den mit der Regelung verfolgten Willen[763]. Der EuGH ist zieht häufig nicht nur die objektiven Umstände, sondern auch Ziele und Intentionen des Gesetzgebers mit in seine Bewertung ein[764]. Ein ausschließliches Abstellen auf den gesetzgebersichen Zweck ist nach seiner Rechtsprechung aber nicht zulässig[765]. Diese auf die der französischen Rechtstradition nahestehende Methodik des EuGH zurückzuführende Herangehensweise ist für den eher anhand objektiver Kriterien messenden deutschen Rechtsanwender ungewohnt, gewinnt aber auch in der Rechtsprechung deutscher Gerichte an Boden.

Eine Regelung, die aufgrund der Möglichkeit, ein objektiv rechtmäßig anzunehmendes Allgemeininteresse zu ihrer Rechtfertigung heranzuziehen, zu rechtfertigen wäre, wird unzulässig, wenn der nationale Gesetzgeber diese Interessen gar nicht schützen wollte, sondern die Regelung nur dazu dient, ausländische Konkurrenz abzuwehren[766]. Dafür wird teilweise der in Art. 30 S.2 verwandte (an sich unsinnige) Begriff der „willkürlichen Diskriminierung" benutzt[767].

Beispielhaft dafür lässt sich die Argumentation der Bundesrepublik Deutschland im Rechtstreit um das Reinheitsgebot für Bier[768] anführen. Grund für das Verbot der Verwendung von Zusatzstoffen bei der Bierherstellung sei der Schutz des

---

[762] *Eichenhofer,* ZIAS 1996, S. 55, (68); *Schöne,* Dienstleistungsfreiheit, S. 124, *Selmayr,* ZfA 1996, S. 615, (617). A.A. KG v. 20.03.2000, AktZ. 2 Ss 314/98, unveröffentlicht.

[763] *Beisiegel/Mosbacher/Lepante,* JZ 1996, 668, (671); *Bleckmann,* Europarecht, Rn. 1740f.

[764] Dies zeigte sich jüngst in seiner Rechtsprechung zu den Versuchen der Kommission, Maßnahmen zur Bekämpfung gesundheitlicher Gefahren durch das Rauchen (für die die Gemeinschaft nicht zuständig wäre) mit der Vereinheitlichung der nationalen Vorschriften zur rechtfertigen. Der EuGH untersagte dies mit der Begründung, dass eine Maßnahme, deren wesentliche Wirkung der Gesundheitsschutz sei, nicht auf Harmonisierungsregeln gestützt werden könne, wenn die Harmonisierung ein reiner Nebeneffekt der Regelung sei, EuGH v. 26.03.1996, Rs. C-271/94 – *Parlament ./. Rat* – Slg. 1996 I, S. 1689, (1716), Rz. 32; EuGH v. 28.06.1994, Rs. C-187/93 – *Parlament ./. Rat* – Slg. 1994 I, S. 2857, (2880), Rz. 17/25; EuGH v. 09.11.1995, Rs. C-426/93 – *Deutschland ./. Rat* – Slg. 1995 I, S. 3723, (3753), Rz. 32.

[765] EuGH v. 24.01.2002, C-164/99 – *Portugaia Construções* – ZIP 2002, S. 273, (275), Rz. 27.

[766] *Kilian,* Rn. 300; *Schöne,* Dienstleistungsfreiheit, S. 124.

[767] *Wägenbaur,* in: von der Groeben/Thiesing/Ehlermann, EWG-Vertrag, 4. Auflage, Art. 36, Rn. 74.

[768] EuGH v. 12.03.1987, Rs. 178/84 – *Kommission ./. Deutschland* – Slg. 1987, S. 1227.

Verbrauchers, ein allgemein anerkanntes Allgemeininteresse. Nun kann man es ohne weiteres als positiv für den Verbraucherschutz bezeichnen, wenn der Konsument vor möglicherweise die Gesundheit schädigenden Zusatzstoffen verschont bleibt. Aufgrund der Tatsache, dass dieselben im Bier verbotenen Zusatzstoffe in allen anderen Getränken in Deutschland erlaubt waren, zog Generalanwalt *Slynn* den Schluss, dass diese Argumentation lediglich vorgeschoben war[769] – und der EuGH folgte ihm.

Noch deutlicher zeigte sich die Möglichkeit, über Berufung auf anerkannte Allgemeininteressen protektionistische Zielvorstellungen zu verfolgen, in der *Cassis de Dijon*-Entscheidung[770]. Hier bemühte sich die Bundesregierung das gesetzliche Erfordernis eines *Mindest*alkoholgehalts in Spirituosen über das Allgemeininteresse des Gesundheitsschutzes zu rechtfertigen! Auch hier ist der EuGH solchen Versuchen entgegengetreten und hat die entsprechende Vorschrift für unvereinbar mit Europarecht erklärt.

Die Einbeziehung gesetzgeberischer Zielvorstellungen und damit das Abstellen auf finale Aspekte wird von *Becker* für problematisch gehalten[771], jedoch geht er von der Konstellation aus, dass sich der Gesetzgeber trotz objektiven Vorliegens einer Beschränkung darauf beruft, mit der Regelung gerade keine Beschränkungen der Grundfreiheiten bezweckt zu haben[772]. Dem ist zuzugeben, dass unbezweckte Regelungen die Ausübung der Grundfreiheiten in gleicher Weise beeinträchtigen können und daher auch in diesem Falle ein Schutzbedürfnis besteht. Die Tatsache, dass der handelnden Regierung die beschränkende Wirkung einer Maßnahme nicht klar war und daher eine Beschränkung nicht bezweckt wurde, schließt ein Eingreifen der Grundfreiheiten nicht aus. Ein Umkehrschluss in dem Sinne, dass eine Berücksichtigung der gesetzgeberischen Intention nicht erfolgen *darf*, kann daraus nicht gezogen werden. Es kann kaum Aufgabe des EuGH sein, eine nationale Regelung mit einer Begründung zu rechtfertigen, die in den Erwägungen des nationalen Gesetzgebers ersichtlich keine Rolle gespielt hat. Eine gesetzgeberische Regelung, die nur zu dem Zwecke der Freiheitsbeschränkung geschaffen wurde, kann durchaus eine besondere Behandlung erfahren[773].

---

[769] Schlussanträge v. 18.09.1986 in der Rs. 178/84 – *Kommission ./. Deutschland* – S. 1246, (1259).

[770] EuGH v. 20.02.1979, Rs. 120/78 – *Rewe-Zentral-AG* – Slg. 1979, S. 649.

[771] *Becker*, EuR 1994, S. 162, (171).

[772] Diese Konstellation lag z. B. EuGH v. 28.02.1991, Rs. C-332/89 – *Marchandise* – Slg. 1989 I, S. 1027 zugrunde.

[773] Der EuGH hat in der Entscheidung v. 12.02.1987, Rs. 221/85 – *Kommission ./. Belgien* – Slg. 1987, S. 719 (737), Rz. 11 darauf abgestellt, ob eine gesetzliche Regelung „zu diskriminierenden Zwecken erlassen worden" ist. Dies geht über die übliche Prüfung des Diskriminierungsverbotes anhand der faktischen Auswirkungen einer Regelung hinaus. Auch

Im Hinblick auf diese Erwägungen fällt die Bewertung hier leicht. Dass der Schutz der – nicht wählberechtigten – ausländischen Arbeitnehmer allzu hoch auf der Agenda eines auf Wiederwahl bedachten Gesetzgebungsorgans angesiedelt ist, kann kaum angenommen werden. Dies zeigt das Beispiel der Diskussionen um die Ausführung von Werkverträgen durch Entsendeunternehmen mittel- und osteuropäischer Staaten. Der „achte Bericht der Bundesregierung über Erfahrungen bei der Anwendung des Arbeitnehmerüberlassungsgesetzes wie über die Auswirkungen des Gesetztes zur Bekämpfung der illegalen Beschäftigung"[774] setzt sich ausführlich mit der vorschriftswidrigen niedrigeren Entlohnung in diesem Bereich auseinander, behandelt dieses Problem aber ausschließlich als Faktor der Wettbewerbsverzerrung. Das dies zumindest auch ein arbeitsrechtliches Problem zu Ungunsten der Beschäftigen sein könnte, wird überhaupt nicht problematisiert[775]. Der Gesetzgeber hat seinen Erwägungen zum erstmaligen Erlass des Arbeitnehmer-Entsendegesetzes wenig Zweifel daran gelassen, welchen Zweck die Regelung verfolgen soll:

„Das Entsendegesetz ist ein Gesetz zur Rettung des Mittelstandes und des Bauhandwerks"[776]

Bereits aus der Begründung des Gesetzentwurfs durch die Bundesregierung und den Stellungnahmen des Bundesministeriums für Arbeit und Sozialordnung ergibt sich, dass es um den Schutz der deutschen Bauunternehmen und des deutschen Arbeitsmarktes geht[777]. Arbeitslose deutsche Bauarbeiter sollen zu den in deutschen Tarifverträgen festgelegten Bedingungen wieder Arbeit finden, deutsche Bauunternehmer vor günstigerer ausländischer Konkurrenz geschützt werden.

---

in der Entscheidung EuGH v. 25.07.1991, 353/89 – *Kommission ./. Niederlande* – Slg. 1991 I, S. 4069, (4100), Rz. 42 ist der EuGH der Argumentation der Niederlande aus diesem Grunde nicht gefolgt.

[774] BT-Drucks. 13/5498, S. 35.

[775] Die Werksvertragsarbeitnehmer hatten z.B. nicht die Möglichkeit, den vorenthaltenen Lohn in der Bundesrepublik einzuklagen, einzige Sanktion bei Verstößen gegen die Verpflichtung zur Zahlung ortsüblicher oder tariflicher Löhne ist der Entzug der Arbeitserlaubnis. *Faist* spricht insofern von „nicht nur billigen, sondern auch sehr willigen Arbeitskräften", ZSR 1995, S. 108, (112).

[776] Arbeitsminister *Norbert Blüm* im Handelsblatt vom 01.12.1995, S. 4.

[777] „Wenn dieser Entwicklung nicht Einhalt geboten wird, entstehen gespaltene Arbeitsmärkte, daraus resultierend soziale Spannungen, eine Gefährdung der Tarifautonomie sowie ihrer Ordnungs- und Befriedungsfunktion, eine weitere Verschlechterung der wirtschaftlichen Situation der deutschen Bauwirtschaft und Gefahr für die zur Zeit noch bestehenden und von deutschen Arbeitnehmern besetzten Arbeitsplätze." Begründung Allgemeiner Teil zum Gesetzentwurf der Bundesregierung, BT-Drucks. 13/2414, S. 7; vergl. auch BR-Drucks. 523/95 Begründung S. 5, Pressemitteilung des BMA vom 17.07.1995, S. 1.

Der Gesetzgeber gibt deutlich zu erkennen, dass es ihm nicht um die Sicherung sozialer Mindeststandards für Arbeitnehmer unabhängig vom Herkunftsstaat seines Unternehmers geht, sondern um die zielgerichtete Abschottung des Arbeitsmarktes im deutschen Baugewerbe[778]. Das AEntG wird als Mittel zur Bekämpfung der nationalen Arbeitslosigkeit auf dem Bausektor angesehen. Dass die Begünstigung der deutschen Arbeitskräfte zugleich eine Benachteiligung der ausländischen Arbeitskräfte mit sich bringt, versteht sich von selbst. Die *ratio* des Entsendegesetzes ist auf Diskriminierung ausländischer Bauunternehmer ausgerichtet.

Dies erkannte auch die Regierung, die als Folge der Lohnkostenerhöhung der ausländischen Bauunternehmen ein allgemeines Ansteigen der Baupreise erwartete[779].

Die Regelungen des AEntG sind daher protektionistische Maßnahmen – dass man diese sozialpolitisch bemäntelt, ändert nichts an dieser Einschätzung. Der Einsatz gesetzgeberischer Kompetenz, um gezielt den freien Dienstleistungsverkehr zu beschränken, lässt die Rechtfertigung des AEntG problematisch erscheinen[780].

(iii) Verhältnismäßigkeit der Maßnahme

Der EuGH überprüft nationale Regelungen ihm Rahmen der Verhältnismäßigkeit daraufhin, ob sie dazu geeignet sind, die Verwirklichung des mit ihnen verfolgten Ziels zu gewährleisten[781].

Dies setzt zunächst voraus, dass nicht bereits das Recht des Heimatlandes einen vergleichbaren Schutz bietet. Die entsandten Arbeitnehmer unterliegen zwar nach wie vor dem sozialen Schutz ihrer Heimatländer, da die Dauer der Entsendung im Regelfall weniger als ein Jahr betragen wird. Damit bleibt der Arbeitnehmer gemäß Art. 14 Abs. 1 VO 1408/71 in den Schutz der Sozialversicherung seines Heimatstaates integriert. Eine dem Mindestlohn vergleichbare Vorschrift existiert in den typischen Entsendestaaten nicht. Soweit ein Mindestlohn existiert, liegt dieser zumindest deutlich unterhalb des deutschen Niveaus.

Zweifelhaft ist jedoch, ob es die konkrete Ausgestaltung des Mindestlohns nach dem AEntG erlaubt, hier vom „Schutz" der entsandten Arbeitnehmer zu sprechen. Nach der Rechtsprechung des EuGH muss die Regelung in der Lage sein, den

---

[778] so bereits zum AEntG a.F.: *Beisiegel/Mosbacher/Lepante*, JZ 1996, 668, (671); *Gerken/Löwisch/Rieble*, BB 1995, S. 2370, (2373).

[779] BR-Drucks. 523/95, Begründung S. 8.

[780] *Beisiegel/Mosbacher/Lepante*, JZ 1996, 668, (671); *Gerken/Löwisch/Rieble*, BB 1995, S. 2370, (2373); *Selmayr*, ZfA 1996, S. 615, (647).

Schutzzweck wirksam zu erfüllen[782]. Der Generalanwalt *La Pergola* fasst dies so zusammen, dass es den Mitgliedstaaten nicht erlaubt sei, „sich dem Verbot des Art. 59 [EGV a.F.] allein dadurch zu entziehen, dass sie sich *abstrakt*[783] auf einen oder mehrere der vom Gerichtshof anerkannten zwingenden Gründe berufen. Die erlassenen Maßnahmen müssen *konkret* am Allgemeininteresse ausgerichteten Zielen entsprechen, die den Maßnahmen angeblich zugrunde gelegen haben oder mit denen die nationale Behörde die Beschränkung der Dienstleistung, die sonst vom Vertrag gewährleistet wäre, ausdrücklich begründet hat."[784]. Das Ziel eines angemessenen Mindestentgelts kann nur erreicht werden, wenn insbesondere die ausländischen Arbeitnehmer überhaupt in den Genuss des Mindestentgelts kommen[785].

Dass die Befugnis der Mitgliedstaaten zur Erstreckung ihrer Rechtsvorschriften oder der von den Sozialpartnern geschlossenen Tarifverträge über Mindestlöhne auf alle in ihrem Hoheitsgebiet tätigen Personen auch nach Ansicht des EuGH nicht zu allen Maßnahmen berechtigt, zeigt das Urteil in der Sache *Mazzoleni*[786]:

Der Kläger, der Geschäftsführer eines französischen Wachunternehmens, das seinen Sitz nahe der belgischen Grenze hat, wurde in Belgien angeklagt, da er Mitarbeiter des Unternehmen zur Bewachung eines Objekts in Belgien eingeteilt hatte, ohne ihnen den für Belgien maßgeblichen Mindestlohn zu zahlen, was nach Art. 56 des Gesetzes über die Tarifverträge[787] in Verbindung mit dem für verbindlich erklärten Wachdienst-Tarifvertrag[788] eine Straftat darstellt. Der EuGH hat die Vorlage nicht mit einem kurzen Hinweis auf die Zulässigkeit der Mindestlohnerstreckung zurückgegeben, wie man es angesichts seiner früheren Ausführungen hätte vermuten können.

Statt dessen hat er Belgien aufgegeben, festzustellen, ob die Anwendung der prinzipiell zulässigen Tariflohnerstreckung auch dann erforderlich und verhältnismäßig ist, wenn es sich um Beschäftigte eines Unternehmens mit einem Sitz im grenznahen Ausland handelt, die nur einen Teil ihrer Arbeit in Teilzeit und für kurze Zeiträume im Inland verrichten. Dies hat der EuGH damit begründet, dass das angestrebte Schutzniveau auch dann als verwirklicht angesehen werden kann,

---

[781] EuGH v. 23.11.1999, Rs. C-369 und 376/96 – *Arblade und Leloup* – Slg. 1999 I, S. 8453, (8514), Rz. 35.

[782] EuGH v. 11.05.1989, Rs. 25/88 – *Wurmser* – Slg. 1989, S. 1105, (1128), Rz. 13.

[783] Hervorhebung im Original.

[784] Schlussanträge v. 04.03.1999 in der Rs. C-124/97 – *Markku Juhani Läärä* – Slg. 1999 I, S. 6067, (6095).

[785] *Kretz*, BuW 1997, S. 112, (113).

[786] EuGH v. 15.03.2001, Rs. C-165/98 – *Mazzoleni* – ZIP 2001, S. 583.

[787] Moniteur belge v. 15.01.1969.

[788] Moniteur belge v. 04.05.1995.

wenn sich der Arbeitnehmer unter Berücksichtigung des Entgelts, der Steuerlast und der Sozialabgaben in einer insgesamt gleichen Lage befindet wie die Arbeitnehmer im Hoheitsgebiet des entsprechenden Staates[789].

Mindestlöhne dienen dazu, die Arbeitnehmer vor der Existenzgefährdung durch Niedriglöhne, d.h. vor dem Fehlen ausreichender Existenzmittel gemessen am durchschnittlichen Lebenshaltungsniveau einer Gesellschaft, zu schützen. Eine Bestimmung des Mindestlohns müsste sich am Mindestbedarf orientieren und sich deshalb mit den tatsächlichen Bedürfnissen der Arbeitnehmer und den Gegebenheiten der sozialen Umwelt auseinandersetzen, um ein soziales Mindestschutzniveau festlegen zu können.

Bereits der Weg, den das AEntG zur Ermittlung des konkreten Mindestlohns einschlägt, spricht gegen die Berufungsmöglichkeit auf den sozialen Mindestschutz.

Der Gesetzgeber hat die Ermittlung der konkreten Höhe des Mindestlohns vollständig aus der Hand gegeben. Der Mindestlohn wird durch Tarifvertrag zwischen den Vertretern der deutschen Bauarbeitnehmer und –arbeitgeber bestimmt, die Möglichkeiten der Exekutive sind darauf beschränkt, das von diesen gefundene Ergebnis mittels RVO zu übernehmen. Beide Gruppen haben jedoch ein gleichlaufendes Interesse an der Festsetzung eines möglichst *hohen* Mindestlohns. Die Arbeitgeber können so die Konkurrenz durch ausländische Unternehmer abmildern und so ihre Position am Markt stärken und zugleich die möglichen Gewinnmargen erhöhen. Die Gewerkschaften können durch die Verdrängung der ausländischen Wettbewerber die Arbeitsplätze für ihre Mitglieder sichern und zusätzlichen Spielraum für Lohnerhöhungen schaffen.

Dass diese bei ihren Verhandlungen diametral gegen ihr Eigeninteresse entscheiden und zu ihrem Nachteil den Schutz Dritter verfolgen, kann nicht ernsthaft erwartet werden[790]. Entsprechend werden für die Bauindustrie in Deutschland Mindestlöhne festgesetzt, die die Ecklöhne vieler anderer Branchen übersteigen.

Auch der Gesetzgeber erwartet dies nicht, ist doch das erklärte Ziel der gesetzlichen Regelung gerade die Verdrängung der ausländischen Auftragnehmer – und damit zugleich ihrer Arbeitnehmer – aus Deutschland. Der Schutz der Rechte der entsandten Arbeitnehmer war nie Ziel des Gesetzgebers, der vom Mindestlohn

---

[789] EuGH v. 15.03.2001, Rs. C-165/98 – *Mazzoleni* – ZIP 2001, S. 583, Rz. 36.

[790] Dies zeigte sich bereits beim ersten Mindestlohn-TV. Verglichen mit tariflichen Mindest- und Ecklöhnen in anderen Branchen zur damaligen Zeit (z.B. Landwirtschaft 6,48 DM/14,39 DM oder Stahlindustrie 13,58 DM/16,62 DM) versuchten die Tarifvertragsparteien einen Mindestlohn von 18,60/West und 17,11/Ost pro Stunde zu vereinbaren, *Franzen*, ZEuP 1997, S. 1055, (1069); *Beisiegel/Mosbacher/Lepante*, JZ 1996, S. 668, (671).

175

eine Stärkung der heimischen Bauwirtschaft auf Kosten ihrer ausländischen Mitbewerber erwartete[791].

Soweit im Rahmen der Diskussion über das AEntG vertreten wird, dass sich die Notwendigkeit des deutschen Mindestlohns daraus ergäbe, dass die Schutzmechanismen des Heimatrechts der ausländischen Arbeitnehmer nicht ausreichten, um einen Schutz der entsandten Arbeitnehmer zu erreichen[792], grenzt die Argumentation in Bezug auf den deutschen Mindestlohn daher an Heuchelei.

Der Schutz der entsandten Arbeitnehmer kann daher den Mindestlohn nicht rechtfertigen.

(c) Allgemeininteresse: Schutz des Arbeitsmarktes

Eines der vom Gesetzgeber verfolgten Ziele war, die hohe Arbeitslosigkeit im Bereich der Bauarbeitnehmer in Deutschland zu senken[793].

In der Literatur wird vertreten, der Schutz des nationalen Arbeitsmarktes sei ein zwingendes Allgemeininteresse i. S. d. EuGH-Rechtsprechung[794].

(i) Vermeidung und Bekämpfung von Arbeitslosigkeit als Allgemeininteresse

Nach Art. 125 EGV i.V.m. Art. 2 EUV und Art. 2 EGV strebt die Gemeinschaft eine harmonische und dauerhafte Entwicklung der wirtschaftlichen Tätigkeiten sowie ein hohes Niveau der Beschäftigung und der sozialen Sicherheit an, Art. 3 Abs. 1 i) und Art. 136 EGV (Art. 117 EGV a.F.) formulieren das Ziel eines hohen Beschäftigungsniveau explizit. Der Schutz vor Arbeitslosigkeit kann daher als ein vom Vertrag nicht nur gebilligtes, sondern sogar gefordertes Ziel anzusehen zu sein. Dabei ist die Entscheidung über Art und Umfang der Arbeitsmarktlenkung eine genuin mitgliedstaatliche Aufgabe[795]. Der EuGH hat „gedeihliche Verhältnisse auf dem Arbeitsmarkt" als Rechtfertigungsgrund für Beschränkungen der Dienstleistungsfreiheit akzeptiert[796]. In den Urteilen Beentjes[797] und Nord-Pas de

---

[791] Siehe A. 1.

[792] *Bieback*, RdA 2000, S. 207, (212); *Däubler*, EuZW 1997, S. 613, (615).

[793] Siehe Regierungsbegründung, BT-Drucks. 523/95, S. 7.

[794] *v. Danwitz*, RdA 1999, S. 322, (324) und *Ziekow*, NZBau 2001, S. 72, (78) schließen dies mittelbar aus der *Guiot*-Entscheidung, EuGH v. 28.03.1996, Rs. C-272/94, Slg. 1996 I, S. 1905, (1920), Rz. 11 und 12. Ebenso *Däubler*, EuZW 1997, S. 613, (615); *Deinert*, RdA 1996, S. 339, (349).

[795] *v. Danwitz*, Arbeitsmarkt und staatliche Lenkung, S. 99, (111)

[796] EuGH v. 17.12.1981, Rs. 279/80 – *Webb* – Slg. 1981, S. 3305, (3325), Rz. 19.

[797] EuGH v. 20.09.1988, Rs. 31/87 – *Beentjes* – Slg. 1988, S. 4635.

Calais[798], bei denen es um Vergabekriterien bei öffentlichen Bauaufträge ging, hat der EuGH zu der Problematik ebenfalls Stellung genommen.

In beiden Fällen hatten die öffentlichen Stellen bei der Vergabe von Bauaufträgen den Zuschlag davon abhängig gemacht, dass das beauftragte Unternehmen bestimmte Bedingungen in Bezug auf die Beschäftigung von Langzeitarbeitslosen einhielt. Der preisgünstigere Konkurrent Beentjes ist deswegen unterlegen und hatte den Niederländischen Staat auf Schadensersatz verklagt. In der Sache *Nord-Pas de Calais* war es die Kommission, die gegen das Vorgehen öffentlicher Auftraggeber in Frankreich klagte.

Beide rügten, dass die Vergabeverfahren den Sieg des günstigsten Angebots sicherstellen sollten und nicht mit Maßnahmen zum Abbau der Arbeitslosigkeit verknüpft werden dürften. Dem ist der EuGH in beiden Fällen entgegengetreten. Obwohl die Auswirkungen einer Vergabe an einen bestimmten Anbieter auf den Arbeitsmarkt nicht zu den in der jeweils gültigen Vergabe-Richtlinie genannten Kriterien gehörte[799], hat der EuGH die Praxis gebilligt, wenn dieses Kriterium in der Bekanntmachung erwähnt wird[800].

Die Sicherung eines hohen Beschäftigungsniveaus ist eines der mit der Wirtschaftsgemeinschaft angestrebten Ziele. Staatliche Maßnahmen, die eine Grundfreiheit mit dem Ziel einschränken, die europäische Arbeitslosigkeit zu bekämpfen, könnten sich daher trotz des prinzipiellen Verbots der Berufung auf wirtschaftlichen Gründe möglicherweise auf ein Allgemeininteresse stützen.

(ii) Besonderheiten bei der beschäftigungssichernden Wirkung des AEntG

Daraus könnte man folgern, dass nationale Maßnahmen, die zum Schutz des Arbeitsmarktes die Dienstleistungsfreiheit beschränken, durch ein Allgemeininteresse gerechtfertigt werden[801].

Diese Argumentation kann sich auf ein Urteil des EuGH aus dem Jahr 1974 stützen. Hier hatte sich der EuGH auf des Ziel des damaligen Art. 117 (Art. 136 EGV n.F.) bezogen und ausgeführt, dass das Diskriminierungsverbot des Art. 39

---

[798] EuGH v. 26.09.2000, Rs. C-225/98 – *Kommission ./. Frankreich* – Slg. 2000 I, S. 7445.

[799] Richtlinie 71/305/EWG des Rates vom 26. Juli 1971 über die Koordinierung der Verfahren zur Vergabe öffentlicher Bauaufträge (ABl. EG, Nr. L 185, S. 5) in der Fassung der Richtlinie 89/440/EWG des Rates vom 18. Juli 1989 (ABl. EG, Nr. L 210, S. 1); sowie die aktuellen Richtlinie 93/37/EWG des Rates vom 14. Juni 1993 zur Koordinierung der Verfahren zur Vergabe öffentlicher Bauaufträge (ABl. EG, Nr. L 199, S. 54).

[800] EuGH v. 20.09.1988, Rs. 31/87 – *Beentjes* – Slg. 1988, S. 4635, (4661), Rz. 36; EuGH v. 26.09.2000, Rs. C-225/98 – *Kommission ./. Frankreich* – Slg. 2000 I, S. 7445, Rz. 50.

[801] So *Däubler*, EuZW 1997, S. 613, (615); *Deinert*, RdA 1996, S. 339, (349).

EGV (Art. 48 EGV a.F.) nicht nur den Zweck hat, den Angehörigen der Mitgliedstaaten in jedem Mitgliedstaat gleichen Zugang zu den Arbeitsplätzen zu verschaffen, sondern darüber hinaus auch dazu dient „... Inländer vor den Nachteilen zu bewahren, die sich daraus ergeben können, dass Angehörige anderer Mitgliedstaaten ungünstigere Arbeitsbedingungen oder Entlohnung anbieten oder annehmen, als das geltende nationale Recht sie vorsieht..."[802].

Die Funktion des AEntG ist jedoch nicht, die Arbeitslosigkeit in der Bauindustrie in Europa zu bekämpfen. Das AEntG sorgt nicht dafür, dass weniger Bauarbeiter arbeitslos sind, sondern verlagert Aufträge und damit auch die daran hängenden Arbeitsplätze von ausländischen auf inländische Unternehmen. Aufgrund der im Regelfall geringeren Arbeitsproduktivität des einzelnen Mitarbeiters beschäftigen die ausländischen Arbeitgeber im Zweifel sogar eher mehr Mitarbeiter bei einem bestimmten Auftrag als ein deutsches Unternehmen. Die bloße *Verlagerung* von Arbeitslosigkeit vermag sich nicht auf ein Allgemeininteresse zu stützen. Die mit dem AEntG angestrebte Wirkung[803] basiert jedoch allein darauf, den deutschen Arbeitsmarkt dadurch zu entlasten, dass statt des deutschen Arbeitnehmers der Arbeitnehmer aus dem Entsendestaat arbeitslos wird. Die Entsendestaaten sind wirtschaftlich in nicht unbeträchtlicher Weise auf die Entsendung angewiesen[804]. Zudem fordert Art. 126 Abs. 1 EGV die Mitgliedstaaten dazu auf, ihre Beschäftigungspolitik im Einklang mit den Grundzügen der Wirtschaftspolitik der Gemeinschaft zu halten. Nach Art. 98 EGV gehört dazu auch der freie Wettbewerb, den der nationale Gesetzgeber durch diese Maßnahme aber ausschließt.

Wenn die Beschränkung einer Grundfreiheit aber nur der Verhinderung nationaler Arbeitslosigkeit durch Verlagerung in andere EG-Staaten dient, ist dies lediglich ein *wirtschaftlicher Grund* im Interesse des Regelungsstaats.

So offen der Katalog möglicher Interessen ist, eine – negative – Festlegung kann getroffen werden. Als Allgemeininteresse ausgeschlossen sind rein wirtschaftliche Gründe. Der EuGH lässt diese Kategorie in ständiger Rechtsprechung nicht als Allgemeininteresse zu[805] und auch in der Literatur wird diese Sicht weitgehend geteilt[806].

---

[802] EuGH v. 04.04.1974, Rs. 167/73 – *Kommission ./. Frankreich* – Slg. 1974, S. 359, (372), Rz. 45.

[803] Ob das AEntG tatsächlich der Arbeitslosigkeit entgegenwirkt, kann angesichts der weiter hohen Zahl der in Deutschland arbeitslosen Bauarbeitern nur schwer beurteilt werden. Eine solche Wirkung wird bezweifelt von *Ottmann*, FWW 1996, S. 178, (180).

[804] So rechnete man in Portugal mit einer um mehrere Zehntelpunkte höheren Arbeitslosenquote ohne die Auslandstätigkeit, Handelsblatt v. 22.02.1996, S. 12.

[805] EuGH v. 09.06.1982, Rs. 95/81 – Kommission ./. Italien – Slg. 1982, S. 2187, (2204). Rz. 27; EuGH v. 04.05.1993, Rs. C-17/92 – *Fedecine ./. Spanien* – Slg. 1993 I, S. 2239, (2272), Rz. 16; EuGH v. 14.11.1995, Rs. C-484/93 – *Svensson und Gustavsson* – Slg. 1995 I, S. 3955, (3976),

(iii) Umfang und Bedeutung des Ausschlusses wirtschaftlicher Gründe

Der Ausschluss wirtschaftlicher Gründe kann nicht nur als Rechtsfortbildung des EuGH auf einem weitgehend durch Richterrecht geprägten Rechtsgebiet verstanden werden, sondern kann auch aus dem Vertrag selbst gefolgert werden.

Bereits das Zustandekommen des Gemeinsamen Marktes ist ein Allgemeininteresse[807]. Nach Art. 2 EGV ist es Aufgabe der Gemeinschaft, „durch die Errichtung eines Gemeinsamen Marktes" bestimmte wirtschaftliche Ziele zu Erreichen. Gerade in diesem Gemeinsamen Markt hat man also das Mittel zur Lösung der wirtschaftlichen Probleme der Mitgliedstaaten gesehen. Der gemeinschaftsweite Wettbewerb und der Wegfall der Binnengrenzen soll volkswirtschaftlich günstige Auswirkungen auf alle Staaten mit sich bringen und so zu einer optimalen Allokation der Ressourcen führen. Notwendiges Instrument hierzu soll der europaweite Wettbewerb unter den Anbietern von Waren und Dienstleistungen sein.

Die Dämpfung des notwendigerweise daraus resultierenden Wettbewerbsdrucks kann daher nicht als Allgemeininteresse verstanden werden[808]. Die vom Vertrag gewollte Wirtschaftsordnung darf nicht durch mitgliedstaatliche Partikularinteressen durchbrochen werden.

Zusätzlicher Anhaltspunkt dafür ist der mittlerweile aufgehobene Art. 226 EGV a.F. Dieser Artikel verschaffte den Mitgliedstaaten das Recht, bei der Kommission die Genehmigung von Schutzmaßnahmen zu verlangen, die von den Vorschriften des Vertrages abweichen, wenn sich die wirtschaftliche Lage eines bestimmten Gebietes verschlechtert oder bestimmte Wirtschaftszweige erheblich und voraussichtlich anhaltend negativ betroffen sind[809]. Diese Bestimmung wäre nicht erforderlich gewesen, wenn wirtschaftliche Gründe anderweitig – z. B. bereits von den Vorbehaltsklauseln – erfasst wären[810]. Die Abschaffung der Norm durch den

---

Rz. 15; EuGH v. 28.04.1998, Rs. C-158/96 – *Kohll* – Slg. 1998 I, S. 1931 (1948), Rz. 41. Zuletzt EuGH v. 24.01.2002, C-164/99 – *Portugaia Construções* – ZIP 2002, S. 273, (275), Rz. 26.

[806] *Beutler/Bieber/Pipkorn/Streil*, S. 299f.; *Hailbronner*, EWS 1997, S. 401, (405); *Hakenberg*, in: Lenz, EGV, Art. 49/50, Rn. 26; *Lackhoff*, EWS 1997, S. 109, (115); *Matthies/von Borries*, in: Grabitz/Hilf, EUV/EGV, Altbd. I; Art. 30, Rn. 56; *Roth*, ZBB 1997, S. 373, (380); *Roth*, in: Dauses Handbuch des EU-Wirtschaftsrechts, E I, Rn. 119; *Hartmut Schneider*, S. 111; *Schöne*, Dienstleistungsfreiheit, S. 123; *Steindorff*, WRP 1993, S. 139, (144); *ders.*, EG-Vertrag und Privatrecht, S. 91f.; *Streinz*, Europarecht, S. 245, Rn. 713a.

[807] *Troberg*, in: von der Groeben/Thiesing/Ehlermann, EG-Vertrag, Art. 59, Rn. 22.

[808] *Troberg*, in: von der Groeben/Thiesing/Ehlermann, EG-Vertrag, Art. 59, Rn. 22.

[809] Vgl. dazu: *Constantinesco*, NJW 1964, S. 331ff.; *Müller-Heidelberg*, Schutzklauseln des Europäischen Gemeinschaftsrechts, 1970.

[810] *Hartmut Schneider*, S. 124.

Amsterdamer Vertrag hatte nichts mit einer Absage an diesen Schluss zu tun, sondern erfolgte, da man solche nationalen Alleingänge nach Ablauf der Übergangszeit angesichts des erreichten Integrationsniveaus – auch in Kenntnis der Beschränkungs-Rechtsprechung des EuGH – nicht mehr zulassen wollte.

Damit sind insbesondere Schutzmaßnahmen, die dem Schutz eines bestimmten Wirtschaftszweiges vor ausländischer Konkurrenz dienen sollen, nicht auf ein Allgemeininteresse zu stützen. Der EuGH hat Versuche, die eigenen Bauern vor der Einfuhr ausländischer Kartoffeln zu schützen, untersagt[811] und den Schutz einheimischer Filmproduzenten nicht als Allgemeininteresse anerkannt[812]. Protektionismus ist mit dem Gedanken des Gemeinschaftsrecht nicht vereinbar[813], die Mitgliedstaaten haben Marktstörungen als Konsequenz des Wettbewerbs bei offenen Grenzen im Binnenmarkt hinzunehmen.

Ob dies dazu führt, dass ein Mindestlohn generell unzulässig ist, weil damit zumindest auch eine protektionistische Wirkung erzielt wird[814], oder ob bei Hinzutreten anderer Gründe eine Rechtfertigung möglich bleibt, ist strittig.

(iv) Zusammentreffen wirtschaftlicher und nichtwirtschaftlicher Gründe

Meines Erachtens nach kann die Tatsache allein, dass eine bestimmte nationale Regelung *auch* protektionistische oder sonstige wirtschaftliche Auswirkungen nach sich zieht, keine Unzulässigkeit der Maßnahme begründen. Die Möglichkeit, die Grundfreiheiten zu beschränken, soll dazu dienen, der relativen Wichtigkeit anderer Interessen Rechnung zu tragen. Diese relative Wichtigkeit wird nicht dadurch beeinträchtigt, dass zugleich anderen Interessen gedient wird, die nicht „schutzwürdig" i.S.d. europäischen Rechtsordnung sind.

Diese Sicht wird durch die bisherige Rechtsprechung des EuGH bestätigt. So war im Fall *Campus Oil* die Sicherung der Erdölversorgung Irlands – ein nichtwirtschaftlicher Grund – nach Ansicht der irischen Regierung nur durch Maßnahmen zu erreichen, die das wirtschaftliche Überleben der einzigen Raffinerie des Landes gewährleisten[815]. Der EuGH hat die Klage der Kommission abgewiesen und dem nationalen Gesetzgeber zugebilligt, die fraglichen Maßnahmen zu treffen,

---

[811] EuGH v.11.06.1985, Rs. 288/83 – *Kommission ./. Irland* – Slg. 1985, S. 1761, (1776) Rz. 28.

[812] EuGH v. 04.05.1993, Rs. C-17/92 – *Fedecine ./. Spanien* – Slg. 1993 I, S. 2239, (2272), Rz. 16f.

[813] *Beisiegel/Mosbacher/Lepante*, JZ 1996, 668, (671); *Eichenhofer*, ZIAS 1996, S. 55, (68); *Roth*, ZBB 1997, S. 373, (377); *Troberg*, in: von der Groeben/Thiesing/Ehlermann, EG-Vertrag, Art. 59, Rn. 22.

[814] Diese Ansicht vertritt bei primär wirtschaftlich motivierten Regelungen *Petersen*, S. 145.

[815] EuGH v. 10.07.1984, Rs. 72/83 – *Campus Oil* – Slg. 1984, S. 2727.

obwohl diese auch wirtschaftliche Gründe verfolgten, da die nichtwirtschaftlichen Gründe eindeutig im Vordergrund der Erwägungen standen[816]. Dies ist aus der Natur der „Allgemeininteressen" als Ergebnis einer Abwägungsentscheidung nachvollziehbar. Eine ähnliche Konstellation lag dem Urteil *Zenatti* zugrunde[817]: Italien hatte aus Gründen des Schutzes der Verbraucher die Möglichkeit, Sportwetten abzuschließen, auf bestimmte staatliche Wettinstitute beschränkt. Der EuGH hat hier geprüft, ob nicht unter dem „Deckmantel"[818] des Verbraucherschutzes lediglich Einnahmezwecke verfolgt wurden und eine Rechtfertigung nur für möglich gehalten, wenn die Regelung auch dem geltend gemachten Allgemeininteresse dient[819].

Offen bleibt jedoch, welchen Anteil der nichtwirtschaftliche Aspekt an der Entscheidungsfindung haben muss. Kann es genügen, wenn bei der Schaffung einer Regelung neben einem dominierenden wirtschaftlichen Motiv auch andere, anerkanntermaßen ein Allgemeininteresse begründende Zielsetzungen eine Rolle spielten?

Im Rahmen der Bestimmung der Allgemeininteressen sind diese einzeln mittels Abwägung zu ermitteln. Liegt ein Allgemeininteresse vor, dass zu einer Beschränkung der Grundfreiheiten ermächtigt und ist diese Beschränkung verhältnismäßig, so ändert sich an dieser Einschätzung nichts dadurch, dass neben diesem auch andere, nicht geschützte Interessen verfolgt werden.

> (v) *Ausnahme vom Verbot wirtschaftlicher Gründe aufgrund Art. 96 EGV (Art. 101 EGV a.F.)*

Wichmann folgert für die Bauindustrie eine Ausnahme vom Verbot wirtschaftlicher Gründe aus Art. 96 EGV (Art. 101 EGV a.F.)[820].

Art. 96 EGV ermächtigt den Rat zum Erlass von Richtlinien zur Angleichung nationaler Rechtsvorschriften, wenn diese eine wettbewerbsverzerrende Wirkung haben.

Dieser Tatbestand wird zumeist in Anlehnung an den *Spaak*-Bericht[821] überprüft[822]. Dieser hatte eine solche zu beseitigende Wettbewerbsverzerrung dann

---

[816]EuGH v. 10.07.1984, Rs. 72/83 – *Campus Oil* – Slg. 1984, S. 2727, (2752), Rz. 35; EuGH v. 06.10.1987, Rs. 118/86 – *Nertsvoederfabriek Nederland BV* – Slg. 1987, S. 3883, (3908), Rz. 15.

[817] EuGH v. 21.10.1999, Rs. C-67/98 – *Zenatti* – Slg. 1999 I, S. 7289.

[818] So Generalanwalt *Fennelly* in den Schlussanträgen v. 20.05.1999 zur Rs. C-67/98 – *Zenatti* – Slg. 1999 I, S. 7289, (7302), Nr. 32.

[819] EuGH v. 21.10.1999, Rs. C-67/98 – *Zenatti* – Slg. 1999 I, S. 7289, (7314), Rz. 38.

[820] *Wichmann*, S. 140ff.

angenommen, wenn eine beseitigungsbedürftige spezifische Wettbewerbsverfälschung vorliegt[823]. Darunter wird eine Situation verstanden, in der ein Industriezweig eines Mitgliedstaates in erheblicher Weise mehr oder weniger belastet ist als der Durchschnitt der Gesamtwirtschaft dieses Landes, diese Sondersituation in einem anderen Mitgliedstaat nicht besteht und diese Nachteile nicht durch korrespondierende Wettbewerbsvorteile und die allgemeinen Außenhandelsbedingungen ausgeglichen werden. Regelungsziel ist die Herstellung eines Mindestmaßes an Chancengleichheit für die auf dem Gemeinsamen Markt miteinander im Wettbewerb stehenden Unternehmen.

Ob man eine solche Situation in der Bauindustrie feststellen kann, ist bereits äußerst fraglich. Eine bloße Differenz der Rahmenbedingungen kann kaum ausreichend sein, diese sollen durch das Herkunftslandprinzip gerade dem Wettbewerb ausgesetzt werden[824]. *Wichmann* bejaht dies indes hier, da sich bei der Erbringung von Bauleistungen die Standortvorteile kumulierten[825]. Der ausländische Bauunternehmer exportiere den Vorteil niedriger Löhne mit in den Aufnahmestaat und kumuliere ihn mit dem Standortvorteil der gut ausgebauten Infrastruktur der Aufnahmeländer.

Ein so genereller Schluss auf das Vorliegen einer Wettbewerbsverzerrung zum Nachteile der inländischen Bauunternehmen erscheint nicht angebracht. Der Markt für Bauleistungen wie auch die Wettbewerbssituation der deutschen Bauunternehmen ist sehr heterogen. Neben den Löhnen und der Infrastruktur sind weitere Kriterien für die Wettbewerbsfähigkeit eines Unternehmens bedeutsam, z.B. die Qualität von Produkten und Dienstleistungen, umfassender Kundenservice, Schnelligkeit und Know-how. Die Krise auf dem deutschen Baumarkt ist zudem nicht nur vor dem Hintergrund der Wettbewerbstätigkeit ausländischer Bauunternehmer in Deutschland zu sehen. Es muss dabei auch berücksichtigt werden, dass die Nachfrage nach Bauleistungen im Anschluss an die der Wiedervereinigung folgende Sonderkonjunktur stark zurückgegangen ist[826].

---

[821] Regierungsausschuss eingesetzt von der Konferenz von Messina – Bericht der Delegationsleiter an die Außenminister in Brüssel vom 21.4.1956, S. 64ff.

[822] *Bardenhewer/Pipkorn,* in: von der Groeben/Thiesing/Ehlermann, EG-Vertrag, § 101, Rn. 9ff.; Schwarze-*Hattenberger,* EU-Kommentar, Art. 101 EGV, Rn. 2; *Wichmann*, S. 141. Auch die Kommission hat sich diese Auffassung zu eigen gemacht, ABl. EG 1983 Nr. C 257, S. 1, 2.

[823] A.A. *Mesenberg,* BB 1961, S. 141f.; *Zweigert*, FS Dölle, S. 401, (410).

[824] *Classen*, EWS 1995, S. 97, (105); *Eberhartinger*, EWS 1997, S. 43, (46); *Franzen*, DZWir 1996, S. 89, (94); *Mülbert*, ZHR 159 (1995), S. 2, (19); *Mussler*, S. 103f.; *Roth*, in: Dauses Handbuch des EU-Wirtschaftsrechts, E. I Rn. 121; *Steindorff*, ZHR 158 (1994), S. 149, (168); *ders.*, EG-Vertrag und Privatrecht, S. 88f.

[825] *Wichmann,* S. 144.

[826] So gingen die Bauinvestitionen in Deutschland allein im Jahr 2000 insgesamt um 2,5 % zurück, Die Zahl der im Jahr 2000 erteilten Baugenehmigungen für Wohnungen ging in

In einem Gutachten „Szenarien und Strategien deutscher mittelständischer Bauunternehmen in Europa"[827], das im Auftrag des Rationalisierungs- und Innovationszentrums der Deutschen Wirtschaft e.V. durch die Rationalisierungs-Gemeinschaft Bauwesen erarbeitet wurde, wird auch ein sehr differenziertes Bild der gegenwärtigen Situation und der zukünftigen Entwicklungschancen der deutschen Bauunternehmen gezeichnet. Neben einfachen Bauaufträgen im Roh- und Tiefbau, bei denen die Arbeitskosten das einzig maßgebliche Kalkulationskriterium darstellen und bei denen die Bauunternehmen stark unter der ausländischen Konkurrenz leiden[828], stehen technisch anspruchsvolle Vorhaben, die nur durch den Einsatz eines komplexen Geräteparks zu bewältigen sind. Der Vorteil niedriger Löhne lässt sich zudem teilweise durch den verstärkten Einsatz moderner Baugeräte ausgleichen, zumal die Qualifikation der Arbeiter aus den Niedriglohnländern im Regelfall unter der ihrer Kollegen aus Hochlohnländern liegt.

Für bestimmte Projekte reicht auch das technische Know-how der meisten Unternehmen aus den Niedriglohnländern nicht aus. Dies gilt nicht nur für Großprojekte wie der Auftrag zum Bau des neuen Athener Flughafens, welcher, obwohl im Niedriglohnstaat Griechenland gelegen, einem deutschen Bauunternehmen erteilt worden ist. Auch kleinere, jedoch technisch schwierige Projekte werden fast ausschließlich durch spezialisierte Unternehmen aus den Hochlohnländern durchgeführt.

Die Auswirkungen der Konkurrenz ausländischer Billiganbieter sind auch deutlich geringer bei den handwerklich arbeitenden Kleinbetrieben, die aufgrund der begrenzten lokalen Aktionsbasis, ihrer häufig guten persönlichen Kontakte zu Auftraggebern und öffentlichen Stellen sowie ihrer hohen Flexibilität nur in begrenztem Maße in Wettbewerb mit diesen stehen[829].

Lediglich die Bauunternehmen, die in den allgemeinen Bausektoren ohne besondere Spezialisierung tätig sind, sind dem Preisdruck in besonders starkem Umfang ausgesetzt[830].

Gesamtdeutschland um 20,4 % zurück, für die neuen Länder liegt diese Zahl bei minus 27,9 %. Auch für die Nicht-Wohngebäude wurden in den neuen Bundesländern 12,5 % weniger Baugenehmigungen erteilt. Da sich an den Baugenehmigungen die Aufträge der Zukunft ablesen lassen, lässt diese Entwicklung für das laufende Jahr 2001 wenig positives erwarten, ZDB-Info 28/2001 v. 03.04.2001.

[827] Zusammenfassung abrufbar über die Homepage des Bundesministeriums für Wirtschaft und Technologie, unter der Adresse: www.bmwi.de/Homepage/download/mittelstand /studie_bau.zip; im folgenden als Gutachten RG-Bau bezeichnet.

[828] Gutachten RG-Bau, S. 8.

[829] Gutachten RG-Bau, S. 10.

[830] Gutachten RG-Bau, S. 14.

Auch die Praxis meldet nicht nur Hiobsbotschaften. Die deutschen Bauunternehmen konnten nach Angaben des Hauptverbandes der Deutschen Bauindustrie[831] im Jahr 2000 einen Rekordwert für Auftragseingänge aus dem Ausland verbuchen. Der Auftragswert in Höhe von 19,9 Mrd. EURO entspricht einer Steigerung von über 50 % gegenüber dem Vorjahr (13,1 Mrd. EURO) und einer Verdoppelung des Auftragsvolumens aus dem Jahr 1998 (9,7 Mrd. EURO). Diese Entwicklung soll auch für das Jahr 2001 anhalten, wenngleich bei dieser Aussage die Auswirkungen der Ereignisse um das Attentat im September 2001 nicht berücksichtigt wurden. Für die im Auslandsgeschäft tätigen Unternehmen stellt diese positive Entwicklung durchaus eine Kompensation für das wegbrechende Inlandsgeschäft dar.

Eine generelle Verzerrung des Wettbewerbs zu Lasten inländischer Unternehmer lässt sich daher nicht konstatieren.

Problematisch erscheint zudem die Fruchtbarmachung und Übertragung dieses Rechtsgedankens auf Maßnahmen des nationalen Gesetzgebers. Durch Angleichung staatlicher *Rechts- und Verwaltungsvorschriften* sollen rechtliche Hindernisse für den Gemeinsamen Markt abgebaut werden[832]. Dementsprechend ermächtigt Art. 96 EGV den Rat auch erst dann, die Angleichung mit qualifizierter Mehrheit zu beschließen, wenn Beratungen mit den betroffenen Mitgliedstaaten nicht zu einem Erfolg geführt haben.

Durch dieses Vorgehen soll der Gemeinsame Markt daher primär nicht *durch*, sondern *vor* staatlichen Regelungen geschützt werden. Das Lohnniveau in bestimmten Mitgliedstaaten und der daraus resultierende Wettbewerbsvorteil entzieht sich weitgehend staatlicher Kontrolle und wird im Regelfalle nicht durch staatliche Festlegungen determiniert.

Aus Art. 96 EGV eine Ermächtigung zum Erlass staatlicher Regelungen herzuleiten, die die rechtlichen Unterschiede zwischen den Mitgliedstaaten noch verstärken, erscheint daher nicht zulässig.

(vi) Ergebnis

Die Behauptung, die Verhinderung von nationaler Arbeitslosigkeit sei Schutz des Arbeitsmarkts im Sinne der EuGH-Rechtsprechung und daher ein tauglicher Rechtfertigungsgrund, kann daher nicht überzeugen. Maßnahmen zum Schutz vor

---

[831] Pressemitteilung v. 05.07.2001.

[832] *Bardenhewer/Pipkorn*, in: von der Groeben/Thiesing/Ehlermann, EG-Vertrag, § 101, Rn. 1; Schwarze-*Hattenberger*, EU-Kommentar, Art. 101 EGV, Rn. 3.

Arbeitslosigkeit können unter den „Schutz des Arbeitsmarkts" nicht subsumiert werden, wenn sie Einheimische nur auf Kosten der Bürger anderer EG-Staaten in Lohn und Brot halten. Auch die oben genannten Urteile *Beentjes* und *Nord-Pas de Calais* stehen dem nicht entgegen. Der EuGH hat nämlich auch klar gemacht, dass die Beschäftigungsförderung, um mit der Vergabe-Richtlinie vereinbar zu sein, alle einschlägigen Vorschriften des Gemeinschaftsrecht beachten muss[833]. Das Ziel der Schutzes des nationalen Arbeitsmarktes stellt sich als ein rein wirtschaftliches Ziel dar, das entsprechend dem oben festgestellten nicht als Allgemeininteresse dienen kann.

Bei der Änderung des AEntG hat der deutsche Gesetzgeber deutlich gemacht, dass es um die Effektivierung des bisherigen Gesetzes geht, dass die Nettolohnhaftung zur Sicherstellung der Zahlung des Mindestlohns nach § 1 AEntG dienen soll[834]. Die Anwendung des AEntG auch auf inländische Beschäftigte war nicht Sinn der Regelung, sondern wurde nur vorgesehen, um eine Diskriminierung aufgrund der Staatsangehörigkeit zu vermeiden. Es ging also bei der Regelung weiter um das Ziel, die deutschen Bauunternehmer und ihre Angestellten vor der Konkurrenz billigerer ausländischer Unternehmen zu schützen.

Der gezielte Einsatz der sozialpolitischen Kompetenz durch den nationalen Gesetzgeber, um gezielt den freien Dienstleistungsverkehr zu beschränken, ist jedoch nicht billigenswert[835].

(d) Allgemeininteresse: Schutz vor Wettbewerbsverfälschung

Als eine Erwägung zum Erlass des AEntG wird die Notwendigkeit angeführt, den Wettbewerb vor einer Verfälschung durch soziales Dumping zu bewahren[836]. Die in der Präambel des EGV aufgeführten Ziele, die stetige Verbesserung der Lebens- und Beschäftigungsbedingungen und die Sicherung des wirtschaftlichen und sozialen Fortschritts sollen durch die Verwirklichung eines freien Wettbewerbs erreicht werden. Der Wettbewerb wird bewusst als Mittel zur Erreichung der allgemeinen Vertragsziele eingesetzt[837].

---

[833] EuGH v. 20.09.1988, Rs. 31/87 – *Beentjes* – Slg. 1988, S. 4635, (4659), Rz. 29; EuGH v. 26.09.2000, Rs. C-225/98 – *Kommission ./. Frankreich* – Slg. 2000 I, S. 7445, Rz. 51.

[834] BT-Drucks. 14/45, S. 17.

[835] *Beisiegel/Mosbacher/Lepante*, JZ 1996, 668, (671); *Gerken/Löwisch/Rieble*, BB 1995, S. 2370, (2373).

[836] *Koberski/Sahl/Hold*, AEntG, § 1, Rn. 235ff.; *Steinmeyer*, DVBl. 1995, S. 962, (963).

[837] *Müller-Graff*, in: von der Groeben/Thiesing/Ehlermann, EG-Vertrag, Art. 30, Rn. 209; *Schröter*, in: von der Groeben/Thiesing/Ehlermann, EG-Vertrag, Einf. zu Art. 85, Rn. 19. So könnte man das zugrundeliegende Konzept mit *Mussler*, S. 88 mit „Integration durch Wettbewerb" bezeichnen.

Aus diesem hohen Rang, den der freie Wettbewerb in der Konzeption des EGV einnimmt, lässt sich folgern, dass sich staatliche Maßnahmen, die einer bereits erfolgten Wettbewerbsverzerrung und unlauterem Wettbewerb entgegentreten, auf ein rechtfertigendes Allgemeininteresse stützen können[838]. Auch der EuGH hat den Schutz des lauteren Wettbewerbs als ein Allgemeininteresse anerkannt[839]. Auf der anderen Seite sind Maßnahmen, die den freien Wettbewerb verhindern, mit dieser Konzeption kaum vereinbar und können daher nicht zur Rechtfertigung herangezogen werden.

Fraglich ist somit, ob die Regelungen des AEntG als ein Instrument zur Sicherung des freien Wettbewerbs oder zu seiner Verhinderung anzusehen sind.

Dafür ist zunächst die Frage zu beantworten, was der „freie Wettbewerb" ist, den es zu schützen gilt?

(i) Ist eine allgemeingültige Bestimmung des Wettbewerbsbegriffs möglich?

Der Begriff des Wettbewerbs hat sich bislang einer allgemeingültigen Definition entzogen. Insbesondere ergibt sich der Begriffsinhalt nicht aus dem EGV, die praktische Ausgestaltung ist durch die wirtschaftswissenschaftlichen Wettbewerbskonzeptionen geprägt[840]. Als gesicherter Ausgangspunkt kann angesehen werden, dass das Streben aller Marktteilnehmer nach dem eigenen Vorteil dafür sorgt, dass sich der jeweils Beste durchsetzt[841] und so die volkswirtschaftlich höchste Effizienz zum Maßstab wird.

Der Wettbewerb hat zudem die Funktion, die Errichtung des Gemeinsamen Marktes zu fördern (Art. 2 EGV), er dient zusätzlich als „Integrationsinstrument"[842].

Dabei sollen marktfremde Kriterien möglichst eliminiert werden. Schützenswert ist nur der unverfälschte Wettbewerb[843]. Als unverfälscht kann nur ein Wettbewerb gelten, der von künstlichen Beeinträchtigungen durch private oder hoheitliche Eingriffe frei ist.

Dementsprechend verbietet der EGV staatliche Maßnahmen, die zu einer Wettbewerbsverfälschung führen (unerlaubte Beihilfen, Art. 87 EGV (Art. 92 EGV

---

[838] So *Arndt*, ZIP 1994, S. 188, (189); *Baumbach/Hefermehl*, Wettbewerbsrecht, Einl. UWG, Rn. 621.

[839] EuGH v. 18.05.1993, Rs. C-126/91 – *Yves Rocher* – Slg. 1993 I, S. 2361, (2388), Rz. 12.

[840] *Schubert*, S. 223.

[841] *Rieble*, Arbeitsmarkt und Wettbewerb, Rn. 47.

[842] *v. Danwitz*, Arbeitsmarkt und staatliche Lenkung, S. 99, (110); *Schubert*, S. 219.

[843] EuGH v. 25.10.1977, Rs. 26/76 – *Metro I* – Slg. 1977, S. 1875, (1905), Rz. 20.

a. F.)) und enthält die Handlungsmöglichkeiten, um Unterschiede in Rechts- und Verwaltungsvorschriften entgegenzuwirken (Art. 96, 97 EGV (Art. 101, 102 EGV a. F.)). Die Verfälschung des Wettbewerbs ist als Oberbegriff und Auffangtatbestand für die Verhinderung oder Beschränkung des Wettbewerbs zu verstehen[844].

(ii) Beschränkung des Wettbewerbsbegriffs auf einen „Leistungswettbewerb"?

In der Literatur wird in Reaktion auf die Friktionen, die durch das in den einzelnen Mitgliedstaaten differierende Niveau des sozialen Schutzes hervorgerufen werden, teilweise die Beschränkung des Begriffs des geschützten Wettbewerbs auf den „Leistungswettbewerb" vertreten[845]. Wettbewerbsvorteile aufgrund des unterschiedlichen Schutzniveaus seien nicht vom geschützten Wettbewerb erfaßt. Die Vertreter dieser Ansicht sehen in der Ausnutzung bestehender Lohn- und Sozialkostenunterschiede die Gefahr „sozialen Dumpings" bzw. „Lohndumpings"[846]. Dies müsse auch auf dem Gebiete des Arbeits- und Sozialrechts zu Harmonisierungen der nationalen Rechtsordnungen berechtigen. Ob der „Dumping"-Begriff in diesem Zusammenhang verwendbar ist, ist zumindest fraglich[847].

Art. 4 Abs. 1 EGV (Art. 3a EGV a.F.) bestimmt wörtlich: „Die Tätigkeit der Mitgliedstaaten ... umfasst nach Maßgabe dieses Vertrags und der darin vorgesehenen Zeitfolge die Einführung einer Wirtschaftspolitik, die auf einer engen Koordinierung der Wirtschaftspolitik der Mitgliedstaaten, dem Binnenmarkt und der Festlegung gemeinsamer Ziele beruht und dem Grundsatz einer offenen Marktwirtschaft mit freiem Wettbewerb verpflichtet ist." Zwar folgt daraus nicht zwingend, dass diese Bestimmung des Gemeinschaftsrechts den Grundsatz des

---

[844] *Bleckmann*, Europarecht, Rn. 1854.

[845] *Däubler*, EuZW 1997, S. 613, (616); *Hanau*, NJW 1996, S. 1368, (1372).

[846] *Däubler*, EuZW 1993, S. 370, (371); v. *Danwitz*, RdA 1999, S. 322, (323); *Hanau*, FS Everling, S. 415; *Hofmann*, BArbBl. 4/1995, S. 14; *Hold*, AuA 1996, 113f.; Der Begriff von „Lohndumping" wird auch verwendet von *Kempen/Zachert*, TVG § 5, Rn. 10.

[847] So publikumswirksam derartige Schlagwörter auch sein mögen, terminologisch lassen sie sich kaum halten: „Dumping" bedeutet nach Art. VI (1) GATT das Anbieten von Waren unter dem Normalpreis, d. h. dass der Anbieter mit dem Ziel der Verdrängung von Mitbewerbern seine Leistung zu Preisen anbietet, die unter den eigenen Gestehungskosten liegen. Um tatsächlich „Dumping" annehmen zu können, müssten die ausländischen Bauunternehmer die Bauaufträge in Deutschland zu günstigeren Preisen ausführen, als dies in ihren Heimatländern üblich ist. Führt man sich dies vor Augen, wird klar, dass die Gefahr tatsächlichen „Dumpings" nicht besteht. So auch *Franzen*, DZWir 1996, S. 89; *Gerken/Löwisch/Rieble*, BB 1995, S. 2370; *Steinmeyer*, DVBl. 1995, S. 962, (963). Den Begriff des „Dumpings" für die Problematik verteidigt jedoch *Blanke*, ArbuR 1999, S. 417, (425).

freien Wettbewerbs über andere Grundsätze stellen würde, da das Gemeinschaftsrecht mehrere Ziele gleichzeitig verfolgt und diese miteinander in Einklang zu bringen sind.

Es ist somit zu überprüfen, ob der Mitgliedstaat Vorschriften erlassen darf, in denen der Wettbewerb auf nationaler Ebene um die lohn- und sozialversicherungsrechtlichen Elemente beschnitten wird. Die Verpflichtung der Mitgliedstaaten zur Aufrechterhaltung eines marktwirtschaftlichen Systems[848] steht der Ausschaltung des Wettbewerbsprinzips in einzelnen Bereichen nicht entgegen, da die vom EGV vorgegebene Wettbewerbsordnung keine „freie Marktwirtschaft" im Sinne des Manchesterkapitalismus vorschreibt. Art. 2 EGV nennt in einem Atemzug mit dem Gemeinsamen Markt die Ziele eines hohen Maßes an sozialem Schutz und die Hebung der Lebenshaltung.

Als Argument für die Einschränkung des Wettbewerbs im Bereich von Arbeits- und Sozialkosten wird mit der Funktion des Herkunftslandsprinzip argumentiert. Allgemein anerkannt ist, dass das Herkunftslandprinzip dazu dient, mittels eines Wettbewerbs der Regulierungssysteme zu einem Abbau ineffizienter mitgliedstaatlicher Regelungssysteme beizutragen[849]. Der Sozialkostenwettbewerb sei dabei jedoch eine Ausnahme und nicht von dem Begriff des Wettbewerbs und der Wettbewerbsfreiheit im Sinne des Europäischen Rechts erfasst. Sein Ausschluss sei notwendig, da es sonst zu einem „race to the bottom" käme und sich die Regelungen des Staates mit dem niedrigsten Schutzniveaus durchsetzten[850]. Die Präambel des EGV stellt in S. 4 klar, dass nur der redliche Wettbewerb geschützt werde. Art. 50 Satz 3 EGV (Art. 60 Satz 3 EGV a. F.) lege mit dem Abstellen auf die Voraussetzungen des Mitgliedstaats für seine eigenen Angehörigen sogar das Gegenteil eines Sozialkostenwettbewerbs nahe[851].

Diese Meinung könnte sich auch ein Urteil des Gerichtshof aus dem Jahr 1974 berufen, das jedoch ein Einzelfall geblieben ist: Der EuGH hatte festgestellt, dass das Diskriminierungsverbot (in diesem Fall auf dem Gebiet der Freizügigkeit der Arbeitnehmer) nicht bloß den Zweck hat, in jedem Mitgliedstaat den Angehörigen der anderen Mitgliedstaaten gleichen Zugang zu den Arbeitsplätzen zu verschaffen, sondern darüber hinaus auch dazu diene *Inländer* vor den Nachteilen zu bewahren, die sich daraus ergeben können, dass Angehörige anderer Mitgliedstaaten ungünstigere Arbeitsbedingungen oder Entlohnung anbieten oder annehmen, als

---

[848] *Bleckmann*, Europarecht, Rn. 752.

[849] *Immenga/Mestmäcker*, EG-Wettbewerbsrecht, Einl. Rn. 65.

[850] *Däubler*, EuZW 1997, S. 613, (616); *Hanau*, NJW 1996, S. 1368, (1372).

[851] *Deinert*, RdA 1996, S. 339, (349) *Hanau*, NJW 1996, S. 1368, (1370); *Nagel*, Wirtschaftsrecht, S. 233.

das geltende nationale Recht sie vorsieht[852]. Diese Rechtsprechung dürfte mittlerweile durch die postulierte Geltung des Herkunftslandsprinzip überholt sein.

Soweit als Beleg für diese These angeführt wird, der EuGH habe die Erstreckung der Mindestlohnregelungen nicht im Hinblick auf eine Beeinträchtigung der Dienstleistungsfreiheit untersucht[853], ist dies nicht richtig, der EuGH hat darin sehr wohl eine – allerdings im entsprechenden Fall gerechtfertigte – Beschränkung gesehen[854].

Die Auswirkungen der Konkurrenz von Regionen mit unterschiedlichen Sozialordnungen und Sozialleistungsstandards innerhalb eines ökonomischen Raums sind nicht geklärt. Für den Gemeinsamen Markt kann bislang keine relevante konkurrenzbedingte Minderung des sozialen Schutzniveaus in den Staaten mit einem hohem Leistungsstandard konstatiert werden[855].

Es muss jedoch beachtet werden, dass unterschiedliche Wettbewerbsbedingungen aufgrund unterschiedlicher Lohnhöhe und Sozialvorschriften der Mitgliedstaaten beim Abschluss des EGV bekannt und bewusst in Kauf genommen wurden[856]. Bereits bei der Schaffung von Art. 117 EWGV 1957 (Art. 136 EGV n.F.) waren sich die Verfasser darüber einig, dass die Verbesserung der Lebens- und Arbeitsbedingungen der Arbeitskräfte angestrebt, ihre Angleichung jedoch *auf dem Wege des Fortschritts* ermöglicht werden soll; daran hat sich nichts geändert. Das Binnenmarktkonzept des EGV fordert so weder eine Vereinheitlichung der Arbeitsbedingungen noch die Festlegung von Mindeststandards[857]. Dies wird auch im Vertrag selbst deutlich. Gemäß Art. 95 Abs. 1 EGV *kann* der Rat zur Erreichung des Binnenmarktziels Maßnahmen zur Angleichung der Rechts-, und Verwaltungsvorschriften der Mitgliedstaaten erlassen. Abs. 2 schließt diese Möglichkeit jedoch bei Bestimmungen über die Rechte und Interessen der Arbeitnehmer aus.

Fraglich ist, ob es zulässig sein kann, wenn ein Mitgliedstaat diesen Wettbewerb in bestimmten Bereichen ausschaltet. Insofern ist hier die Frage des Verhältnisses von

---

[852] EuGH v. 04.04.1974, Rs. 167/73 – *Kommission ./. Frankreich* – Slg. 1974, S. 359.

[853] *Däubler*, EuZW 1997, S. 613, (616).

[854] EuGH v. 28.03.1996, Rs. C-272/94 – *Guiot* – Slg. 1996 I, S. 1905.

[855] Bei Betrachtung der Länder mit traditionell hohem Schutzniveau wie den Benelux-Staaten, Skandinavien oder der Bundesrepublik können abgesehen von Gesetzesänderungen, die zusammenfassend als Anstrengungen, die missbräuchliche Inanspruchnahmen der Sozialsysteme zu verringern, bezeichnet werden können, in den letzten Jahren keine wesentlichen Veränderungen der Sozialsysteme festgestellt werden. Auf die wettbewerbsfördernde Wirkung eines hohen sozialen und arbeitsrechtlichen Schutzstandards weisen auch *Schiek*, S. 63 und *Deakin*, FS Wedderburn, S. 63, (83) hin.

[856] *Koenigs*, DB 1995, S. 1710, (1711).

[857] Schwarze-*Rebhahn*, EU-Kommentar, Art. 136 EGV, Rn. 38.

Wettbewerb am Arbeitsmarkt zum Arbeitsrecht aufgeworfen. Bei der Schaffung des EGV war die besondere Bedeutung der Koalitionen im Bereich des Arbeitsrechts und die Kartellwirkung von Vereinbarungen der Tarifpartner bereits bekannt[858], die kollektive Durchsetzung der Interessen der Arbeitnehmer ist sogar erwünscht[859]. Ein generelles Verbot der Festlegung von Mindeststandards kann deshalb aus dem Wettbewerbskonzept nicht gefolgert werden.

Die Grundfreiheiten gelten jedoch grundsätzlich für alle Marktbereiche. Die allgemeinen Vertragsvorschriften sind nur dann in einem bestimmten Bereich nicht anzuwenden, wenn eine Vorschrift dies ausdrücklich vorsieht[860]. So sieht Art. 32 Abs. 2 EGV (Art. 38 Abs. 2 EGV a.F.) die Geltung der Vorschriften über den Gemeinsamen Markt für den gemeinsamen Agrarmarkt nur anwendbar, „soweit in den Art. 33 – 38 EGV (Art. 39-45 EGV a.F.) nicht etwas anderes bestimmt ist". Im Streit um die Bananenmarktverordnung vom 13.02.1993[861], die die Einfuhr der sog. „Dollar-Banane" zugunsten der in überseeischen Territorien von EG-Mitgliedstaaten produzierten „Gemeinschaftsbanane" einschränkte, hat der EuGH hieraus einen Vorrang der Agrarpolitik vor den Zielen des EGV im Wettbewerbsbereich angenommen[862]. Auf der anderen Seite hat der EuGH deutsche Vorschriften, die den Bereich der Versicherungswirtschaft dem Wettbewerb entzogen, mit dem Argument aufgehoben, der Vertrag sehe für diesen Bereich eben keine Ausnahmeregelung vor[863]. Die Rechtsprechung des EuGH sieht daher die Möglichkeit der Befreiung eines bestimmten Politikbereichs von der Geltung der Marktfreiheit nur dann vor, wenn dies im Vertrag selbst eine Stütze findet.

Ein Anhaltspunkt für die Vermutung, auch der Arbeitsmarkt könne von der allgemeinen Geltung der Grundfreiheiten ausgenommen sein[864], könnte in Art. 136ff. EGV gesehen werden. So wird vertreten, dass der Sozialkostenwettbewerb schon deshalb einem Leistungswettbewerb nicht

---

[858] Siehe Art. 5 der Europäischen Sozialcharta vom 18.10.1961, (BGBl. II 1964, S. 1262). Nach Art. 8 der VO 1612/68/EWG hat der ausländische Arbeitnehmer sogar einen Anspruch auf gleichen Zugang und Mitgliedschaftsrechte zu einer Gewerkschaft wie Inländer.

[859] Vgl. Art. 138 EGV.

[860] So schon Generalanwalt *Reischl* in den Schlussanträgen v. 06.03.1974 zur Rs. 167/73 – Kommission ./. Frankreich – Slg. 1974, S. 374, (377). Ebenso *Berrisch*, EuR 1994, S. 461, (464); *Immenga/Mestmäcker*, EG-Wettbewerbsrecht, Einl. Rn. 47.

[861] Verordnung des Rates über die gemeinsame Marktorganisation für Bananen, VO 404/93/EWG, ABl. EG Nr. L 47, S .1.

[862] EuGH v. 05.10.1994, Rs. C-280/93 – *Deutschland ./. Rat* – Slg. 1994 I, S. 4973, (5061), Rz. 61.

[863] EuGH v. 27.01.1987, Rs. 45/85 – *Verband der Sachversicherer* – Slg. 1987, S. 405, (451), Rz. 12f.

[864] So, wenngleich ohne Begründung, *Emmerich*, in: Dauses Handbuch des EU-Wirtschaftsrecht, H I, Rn. 45.

gleichgestellt sei, weil das Ziel einer Verbesserung der Lebens- und Arbeitsbedingungen der Arbeitskräfte, wie es von Art. 136 Abs. 2 EGV (Art. 117 Abs. 1 EGV a. F.) formuliert wird, durch ein massenhaftes Angebot von Billigarbeitskräften gerade nicht erreicht würde.

Art. 136 Abs. 3 EGV macht indes die Konzeption des Vertrags klar, dass sich die Verbesserung der Lebens- und Arbeitsbedingungen gerade aus dem Wirken des Gemeinsamen Marktes ergeben soll, dass also dem wirtschaftlichen Wettbewerb mittels Lohnkostenunterschieden zugleich die Tendenz zur Abmilderung und schlussendlichen Aufhebung dieser Unterschiede innewohnt. Der EGV geht dementsprechend von dem Konzept einer *allgemeinen* Marktfreiheit aus[865].

Jedoch ist Art. 137 EGV zu entnehmen, dass die Mitgliedstaaten das Niveau des sozialen Schutzes, den sie ihren Arbeitnehmern zukommen lassen wollen, frei bestimmen können. Die Gemeinschaft hat zwar inzwischen die Aufgabe, die Lebens- und Arbeitsbedingen zu verbessern. Zum Zwecke der Unterstützung und Ergänzung der Tätigkeit der Mitgliedstaaten wurde ihr die Kompetenz zugesprochen, Richtlinien zu Mindestvorschriften zu erlassen. Art. 137 Abs. 5 EGV garantiert den Mitgliedstaaten indes die Möglichkeit, zugunsten der Arbeitnehmer strengere Schutzmaßnahmen anzuordnen.

Gerade das Arbeitsentgelt bleibt dem Wirken der Gemeinschaft jedoch nach Art. 137 Abs. 6 EGV ausdrücklich verschlossen.

Die Bestimmung des sozialen Schutzniveaus ist damit nach wie vor Aufgabe des einzelnen Mitgliedstaates[866]. Wenn sich die in den anderen Mitgliedstaaten ansässigen Dienstleistungserbringer über das im Aufnahmestaat bestehende Niveau hinwegsetzen könnten, so wäre diese in Frage gestellt, da die im Aufnahmestaat ansässigen Arbeitgeber verlangen würden, dieses Schutzniveau zu senken, um die Konkurrenzfähigkeit wieder herzustellen[867]. Daher könnte hieraus gefolgert werden, der nationale Gesetzgeber dürfe sein Schutzniveau auch auf entsandte Arbeitnehmer erstrecken.

Dementsprechend hat der EuGH klargestellt, dass der gemeinsame Markt das Ziel der „Verschmelzung der nationalen Märkte zu einem einheitlichen Markt"[868] verfolgt, bei dem auch der Arbeitsmarkt miterfasst wird. Das Prinzip eines einheitlichen Binnenmarktes und Schutzmaßnahmen für Teilmärkte stehen in

---

[865] *Schubert*, S. 359.
[866] *v. Danwitz*, Arbeitsmarkt und staatliche Lenkung, S. 99, (112).
[867] Generalanwalt *Mischo*, Schlussanträge vom 13.07.2000 zu verb. Rs. C-49, 50, 52 bis 54 und 68 bis 71/98 – *Finalarte* – noch unveröffentlicht, Nr. 41f.
[868] EuGH v. 05.05.1982, Rs. 15/81 – *Gaston Schul* – Slg. 1982, S. 1409, (1431), Rz. 33.

diametralen Gegensatz zueinander[869].Die Grundentscheidung für das Ordnungsprinzip „Wettbewerb" beansprucht auch auf dem Arbeitsmarkt Geltung.

Von Befürworter des Mindestlohns wird geltend gemacht, es müsse beachtet werden, dass das AEntG den Wettbewerbsvorteil der Anbieter aus Niedriglohnländern nicht ausschaltet, sondern lediglich einschränkt[870].

Nach Angaben des Instituts der Deutschen Wirtschaft ergab sich – unter Anwendung der sich aufgrund des AEntG ergebenden Verpflichtungen – beim Vergleich der Lohnkosten pro Stunde folgendes Bild:

Vergleich der Lohnkosten pro Stunde in DM			
	Stammpersonal	Ausländische Werkvertragsarbeitnehmer	
	Deutscher Bauarbeiter	Portugiesischer Bauarbeiter (EG)	Polnischer Bauarbeiter (MOE)
Ecklohn	24,92	18,50	15,46
Urlaubskassenbeitrag [DM]	14,95 % 0,00	14,95 % 2,77	14,95 % 2,31
Lohnnebenkosten, bezogen auf die Stundenlohnsätze der Herkunftsländer	95,74 % 23,86	78,00 % 3,46	80,00 % 2,44
Summe	**48,78**	**24,73**	**20,21**

IW-Trends 1/99

Rechtsfolge des AEntG sei daher nicht die inländergleiche Behandlung ausländischer Auftragnehmer, sondern nur die Sicherung eines Minimums, das dem Anbieter aus dem Niedriglohnland immer noch einen beträchtlichen Vorsprung lässt. Die verbleibenden Lohnkostenunterschiede würden sich immer noch auf einen hohen Prozentsatz belaufen, der Wettbewerbsvorteil niedriger Lohnkosten würde daher nicht aufgehoben, sondern lediglich dessen Auswüchse bekämpft[871].

Zu berücksichtigen sei auch, dass die Lohnhöhe nicht nur durch den wirtschaftlichen Entwicklungsstand eines Landes festgelegt wird, sondern auch durch andere Faktoren, wie einem unterschiedlichen gewerkschaftlichen Organisationsgrad und unterschiedlicher Mobilisierungsfähigkeit gegenüber

---

[869] *Franzen*, ZEuP 1997, S. 1055, (1074).
[870] *Däubler*, EuZW 1997, S. 613, (615).
[871] *Däubler*, EuZW 1997, S. 613, (615).

Mitgliedern und Nichtmitgliedern[872]. Ein weiterer Grund dafür, dass der Wettbewerb über die Lohnkosten nicht vom EGV geschützt sein soll, wäre in der unterschiedliche Währungsparität zu sehen. Diese sorge dafür, dass auch geringere Summen in DM im Heimatland zum Kauf einer ordentlichen Gütermenge ausreichten[873] (ein Argument, dass nach der Währungsunion zwischen den maßgeblichen Staaten und dem bevorstehenden Beitritt Griechenlands zu dieser Währungsunion zumindest im EG-Raum an Überzeugungskraft verloren hat).

Die Lohnhöhe könne daher nicht als eine durch den Entwicklungsstand festgelegte schützendenswerte Determinante einer Volkswirtschaft angesehen werden.

Es muss jedoch gesehen werden, dass das hohe Niveau von Löhnen und Sozialleistungen der Bundesrepublik gerade auch Ausdruck einer in der internationalen Konkurrenz erworbenen ökonomischen Stärke ist[874]. Die südeuropäischen Länder brauchen den relativen Vorteil niedriger Löhne, um sich sozioökonomisch zu entwickeln und gegenüber den Konkurrenten aus den weiter entwickelten Staaten durchzusetzen[875].

Der Grundgedanke der wirtschaftlichen Integration basiert darauf, dass durch offene Märkte und der daraus folgenden stärkeren Arbeitsteilung eine möglichst kosten- und ressourcensparende Produktion erreicht wird. Dies kann nur dann gelingen, wenn jedes Unternehmen seine spezifischen Wettbewerbsvorteile ausspielen darf.

Profitiert die Wirtschaft in den Hochlohnländern von einer hohen Realkapitalisierung und überlegenem technischen Wissen der Anbieter und ihrer Arbeitskräfte, so können die Niedriglohnländer wenig mehr einbringen als das niedrige Niveau ihrer Lohnkosten. Im umgekehrten Falle, wenn z. B. ein deutscher Baukonzern den Zuschlag für die Erstellung eines Großprojektes, seien es Flughäfen oder Staudämme, erhält, wird niemand ernsthaft behaupten, dieser Konzern würde durch sein überlegenes Können den Wettbewerb verfälschen[876]. Der Vorteil des einheitlichen Binnenmarkts für die schwächer entwickelten Länder liegt gerade darin, dass sie den einzigen Wettbewerbsvorteil, den sie gegenüber den

---

[872] *Kempen/Zachert*, TVG § 5 Rn. 10.

[873] *Däubler*, EuZW 1997, S. 613, (616). Damit wird zugleich jedoch das Argument einer besonderen Schutzbedürftigkeit der entsandten Arbeitnehmer, dass ebenfalls als Rechtfertigungsgrund angeführt wird, entwertet. Wenn auch die bemängelten Niedriglöhne ausreichen, um ein angemessenes Leben zu finanzieren, verliert das Argument, die entsandten Arbeitnehmer würden ausgenutzt, an Überzeugungskraft.

[874] Maßstab für die Produktivität einer Volkswirtschaft ist die Höhe der Lohnstückkosten, die in den Hochlohnstaaten noch immer deutlich günstiger sind als in den Niedriglohnländern.

[875] *Bieback*, FS Reich, S. 509, (521).

[876] *Gerken/Löwisch/Rieble*, BB 1995, S. 2370f.

technisch höherstehenden Mitgliedstaaten haben, nämlich das niedrigere Lohnniveau, im Wettbewerb auch ausspielen dürfen[877].

So stellte Generalanwalt *Verloren von Themaat* in seinem Schlussplädoyer im Rechtsstreit *Seco* klar: „... [es] gehört zu den Wesensmerkmalen des unter anderem durch die Freiheit des Dienstleistungsverkehrs angestrebten Gemeinsamen Marktes, dass jeder Arbeitgeber grundsätzlich die in seinem Land bestehenden Kostenvorteile, etwa durch niedrigere Lohnkosten, im vom Vertrag ebenfalls angestrebten unverfälschten Wettbewerb bei der Erbringung von Dienstleistungen in anderen Mitgliedstaaten in Anspruch nehmen kann."[878]. Das „Prinzip des komperativen Kostenvorteils" kann daher als Strukturmerkmal des Binnenmarktes bezeichnet werden[879].

Auch auf dem Arbeitsmarkt gilt daher nichts anderes.

(iii) Verbotene Kumulierung der Wettbewerbsvorteile

Als weiteres Argument für eine Wettbewerbsverfälschung wird ausgeführt, dass anders als bei der Warenproduktion die Standorte beim Dienstleistungsverkehr nicht mit *allen* ihren Vor- und Nachteilen konkurrieren. Bei der Bauproduktion würden die schlechteren Standards einer andern Sozialordnung direkt mit den besseren Deutschen Standards konkurrieren, so dass der Wettbewerb lediglich über die Sozialkosten geführt wird und deshalb unfair sei[880]. Dies hat auch das Jahresgutachten 1989/90 des Sachverständigenrats zur Begutachtung der gesamtwirtschaftlichen Entwicklung konstatiert und aus Unterschieden zwischen grenzüberschreitenden Warenlieferungen und grenzüberschreitenden Dienstleistungen bei arbeits- und sozialversicherungsrechtlichen Regelungssystemen die Einführung des Arbeitsortsprinzips befürwortet[881].

Anbieter aus Niedriglohnländern müssten üblicherweise auch das niedrigere Niveau der heimischen Infrastruktur in ihre Kalkulationen aufnehmen, während die Hochlohnländer den Vorteil einer überlegenen Infrastruktur ausspielen könnten. Bei der Erstellung von Bauwerken würde hingegen das niedrige Lohnniveau mit der guten Infrastruktur der Empfängerländer zusammenfallen. So nutzen die

---

[877] Dem widerspricht *Hanau* mit dem Argument, dass freier Handel prinzipiell vom freien Austausch von Arbeitnehmern zu trennen sei, NJW 1996, S. 1368, (1370).

[878] Schlussplädoyer des Generalanwalts *VerLoren von Themaat*, Rs. 62/81 und 63/81 – *Seco ./. EVI* – Slg. 1982, S. 223, (244).

[879] *Krebber*, IPRax 2001, S. 22, (23); *ders.*, JbJZW 1998, S. 129, (153); *Kilian*, Rn. 219; *Müller-Graff*, in: Dauses Handbuch des EU-Wirtschaftsrechts, A. I, Rn. 124; *Steindorff*, EG-Vertrag und Privatrecht, S. 240.

[880] *Bieback*, FS Reich, S. 509, (522), der sonst Wettbewerb auch über die Lohnkosten billigt.

[881] Gutachten 1989/90 des Sachverständigenrats, Rn. 464.

ausländischen Anbieter die deutsche Infrastruktur, ohne zu deren Finanzierung beizutragen[882].

Eine nutzungsgerechte Finanzierungsbeteiligung der Marktteilnehmer findet aber im Dienstleistungsbereich – siehe z. B. den Straßenverkehr – ohnehin fast nirgends statt. Alle zum Gemeingebrauch dienenden öffentlichen Sachen – als solche sind die meisten als „Infrastruktur" bezeichneten Gegenstände einzuordnen – werden zur allgemeinen Benutzung freigegeben, ohne dass es darauf ankäme, aus wessen Mitteln die Finanzierung erfolgt ist[883].

Daher kann auch daraus keine Ausnahme zum Wettbewerb über alle Faktoren hergeleitet werden.

(iv) Lohnkostenwettbewerb als „unlauterer" Wettbewerb?

Auf der Gegenseite wird angeführt, dass es nicht zu dem im EGV vorgesehenen unverfälschten Wettbewerb gehöre, wenn sich ein Unternehmen durch drastische Unterbietung der sonst üblichen Arbeitsbedingungen einen Vorteil verschaffe[884]. Denn Schutz gebührt nur dem redlichen Wettbewerb[885] und die Ausnutzung des unterschiedlichen Lohnniveaus sei unlauter.

Eine Rechtfertigung für das AEntG könnte sich ergeben, wenn die Unterschreitung eines bestimmten Lohnniveaus als „unlauterer Wettbewerb" einzustufen wäre. Unlauter handelt, wer im geschäftlichen Verkehr zu Wettbewerbszwecken Handlungen vornimmt, die gegen die guten Sitten verstoßen[886]. Diese Vorschrift zielt zwar in erster Linie auf den Schutz der Mitbewerber, aufgrund der sozialen Funktion des Wettbewerbs sind aber auch sonstige Marktbeteiligte und die Allgemeinheit geschützt[887].

Däubler kommt zu dem Schluss, die Ausnutzung der bestehenden Lohnkostenunterschiede sei als unlauterer Wettbewerb i.S. des § 1 UWG

---

[882] *Ottmar Schreiner*, Sozialpolitischer Sprecher der SPD-Bundestagsfraktion, Handelsblatt vom 11./11.2.1995.

[883] Entsprechend könnte auch im Bereich des Gütertransports auf der Straße die Zahlung eines „Mindestlohns" für ausländische LKW-Lenker für ihre Verweildauer in Deutschland zu fordern sein.

[884] *Däubler*, EuZW 1997, S. 613, (615).

[885] Die Beschränkung auf den redlichen Wettbewerb entspricht der h. M. in Rechtsprechung und Literatur, siehe EuGH v. 13.07.1966, Rs. 32/65 – *Kommission ./. Italien* – Slg. 1966, S. 457, (483); *Schröter*, in: von der Groeben/Thiesing/Ehlermann, EG-Vertrag, Art. 85, Rn. 89ff. m.w.N und wird bereits in S. 4 der Präambel zum EGV klargestellt.

[886] Generalklausel des § 1 UWG.

[887] *Baumbach/Hefermehl*, Wettbewerbsrecht, UWG, Einl. Rn. 42.

anzusehen[888]. Ausgehend davon, dass ein Unternehmen dann, wenn es sich durch rechtswidriges Verhalten im Wettbewerb einen Vorsprung vor rechtstreuen Konkurrenten verschafft, „unlauter" i. S. d. § 1 UWG handelt, wertet er günstigere Angebote von ausländischen Unternehmen, die das deutsche Lohnniveau unterbieten, als wettbewerbswidrig. Der BGH hatte hingegen einen Wettbewerbsverstoß durch günstigere Angebote eines koreanischen Asbestherstellers, die ihm aufgrund niedrigerer Anforderungen an die Arbeitssicherheit und Umweltschutzbestimmungen im Herstellungsland möglich waren, abgelehnt[889]. Verstößt eine Wettbewerbshandlung gegen eine Vorschrift, so kann dies nur dann als sittenwidrig eingestuft werden, wenn die Vorschrift einem sittlich rechtlichen Gebot entspricht und daher als wertbezogene Norm eingeordnet werden kann.

Deshalb ändert sich auch dann nichts, wenn der zu zahlende Lohn durch einen allgemein verbindlichen Tarifvertrag fixiert wird, da die Rechtsprechung allgemeinverbindliche Tarifverträge bisher nur als wettbewerbsneutrale Normen eingestuft hat[890]. Der BGH nimmt zwar bei einem Verstoß gegen Normen mit sittlich-rechtlichen Gehalt, die ein gewichtiges Allgemeininteresse verfolgen, Wettbewerbswidrigkeit an, hat jedoch Tarifverträgen eine solche Wirkung nicht zugebilligt. Dies folgt aus der von der Rechtsprechung vertretenen Ansicht, wonach das für die Allgemeinverbindlicherklärung notwendige öffentliche Interesse nicht mit Wettbewerbserwägungen begründet werden kann[891].

Der Verstoß gegen allgemeinverbindliche Tarifverträge allein – sei dies im üblichen Verfahren geschehen oder durch RVO des Bundesarbeitsministers – macht darauf basierende günstigere Angebote nicht wettbewerbswidrig.

In Bezug auf den Vorwurf des Lohnwuchers ist *Däubler* zwar insofern zuzustimmen, dass der Wettbewerbsvorteil eines Unternehmers, der daraus resultiert, dass die Arbeitnehmer bewusst und planmäßig mittels wucherischer Niedriglöhne ausgebeutet werden, als „unlauter" i. S. d. UWG einzustufen ist. Der BGH hat die Wuchergrenze – arbeitnehmerfreundlich – bei 2/3 des üblichen Lohns festgesetzt[892]. Dies gilt jedoch nur bei Arbeitsverhältnissen, die deutschem Recht unterliegen.

---

[888] *Däubler*, DB 1995, S. 726, (730).
[889] BGH v. 09.05.1980, NJW 1980, S. 2018f.
[890] BGHZ 120, S. 320ff.; Kritisch hierzu allerdings *Däubler*, DB 1995, S. 726, (730).
[891] BAGE 28, S. 128; 31, S. 241, (252). Ablehnend hierzu die Lit., vergl. *Kemper/Zachert*, TVG § 5, Rn. 11; *Löwisch/Rieble*, TVG § 5, Rn. 7.
[892] Das BAG hat Lohnwucher angenommen, wenn der Lohn deutlich unter dem allgemeinen Lohnniveau des betreffenden Wirtschaftsgebietes für eine bestimmte Tätigkeit liegt, wobei Abweichungen bis zu 1/3 des üblichen Lohnes noch nicht als sittenwidrig angesehen wurden

Das Verhalten von Marktteilnehmern, deren Löhne nicht deutschen Tarifverträgen oder Sittenwidrigkeitsmaßstäben unterliegen, kann hingegen nicht an deutschen Maßstäben gemessen und danach als unlauterer Wettbewerb bezeichnet werden.

Soweit argumentiert wird, aus § 1 AEntG folge, dass für diese Einstufung der deutsche Lohn zugrunde gelegt werden müsse[893], ist dies ein Zirkelschluss: Ein Gesetz kann nicht zugleich die Maßstäbe umdefinieren, an denen es zu messen ist.

Aus dem letzten Satz des Art. 50 EGV (Art. 60 EGV a. F.), wonach die vorübergehende Dienstleistung unter den Bedingungen auszuüben ist, die der betreffende Staat für seine eigenen Angehörigen vorschreibt, wird gefolgert, dass das Arbeitsortprinzip für die Dienstleistungsfreiheit konstituierend sei[894], und damit bei der Üblichkeit auf das deutsche Lohnniveau abzustellen wäre.

Es müsse dem Grundsatz „Gleicher Lohn für gleiche Arbeit" – und um mit *Franzen* einzuschränken „am gleichen Ort"[895] – Geltung verschafft werden.

Hingegen muss konstatiert werden, dass ein solches Rechtsprinzip in der deutschen Rechtsordnung nicht existiert[896]. Es kann weder auf gesetzliche Normen wie Art. 3 Abs. 2 noch Art. 141 EGV (Art. 119 EGV a.F.) gestützt werden, die lediglich die geschlechtsbezogene Unterscheidung verhindern, noch auf den arbeitsrechtlichen Gleichbehandlungsgrundsatz, der Ungleichbehandlungen stets nur in Bezug auf die Arbeitnehmer *eines* Arbeitgebers untersagt[897]. Der Lohn ist der Preis für die „Ware" Arbeit und unterliegt in seiner Bildung ähnlichen Gesetzmäßigkeiten von Angebot und Nachfrage wie die Preise auf anderen Märkten. Besonderheiten ergeben sich dadurch, dass die Löhne im Geltungsbereich von Tarifverträgen nicht durch individuelles, sondern kollektives Aushandeln bestimmt werden – aber auch hier geht es um autonome Preisbildung; im Geltungsbereich verschiedener

---

(BAG AP Nr. 10 zu § 138). Die Tariflöhne können dabei nicht maßgeblich sein. Sonst würde der Bürger der normsetzenden Gewalt von Tarifvertragsparteien ausgeliefert, die ihm gegenüber weder staatlich-demokratisch noch mitgliedschaftlich legitimiert sind, dies problematisieren BVerfGE 64, S. 208, (214f.) und BVerfGE 78, S. 32, (35f.). (Anders urteilen jedoch einige Instanzgerichte, Fundstellen bei *Peter/Peter* in: Weiss/Gagel, § 15 A, Rn. 184. Auch der BGH hat, allerdings in einem Strafverfahren, den Tariflohn zur Bestimmung der Sittenwidrigkeit herangezogen (BGH v. 22.04.1997, BB 1997, S. 2166)). In der Literatur wird dafür plädiert, bei der Auslegung der nationalen Normen die Spruchpraxis des Sachverständigenausschusses des Europarates heranzuziehen, der bei einem Unterschreiten von 68 % des Durchschnittslohns in dieser Branche von Unangemessenheit ausgeht, siehe *Lörcher*, AuR 1991, S. 97, (103); *Peter/Peter* in: Weiss/Gagel, § 15 A, Rn. 201.

[893] *Däubler* DB 1995, S. 726, (730). Ablehnend *Koberski/Sahl/Hold*, AEntG § 1, Rn. 238.

[894] *Däubler*, EuZW 1997, S. 613, (615); *Deinert*, RdA 1996, S. 339, (349); *Hanau*, NJW 1996, S. 1369, (1372).

[895] *Franzen*, DZWir 1996, S. 89.

[896] BAG v. 21.06.2000, DB 2000, S. 1920.

[897] *Rieble*, Arbeitsmarkt und Wettbewerb, Rn. 190.

Tarifverträge kann für die gleiche Tätigkeit im gleichen Tarifgebiet ein unterschiedliches Entgelt vereinbart werden[898]. Daher gibt es kein allgemeingültiges Lohnniveau für bestimmte Tätigkeiten. Wie das Beispiel unterschiedlicher Tarifverträge zeigt, gibt es den Grundsatz „Gleicher Lohn für gleiche Arbeit" nicht einmal in lokalen Rahmen, eine länderübergreifende Geltung, die das unterschiedliche Entwicklungsniveau der nationalen Volkswirtschaften gänzlich außer Acht lässt, muss erst recht verneint werden.

Diese Auffassung steht auch in direktem Widerspruch zur Rechtsprechung des EuGH. Im Rahmen seiner bei allen Grundfreiheiten konvergierenden Rechtsprechung unterwirft der EuGH die Produktverkehrsfreiheiten dem Herkunftslandprinzip[899], eine Auffassung, die von der Literatur geteilt wird[900]. Die Ausnutzung der bestehenden Unterschiede in den arbeitsrechtlichen Standards der verschiedenen Mitgliedstaaten ist unbedenklich, solange die Arbeitsrechte gemeinsame Grundprinzipien verfolgen und einen Mindeststandard an Arbeitnehmerschutz gewähren. Bei den EG-Mitgliedstaaten ist aufgrund der Gemeinschaftscharta über die sozialen Grundrechte und den Richtlinien über den Mindestschutz der Gesundheit oder Sicherheit ein solcher Mindeststandard gegeben[901]. Auch aus der Wertung des Art. 39 EGV folgt nicht das Prinzip des Arbeitsortrechts, wonach auf Arbeitnehmer stets die staatlichen und tariflichen Arbeitsbedingungen anzuwenden wären, in dem der Arbeitnehmer aktuell arbeitet[902]. Art. 39 und mit ihm auch die VO 1612/68/EWG gebieten zwar Gleichbehandlung, aber nur der Arbeitnehmer, die Zugang zum jeweiligen nationalen Arbeitsmarkt verlangen. Solchen Zugang verlangen die entsandten Arbeitnehmer gerade nicht.

Daher kann die Üblichkeit der Löhne nicht anhand des deutschen Lohnniveaus bestimmt werden, sondern anhand der vergleichbaren Tätigkeiten im Heimatland des entsandten Arbeitnehmers. Dass die Löhne des Entsandten erheblich unter den in seinem Heimatland üblichen liegen, kann hingegen praktisch ausgeschlossen werden.

---

[898] Dies betrifft insbesondere Hilfs- und Nebentätigkeiten, die branchenübergreifend ausgeübt werden. Beispiele bei *Rieble*, Arbeitsmarkt und Wettbewerb, Rn. 192.

[899] EuGH v. 17.12.1981, Rs. 279/80 – *Webb* – Slg. 1981, 3305, (3325), Rz. 17; EuGH v. 25.07.1991, Rs. C-76/90 – *Säger* – Slg. 1991 I S. 4221, (4244) Rz. 15; EuGH v. 23.11.1999, Rs. C-369 und 376/96 – *Arblade und Leloup* – Slg. 1999 I, S. 8453, (8513), Rz. 34.

[900] *Classen*, EWS 1995, S. 97, (105); *Eberhartinger*, EWS 1997, S. 43, (46); *Franzen*, DZWir 1996, S. 89, (94); *Mülbert*, ZHR 159 (1995), S. 2, (19); *Mussler*, S. 103f.; *Roth*, in: Dauses Handbuch des EU-Wirtschaftsrechts, E. I Rn. 121; *Steindorff*, ZHR 158 (1994), S. 149, (168); *ders.*, EG-Vertrag und Privatrecht, S. 88f.; *Wägenbaur*, BB 1989, Beilage 3, S. 15, (17).

[901] *Eichenhofer*, ZIAS 1996, S. 55, (62).

[902] Schwarze-*Rebhahn*, EU-Kommentar, Art. 136 EGV, Rn. 33.

Daher kann die Verpflichtung zu Zahlung des Mindestlohns nicht auf ein Allgemeininteressen am Schutz vor Wettbewerbsverfälschung gestützt werden.

(e)   Allgemeininteresse: Schutz der sozialen Ordnung

Der EuGH hat inzwischen auch den „Schutz der sozialen Ordnung" eines Mitgliedstaates als Allgemeininteresse anerkannt[903]. Hier könnte man in der Aufrechterhaltung des Arbeitsfriedens und der Verhinderung gespaltener Arbeitsmärkte ein notwendiges Mittel zum Schutz der sozialen Ordnung sehen. Auch der Schutz der Tarifautonomie ist ein anerkanntes Allgemeininteresse. Art. 9 Abs. 3 GG verpflichtet den deutschen Gesetzgeber zudem auch nach nationalem Verfassungsrecht zum Schutz der Tarifautonomie. Die Koalitionen müssten eine effektive Chance haben, ihren jeweiligen Arbeitsmarktbereich umfassend zu regeln. Sobald eine erhebliche Anzahl von Arbeitsverhältnissen, die ökonomisch zu einem bestimmten Arbeitsmarktbereich gehören und deren Regelung ihn deshalb auch insgesamt wirtschaftlich beeinflussen kann, der Regelung durch die Koalitionen entzogen sei, sei es sogar die Pflicht des Gesetzgebers, diese Lücke zu schließen[904]. Im Falle der Entsendung EG-ausländischer Arbeitnehmer im Rahmen von Werkverträgen habe der Gesetzgeber daher nicht nur das Recht, sondern sogar die Pflicht, diese Arbeitsverhältnisse grundsätzlich deutschem Tarifrecht zu unterstellen[905].

Wie oben ausgeführt, sind wirtschaftliche Gründe zur Rechtfertigung einer Beschränkung der Dienstleistungsfreiheit ausgeschlossen[906]. Ausdrücklich hat der EuGH im *SETTG*-Urteil die Wahrung des Arbeitsfriedens als Rechtfertigungsgrund nicht genügen lassen. Griechenland hatte eine Regelung, die Fremdenführer stets als Arbeitnehmer definierte, als notwendiges Mittel bezeichnet, um einen Tarifkonflikt zu beenden. Da dies geschah, um negative Auswirkungen auf die Wirtschaft eines Landes zu verhindern, hat der EuGH hier wirtschaftliche Gründe als gegeben angesehen und deshalb eine Rechtfertigung versagt[907].

Entsprechung kann auch die Argumentation des deutschen Gesetzgeber, das AEntG sei notwendig, um die Tarifautonomie in Deutschland zu sichern und die soziale Ordnung zu bewahren, nicht zu einer Rechtfertigung führen.

---

[903] EuGH v. 21.10.1999, Rs. C-67/98 – *Zenatti* – Slg. 1999 I, S. 7289, (7314), Rz. 31.
[904] *Kempen*, FS Gitter, S. 427, (431). *Säcker*, ArbuR 1994, S. 1, (7).
[905] *Kempen*, FS Gitter, S. 427, (444). Dabei ist nach seiner Ansicht eine Beschränkung auf für allgemeinverbindlich erklärte Tarifverträge gar nicht erforderlich, es genüge, wenn der Hauptunternehmer gebunden sei.
[906] EuGH v. 28.04.1998, Rs. C-158/96 – *Kohll* – Slg. 1998 I, S. 1931 (1948), Rz. 41. Für die Lit.: *Hakenberg*, in: Lenz, EGV, Art. 49/50, Rn. 26 m. w. N.
[907] EuGH v. 05.06.1997, Rs. C-398/95 – *SETTG* – Slg. 1997 I, S. 3091, (3120), Rz. 22ff,

(f)   Allgemeininteresse am Erhalt von Klein- und Mittelbetrieben

Der Gesetzgeber hat in der Begründung für die Einführung des AEntG ausgeführt, dass gegenwärtig gerade Klein- und Mittelbetriebe in besonderem Maße unter der Konkurrenz litten[908]. Der Schutz von Klein- und Mittelbetrieben hat einen hohen Rang in der Wirtschaftsverfassung der Gemeinschaft[909]. Die kleinen und mittleren Unternehmen haben einen überproportional hohen Anteil an der Schaffung von Arbeitsplätzen, eine Spitzenstellung in der Innovation und drittens eine besondere Bedeutung für die Offenhaltung der Märkte, sind zugleich aber gegenüber großen Unternehmen benachteiligt, was die Beschaffung von Fremdkapital und den relativen Kostenaufwand für die Einhaltung staatlicher Vorschriften zum Gesundheits- und Arbeitsschutz angeht[910].

Art. 137 Abs. 2 EGV (Art. 118a Abs. 2 S. 2 EGV a.F.) erkennt dies an, indem bei der Festlegung arbeitsschutzrechtlicher Mindeststandards keine Auflagen vorgeschrieben werden sollen, die der Gründung und Entwicklung von Klein- und Mittelbetrieben entgegenstehen. Die Kommission hat für kleinere und mittlere Unternehmen Ausnahmen vom strengen Beihilfenverbot gemacht[911]. Nach der Rechtsprechung des EuGH kann der Schutz von Klein- und Mittelbetrieben sogar Diskriminierungen anhand des Geschlechts rechtfertigen[912].

Damit dieses Allgemeininteresse hier fruchtbar gemacht werden kann, ist zunächst die Auswirkung des AEntG auf diesen Bereich zu problematisieren. Betrachtet man diese Fragestellung aus einem auf Deutschland beschränkten Blickwinkel, so kann rasch festgestellt werden, dass sich große Bauunternehmungen weitaus besser auf die Globalisierung auch in der Baubranche eingestellt haben. Bei großen Bauvorhaben konkurrieren sie nur selten mit den Anbietern aus Niedriglohnstaaten. Diese sind zumeist zu klein, um Großaufträge selbständig zu erfüllen. Sie profitieren sogar von der Verfügbarkeit dieser ausländischen Bauunternehmen, in dem sie die Kostenvorteile durch deren Beauftragung als Subunternehmer in ihre Bewerbung bei Ausschreibungen von größeren Bauaufträgen miteinbeziehen. Teilweise gründen sie hierfür sogar selbst Tochterunternehmen im Ausland.

Klein- und Mittelbetriebe kommen mit dieser Konkurrenz weit schlechter zurecht[913]. Zwar zeigt das bereits oben angeführte Gutachten der RG Bau auf, dass handwerklich geführte Kleinstbetriebe und die zumeist ebenfalls als Klein- und

---

[908] BT-Drucks. 13/2414, S. 6.

[909] *Däubler*, EuZW 1997, S. 613, (615); *Rieble*, Arbeitsmarkt und Wettbewerb, Rn. 267.

[910] *Klein/Haratsch*, EWS 1997, S. 410, (417).

[911] Gemeinschaftsrahmen für staatliche Beihilfen an kleine und mittlere Unternehmen vom 20.03.1996, ABl. EG 1996, Nr. C 213, S. 4.

[912] EuGH v. 30.11.1993, Rs. C-189/91 – *Kirsammer-Hack* – Slg. 1993 I, S. 6185, (6223), Rz. 35.

[913] *Franzen*, DZWir 1996, S. 89, (94).

Mittelbetriebe auftretenden Spezialisten nicht allzu sehr unter der Preiskonkurrenz leiden, die Mehrzahl der mittelständischen Bauunternehmen sind jedoch diesen beiden Gruppen nicht zuzurechnen. Diese sind zur Auslastung ihrer Kapazitäten gezwungen, Aufträge teilweise unter den Gestehungskosten anzunehmen und operieren in einem Geschäftsfeld, in dem die Auftraggeber Bauaufträge besonders preissensibel vergeben, teilweise sogar gesetzlich dazu verpflichtet sind[914]. Die Größe der von Ihnen favorisierten Aufträge machen eine Untervergabe selten sinnvoll, sie stehen vielfach in direkter Konkurrenz zu den ausländischen Anbietern. Dass die Wettbewerbsvorteile der ausländischen Anbieter insbesondere zu Lasten der Klein- und Mittelbetriebe gehen, war ein ausdrückliches Argument der Bundesregierung in den Erwägungen zum Erlass des AEntG[915]. Insofern liegt der Gedanke, hier müssten die kleinen Unternehmen geschützt werden, zunächst nahe.

Die Betrachtung aus europäischer Warte ergibt jedoch ein anderes Bild. Selbst unter Außerachtlassung der englischen Ein-Mann-Betriebe[916], die nach deutschem Recht zum großen Teil „Scheinselbständige" und daher nicht schutzwürdig sind, bleibt festzustellen, dass die meisten der Anbieter von Bauleistungen aus den Niedriglohnländern unter den EG-Mitgliedstaaten ihrerseits Klein- und Mittelbetriebe sind. Insofern stärkt das Mindestlohngebot des AEntG nicht kleine und mittlere Betriebe, sondern sie stärkt inländische und benachteiligt ausländische Klein- und Mittelbetriebe.

(4)   Ergebnis zur Vereinbarkeit des AEntG mit den Grundfreiheiten

Wendet man die allgemein anerkannten Kriterien für sonstige Beschränkungen und deren Rechtfertigung an, so ergibt sich, dass das AEntG nicht mit den Grundfreiheiten zu vereinbaren ist.

Sollte der EuGH unter formaler Berufung auf seine bisherigen, die Erstreckung von nationalen Rechtsvorschriften und der von den Sozialpartnern geschlossenen Tarifverträge auf entsandte Arbeitnehmer billigenden Entscheidungen, auch das AEntG rechtfertigen, müsste dies angesichts obiger Ausführungen als Verstoß gegen die eigene Dogmatik gewertet werden.

Eine Verwerfung des AEntG durch den Gerichtshof ist jedoch zweifelhaft. Zwar bestehen erhebliche Bedenken an der Rechtmäßigkeit der Grundkonzeption des AEntG, was zuletzt wieder durch die Übermittlung einer begründeten

---

[914] Siehe die Vergabevorschriften für öffentliche Auftraggeber.
[915] BT-Drucks. 13/2414, S. 6.
[916] *Däubler*, DB 1995, S. 726, (728); *Hold*, AuA 1996, S. 113, (117).

Stellungnahme[917] der Kommission an Deutschland offenbar wurde. Diese kritisierte Deutschland bezüglich einer unkorrekten Umsetzung der Entsende-Richtlinie, weil bei der Betrachtung des tatsächlich gezahlten Lohns bestimmte Bestandteile (13. Monatsgehalt oder vergleichbare Zulagen) nicht berücksichtigt würden. Aufgrund des erheblichen politischen Interesses in den Aufnahmeländern – die auch die Nettozahler des Gemeinschaftshaushalts darstellen – kann jedoch prognostiziert werden, dass der EuGH auch jetzt noch dazu neigen wird, die Regelung im Grundsatz zu stützen[918]. Zudem dürfte für die Entscheidungspsychologie des EuGH die Entsende-Richtlinie nicht ohne Bedeutung sein, markiert sie – allen Zweifeln an ihrer Rechtmäßigkeit zum Trotz – eine mit qualifizierter Mehrheit getroffene Entscheidung der Mitgliedstaaten[919].

Aufgrund obiger Ausführungen muss davon ausgegangen werden, dass der EuGH die Erstreckung des deutschen Mindestlohns auf ausländische Bauunternehmer als mit den Grundfreiheiten des EGV noch vereinbar beurteilen wird.

Die dagegen nach wie vor bestehenden erheblichen Bedenken beiseite lassend, stellt sich die Frage, ob die Regelung der Nettolohnhaftung gegen die Grundfreiheiten verstößt.

Die Maßnahmen zur Steigerung der Effizienz des AEntG stellen eine weitergehende Einschränkung der Dienstleistungsfreiheit dar, die einen erhöhten Rechtfertigungsbedarf auslöst[920].

Zur Bearbeitung dieser Frage muss – hypothetisch – davon ausgegangen werden, dass die Erstreckung des Mindestlohns auf entsandte Arbeitnehmer durch das AEntG mit Gemeinschaftsrecht vereinbar ist, da die Nettolohnhaftung als Mittel zu dessen Effizienzsicherung sonst ohnehin gegen Gemeinschaftsrecht verstößt.

b) Rechtfertigung der Nettolohnhaftung des § 1a AEntG

Bei der Nettolohnhaftung kommt eine Rechtfertigung über die Art. 46, 55 EGV nicht in Betracht. Wie sich aus dem Vergleich mit anderen Haftungstatbeständen ergeben hat, ist eine solche Haftung im deutschen Rechtssystem singulär. Daher

---

[917] Stellungnahme der Kommission vom 19.04.2001, nicht veröffentlicht. Mitteilung im Internet, http://europa.eu.int/comm/employment_social/newas/2001/apr/102_de.html.
[918] So auch *Däubler*, EuZW 1997, S. 613, (615); *Franzen*, ZEuP 1996, S. 1055, (1063), *Hickl*, NZA 1997, S. 513, (514).
[919] *v. Danwitz*, RdA 1999, S. 322, (324).
[920] *v. Danwitz*, RdA 1999, S. 322, (323).

gehört sie nicht zum Bestand dessen, was als Grundinteresse der Bundesrepublik Deutschland gewertet werden könnte. Die öffentliche Sicherheit und Ordnung scheiden daher als Rechtfertigungsgründe für die Nettolohnhaftung aus.

In Frage steht lediglich die Rechtfertigung durch zwingende Allgemeininteressen.

Dabei ist davon auszugehen, dass rein administrative Erwägungen es nicht rechtfertigen können, dass ein Mitgliedstaat von den Vorschriften des Gemeinschaftsrechts, insbesondere den Grundfreiheiten abweicht. Jedoch können die zwingenden Gründe des Allgemeininteresses, die die materiell-rechtliche Bestimmung einer Regelung rechtfertigen, auch die Kontrollmaßnahmen rechtfertigen, die erforderlich sind, um die Beachtung dieser Bestimmungen sicherzustellen[921].

(1) Allgemeininteresse am sozialen Schutz der Arbeitnehmer

„Schutz der Arbeitnehmer" kann wie oben ausgeführt nicht nur als Schutz von Gesundheit und Person des Arbeitnehmers zu verstehen sein, sondern dient dem Schutz der Position des Arbeitnehmers im Verhältnis zu den Arbeitgebern, soweit es sich dabei nicht um rein wirtschaftliche Ziele handelt[922]. Durch die Nettolohnhaftung wird den Arbeitnehmern ein zusätzlicher Haftungsschuldner für ihre Lohnansprüche zur Verfügung gestellt, auf den sie auch dann zugreifen können, wenn der originäre Lohnschuldner zur Zahlung des festgelegten Mindestlohns nicht in der Lage ist oder die Auszahlung verweigert. Darin ist eine Erweiterung der Rechtsstellung der Arbeitnehmer zu sehen, die eine Einordnung der Nettolohnhaftung als Instrument der sozialen Sicherheit möglich machen würde[923].

(a) Ausschluss einer Rechtfertigung der Nettolohnhaftung als Instrument der sozialen Sicherheit bei ausländischen Arbeitnehmern durch die VO 1408/71/EWG

Zwar sind die EG-Mitgliedstaaten in der Gestaltung ihrer Systeme der sozialen Sicherheit grundsätzlich frei, jedoch hat die EG mit der VO 1408/71/EWG eine Regelung getroffen, die der Nettolohnhaftung entgegenstehen könnte.

Diese nach Art. 51 EGV a. F. getroffene Regelungen hat zwar nur ein beschränktes Ziel; sie sollte die nationalen Systeme der sozialen Sicherheit nicht harmonisieren,

---

[921] EuGH v. 27.03.1990, Rs. C-113/89 – *Rush Portuguesa* – Slg. 1990 I S. 1417, (1444) Rz. 18; EuGH v. 23.11.1999, Rs. C-369 und 376/96 – *Arblade und Leloup* – Slg. 1999 I, S. 8453, (8513), Rz. 34.
[922] Schwarze-*Rebhahn*, EU-Kommentar, Art. 136 EGV, Rn. 31.

sondern lediglich die nationalen Regelungen koordinieren. Sie überlässt es in weitem Maße dem einzelnen Mitgliedstaat, das Niveau seiner Sozialsysteme sowie den davon erfassten Personenkreis festzulegen.

Zwar ist es Sache jedes Mitgliedstaats, durch den Erlass von Rechtsvorschriften die Voraussetzungen festzulegen, unter denen eine Person einem System der sozialen Sicherheit oder einem bestimmten Zweig eines solchen Systems beitreten kann oder muss, jedoch wird vorgeschrieben, was im Kollisionsfall mehrerer Systeme zu geschehen hat. Die Mitgliedstaaten können nicht auch bestimmen, inwieweit ihre eigenen Rechtsvorschriften oder die eines anderen Mitgliedstaats anwendbar sind[924].

Kommt es dazu, dass nach den nationalen Regelungen sowohl des aufnehmenden als auch des entsendenden Mitgliedstaats der Anwendungsbereich der nationalen Sozialsysteme denselben Arbeitnehmer erfasst, werden diese „positiven Konflikte"[925] nach Art. 13 Abs. 2 a der VO 1408/71/EWG grundsätzlich derart gelöst, dass das Recht des Arbeitsortes (*lex loci laboris*) gilt, auch wenn der Arbeitnehmer in einem anderen Mitgliedstaat wohnt oder bei einem Arbeitgeber beschäftigt ist, der seinen Sitz in einem anderen Mitgliedstaat hat. Ausnahmen bestehen lediglich dann, wenn eine Person auf dem Gebiet mehrerer Mitgliedstaaten gleichzeitig tätig ist.

Für die Entsendefälle greift jedoch regelmäßig die Ausnahmevorschrift des Art. 14 Abs. 1 VO 1408/71 ein. Danach unterliegt eine Person, die im Gebiet eines Mitgliedstaates, dem sie gewöhnlich angehört, von einem Unternehmen im Lohn- oder Gehaltsverhältnis beschäftigt wird und zur Ausführung einer Arbeit für dessen Rechnung in das Gebiet eines anderen Mitgliedstaates entsandt wird, weiterhin den Rechtsvorschriften des ersten Mitgliedstaates, sofern die voraussichtliche Dauer dieser Arbeit zwölf Monate nicht überschreitet. Der Arbeitnehmer weist die weitere Geltung seiner Heimatrechtsordnung durch die Bescheinigung E 101 nach[926]. Auch wenn diese Dauer überschritten wird, gelten die Rechtsvorschriften des ersten Mitgliedstaates fort, wenn die zuständigen Behörden des Mitgliedstaates, in den der Arbeitnehmer entsandt wurde, diese Verlängerung genehmigen. Dazu ist nach Art. 11a, 12 ein Antrag des Arbeitgebers mittels des Formulars E 102 erforderlich, welches von der Behörde des Entsendestaates ausgestellt wird.

---

[923] Dies erscheint aufgrund der Vielschichtigkeit des offenen Begriffs der „Sozialen Sicherheit", der zudem national unterschiedlich gehandhabt wird, durchaus vertretbar, vergl. hierzu *Fuchs*, Einf., Rn. 2ff.

[924] EuGH v. 15.03.2001, Rs. C-444/98 – *de Laat* – Slg. 2001 I, S. 2229, Rz. 17; EuGH v. 23.09.1982, Rs. 276/81 – *Kuijpers* – Slg. 1982, S. 3027, (3044), Rz. 14.

[925] Im Gegensatz zu „negativen Konflikten", wenn beide Systeme nicht eingreifen, so dass kein sozialer Schutz besteht. Näheres zur EG-VO 1408/71/EWG bei *Cornelissen*, RdA 1996, S. 329.

[926] Art. 11 der EG-Verordnung 574/72.

In den Entsendefällen wird im Regelfall nicht davon auszugehen sein, dass die zu erledigenden Bauaufträge diese Frist von einem Jahr überschreiten. Damit gelten die Systeme der sozialen Sicherheit der jeweiligen Entsendestaaten weiter – das deutsche System der sozialen Sicherheit griffe dann nicht.

Wäre die Nettolohnhaftung also als eine Maßnahme der sozialen Sicherheit im Sinne der VO 1408/71/EWG anzusehen, wäre eine Regelung, die die Anwendung der Vorschrift auf entsandte Arbeitnehmer festlegt, ein Verstoß gegen die Verordnung, da auf den entsandten Arbeitnehmer das Recht seines Heimatstaates, das die Nettolohnhaftung nicht kennt, anzuwenden ist. Die Berufung auf das Allgemeininteresse an der sozialen Sicherheit zur Rechtfertigung der Regelung wäre damit ausgeschlossen.

(b) Anwendungsbereich der VO 1408/71/EWG

Die VO 1408/71/EWG hat jedoch in Art. 4 eine abschließende Definition der sozialen Sicherheit für ihren Anwendungsbereich getroffen[927], sie gilt nur für die hier erwähnten Zweige[928].

Die Nettolohnhaftung kann hierunter nicht subsumiert werden, insbesondere kann sie, auch soweit sie zu einem Insolvenzschutz führt, nicht auf „Leistungen bei Arbeitslosigkeit" gestützt werden, da diese Einkommensersatzfunktion haben, nicht aber den Zweck der Erfüllung von Arbeitgeberpflichten gegenüber dem Arbeitnehmer haben.

Somit steht die VO 1408/71/EWG der Konstituierung einer Nettolohnhaftung auch zugunsten der ausländischen Arbeitnehmer nicht entgegen.

Soziale Belange der Arbeitnehmer sind wie oben ausgeführt als Schutzgut allgemeinen Interesses anerkannt[929].

Zum Argument, die Nettolohnhaftung diene der sozialen Sicherung der entsandten Arbeitnehmer durch Sicherung eines zweiten Lohnschuldners, sind die gleichen

---

[927] *Fuchs*, Einf., Rn. 46.

[928] Art. 4 Abs. 1: Diese Verordnung gilt für alle Rechtsvorschriften über Zweige der sozialen Sicherheit, die folgende Leistungsarten betreffen: a) Leistungen bei Krankheit und Mutterschaft, b) Leistungen bei Invalidität einschließlich der Leistungen, die zur Erhaltung oder Besserung der Erwerbsfähigkeit bestimmt sind, c) Leistungen bei Alter, d) Leistungen an Hinterbliebene, e) Leistungen bei Arbeitsunfällen und Berufskrankheiten, f) Sterbegeld, g) Leistungen bei Arbeitslosigkeit, h) Familienleistungen.

[929] EuGH v. 17.12.1981, Rs. 279/80 – *Webb* – Slg. 1981, 3305, (3325), Rz. 18; EuGH v. 03.02.1982, Rs. 62/81 und 63/81 – *Seco ./. EVI* – Slg. 1982, S. 223, (236), Rz. 10; EuGH v. 27.03.1990, Rs. C-113/89 – *Rush Portuguesa* – Slg. 1990 I, S. 1417, (1441) Rz. 4; EuGH v. 24.03.94, Rs. C-275/92 – *Schindler* – Slg. 1994 I, S. 1039, (1095) Rz. 42f.; EuGH v. 28.03.1996, Rs. C-272/94 – *Guiot* – Slg. 1996 I, S. 1905, (1921), Rz. 16.

Bedenken vorzutragen, wie beim Mindestlohn selbst. Die Sicherstellung eines den deutschen Preisverhältnissen angemessenen Mindestlohns erscheint bei entsandten Arbeitnehmern nicht notwendig, da die Arbeitnehmer nur für begrenzte Zeit in Deutschland tätig sind, sie sich daher nicht in den deutschen Markt eingliedern, sondern einen für die Verhältnisse ihres Heimatlandes ausreichenden Lohn bekommen. Zwar besteht hierbei eine Einschätzungsprärogative für den nationalen Gesetzgeber. In Anbetracht der Erwägungen, die zum Erlass des AEntG führten[930], ist offensichtlich, dass der deutsche Gesetzgeber die Sicherung eines erhöhten Entgelts für entsandte Arbeitnehmer nicht bezweckte. Die Einführung der Nettolohnhaftung diente nach Auffassung des Gesetzgebers lediglich dazu, die bislang mangelnde Effizienz des AEntG zu steigern[931]. Erwägungen, dass die Nettolohnhaftung weitergehenden Zwecken dienen sollte und die Mindestlohnzahlung auch im Interesse der betroffenen Arbeitnehmer sichern sollte, sind den Gesetzesmaterialien nicht zu entnehmen.

Daher können Erwägungen des sozialen Schutzes der entsandten Arbeitnehmer nur eingeschränkt herangezogen werden, um ein zwingendes Allgemeininteresse an der Beschränkung der Dienstleistungsfreiheit herzuleiten.

Hier könnte darauf abgestellt werden, dass die Nettolohnhaftung bei allen Arbeitnehmer – nicht nur bei den entsandten – dafür sorgt, dem Arbeitnehmer bei Zahlungsunfähigkeit oder –unwilligkeit einen weiteren Lohnschuldner zu verschaffen. Das dies zu einer Verbesserung der rechtlichen Situation der Arbeitnehmer führt, kann nicht bestritten werden. Insofern kann gestützt hierauf (und auf die Annahme einer prinzipiellen Vereinbarkeit des Mindestlohngebots an sich mit den Grundfreiheiten) vom Vorliegen einer dem Allgemeininteresses am sozialen Schutz der Arbeitnehmer dienenden Regelung ausgegangen werden.

(2)   Allgemeininteresse des Schutzes der Arbeitnehmer im Insolvenzfall

Die Nettolohnhaftung des § 1a AEntG führt, ohne dass es der Gesetzgeber bei der Schaffung der Vorschrift bemerkt hat, dazu, dass dem Arbeitnehmer im Falle der Insolvenz oder sonstiger Zahlungsunfähigkeit seines Arbeitgebers ein weiterer Verpflichteter zugewiesen wird.

Dabei ist zu differenzieren: Bei inländischen Arbeitnehmern besteht ein Insolvenzgeldanspruch nach § 183ff. SGB III, der den ausgebliebenen Nettolohn der letzten drei Monate vor dem Insolvenzereignis abdeckt. Arbeitnehmer, die aus dem Ausland vorübergehend nach Deutschland entsandt werden, können diesen Anspruch nicht geltend machen. Ihre soziale Situation würde damit durch die Regelung des § 1a AEntG verbessert. . Insofern könnte man hierin ein Instrument

---

[930] BT-Drucks. 13/2414, S. 6f.

der sozialen Sicherung der ausländischen Arbeitnehmer sehen, das als schutzwürdiger Belang der Arbeitnehmer ein Eingreifen des deutschen Gesetzgebers rechtfertigen könnte.

Dieser Argumentation ist entgegenzuhalten, dass alle EG-Staaten in Umsetzung der Richtlinie 80/987/EWG[932] verpflichtet waren, den Arbeitnehmer vor Zahlungsunfähigkeit seines Arbeitgebers zu schützen, indem sie Garantieeinrichtungen schaffen, die den Beschäftigten Mindestschutz in der Arbeitgeberinsolvenz gewähren.

Die Richtlinie definiert ihren sachlichen Geltungsbereich in Art. 1 Abs. 1 für Ansprüche von Arbeitnehmern aus Arbeitsverhältnissen gegen zahlungsunfähige Arbeitgeber. Die Begriffe „Arbeitgeber", „Arbeitnehmer" und „Arbeitsentgelt" werden von der Richtlinie europarechtlich nicht definiert, die Ausfüllung bleibt nationalem Recht überlassen[933].

Der Umsetzungsverpflichtung sind inzwischen alle Mitgliedstaaten der Gemeinschaft, insbesondere auch die im Zusammenhang mit der Entsendung von Bauarbeitern meistgenannten Länder Portugal, Irland und Großbritannien nachgekommen[934], nachdem der EuGH auf Klage der Europäischen Kommission zunächst Gelegenheit hatte, aus den Versäumnissen Italiens[935] und Griechenlands[936], insbesondere in der Italien betreffenden, inzwischen legendären *Francovich*-Entscheidung seine Rechtsprechung zur unmittelbaren Anwendbarkeit von Richtlinien und der Schadensersatzpflicht wegen unterlassener Richtlinienumsetzung zu herzuleiten.

Die Richtlinie soll lediglich einen Mindestschutz garantieren, gemäß ihrem Art. 9 sind die Mitgliedstaaten ausdrücklich nicht daran gehindert, in nationalen Regelungen weitergehenden Schutz zu gewähren. Diese Berechtigung beschränkt

---

[931] BT-Drucks. 14/45 S. 26.

[932] EWG-VO zur Angleichung der Rechtsvorschriften der Mitgliedstaaten über den Schutz der Arbeitnehmer bei Zahlungsunfähigkeit des Arbeitgebers vom 20.10.1980, ABl. EG 1980, Nr. L 283/23, zuletzt geändert durch die Beitrittsakte vom 24.06.1994, ABl. EG 1994, Nr. L 066/11.

[933] *Heinze*, FS Arbeitsgerichtsbarkeit Rheinland-Pfalz, S. 67, (69).

[934] Deutschland hatte mit den §§ 141a ff. AFG (seit dem 01.01.1999 gelten die entsprechenden Regelungen der §§ 183 ff. SGB III) bereits eine nationale Regelung, von der man meinte, dass sie den Anforderungen der Richtlinie genüge. So hielt man Umsetzungsmaßnahmen nicht für erforderlich. Inzwischen haben sich jedoch Diskrepanzen zwischen der europarechtlichen Vorgaben und der deutschen Umsetzung herauskristallisiert, so dass von einem fortbestehenden Umsetzungsbedarf ausgegangen wird, Näher dazu Heinze, FS Arbeitsgerichtsbarkeit Rheinland-Pfalz, S. 67, (80ff.); weitere Nachweise bei *Voelzke*, in: Hauck/Noftz, SGB III, § 183, Rn. 153f.

[935] EuGH v. 02.02.1989, Rs. 22/87 – *Kommission./.Italien* – Slg. 1989, S. 143, (164ff.).

[936] EuGH v. 08.11.1990, Rs. 53/88 – *Kommission./.Griechenland* – Slg. 1990 I, S. 3917, (3982ff.).

sich jedoch im Regelfall auf die Arbeitsverhältnisse, auf die deutsches Recht anzuwenden ist. Die Arbeitsverhältnisse der entsandten Mitarbeiter unterliegen weiterhin dem sozialen Schutz ihrer Heimatstaaten.

Bieten jedoch die Rechtsordnungen der Herkunftsstaaten ausreichend Schutz[937], so haben diese Vorrang, und der Gesetzgeber des Empfängerstaates ist an eigenen Maßnahmen prinzipiell gehindert[938]. Es ist in diesem Zusammenhang gleichgültig, ob dies durch ein zusätzliches Umlage-System wie in §§ 183 ff. SGB III oder durch die gesetzliche Verpflichtung Dritter, für solche Verpflichtungen einzustehen, erreicht wird.

Die ausländische Arbeitnehmer haben aufgrund der mittlerweile erfolgten Umsetzung der Richtlinie 80/987/EWG[939] einen vergleichbaren Schutz ihres Heimatrechts. Hat der ausländische Arbeitgeber den Mindestlohn nach § 1 AEntG nicht gezahlt bzw. bei der Heimatbehörde nicht angegeben, so richtet sich diese Leistungen nach dem Lohnniveau des Heimatlandes des Arbeitnehmers. Da dem auch das niedrigere Niveau der Lebenshaltungskosten des Heimatlandes gegenübersteht, ist eine zusätzliche Schutzbedürftigkeit, der der deutsche Gesetzgeber nachzukommen hätte, nicht unbedingt ersichtlich.

Damit kann für die ersten drei Monate keine rechtfertigende Verbesserung der Rechtsstellung der Arbeitnehmer festgestellt werden.

Die Gewährung von Insolvenzgeld, gleich ob über die §§ 183 ff. SGB III oder die entsprechenden Vorschriften des Heimatrechts, ist jedoch in jedem Falle auf die Dauer von 3 Monaten beschränkt. Außerdem sind Konstellationen denkbar, in denen der Arbeitgeber seinen Lohnzahlungsverpflichtungen nicht nachkommt, ohne dass die Ursache in seiner Insolvenz begründet wäre.

Auch insofern es daher um Lohnschulden außerhalb des durch §§ 183 ff. SGB III gesicherten Rahmens geht, kann man von einer für den einzelnen Arbeitnehmer vorteilhaften Regelung sprechen, die auf ein Allgemeininteresse zu stützen sein könnte.

c) **Verhältnismäßigkeitsprüfung**

Der EuGH bezeichnet das Verhältnismäßigkeitsprinzip als allgemeiner Grundsatz des Gemeinschaftsrechts[940]. Die Prüfung der Verhältnismäßigkeit ist somit ein äußerst relevanter Faktor bei der Beurteilung nationaler Maßnahmen, die die

---

[937] „ausreichend" ist in diesem Zusammenhang nach den Kriterien der EU-Richtlinie zu beurteilen.
[938] EuGH v. 28.03.1996, Rs. C-272/94 – *Guiot* – Slg. 1996 I, S. 1905, (1921), Rz. 16.
[939] Siehe oben.
[940] EuGH v. 29.02.1996, Rs. C-296 und 307/93 – *Frankreich und Irland ./. Kommission* – Slg. 1996 I, S. 795, (842), Rz. 30.

Dienstleistungsfreiheit beschränken[941], auch § 1a AEntG ist an diesen Grundsätzen zu messen. Die Ausführungen, die der EuGH in seinen Entscheidungen der Verhältnismäßigkeitsprüfung widmet, sind entsprechend ausführlich.

Der EuGH hat in der Sache *Mazzoleni* ausdrücklich klargestellt, dass die Erstreckung eines nationalen Mindestlohns auch auf entsandte Arbeitnehmer, die der Arbeitsvertragsstatuts eines anderen Mitgliedstaates unterliegen, unter besonderen Umständen „weder erforderlich noch verhältnismäßig ist"[942].

(1) Eignung zur Erreichung des verfolgten Zieles

Verhältnismäßigkeit bedeutet zunächst, dass nur solche Beschränkungen zulässig sein können, die zur Erreichung des mit ihnen verfolgten Zieles geeignet sind[943]. Die Regelung muss sachdienlich sein, d.h., dass sie in der Lage sein muss, dem Schutzzweck wirksam gerecht zu werden[944]. Dabei ist jedoch dem nationalen Gesetzgeber eine Einschätzungsprärogative zuzubilligen, die um so weiter geht, je komplexer die zu regelnde Rechtsmaterie ist; bei sehr komplexen Sachverhalten hat sich der EuGH auf die Prüfung einer offensichtlichen Unverhältnismäßigkeit beschränkt[945]. Lassen sich die Auswirkungen einer Regelung nicht vorhersehen, kann die Beurteilung des Gesetzgebers nur beanstandet werden, „wenn sie im Hinblick auf die Erkenntnisse, über die er im Zeitpunkt des Erlasses der Regelung verfügte, offensichtlich irrig erscheint"[946]. Daraus wurde teilweise schon der Schluss gezogen, der EuGH gebe hier lediglich vor, eine Verhältnismäßigkeitsprüfung durchzuführen und beschränke sich tatsächlich auf eine Ermessensprüfung[947]. Können hingegen Vergleiche herangezogen oder Erfahrungen ausgewertet werden, erfolgt eine äußerst intensive Prüfung durch den EuGH[948].

Dass die Schwierigkeit der zugrundliegenden Prognoseentscheidung dahingehende Berücksichtigung findet, dass die Intensität der gerichtlichen Überprüfung angepasst wird, ist keine Besonderheit des Europäischen Rechts, auch die

---

[941] *v. Danwitz*, RdA 1999, S. 322, (323); *Jarass*, FS Everling, S. 593, (606).

[942] EuGH v. 15.03.2001, Rs. C-165/98 – *Mazzoleni* – ZIP 2001, S. 583, Rz. 30.

[943] EuGH v. v. 04.12.1986, Rs. 205/84 – *Kommission ./. Deutschland* – Slg. 1986, S. 3755, (3803), Rz. 27; EuGH v. 25.07.1991, Rs. C-288 – *Stichting Gouda* – Slg 1991 I, S. 4007, (4041), Rz. 15 und Rs. 353/89 – *Kommission ./. Niederlande* – Slg. 1991 I, S. 4069, (4094), Rz. 19.

[944] EuGH v. 11.05.1989, Rs. 25/88 – *Wurmser* – Slg. 1989, S. 1105, (1128), Rz. 13.

[945] EuGH v. 29.02.1996, Rs. C-296 und 307/93 – *Frankreich und Irland ./. Kommission* – Slg. 1996 I, S. 795, (842), Rz. 31; EuGH v. 13.05.1997, Rs. C-233/94 – *Deutschland ./. Parlament und Rat* – S. 1997 I, S. 2405, (2461), Rz. 55. Ablehnend hierzu *Berrisch*, EuR 1994, S. 461, (466); *Roth*, ZBB 1997, S. 373, (377).

[946] EuGH v. 5.10.1994, Rs. C-280/93 – *Deutschland ./. Rat* – Slg. 1994, S. 5039, (5068) Rz. 90.

[947] *Berrisch*, EuR 1994, S. 461, (467).

[948] Schwarze-*Lienbacher*, EU-Kommentar, Art. 5 EGV, Rn. 38.

deutschen Gerichte beziehen dies mit ein. Daher erscheint es als nicht ganz zutreffend, wenn manche aus der französischen Rechtstradition des EuGH eine vergleichsweise große Rücksichtnahme auf die Leistungsfähigkeit des Gesetzgebers oder der Verwaltung folgern[949].

Die Beschränkung der Dienstleistungsfreiheit durch die Einführung der Nettolohnhaftung des Auftraggebers ist geeignet, das damit verfolgte Ziel der Sicherung der Lohnzahlung in der durch § 1 AEntG festgelegten Höhe zu erreichen. Zwar sinkt nach dem Ergebnis der Umfrage die Anzahl der in Deutschland tätigen ausländischen Bauunternehmer aus anderen EG-Mitgliedstaaten und damit auch die Anzahl der von ihnen entsandten Arbeitnehmer; den dennoch entsandten Kräften wird jedoch der angestrebte Schutz zuteil. Auch dem inländischen Arbeitnehmer werden alternative Lohnschuldner zur Verfügung gestellt, so dass auch dann, wenn sein Arbeitgeber zahlungsunfähig oder -unwillig sein sollte, die Auszahlung des Lohns gesichert ist.

(2) Erforderlichkeit der Maßnahme

Neben der generellen Eignung zur Erreichung des gewünschten Zieles gehört zur Verhältnismäßigkeit einer Maßnahme, dass sie erforderlich ist, d.h. nicht über das zur Verfolgung des Zieles notwendige Maß hinausgeht[950]. Es dürfen keine alternativen Maßnahmen existieren, die bei gleicher Wirksamkeit die Grundfreiheiten in geringerem Maße beeinträchtigen. Lässt sich das gleiche Ergebnis durch weniger einschränkende Bedingungen erreichen und wählt der Gesetzgeber dennoch eine belastendere, so ist diese auch dann unverhältnismäßig, wenn sie an sich geeignet wäre[951].

Bei der Nettolohnhaftung stellt sich die Frage, ob die Anwendung der Regelung für den Schutz der betroffenen Arbeitnehmer erforderlich und verhältnismäßig ist.

Dazu ist zunächst zu überprüfen, ob in Bereichen, die im Herkunftsland einer Kontrolle nach Gesichtspunkten des Sozial-/ bzw. Arbeitnehmerschutzes unterliegen, eine erneute Maßnahmen notwendig sein können. Bei den Produktverkehrsfreiheiten wie der Warenverkehrs- und Dienstleistungsfreiheit ist das Herkunftslandprinzip maßgeblich[952]. Im Dienstleistungsbereich hatte der EuGH

[949] *Schwarze*, NVwZ 2000, S. 241, (249).

[950] *Eberhartinger*, EWS 1997, S. 43, (46); *Roth*, in: Dauses Handbuch des EU-Wirtschaftsrechts, E. I Rn. 121.

[951] EuGH v. 11.07.1989, Rs. 265/87 – *Schräder* – Slg. 1989, S. 2237, (2269) Rz. 21; EuGH v. 29.02.1996, Rs. C-296 und 307/93 – *Frankreich und Irland ./. Kommission* – Slg. 1996 I, S. 795, (842), Rz. 30.

[952] *Classen*, EWS 1995, S. 97, (105); *Eberhartinger*, EWS 1997, S. 43, (46); *Franzen*, DZWir 1996, S. 89, (94); *Mussler*, S. 103f.; *Roth*, in: Dauses Handbuch des EU-Wirtschaftsrechts, E. I

im *van Wesemael*-Urteil zunächst ein Verbot der Doppelkontrolle ausgesprochen[953], diese Rechtsprechung dann jedoch im Urteil *Webb* insoweit eingeschränkt, dass die Doppelkontrolle verhältnismäßig sei, „wenn die Vorschriften des Niederlassungsstaates nicht ausreichen, um das notwendige Schutzniveau zu erreichen und die Anforderungen des Bestimmungsstaates nicht über das Erforderliche hinausgehen"[954]. Zuletzt hat er in der Entscheidung *Arblade und Leloup* klargestellt, das die Dienstleistungsfreiheit auch durch Entsende-Regelungen nur insoweit eingeschränkt werden kann, wie dem Allgemeininteresse nicht durch die Vorschriften des Heimatstaates hinreichend Rechnung getragen wird[955]. Der EuGH wörtlich: Ein solches Allgemeininteresse besteht nicht, „*wenn die Arbeitnehmer des betreffenden Arbeitgebers, die vorübergehend im Aufnahmemitgliedstaat Arbeiten ausführen, aufgrund der Verpflichtungen, denen der Arbeitgeber bereits im Mitgliedstaat seiner Niederlassung unterliegt, den gleichen oder einen im Wesentlichen vergleichbaren Schutz genießen*"[956]. Ein „krasses Schutzgefälle", wie dies von *Feuerborn* in den Entsendefällen diagnostiziert wird[957], ist allerdings nicht notwendig. Ein Mitgliedstaat kann sich nicht auf ein Bedürfnis zur Einführung von Maßnahmen berufen, wenn diesem Bedürfnis durch Maßnahmen des Herkunftsstaates bereits genügt wird.

Eine der Nettolohnhaftung des Auftraggebers nach § 1a AEntG vergleichbare Regelung existiert in anderen Ländern nicht, zumindest nicht in den Ländern, deren Staatsangehörige im Rahmen von Arbeitnehmer-Entsendevorgängen in Deutschland tätig sind[958]. Andere Regelungen dieser Länder, den Arbeitnehmern einen Anspruch auf den Mindestlohn nach deutschem Recht zu sichern, sind nicht erkennbar.

Zudem wären die Länder, aus denen die entsandten Arbeitnehmer und die Entsendefirmen stammen, an der effektiven Regelung einer Auftraggeberhaftung rechtlich gehindert: Zwar ist auf das Verhältnis zwischen dem ausländischen Subunternehmer und seinem Arbeitnehmer weiterhin das Recht des Herkunftslandes anwendbar, soweit das AEntG nicht die Geltung deutscher Rechtsvorschriften postuliert. Die Nettolohnhaftung betrifft jedoch das Verhältnis

---

Rn. 121; *Steindorff*, ZHR 158 (1994), S. 149, (168); *ders.*, EG-Vertrag und Privatrecht, S. 88f.; *Wägenbaur*, BB 1989, Beilage 3, S. 15, (17).

[953] EuGH v. 18.01.1979, Rs. 110/76, 111/76 – *Van Wesemael* – Slg. 1979, S. 35.

[954] EuGH v. 17.12.1981, Rs. 279/80 – *Webb* – Slg. 1981, 3305, (3326), Rz. 20.

[955] EuGH v. 23.11.1999, Rs. C-369 und 376/96 – *Arblade und Leloup* – Slg. 1999 I, S. 8453, (8514), Rz. 38.

[956] EuGH v. 23.11.1999, Rs. C-369 und 376/96 – *Arblade und Leloup* – Slg. 1999 I, S. 8453, (8518), Rz. 51.

[957] *Feuerborn*, EWiR 2001, S. 475, (476).

[958] Die in § 7c öst. AVRAG postulierte Bürgenhaftung ist insofern die einzige vergleichbare Vorschrift. Dazu siehe A. 3.

von Subunternehmer und Auftraggeber. Da das zu erstellende Bauwerk in Deutschland liegt, ist im Verhältnis Auftragnehmer-Auftraggeber mangels einer Rechtswahl deutsches Recht maßgeblich. Eine der Nettolohnhaftung vergleichbare Regelung der Herkunftsländer eines Auftragnehmers würde also nur dann Anwendung finden, wenn die Beteiligten ausdrücklich die Geltung dieser Rechtsordnung im Rahmen einer ordnungsgemäßen Rechtswahl festlegten. Das Herkunftslandprinzip steht daher einer deutschen Regelung nicht entgegen.

Der EuGH prüft die Verhältnismäßigkeit teilweise sehr restriktiv; als Beispiel für den von ihm angelegten strengen Maßstab seien die *Reiseführer*-Entscheidungen genannt[959]. Diesen Entscheidungen lag jeweils eine Regelung der entsprechenden Mitgliedstaaten zugrunde, wonach von Fremdenführern, die mit einer Reisegruppe aus einem anderen Mitgliedstaat anreisen, eine bestimmte, durch eine Prüfung nachzuweisende Qualifikation verlangt wird. Trotz Bejahung eines Allgemeininteresses an der bestmöglichen Verbreitung von Kenntnissen über das kulturelle Erbe eines Landes hat der EuGH als Alternative zu einer im Inland erworbenen Berufsqualifikation auf den Konkurrenzdruck zwischen den ausländischen Reisebüros verwiesen. Dieser Konkurrenzdruck allein würde bereits zu einer Auslese unter den Fremdenführern und zu einer ausreichenden Sicherung ihrer Qualifikation führen, deshalb hat der EuGH die nationalen Regelungen als unvereinbar mit dem EGV beurteilt.

Grundsätzlich ist dem Gesetzgeber bei der Beurteilung der Verhältnismäßigkeit komplizierter Regelungen ein Beurteilungsspielraum eingeräumt, der nur überschritten ist, wenn die gesetzliche Regelung offenkundig fehlerhaft und entbehrlich ist[960]. Dieser Spielraum kann schrumpfen, wenn anhand paralleler Regelungen der EG oder eines anderen EG-Mitgliedstaates der Nachweis geführt werden kann, dass der vom Gesetzgeber verfolgte Zweck mit weniger einschneidenden Maßnahmen erreicht werden kann[961].

Die vom Gesetzgeber gewählte Variante der Sicherung des Mindestlohns führt nach den Ergebnissen der Umfrage dazu, dass ein großer Teil der Subunternehmer aus anderen EG-Mitgliedstaaten bei der Auftragsvergabe – unabhängig von der Frage, ob sie den Mindestlohn zahlen – nicht mehr zum Zug kommt. Der Gesetzgeber setzt sich in keiner Weise damit auseinander, auf welche Weise die Auftraggeber sichern können, dass die Subunternehmer die Mindestlöhne zahlen,

---

[959] EuGH v. 26.02.1991, Rs. C-154/89 – *Kommission ./. Frankreich* – Slg. 1991 I, S. 659, (687), Rz. 20; EuGH v. 26.02.1991, Rs. C-180/89 – *Kommission ./. Italien* – Slg. 1991 I, S. 709, (723), Rz. 20; EuGH v. 26.02.1991, Slg. C-198/89 – *Kommission ./. Griechenland* – Slg. 1991 I, S. 727, (741f.), Rz. 21ff.

[960] EuGH v. 29.02.1996, Rs. C-296 und 307/93 – *Frankreich und Irland ./. Kommission* – Slg. 1996 I, S. 795, (842), Rz. 31.

[961] *Heintzen*, EWS 1990, S. 82, (89).

oder wie die Auftraggeber feststellen und überprüfen können, welche Arbeitnehmer wie lange an einer Baustelle beschäftigt waren, welche Urlaubs- und Krankenvertretungen eingesetzt worden sind[962].

Die Nettolohnhaftung hat deshalb eine *überschießende Regelungswirkung*: Nicht nur die – mehr oder weniger zahlreichen – schwarzen Schafe unter den ausländischen Bauunternehmungen werden bei der Akquisition von Bauaufträgen in Deutschland benachteiligt, sondern *alle*.

Fraglich ist, ob andere Formen der Zweckerreichung vorstellbar sind, die der Befolgung des Mindestlohngebotes in gleichem Maße nutzen, die diesen partiellen Ausschluss der ausländischen Subunternehmer vom Markt jedoch vermeiden oder verringern können.

(a) Einführung anderer Lohnzahlungsmodalitäten

Denkbar wäre, dass der Arbeitgeber aus einem anderen EG-Mitgliedstaat den Lohn nicht direkt an seine Arbeitnehmer auszahlt, sondern verpflichtet wäre, den nach § 1 AEntG vorgeschriebenen Mindestlohn an staatliche Stellen zu zahlen, die diesen dann an den einzelnen Arbeitnehmer weiterleiten. Abgesehen davon, dass diese Lösung einen erheblichen Verwaltungsaufwand mit sich bringen würde, wäre eine solche auf ausländische Arbeitgeber beschränkte Vorschrift eine nach dem EGV verbotene direkte Diskriminierung anhand der Staatsangehörigkeit, die auch durch ein eventuell bestehendes Allgemeininteresse nicht zu rechtfertigen ist. Die zur Erreichung der Gemeinschaftsrechtskonformität notwendige Einbeziehung auch aller deutschen Firmen wäre praktisch nicht mehr zu bewältigen.

(b) Gesetzliche Verpflichtung zur bestimmten Lohnsicherungsmaßnahmen

Eine weitere denkbare Alternative zur Sicherung der Lohnzahlung wäre die Verpflichtung eines jeden in Deutschland tätig werdenden Bauunternehmers, eine selbstschuldnerische Bankbürgschaft für den Nettolohn beizubringen. Gleiches könnte auch mit der Verpflichtung zum Abschluss einer Lohnausfallversicherung erreicht werden.

Unabhängig von der Frage, ob eine solche Verpflichtung angesichts des ohnehin angespannten Bürgschaftsrahmens der meisten Bauunternehmen nicht ohnehin als intensivere Beschränkung zu werten wäre, kann diese Alternative bereits auf Ebene der Eignung zur Erreichung des mit der Maßnahme verfolgten Zieles ausgeschlossen werden.

---

[962] *Lütke*, wistra 2000, S. 84, (85).

Der Hauptanlass zur Einführung der Nettolohnhaftung ist nicht der Schutz vor Zahlungsunfähigkeit oder –unwilligkeit des Arbeitgebers. Vielmehr soll verhindert werden, dass der Arbeitgeber im stillen Einverständnis mit seinem Arbeitnehmer die niedrigeren, dem Lohnniveau des Heimatlandes angemessenen Löhne weiterzahlt. Diese Konstellation kann durch Bürgschaften oder Versicherungen im Regelfall nicht effektiv erfasst werden.

(c) Verweisung des Gesetzgebers auf Einführung effektiverer Kontrolle und Anwendung der bislang bestehenden Vorschriften durch staatliche Stellen

Einer der Kritikpunkte bei der Entsendeproblematik war, dass der Staat Verstöße gegen das Entsendegesetz nur unzureichend verfolgt. Verstöße werden von den Arbeitnehmern, die um ihren Arbeitsplatz fürchten, verständlicherweise kaum angezeigt. Auch der Zentralverband des Deutschen Baugewerbes, der dem Mindestlohn grundsätzlich positiv gegenübersteht, bezeichnet das AEntG mangels effektiver staatlicher Kontrolle als „stumpfes Schwert"[963]. Der ZDB fordert eine bessere Zusammenarbeit der Arbeitsverwaltung mit Hauptzollämtern und der Steuerfahndung, aber auch eine Sensibilisierung der einheimischen Arbeitnehmer selbst, bekannt gewordene Verstöße zu melden. Auch die Kooperation mit ausländischen Behörden müsse verbessert werden.

An der gegenwärtigen Praxis ist insbesondere zu bemängeln, dass der Staat die bei bekannt gewordenen Verstößen festgelegten Geldbußen nicht konsequent eintreibt. Bislang sind wegen Zuwiderhandlungen gegen das Arbeitnehmer-Entsendegesetz Geldbußen von insgesamt über 150 Millionen DM festgesetzt worden[964]. Allein im Jahr 2000 sind insgesamt 32,5 Millionen DM an Bußgeld verhängt worden, von denen jedoch nur ein geringer Teil den Weg in die Landeskassen fand[965]. Das höchste verhängte Bußgeld bleibt wirkungslos, wenn die Bußgeldbescheide nicht auch vollstreckt werden.

Die Vollstreckung bereitet jedoch große Probleme. Nach § 5 Abs. 2 AEntG gilt für die Vollstreckung zugunsten des Behörden des Bundes das Verwaltungsvollstreckungsgesetz. Mit der Pfändung der Werklohnforderung des Subunternehmers stünde damit prinzipiell ein wirksames Mittel zur Verfügung. Zeitbedingt wird die Werklohnforderung des Auftragnehmers bereits erfüllt sein, wenn ein staatlicher Zugriff in Betracht kommt. Auch die Möglichkeit, bei einem erneuten Tätigwerden des Auftragnehmers in der Bundesrepublik auf den dann entstehenden Werklohn zuzugreifen, hilft nicht wirklich weiter. Zwar können die Hauptzollämter inländische Baustellen eines Auftragnehmers über die

---

[963] ZDB, Geschäftsbericht 2000, S. 28.

[964] Pressemitteilung der Bundesanstalt für Arbeit v. 21. Februar 2001, NZA 2001, Heft 7, S. IX.

[965] Wirtschaftswoche v. 26.07.2001, S. 55.

Informations- und Koordinierungszentrale der Hauptzollämter bei der OFD Köln abfragen[966], der ertappte Auftraggeber kann dies jedoch leicht umgehen, wenn er beim nächsten Auftrag unter einen anderen Firmennamen mit anderem Geschäftsführer auftritt.

Der Zugriff auf das Vermögen eines Auftragnehmer im Heimatstaat scheitert, da die Vollstreckung des Bußgeldbescheids in den in Betracht kommenden Entsendestaaten nicht möglich ist[967].

Für die Behebung dieses Vollstreckungsnotstandes schlägt der ZDB den Abschluss bilateraler Abkommen mit den entsprechenden Herkunftsländern vor[968]. Bereits am 09.03.1999 haben sich die Arbeits- und Sozialminister der Europäischen Gemeinschaft auf einen Verhaltenskodex der Mitgliedstaaten für die behördliche Zusammenarbeit bei der Bekämpfung von Leistungsmissbrauch und illegaler Beschäftigung sowie bei grenzüberschreitender Leiharbeit geeinigt[969]. Dieser Verhaltenskodex sei als „Gesamtregelung dieses Komplexes zu verstehen. Die zuständigen Stellen sollen sich gegenseitig Amtshilfe bei der Ermittlung und Verfolgung leisten. Flankierend solle der Kodex durch bilaterale Vereinbarungen der Mitgliedstaaten ergänzt werden. Mit den Entsendestaaten sind jedoch noch keine Vollstreckungsabkommen abgeschlossen worden[970].

Denkbar wäre auch eine Verpflichtung des Arbeitgebers, die Zahlung des nach § 1 AEntG vorgeschriebenen Mindestlohns bei staatlichen Stellen nachzuweisen. Es wäre dann Sache des deutschen Gesetzgebers, ein Kontrollverfahren einzuführen, mit dem die tatsächliche Lohnzahlung in angemessener Weise dokumentiert werden kann. Der damit bewirkte Aufwand für die Unternehmen könnte zwar möglicherweise als einschneidendere Beschränkung der Dienstleistungsfreiheit zu werten sein. Dies ist jedoch hauptsächlich eine Frage der konkreten Ausgestaltung. Denn eine solche Verpflichtung ließe sich auch in einer Weise einführen, die auch faktisch nicht zu einer Schlechterstellung ausländischer Dienstleistungsanbieter führt.

Ob ein zuverlässiges Kontrollverfahren überhaupt aufgebaut werden kann, kann nicht sicher beurteilt werden. Es ist nicht ausgeschlossen, dass jene Unternehmen aus Niedriglohnländern, die bereits jetzt die Verpflichtung zur Zahlung des Mindestlohn auf teilweise sehr phantasievolle Weise umgehen, auch bei einem

---

[966] BT-Ausschuss für Arbeit und Sozialordnung, Ausschuss-Drucks. 13/0292, S. 16.h
[967] *Doppler*, S. 125ff.
[968] ZDB, Geschäftsbericht 2000, S. 28.
[969] Pressemitteilung des BMA v. 09.03.1999 (http://www.bma.de).
[970] Lediglich mit Österreich besteht über den Vertrag über Amts- und Rechtshilfe in Verwaltungssachen v. 31.05.1988 (BGBl. 1990 I, S. 357) eine Vollstreckungsmöglichkeit.

staatlichen Kontrollverfahren Mittel und Wege fänden, die ordnungsgemäße Zahlung des Mindestlohns vorzutäuschen.

Wenngleich diese Maßnahmen dem Zweck der Effektivierung sicherlich dienlich wären, ist eine höhere Wirksamkeit zur Sicherung der Zahlung des Mindestlohns als die der Nettolohnhaftung nicht sicher anzunehmen. Entsprechende Maßnahmen sind nicht so offensichtlich zur Zielerreichung geeigneter, als dass daraus eine Verpflichtung des Gesetzgebers entstehen könnte, sie statt der Nettolohnhaftung durchzuführen[971]. Die Entscheidung des Gesetzgebers, diesen Zweck auf anderem Wege, nämlich über die Nettolohnhaftung zu verfolgen, ist daher von der ihm zustehenden Einschätzungsprärogative gedeckt.

(d) Ausschluss der Nettolohnhaftung im Insolvenzfall

Die Sicherung der Arbeitnehmer im Insolvenzfall war nicht Ziel des Gesetzgebers. Eine entsprechende Wirkung der Norm wurde im Gesetzgebungsverfahren nicht erkannt. Die Bundesregierung hat jedoch auch in Kenntnis der Auswirkungen keine Bereitschaft zur Änderung der Vorschrift gezeigt[972]. Die Auftraggeber schrecken auch deshalb vor der Beauftragung ausländischer Unternehmen zurück, weil sie deren wirtschaftliche Situation nicht überblicken können und das auf sie zukommende Insolvenzrisiko fürchten.

Die Einführung einer Ausnahme von der Haftung im Fall der Insolvenz des beauftragten Unternehmens würde die Erreichung bzw. Erreichbarkeit der mit § 1a AEntG verknüpften Intentionen nicht verändern. Das Beispiel der österreichischen Regelung zeigt, dass eine Auftraggeberhaftung auch ohne einen Insolvenzschutz vorstellbar ist[973]. Die zunächst bestehende weite Haftung wurde vom österreichischen Gesetzgeber im Zuge der Vorbereitung auf den Beitritt zur Vereinbarkeit mit dem Gemeinschaftsrecht auf Fälle außerhalb der Insolvenz beschränkt. Diese Beschränkung hätte keine Auswirkungen auf die Wirksamkeit der Nettolohnhaftung zur Sicherung der Mindestlohnzahlung.

Die beschränkende Wirkung der Nettolohnhaftung würde damit bei gleicher Wirksamkeit für den vorgesehenen Zweck verringert. Da dieses Ergebnis auch offensichtlich ist, kann sich der Gesetzgeber nicht auf seine Einschätzungsprärogative berufen.

---

[971] Insofern geht *Badura* zu weit, wenn er eine Verhältnismäßigkeit der Nettolohnhaftung nur für möglich hält, wenn Bußgeldandrohungen oder Maßnahmen der Gewerbeaufsicht keinen Erfolg versprächen, FS Söllner, S. 111, (124).

[972] Vgl. Antwort der Bundesregierung v. 10.11.1999, BT-Drucks. 14/2107.

[973] Siehe A. 3.

Bereits aus der Geltung der Nettolohnhaftung auch im Insolvenzfall ist daher die Unverhältnismäßigkeit der bisherigen Regelung zu entnehmen.

(e)   Beschränkung der Nettolohnhaftung auf tatsächliches Fehlverhalten / Einführung eines Entlastungsbeweises

Möglich wäre eine Beschränkung der Nettolohnhaftung auf tatsächliches Fehlverhalten des Auftraggebers. Die einzige Möglichkeit für einen Auftraggeber, die Haftung auf den Nettolohn mit absoluter Sicherheit zu vermeiden, ist der vollständige Verzicht auf die Beauftragung eines anderen Unternehmers. Dies ist bereits für Generalunternehmer problematisch, wenn diese sich gegebenenfalls erforderliches Spezialwissen durch Fremdvergabe einkaufen oder die eigene Ausführung aufgrund Auslastungsproblemen nicht möglich erscheint. Der Auftraggeber, der nicht Bauunternehmer ist, hat indes keine andere Möglichkeit der Haftung zu entgehen als den vollständigen Verzicht auf die Bauleistung.

Die Verpflichtung zur Zahlung des Nettolohn kann auf Fälle von Vorsatz oder Fahrlässigkeit beschränkt werden. Es erscheint jedoch auch noch als sachgerecht, einen Auftraggeber in die Haftung mit einzubeziehen, wenn ihm eine Verantwortlichkeit für den Verstoß gegen das Gebot zur Zahlung des Mindestlohns vorzuwerfen ist. Dazu bedarf es zumindest Fahrlässigkeit. Dabei soll nicht verschwiegen werden, dass der Nachweis von Vorsatz nahezu ausgeschlossen ist. Wenn der Auftraggeber indes die Möglichkeiten, die ihm zur Vermeidung von Verstößen gegen das Mindestlohngebot zu Verfügung stehen, konsequent genutzt hat, gibt es keinen Grund, ihn weiterhin in die Haftung zu nehmen. Es ist möglich, Sorgfaltsmaßstäbe aufzustellen, denen ein gewissenhafter Auftraggeber nachzukommen hat, um die Zahlung des Mindestlohns zu sichern. Die Haftungsnorm könnte zumindest so ausgestaltet werden, dass dem Unternehmer die Möglichkeit eines Entlastungsbeweises gewährt wird.

Wenn der Sorgfaltsrahmen hinreichend streng gewählt wird, wird die Zahlung des gesetzlichen Mindestlohns in gleicher Weise effektiviert, wie dies mit der verschuldensunabhängigen Haftung möglich ist. Die Unternehmen können durch vorschriftsmäßiges Verhalten jedoch sicherstellen, dass sie von der Inanspruchnahme verschont bleiben. Damit wird der Motivation der Unternehmen, ausländische Unternehmer aufgrund der abstrakt höheren Wahrscheinlichkeit eines Mindestlohnverstoßes dieser Unternehmen bei der Auftragsvergabe auszuschließen, entscheidend verringert.

Die Aufmerksamkeit des Auftraggebers gegenüber der ordnungsgemäßen Zahlung des Mindestlohns bleibt dabei gewahrt, ohne das der Auftraggeber in gleicher Weise auf die Beauftragung von Unternehmen aus dem EG-Ausland verzichten wird.

(3) Ergebnis der Verhältnismäßigkeitsprüfung

Es sind somit Alternativen denkbar, die zur Erreichung des Zieles genauso geeignet sind, dabei aber weniger in die Dienstleistungsfreiheit eingreifen. Daher ist die gewählte Form der Nettolohnhaftung des § 1a AEntG unverhältnismäßig.

5. Ergebnis zur Vereinbarkeit mit den Grundfreiheiten

Die Nettolohnhaftung ist nicht mit den Grundfreiheiten des EGV zu vereinbaren. Aufgrund des Anwendungsvorrangs kollidierenden Primärrechts ist § 1a AEntG nicht anzuwenden, soweit es sich um Sachverhalte mit Grenzbezug handelt. D.h., gerade bei den Hauptanwendungsfällen des AEntG, der Beauftragung ausländischer Subunternehmer, ist die Haftung des Auftraggebers für Lohnansprüche der Arbeitnehmer zu verneinen.

D. **VEREINBARKEIT MIT EUROPÄISCHEN WETTBEWERBSRECHT**

Der EGV soll nach seinem Art. 3 g) auch einen rechtlicher Rahmen schaffen für ein „System, das den Wettbewerb vor Verfälschungen schützt"[974]. Das Europäische Wettbewerbsrecht soll nicht nur der Wohlstandsmaximierung dienen, sondern hat eine klare integrationspolitische Zielrichtung[975]. Hierzu dienen die Art. 81ff. EGV (Art. 85ff. EGV a.F.). Schutzobjekt ist der übernationale Wettbewerb, verhindert werden sollen nur solche Maßnahmen, die den Handelsverkehr zwischen den Mitgliedstaaten beeinträchtigen können. Diese „Zwischenstaatlichkeitsklausel" grenzt den Anwendungsbereich des europäischen Wettbewerbs- und Kartellrechts von dem der Nationalstaaten ab[976]. In Bezug auf die Nettolohnhaftung liegt eine gemeinschaftsrechtliche Relevanz vor, die europäischen Wettbewerbsregeln stellen daher das maßgebliche Prüfungskriterium dar.

Die Gefahr von Wettbewerbsverfälschungen droht einerseits durch wettbewerbsverzerrende Förderungspraxis der Staaten, andererseits durch Verhaltensweisen der Wirtschaftsteilnehmer selbst, der im Wettbewerb tätigen Privatrechtssubjekte.

Das europäische Wettbewerbsrecht versucht, beide Arten der Wettbewerbsverfälschung zu bekämpfen. Mit Zielrichtung auf staatliches Verhalten wird dies durch das Beihilfeverbot der Art. 87ff. EGV (Art. 92 EGV a.F.), mit Zielrichtung auf die Wettbewerbsteilnehmer selbst durch die Verbote nach Art. 81 und 82 EGV (Art. 85 und 86 EGV a.F.) unternommen.

1. Wettbewerbsrechtliche Beurteilung der Mindestlohntarifverträge

Ausgangspunkt der Nettolohnhaftung ist der zwischen den Bautarifpartnern geschlossene Mindestlohn-Tarifvertrag. Tarifverträge haben zwangsläufig eine gewisse den Wettbewerb beschränkende Wirkung, deshalb könnten Zweifel an der Vereinbarkeit der Tarifverträge mit dem Europäischen Wettbewerbsrecht aufkommen.

---

[974] Die in Art. 3 EGV genannten Ziele stellen keine bloßen Programmsätze dar, sondern entfalten unmittelbar normative Wirkung, vgl. EuGH v. 21.02.1973, Rs. 6/72 – *Continental Can* – Slg. 1973, S. 215 (244); EuGH v. 16.11.1977, Rs. 13/77 – *Inno/ATAB* – Slg. 1977, S. 2115, (2145), Rz. 30ff.

[975] *Schubert*, S. 217. Teilweise wird das Ziel von Wettbewerbsrecht auf Effizienzsteigerung beschränkt, alles andere sei „reiner intellektueller Quatsch," *Bork*, Merger Enforcement and Practice, 50 Antitrust L. J. 238, 1981, zitiert nach *Möschel*, FS Rittner, S. 401, (406), Fn. 7.

[976] Hierzu *Emmerich*, in: Dauses Handbuch des EU-Wirtschaftsrecht, H I, Rn. 31ff.

Der EuGH hatte sich in drei parallelen Verfahren mit dem Verhältnis von kollektiven Arbeitsrecht und Wettbewerbsrecht beschäftigt[977]. Dabei kam er zu der Festellung, dass sowohl Unternehmerverbände als auch die Gewerkschaften als „Unternehmen" i.S.d. Art. 81 Abs. 1 EGV sein können[978]. Insbesondere die Abstimmung der Arbeitgeber mache einen solchen Schluss nötig. Nun sah er sich jedoch dem Problem gegenüber, dass die Möglichkeit der tarifvertraglichen Rechtsverfolgung, die früh gemeinschaftsrechtliche Anerkennung gefunden hat[979], bei Geltung der Wettbewerbsregeln für Tarifverträge gefährdet wäre.

Generalanwalt *Jacobs* nahm eine prinzipielle Anwendung der Art. 81 ff. EGV auf Tarifverträge an und wollte das Problem über eine automatische Freistellung lösen, wenn die Vereinbarung im Kernbereich tarifvertraglicher Verhandlungspunkte wie Löhne oder Arbeitszeiten in gutem Glauben getroffen wurde und dritte Personen nicht unmittelbar berührt[980]. Dem ist der EuGH nicht vollständig gefolgt, er hat eine prinzipielle Nichtgeltung der Art. 81 ff. EGV für Maßnahmen gefolgert, mit denen die Sozialpartner die Beschäftigungs- und Arbeitsbedingungen zu verbessern trachten[981]. Ob Tarifverträge, die andere Beschränkungen für Dritte oder andere Märkte enthalten, von Art. 81 ff. EGV erfaßt werden, ist noch nicht endgültig geklärt[982]. Begründet wurde dieses Ergebnis damit, dass Tarifverträge zwar eine wettbewerbsbeschränkende Wirkung hätten, daß jedoch eine Auslegung, die auch die konkurrierenden Gemeinschaftsziele von Art. 3 Abs. 1 g) und j) EGV sowie der Anerkennung der Koalitionsfreiheit durch Art. 137, 138 EGV berücksichtige, die Nichtanwendbarkeit von Art. 81 ff. EGV ergäbe[983]. Der EuGH führt damit eine teleologische Reduktion des Anwendungsbereichs der Art. 81 ff. EGV durch.

Dieses Ergebnis wird in der Literatur teilweise kritisiert, da dies eine „Aushöhlung"[984] des EG-Kartellrechts bedeute. Statt dessen sollten auch

---

[977] EuGH v. 29.09.1999, Rs. C-67/96 – *Albany* – Slg. 1999 I, S. 5751 (5863ff.); EuGH v. 29.09.1999, verb. Rs. C-115 bis 117/97 – *Brentjens* – Slg. 1999 I, S. 6025, (6029ff.); EuGH v. 29.09.1999, Rs. C-219/97 – *Drijvende Bokken* – Slg. 1999 I, S. 6121 (6125ff).

[978] so auch *Berg*, EuZW 2000, S. 170.

[979] Siehe nur Art. 11 der EMRK (BGBl. II 1952, S. 686, 953) und Art. 5 der Europäischen Sozialcharta vom 18.10.1961, (BGBl. II 1964, S. 1262). Nach Art. 8 der VO 1612/68/EWG hat der ausländische Arbeitnehmer sogar einen Anspruch auf gleichen Zugang und Mitgliedschaftsrechte zu einer Gewerkschaft wie Inländer.

[980] Generalanwalt *Jacobs* im Schlussantrag vom 28.01.1999 zu der Rs. C-67/96 – *Albany* – Slg. 1999 I, S. 5751 (5799f.), Nr. 190ff.

[981] EuGH v. 29.09.1999, Rs. C-67/96 – *Albany* – Slg. 1999 I, S. 5751 (5882), Rz. 60. Damit ist der EuGH ganz auf der Linie der Rechtsprechung des BAG, das Tarifverträge grundsätzlich aus dem materiellen Anwendungsbereich der Wettbewerbsregeln ausnimmt, vgl. BAG v. 27.06.1989, WuW/E VG 347 (S. 41).

[982] Bejahend *Berg*, EuZW 2000, S. 170, (171). Ablehnend *Büdenbender*, ZIP 2000, S. 44.

[983] EuGH v. 29.09.1999, Rs. C-67/96 – *Albany* – Slg. 1999 I, S. 5751 (5881), Rz. 54ff.

[984] *Berg*, EuZW 2000, S. 170, (171).

Tarifverträge der Kartellprüfung grundsätzlich unterfallen und im Einzelfall auf Notwendigkeit und daraus resultierender Rechtfertigung überprüft werden[985]. Diese Ansicht führt jedoch zu vermeidbarer Unsicherheit über die Wirksamkeit von Tarifverträgen und ist deshalb abzulehnen.

Der Mindestlohn-Tarifvertrag ist daher kein Ansatzpunkt für einen Verstoß gegen Art. 81 EGV. Anderes kann für gemeinsame Einrichtungen gelten, wie z.B. die gemeinsame Urlaubskasse des Baugewerbes, die im Rahmen von Tarifverträgen vereinbart werden[986].

Bei dem Antrag der Sozialpartner auf Allgemeinverbindlicherklärung bestehen solche Zweifel nicht. Dieses Vorgehen beeinträchtigt für sich genommen den Wettbewerb oder die Wettbewerbsfreiheit nicht. Es ist erst die Allgemeinverbindlicherklärung, die die nunmehrige Tarifgebundenheit der Außenseiter herstellt, nicht der Tarifvertrag selbst oder der Antrag der Sozialpartner[987], jede Beschränkung ist die Folge späteren staatlichen Handelns.

2. Wettbewerbsrechtliche Beurteilung des unternehmerischen Handelns

Ansatzpunkt für das Verdikt der Wettbewerbswidrigkeit könnte jedoch das Verhalten der Bauauftraggeber sein. Dafür muss das Verhalten verschiedener Unternehmen in seiner Gesamtschau dazu führen, dass die Möglichkeiten von Mitbewerbern, auf dem relevanten Markt Fuß zu fassen oder ihren Marktanteil zu vergrößern, beeinträchtigt wird. Maßgeblich dafür ist eine Wahrscheinlichkeitsprognose anhand der Gesamtheit objektiver rechtlicher oder tatsächlicher Umstände[988].

Viele Bauauftraggeber beschränken sich in ihrer Auftragspolitik auf die Einschaltung inländischer Unternehmen, womit sie den Wettbewerb unter den Anbietern von Bauleistungen stören[989]. Im Urteil *de Haecht I* hat der EuGH deutlich gemacht, dass auch Verhaltensweisen, die für sich allein genommen nicht

---

[985] *Berg*, EuZW 2000, S. 170, (171).

[986] Da für die Frage der Nettolohnhaftung nicht bedeutsam, soll die Auseinandersetzung mit der Vereinbarkeit solcher monopolistisch ausgestalteter Einrichtungen mit dem Kartellrecht hier unterbleiben. Vgl. dazu *Büdenbender*, ZIP 2000, S. 44, (46).

[987] *Koberski/Clasen/Menzel*, § 5 TVG, Rn. 157. So auch LArbG Frankfurt v. 10.04. 2000, AR-Blattei ES 370.3, Nr. 3.

[988] EuGH v. 06.05.1971, Rs. 1/71 – *Cardillon* – Slg. 1971, S. 351 (356), Rz. 5/6; EuGH v. 15.12.1994, Rs. C-250/92 – *DLG* – Slg. 1994 I, S. 5641, (5692), Rz. 54; EuGH v. 17.07.1997, Rs. C-219/95 – *Ferriere Nord* – Slg. 1997 I, S. 4411, 4437, Rz. 20.

[989] Eine Absprache ohne jede tatsächliche Auswirkung auf den Wettbewerb würde nicht darunter fallen, da die Wettbewerbsvorschriften solches Verhalten nicht nach ihrem Zweck, sondern auch nach ihrer Wirkung verbieten, EuGH v. 12.12.1967, Rs. 23/67 – *de Haecht I* – Slg. 1967, S. 543, (555); EuGH v. 06.05.1971, Rs. 1/71 – *Cardillon* – Slg. 1971, S. 351 (356), Rz. 7-10.

geeignet sind, den Wettbewerb zu beeinflussen, dem Verbot unterliegen, wenn bei Berücksichtigung des wirtschaftlichen und rechtlichen Gesamtzusammenhangs das Verhalten zusammen mit anderen zu einer kumulativen Auswirkung auf den Wettbewerb führen kann[990].

Die Auffangbestimmung der sonstigen aufeinander abgestimmten Verhaltensweisen setzt voraus, dass das fragliche Verhalten Ausfluss eines gemeinsam aufgestellten Planes der Unternehmen ist. Ein in den Anwendungsbereich des Art. 81 Abs. 1 EGV fallendes Verhalten liegt jedoch nicht vor, wenn die Wettbewerbsbeschränkung nicht auf eine Abstimmung zwischen den Unternehmen, sondern auf eine einheitliche Reaktion auf staatliche Maßnahmen zurückzuführen ist[991].

Zwar ist anerkannt, dass keine direkte Kontaktaufnahme zwischen den Unternehmen erforderlich ist und es genügt, wenn die Koordinierung der Verhaltensweise durch einen Dritten erfolgt[992].

Als Dritte wären etwa die Verbände oder Branchenvertretungen der Unternehmen zu werten[993]. Verbandsempfehlungen, die z.B. die Wohnungsbauunternehmen zum Boykott ausländischer Bauunternehmer aufrufen, wären hier ausreichend, um Wettbewerbsbeschränkungen nach Art. 81f. zu bejahen. Solche Aufrufe sind jedoch nicht ergangen. Die Unternehmen reagieren von sich aus ohne planvolle Koordination auf mögliche Auswirkungen des AEntG.

Den Gesetzgeber als Auslöser des gleichlaufenden Verhaltens der Unternehmen als „Dritten" im Sinne oben genannter Rechtsprechung zu bezeichnen, scheitert daran, dass die Unternehmen sich seiner nicht zur Koordinierung bedienen. M. a. W., die Parallelität ihres Verhaltens ist nicht die Folge unternehmerischer Aktion im Sinne eines quasi-rechtlichen Bindungswillens[994], sondern lediglich einheitliche Reaktion auf das gesetzliche Haftungsrisiko.

---

[990] EuGH v. 12.12.1967, Rs. 23/67 – *de Haecht I* – Slg. 1967, S. 543, (555).

[991] *Schröter*, in: von der Groeben/Thiesing/Ehlermann, EG-Vertrag, Art. 85, Rn. 42; *Stockenhuber*, in: Grabitz/Hilf, Neubd. I, Art. 81, Rn. 108; *van der Esch*, ZHR 1991, S. 274, (283).

[992] EuGH v. 28.05.1998, Rs. C-7/95 – *John Deere II* – Slg. 1998 I, S. 3111, (3163), Rz. 83ff.

[993] Dies ist Auffassung der Rechtsprechung, siehe EuG, Rs. T-1/89 – *Rhône-Poulenc* – Slg. 1989 II, S. 867, (1073), Rz. 120; EuG v. 06.04.1995, Rs. T-141/89 – *Tréfileurope* – Slg. 1995 II, S. 791, (830), Rz. 95. Ebenso sieht es die Kommission, Entscheidungen ABl EG 1987 Nr. L 43, S. 51, (56); ABl EG 1993, Nr. L 4, S. 26, (28f). So auch *Schröter*, in: von der Groeben/Thiesing/Ehlermann, EG-Vertrag, Art. 85, Rn. 42.

[994] Insofern kann dahingestellt bleiben, ob eine Vereinbarung erfordert, dass die Parteien Rechtsverbindlichkeit anstreben (*Müller-Graff*, in: Hailbronner/Klein/Magiera/Müller-Graff, EUV/EGV, Art. 85 EGV, Rn. 37; *Koch*, in: Grabitz/Hilf, EUV/EGV Altbd. I, Art. 85, Rn. 19f.), eine faktische Verbindlichkeit ausreicht (so *Gleiss/Hirsch*, Art. 85, Rn. 74ff.; *Schröter*, in: von der Groeben/Thiesing/Ehlermann, EG-Vertrag, Art. 85 I, Rn. 46) oder ob jede

Ein solches bewusstes Parallelverhalten fällt nicht in den Anwendungsbereich des Art. 81 EGV[995].

Auch das Ausnutzen einer marktbeherrschenden Stellung i.S.d. Art. 82 EGV kommt nicht in Betracht. Zwar könnte hier möglicherweise eine marktbeherrschende Stellung aller Wohnungsbauunternehmen bejaht werden. Art. 82 EGV setzt zur Bejahung einer kollektiv beherrschenden Stellung jedoch eine enge Verbindung der Unternehmen voraus[996], die unter den Wohnungsbauunternehmen nicht vorliegt.

Die Bauauftraggeber, die als Folge der Nettolohnhaftung ihre Ausschreibungen auf inländische Bauunternehmen beschränken und die Untervergabe von Aufträgen auf ausländische Bauunternehmen verbieten, handeln nicht wettbewerbswidrig.

3. Wettbewerbsrechtliche Prüfung der gesetzlichen Regelung und der Allgemeinverbindlicherklärung

Eine generelle Überprüfung aller staatlichen Wettbewerbsbeschränkungen anhand der Wettbewerbsregelungen des EG-Vertrags erfolgt nicht.

Mit den Art. 81f. EGV soll erreicht werden, dass die im Gemeinsamen Markt verwirklichte Wettbewerbsfreiheit nicht durch die Unternehmen unterlaufen wird, da deren Verhalten den Wettbewerb in gleicher Weise beeinträchtigen kann wie staatliche Regelungen. Die Tatbestände stellen dabei auf Absprachen und abgestimmten Verhaltensweisen mehrerer Unternehmen (Art. 81 EGV) oder auf den Missbrauch einer marktbeherrschenden Stellung (Art. 82 EGV) ab.

Nach der Konzeption des EGV ist hier also das Verhalten von Unternehmen Beurteilungsobjekt. Jedoch wurden die Verbote der Art. 81, 82 EGV durch die Rechtsprechung des EuGH ausgeweitet und auch auf bestimmte staatliche Maßnahmen bezogen.

Art der Koordinierung ausreicht (*Stockenhuber*, in: Grabitz/Hilf, EUV/EGV Neubd. I, Art. 81, Rn. 99).

[995]*Gleiss/Hirsch*, Art. 85, Rn. 94; *Schröter*, in: von der Groeben/Thiesing/Ehlermann, EG-Vertrag, Art. 85, Rn. 70; Schwarze-*Brinker*, EU-Kommentar, Art. 81 EGV, Rn. 34.

[996] EuGH v. 27.04.1994, Rs. C-393/92 – *Almelo ./. Energiebedrijf Ijsselmij N.V.* – Slg. 1994 I, S. 1477, (1520), Rz. 42; EuGH v. 17.06.1997, Rs. C-70/95 – *Sodemare* – Slg. 1997 I, S. 3395, (3437), Rz. 46.

a) Prüfung des staatlichen Handels anhand Art. 81f. EGV? – Ansatzpunkt Erlass des § 1a AEntG

Die Mitgliedstaaten sind zwar nicht prinzipiell Adressaten der Art. 81, 82 EGV, staatliche Maßnahmen können Kartellabsprachen aber vorschreiben, erleichtern oder ihre Wirkungen verstärken[997].

Entstehende Wettbewerbsbeschränkungen sind den Unternehmen zurechenbar, auch wenn sie durch staatliche Maßnahmen begünstigt, gefördert oder verstärkt werden[998].

(1) Unterfallen staatliche Maßnahmen Art. 81 EGV?

Jedoch stellt sich die Frage, ob nicht auch die staatliche Maßnahme selbst ebenfalls an den Wettbewerbsvorschriften zu messen ist. Häufig hat sich der EuGH darauf beschränkt, das Verhalten der Unternehmen zu überprüfen, ohne sich mit der staatlichen Maßnahme zu beschäftigen[999].

Nach Art. 10 EGV (Art. 5 EGV a.F.) haben die Mitgliedstaaten alle Maßnahmen zu unterlassen, welche die Verwirklichung der Ziele des Vertrages gefährden könnten.

Daraus folgert der EuGH, dass – obwohl sich die Art. 81, 82 EGV an die Unternehmen richten – die Mitgliedstaaten Maßnahmen zu unterlassen haben, die die praktische Wirksamkeit („effet utile") der für die Unternehmen geltenden Wettbewerbsvorschriften beeinträchtigen könnten[1000]. Im *Inno/ATAB*-Urteil hat der EuGH erstmals ausgeführt, „die Mitgliedstaaten [dürfen] keine Maßnahmen treffen, die es privaten Unternehmen ermöglichen, sich den ihnen durch die Art. 85 bis 94 des Vertrages [Art. 81ff. EGV n.F.] auferlegten Verpflichtungen zu entziehen"[1001]. Staatliche Wettbewerbsbeschränkungen können sich dabei auch nur mittelbar durch das Verhalten privater Dritter auswirken. Dies ist der Fall bei besonderen Qualitäts- oder Sicherheitsvorschriften, steuerrechtlichen Vorschriften, aber auch durch Preisvorschriften.

Auf staatliche Maßnahmen, die Unternehmen ein bestimmtes wettbewerbsbeschränkendes Verhalten vorschreiben, findet Art. 81 EGV demnach

---

[997] *Geiger*, EUV/EGV, Art. 81 EGV, Rn. 10; Schwarze-*Brinker*, EU-Kommentar, Art. 81 EGV, Rn. 56; *van der Esch*, ZHR 1991, S. 274, (276).

[998] *Mestmäcker*, FS Börner, S. 277, (281).

[999] So z.B. in: EuGH v. 16.12.1975, Rs. 40 bis 48, 50, 54 bis 56, 111, 113 und 114/73 – *Suiker Unie u.a. ./. Kommission* – Slg. 1975, S. 1663, (1943), Rn. 34f.; EuGH v. 10.12.1985, Rs. 240 bis 242, 261, 262, 268 und 269/82 – *SSI u.a.* – Slg. 1985, S. 3831, (3871), Rz. 38ff.

[1000] EuGH v. 17.06.1997, Rs. C-70/95 – *Sodemare* – Slg. 1997 I, S. 3395, (3436), Rz. 41; EuGH v. 18.06.1998, Rs. C-266/96 – *Corsica Ferries France* – Slg. 1998 I, S. 3949, (3994), Rz. 35.

[1001] EuGH v. 16.11.1977, Rs. 13/77 – *Inno/ATAB* – Slg. 1977, S. 2115, (2145), Rz. 30ff.

Anwendung[1002]. Die staatliche Anordnung ist unvereinbar mit dem Vertrag und deshalb unwirksam.

Auch staatliche Maßnahmen, die zwar ein wettbewerbswidriges Verhalten nicht zwingend vorschreiben, sondern nur erleichtern oder in seinen Wirkungen verstärkt, fallen unter dieses Verdikt[1003].

Der EuGH unterscheidet zwischen Wettbewerbsbeschränkungen, die der Staat ermöglicht, aber das Unternehmen festlegt und solchen, die der Staat selbst festlegt. Die erstgenannte Fallgruppe wird vom EuGH nach Art. 81/82 EGV überprüft, letztgenannte nur, wenn sie akzessorisch zu einem wettbewerbswidrigen Verhalten von Unternehmen sind[1004]. Schreibt der Staat den Unternehmen ein bestimmtes Verhalten definitiv vor, so dass durch die staatliche Maßnahme die Entscheidungsfreiheit der Unternehmen völlig beseitigt wird, kommt eine Überprüfung der staatlichen Maßnahme anhand der Art. 81 ff. EGV nicht in Betracht[1005].

(2) Herbeiführen parallelen Unternehmensverhaltens als wettbewerbsbeschränkendes Verhalten des Staates

Fraglich ist aber, ob das Kartellverbot nicht auch auf staatliche Maßnahmen anwendbar ist, die ein solches Verhalten nicht vorschreiben oder erleichtern, die aber eine Vereinbarung zwischen den Unternehmen überflüssig machen[1006].

Eine Überprüfung der staatlichen Maßnahme kommt nach der Rechtsprechung des EuGH nur in Betracht, wenn sie akzessorisch zu einem Verhalten von Unternehmen ist[1007]. Grund für dies zögerliche Vorgehen ist nicht zuletzt die Rücksichtnahme des EuGH auf nationale wirtschaftpolitische Ziele[1008]. Deshalb wird gefordert, statt auf die Methode der staatlichen Wettbewerbsbeschränkungen stärker auf die Wirkung abzustellen, und Art. 28/86 EGV (Art. 30/90 EGV a.F.) als Bewertungsgrundlage anzuerkennen[1009].

[1002] *van der Esch*, ZHR 1991, S. 274, (277).
[1003] EuGH v. 11.04.1989, Rs. 66/86 – *Saeed Flugreisen* – Slg. 1989, S. 803, (851), Rz. 48.
[1004] EuGH v. 27.04.1994, Rs. C-393/92 – *Almelo ./. Energiebedrijf Ijsselmij N.V.* – Slg. 1994 I, S. 1477; EuGH v. 17.11.1993, Rs. C-2/91 – *Meng* – Slg. 1993 I, S. 5751, (5798) Rz. 22.
[1005] *Emmerich*, in: Dauses Handbuch des EU-Wirtschaftsrecht, H I, Rn. 13f.
[1006] *Mestmäcker*, FS Börner, S. 277, (281); *Möschel*, NJW 1994, S. 1709, (1710).
[1007] EuGH v. 21.09.1988, Rs. 276/86 – *van Eycke/ASPA.* – Slg. 1988, S. 4769, (4791), Rz. 16; EuGH v. 27.04.1994, Rs. C-393/92 – *Almelo ./. Energiebedrijf Ijsselmij N.V.* – Slg. 1994 I, S. 1477; EuGH v. 17.11.1993, Rs. C-2/91 – *Meng* – Slg. 1993 I, S. 5751, (5798) Rz. 22. Dazu *Kilian*, Rn. 431. Dies bedauert *Möschel*, NJW 1994, S. 1709, (1710).
[1008] Deutlich bei EuGH v. 16.11.1977, Rs. 13/77 – *Inno/ATAB* – Slg. 1977, S. 2115, (2143), Rz. 13f.
[1009] *Kilian*, Rn. 431. Dazu auch *Möschel*, NJW 1994, S. 1709.

Die akzessorischen Wettbewerbsbeschränkungen werden beanstandet, wenn die Gesamtschau der Art. 3 Abs. 1 g), 5, 81, 82 und 86 EGV ergibt, dass die staatliche Maßnahme den Wettbewerbsvorschriften ihre „praktische Wirksamkeit" (effet utile) nimmt. Fehlt es, wie oben dargestellt, mangels jeder Abstimmung an einem solchen unternehmerischen Verhalten, kann auch die staatliche Maßnahme nicht an Art. 81ff. EGV gemessen werden.

Die Möglichkeiten der Nationalstaaten, im Interesse der Stärkung der eigenen Wirtschaft, protektionistische Maßnahmen zu ergreifen, sind außerordentlich vielschichtig. Das Gemeinschaftsrecht versucht nicht nur mittels der Grundfreiheiten, zu einer Wettbewerbsverzerrung führende staatliche Maßnahmen zu verhindern, sondern auch über die Beihilfenkontrolle nach Art. 87ff. EGV (Art. 92ff. EGV a.F.).

b) Unerlaubte Beihilfe durch Belastung der ausländischen Konkurrenz

Das Beihilfenverbot versucht, staatlichen Maßnahmen, die über die Schaffung von Wettbewerbsvorteilen für inländische Unternehmen den innergemeinschaftlichen Handel behindern, einen Riegel vorzuschieben.

(1) Verhältnis des Beihilfenrechts zu den Grundfreiheiten

Dabei schließt sich das Vorliegen eines Verstoßes gegen eine Grundfreiheit und das Vorliegen einer verbotene Beihilfe nicht aus[1010]. Beide Vorschriftenkomplexe können nebeneinander anwendbar sein[1011]. Soweit der EuGH hier zunächst einen gegenseitigen Ausschluss angenommen hat[1012], hat er diese Rechtsprechung aufgegeben und geht mittlerweile davon aus, dass Grundfreiheiten und Beihilfenverbot nebeneinander anzuwenden sind[1013]. Die Grundfreiheiten und das Beihilfenverbot verfolgen das gemeinsame Ziel, den freien Waren- und Dienstleistungsverkehr unter unverfälschten Wettbewerbsbedingungen sicherzustellen. In der Literatur wird vertreten, dem Beihilfeverbot ein

---

[1010] So hat der EuGH im *Buy Irish*-Fall argumentiert, dass „... die Tatsache, dass die Art. 92, 93 EGV [Art. 87, 88 EGV n.F.] auf diese Art der Finanzierung Anwendung finden könnten, nicht bedeutet, dass die Kampagne als solche den Verboten des Art. 30 entzogen wäre.", EuGH v. 24.11.1982, Rs. 249/81 – *Kommission ./. Irland* – Slg. 1982, S. 4005, (4021), Rz. 18. In gleicher Richtung die Argumentation in EuGH v. 16.05.1991, Rs. C-263/85 – *Kommission ./. Italien* – Slg. 1991 I, S. 2457, (2460).

[1011] *Slootbloom*, ELR 1995, S. 289 (299); *Soltész*, EuZW 1998, S. 747, (751), *Wallenberg*, in: Grabitz/Hilf, Bd. I, Art. 92, Rn. 90. Ausführlich hierzu Wulff-Axel Schmidt, Art. 30 EG-Vertrag als Grenze der Anwendbarkeit des nationalen Wettbewerbsrechts 1999.

[1012] EuGH v. 22.03.1977, Rs. 74/76 – *Iannelli* – Slg. 1977, S. 557, (576), Rz. 17.

[1013] EuGH v. 05.06.1986, Rs. 103/84 – *Kommission ./. Italien* – Slg. 1986, S. 1759, (1774), Rn. 19; EuGH v. 20.03.1990, Rs. C-21/88 – *Du Pont* – Slg. 1990 I, S. 889, (898), Rz. 20.

Anwendungsvorrang zuzubilligen, wenn beide betroffen sind[1014]. Da jede Beihilfe per Definition negative Auswirkungen auf den Wettbewerb hat, spricht vieles für ein eingeschränktes Spezialitätsprinzip. Modalitäten der Beihilfe, die untrennbar mit dem Zweck der Begünstigung verbunden sind, sind gemeinsam mit den übrigen Vergünstigungen an Art. 87 EGV zu messen[1015]. Insofern hätte eine Bejahung der Vereinbarkeit der Beihilfe eine beschränkte Rechtfertigung nach den Grundfreiheiten zur Folge. Große praktische Auswirkungen hat diese Auffassung hingegen nicht. Wenn eine Beihilfe gerechtfertigt ist, wird auch ein allgemeines Interesse i.S.d. Grundfreiheitsdogmatik bestehen, das den Eingriff in Art. 30ff. EGV rechtfertigt. Daher ist von einem Nebeneinander von Art. 49 EGV und Art. 87ff. EGV auszugehen.

Die Mitgliedstaaten dürfen Beihilfen nicht dazu einsetzen, den Wettbewerb zu verfälschen. Soweit derartige wettbewerbsbeschränkende Beihilfen dazu führen, dass der Handel zwischen den Mitgliedstaaten beeinträchtigt wird, sind sie verboten[1016].

(2) Einordnung der Nettolohnhaftung als „Beihilfe" für inländische Bauunternehmen

(a) Der Begriff der „Beihilfe"

Eine abschließende Definition des Begriffs „Beihilfe" liefert der EG-Vertrag nicht. Es blieb der Entscheidungspraxis der Kommission und der Rechtsprechung und dem Schrifttum überlassen, den Begriff mit Inhalt zu füllen.

Dabei hat sich die Auffassung durchgesetzt, dass der Begriff der Beihilfe weit auszulegen ist. Bereits durch den Wortlaut des Art. 87 EGV (Art. 92 EGV a.F.) wird der Begriff der Beihilfe in einem umfassenden Sinne gebraucht, erfasst werden Beihilfen „gleich welcher Art".

Aufgrund der vielfältigen Möglichkeiten wettbewerbsverfälschender Wirtschaftsförderung ist eine allgemeingültige Definition sehr anfällig für nationale Umgehungsversuche. Deshalb ist der Begriff autonom gemeinschaftsrechtlich auszulegen[1017]. Teilweise wird deshalb auf eine Definition des Beihilfebegriffs vollständig verzichtet[1018]. Art. 87 EGV kommt Lückenschließungsfunktion zu. Entsprechend wird das Vorliegen einer Beihilfe entscheidend über die Wirkung

[1014] *Klein/Haratsch*, EWS 1997, S. 410, (411).
[1015] *Iro*, RdE 1998, S. 11, (18).
[1016] *Nagel*, Wirtschaftsrecht, S. 150.
[1017] *Hakenberg*, EWS 2001, S. 208, (210).
[1018] *Mederer*, in: von der Groeben/Thiesing/Ehlermann, EG-Vertrag, Art. 92, Rn. 5; *Wallenberg*, in: Grabitz/Hilf, Bd. I, Art. 92, Rn. 5.

bestimmt[1019]; Form, Gründe und Ziele der Beihilfe sind für die Beurteilung der Beihilfe nach Art. 87 EGV unerheblich[1020]. Verhindert werden soll, dass durch Kombination mehrerer, isoliert nicht zu beanstandender Maßnahmen dennoch Wettbewerbsverfälschungen entstehen.

Der EuGH hat die Beihilfe als Maßnahme bezeichnet, durch die die Mitgliedstaaten ihre eigenen wirtschafts- und sozialpolitischen Ziele verfolgen, indem sie Mittel zur Verfügung stellen oder Vorteile einräumen, die der Verwirklichung dieser wirtschafts- und sozialpolitischen Ziele dienen sollen[1021]. Der Beihilfebegriff ist ein objektiver Begriff, dessen Anwendung durch die Kommission durch die Rechtsprechung überprüft wird, ein „Ermessen" der Kommission besteht nur bei der Beurteilung der Vereinbarkeit einer Beihilfe mit dem Gemeinsamen Markt, nicht aber bei der Feststellung, ob eine Beihilfe vorliegt[1022]. Zum Begriff der Beihilfe gehört, dass nur Vergünstigungen an Unternehmen oder bestimmte Produktionszweige erfasst werden, allgemeine Wirtschaftsförderung fällt nicht darunter[1023]. Die Nettolohnhaftung betrifft nur Bauleistungen und wäre daher aufgrund ihrer sektoralen Begrenzung als eine spezielle Maßnahme zu bezeichnen.

Der Begriff der Beihilfe ist nicht auf direkte finanzielle Zuwendungen beschränkt. Auch indirekte Maßnahmen wie die Auswirkungen von Steuervergünstigungen, Kreditsonderkonditionen oder besonders günstige Konditionen für Aufträge durch die öffentliche Hand sind darunter zu fassen[1024]. Des weiteren ist auch nicht nur auf Leistungsgewährungen abzustellen; als allgemein anerkannt kann auch bezeichnet werden, dass eine Begünstigung bestimmter Wettbewerbsteilnehmer im Sinne des Art. 87 EGV auch in der bloßen Belastung anderer Produktionszweige liegen kann[1025]. Maßstab ist, ob sich die Stellung eines Unternehmens oder eines Wirtschaftszweigs im Verhältnis zu seinen Mitbewerbern verbessert[1026].

Über diesen Ansatzpunkt könnte man argumentieren, dass auch die Belastung der Auftragsvergabe an ausländische Unternehmen mit dem Risiko der Nettolohnhaftung eine Begünstigung inländischer Unternehmen darstellt und daher eine als Beihilfe zu wertende Leistung sei.

[1019] EuG v. 27.01.1998, Rs. T-67/94 – *Ladbroke Racing ./. Kommission* – Slg. 1998 II, S. 1, (26), Rz. 52.

[1020] *Mederer*, in: von der Groeben/Thiesing/Ehlermann, EG-Vertrag, Art. 92, Rn. 2.

[1021] EuGH v. 27.03.1980, Rs. 61/79 – *Denkavit Italiana* – Slg. 1980, S. 1205, (1228), Rz. 31.

[1022] EuG v. 27.01.1998, Rs. T-67/94 – *Ladbroke Racing ./. Kommission* – Slg. 1998 II, S. 1, (26), Rz. 52.

[1023] Zu dieser Abgrenzung der Beihilfe von allgemeinen Maßnahmen siehe *Mederer*, in: von der Groeben/Thiesing/Ehlermann, EG-Vertrag, Art. 92, Rn. 20ff., insb. Rn. 29.

[1024] *Nagel*, Wirtschaftsrecht, S. 150.

[1025] *Geiger*, Art. 87, Rn. 8; *Mederer*, in: von der Groeben/Thiesing/Ehlermann, EG-Vertrag, Art. 92, Rn. 7; *Wallenberg*, in: Grabitz/Hilf, EUV/EGV, Bd. I; Art. 92, Rn. 6.

(b)   Ausschluss vom Beihilfenverbot (Art. 87 Abs. 2 EGV)

Nach Art. 87 Abs. 2 EGV sind bestimmte Beihilfen vom prinzipiellen Verbot und dem Anwendungsbereich der Beihilfenaufsicht ausgenommen. Da die Ausnahmevorschriften zugunsten einzelner Verbraucher aus sozialen Gründen und zur Beseitigung der Folgen von Naturkatastrophen oder ähnlichen außergewöhnlichen Ereignissen bei der Nettolohnhaftung ersichtlich nicht greifen, ließe sich eine Beihilfe angesichts der besonderen Betroffenheit ostdeutscher Betriebe von der aktuellen Krise auf dem Baumarkt lediglich auf die Ausnahme nach Art. 87 Abs. 2 c) EGV für den Ausgleich wirtschaftlicher Nachteile aufgrund der deutschen Teilung stützen.

Fraglich ist, ob sich als teilungsbedingte Nachteile auch solche fassen lassen, die sich erst nach der Wiedervereinigung ergeben haben. Im Beihilfenverfahren betreffend der Beihilfe des Freistaats Sachsen an die Volkswagen AG hat die Europäische Kommission Teilungsfolgen eng ausgelegt und auf *unmittelbare* Teilungsfolgen beschränkt. Eine gerichtliche Entscheidung ist hier durch einen Kompromiss vermieden worden, bei der die Kommission ihre Rechtsauffassung im Kern behauptet hat[1027]. In der Tat ist die Vorschrift dazu bestimmt gewesen, die „Zonenrandgebiete", die durch die Teilung einen nicht unbeträchtlichen Teil ihrer früheren Absatzgebiete verloren haben, wirtschaftlich zu fördern. Die Bewältigung der Probleme beim Zusammenwachsen der wiedervereinigten Teile Deutschlands war ersichtlich nicht beabsichtigt. Diese enge Sicht der Ausnahmevorschrift hat der EuGH mittlerweile ausdrücklich bestätigt[1028]. Daher kann eine Ausnahme nach Art. 87 Abs. 2 EGV nicht bejaht werden.

Somit ist zu überprüfen, ob auch die Einführung der Durchgriffshaftung durch § 1a AEntG eine solche wettbewerbsverfälschende Begünstigung darstellen kann.

(c)   Wettbewerbsverfälschung

Wie oben ausgeführt, ist die Beihilfe in erster Linie anhand ihrer Wirkung zu bestimmen, es muss eine Wettbewerbsverfälschung vorliegen oder drohen[1029].

Ob die Wettbewerbsverfälschung spürbar sein muss, ob also die De-Minimis-Regel auch im Beihilfenrecht Anwendung findet, war lange umstritten. Der EuGH hatte bislang den Einwand, eine Beihilfe habe nur ganz geringfügige Auswirkungen auf

---

[1026] EuGH v. 17.09.1980, Rs. 730/79 – *Philip Morris* – Slg. 1980, S. 2671, (2688f.), Rz. 11.

[1027] *Nagel*, Wirtschaftsrecht, S. 151.

[1028] EuGH v. 19.09.2000, Rs. C-156/98 – *Deutschland ./. Kommission* – ZIP 2000, S. 1738, Rz. 49.

[1029] *Hakenberg*, EWS 2001, S. 208, (210); *Mederer*, in: von der Groeben/Thiesing/Ehlermann, EG-Vertrag, Art. 92, Rn. 31.

den Wettbewerb, ohne auf die De-Minimis-Regel einzugehen, zurückgewiesen[1030].
Die Kommission geht indes davon aus, dass „nicht alle Beihilfen spürbare
Auswirkungen auf den Handel und den Wettbewerb zwischen den Mitgliedstaaten
haben" und nimmt deshalb geringfügige Beihilfen an kleine und mittlere
Unternehmen[1031] und Beihilfen unter 100.000 € innerhalb von 3 Jahren[1032] von der
Kontrolle aus. In einer neuen Entscheidung hat hingegen der EuGH hierzu
eindeutig Stellung genommen. Er hat den Einwand der Bundesrepublik, die
Kommission hätte bei der Einordnung von § 52 Abs. 8 EStG als Beihilfe beachten
müssen, dass die 100.000-€-Grenze eingehalten werde, zurückgewiesen. Er
begründet dies damit, dass weder der verhältnismäßig geringe Umfang einer
Beihilfe noch die verhältnismäßig geringe Größe des begünstigten Unternehmens
es ausschließt, dass eine Wettbewerbsverzerrung entsteht[1033]. Es ist damit davon
auszugehen, dass eine Beihilfe unabhängig von ihrer Höhe mit dem Gemeinsamen
Markt unvereinbar ist, wenn die Voraussetzungen des Art. 87 EGV erfüllt sind[1034].

Ebenso wie eine umfassende Gewährung von staatlichen Exportgarantien dazu
führt, dass sich insbesondere der Handel mit Staaten zweifelhafter
Zahlungsbereitschaft und –fähigkeit erhöht, führt die Auferlegung eines
zusätzlichen Haftungsrisikos dazu, den Handel mit zweifelhaften Schuldnern
stärker einzudämmen als den mit soliden. Dabei geht der Auftraggeber von der
Prämisse aus, dass ein Arbeitnehmer aus einem Niedriglohnland weitaus eher bereit
sein wird, auf den das Lohnniveau seines Heimatstaates exorbitant
überschreitenden Mindestlohn zu verzichten als ein deutscher Arbeitnehmer.
Entsprechend wird ein Verstoß gegen das Mindestlohngebot bei deutschen
Auftragnehmern seltener vorkommen als bei Unternehmen aus Ländern, deren
normales Lohnniveau den zu zahlenden Mindestlohn deutlich unterschreitet. Der
Auftraggeber – insbesondere wenn es sich nicht um ein Unternehmen der
Baubranche handelt – hat nicht die Kenntnisse und die Möglichkeiten, sich ein
zutreffendes Bild von einem konkreten Unternehmen zu machen. Die
Entlohnungsvorgänge sind seinem Einblick entzogen und auch Kontrollversuche
können angesichts der mannigfaltigen Täuschungsmöglichkeiten kein sicheres
Ergebnis bringen.

[1030] EuGH v. 11.11.1987, Rs. 259/85 – *Frankreich ./. Kommission* – Slg. 1987, S. 4393, (4418),
Rz. 24; EuGH v. 21.03.1991, Rs. C-303/88 – *Italien ./. Kommission* – Slg. 1991 I, S. 1433,
(1477), Rz. 27. Ebenso Generalanwalt *Lenz* in den Schlussanträgen v. 16.04.1986, Rs. 234/84 –
Belgien ./. Kommission – Slg. 1986, S. 2263, (2273); Dies entspricht auch der h.M. in der
Literatur, vgl. *Götz*, in: Dauses Handbuch des EU-Wirtschaftsrecht, H III, Rn. 43 m.w.N.

[1031] Gemeinschaftsrahmen für staatliche Beihilfen an kleine und mittlere Unternehmen v.
20.05.1992, ABl. EG 1992 Nr. C 213, Ziff. 3.2.

[1032] Mitteilung über De-Minimis-Beihilfen, ABl. EG 1996, Nr. C 68, S. 9.

[1033] EuGH v. 19.09.2000, Rs. C-156/98 – *Deutschland ./. Kommission* – ZIP 2000, S. 1738, Rz. 39.

[1034] So auch *Bartosch*, ZIP 2000, S. 2010, (2013).

„Zweifelhaft" aus der Sicht der Auftraggeber sind also nicht nur solche Bauunternehmen, die den Mindestlohn tatsächlich nicht zahlen. Alle Bauunternehmen, die aus Niedriglohnländern stammen, sind potentiell verdächtig, zu niedrige Löhne zu zahlen und damit zur Verwirklichung des Haftungsrisikos zu führen. Als einziger erfolgversprechender Weg, eine Inanspruchnahme auszuschließen, ist daher der generelle Ausschluss von Unternehmen aus Niedriglohnländern zu sehen[1035].

Die Nettolohnhaftung privilegiert damit nationale Unternehmen auf Kosten der Mitbewerber und hat eine eindeutig wettbewerbsbeschränkende Wirkung.

(d)   Erfordernis einer Belastung des mitgliedstaatlichen Haushalts

Unter § 87 EGV kann jedoch nicht jeder Vorgang gefasst werden, bei dem gesetzliche Vorschriften im Ergebnis zu einer schlechteren Marktposition der nicht „geförderten" Unternehmen führt. Unbestritten notwendig ist, dass das Beihilfemerkmal staatlicher Zurechenbarkeit gegeben ist[1036], die Besserstellung muss durch einen staatlichen Akt bewirkt werden.

Fraglich ist indes, ob die Annahme einer Beihilfe voraussetzt, dass es zu einer Belastung des staatlichen Haushalts kommt[1037]. Diese Diskussion wird an der Formulierung in Art. 87 EGV (Art. 92 EGV a.F.) „staatliche oder aus staatlichen Mitteln gewährte Beihilfe" aufgehängt.

[1035] Dass dieser Gedanke beileibe nicht nur hypothetisch ist, hat die Umfrage unter den Wohnungsbaugesellschaften gezeigt. Sie hat erwiesen, dass nicht wenige unter ihnen tatsächlich diesen „sicheren" Weg gehen.

[1036] *Ruge*, EuZW 2001, S. 247.

[1037] Der EuGH nimmt dies in seinen neueren Entscheidungen an, wobei hierzu auch mehrere, dem widersprechende Urteile ergangen sind. Eine solche Belastung fordert EuGH v. 24.01.1978 , Rs. 82/77 – *Van Tiggele* – Slg. 1978, S. 25, (39) Rz. 11; EuGH v. 17.03.1993, Rs. C-72 und 73/91 – *Sloman Neptun* – Slg. 1993 I, S. 887, (933), Rz. 19; EuGH v. 30.11.1993, Rs. C-189/91 – *Kirsammer-Hack* – Slg. 1993 I, S. 6185, (6220), Rz. 16; EuGH v. 17.06.1999, Rs. C-295/97 – *Piaggio* – Slg. 1999 I, S. 3735, (3761), Rz. 35; EuGH v. 13.03.2001, Rs. C- 379/98 – *PreussenElektra* – EuZW 2001, S. 242, (245), Rz. 58; In anderen Entscheidungen stellte er darauf nicht ab, sondern ließ jeden auf einem staatlichen Verhalten beruhenden Vorteil genügen: EuGH v. 30.01.1985, Rs. 290/83 – *Kommission ./. Frankreich* – Slg. 1985, S. 439, (448), Rz. 13f.; EuGH v. 02.02.1988, Rs. 67, 68 und 70/85 – *Van der Kooy* – Slg. 1988, S. 219, (270), Rz. 28; EuGH v. 07.06.1988, Rs. 57/86 – *Kommission ./. Griechenland* – Slg. 1988, S. 2855, (2872), Rz. 12. So auch Generalanwalt *VerLoren van Themaat*, in den Schlussanträgen zu den Rs. 213 bis 215/85 – *Norddeutsches Vieh- und Fleischkontor/BALM* – Slg. 1982, S. 3606, (3617). Er ging davon aus, dass sich sehr wohl der Standpunkt vertreten lasse, dass auch die autonome Gewährung finanziell spürbarer Vorteile durch Mitgliedstaaten, die nicht von den Mitgliedstaaten selbst finanziert würden, unter Art. 92 EGV fielen. Dabei dachte er z.B. an vom Staat verordnete Elektrizitätstarifermäßigungen für bestimmte Unternehmen.

(i)   Keine Notwendigkeit der Belastung staatlicher Haushalte

Nach der weitesten Auslegung kommt es dabei überhaupt nicht darauf an, ob die Maßnahme zu einer finanziellen Belastung des Staates führt, jeglicher durch staatliche Regulierung im weitesten Sinne bedingter geldwerter Vorteil sei als Beihilfe einzuordnen[1038].

Teilweise wird diese weite Auffassung dahingehend modifiziert, wonach es eines staatlich gelenkten Mittelflusses bedürfe, es aber nicht darauf ankäme, ob dieser zuvor in den Haushalt des Staates oder einer staatlichen Einrichtung gelangt sei oder nicht[1039]. Damit würden auch staatliche Maßnahmen erfasst, die private Finanzmittel lediglich umlenken. Die parafiskalische Wirkung genüge, wenn die Mittel stets im privaten Sektor verblieben[1040].

Unter „aus staatlichen Mitteln gewährte" Beihilfe seien die aus öffentlichen Mitteln finanzierten Maßnahmen zu fassen, während die „staatlichen" Beihilfen die übrigen Maßnahmen bezeichnen, die auf einem dem Staat zurechenbaren Verhalten beruhen, ohne dass es darauf ankommt, ob sie zu einer finanziellen Belastung des Staates führen.

Als Argument hierfür kann der Wortlaut des Art. 87 EGV angeführt werden, der ausdrücklich Beihilfen „gleich welcher Art" erfassen will und daher eine weite Auslegung nahe legt[1041]. Dieses Argument hat auch der EuGH in den Entscheidungen, in denen er auf die staatliche Finanzierung der Fördermaßnahme verzichtete, herangezogen[1042]. Europäische Gerichte haben beispielsweise staatliche Bürgschaften für ein privates Bankdarlehen, das keinen Transfer von Mitteln mit sich brachte, als Beihilfe angesehen[1043].

Für einen Verzicht auf das Erfordernis einer staatlichen Herkunft kann auch die Argumentation des EuGH in seiner Auseinandersetzung mit den Steueranreizen für Investitionen in den neuen Bundesländern herangezogen werden[1044]. Hier konnte die Kommission die Zuweisung eines Vorteils nicht in jedem Fall feststellen. Der EuGH hat dennoch eine Beihilfe angenommen, obwohl er nicht auf den Verzicht

---

[1038] *Iro*, RdE 1998, S. 11f.; *Slootbloom*, ELR 1995, S. 289, (290). So wohl auch *Lefèvre*, S. 118.

[1039] *Kühling*, RdE 2001, S. 93, (101); *Koenig/Kühling*, ZUM 2001, S. 537, (542).

[1040] *Koenig/Kühling*, ZUM 2001, S. 537, (543).

[1041] *Slootbloom*, ELR 1995, S. 289, (295ff.).

[1042] So EuGH v. 30.01.1985, Rs. 290/83 – *Kommission ./. Frankreich* – Slg. 1985, S. 439, (448), Rz. 13: „Bereits aus dem Wortlaut des Art. 92 Absatz 1 ergibt sich, dass staatliche Beihilfen nicht nur solche sind, die aus staatlichen Mitteln finanziert werden.".

[1043] EuGH v. 27.06.2000, Rs. C-404/97 – *Kommission ./. Portugal* – Slg. 2000 I, S. 4897, (4935), Rz. 44; EuG v. 13.06.2000, Rs. T-204/97 – *EPAC ./. Kommission* – Slg. 2000 II, S. 2267, (2292), Rz. 65.

[1044] EuGH v. 19.09.2000, Rs. C-156/98 – *Deutschland ./. Kommission* – Slg. 2000 I, S. 6857.

232

auf Steuereinnahmen, sondern auf die günstigere *Möglichkeit* zur Aufstockung der Eigenkapitalquote abgestellt hat, selbst wenn dies im Einzelfall nicht gegeben war[1045].

Auch die Funktion, die dem EGV nach Art. 3 Abs. 1 g) EGV zukommt, nämlich den Wettbewerb innerhalb des Binnenmarkt vor Verfälschungen zu schützen, spricht für eine weite Auslegung. Eine staatliche Maßnahme, mit der einem Unternehmen spezifische Wettbewerbsvorteile vor seinen Konkurrenten gewährt werden, sind nicht deshalb weniger wettbewerbsschädlich, weil die finanzielle Belastung nicht beim Staat auftritt. Sie kann sogar – nämlich wenn die Konkurrenten zur Finanzierung der Maßnahme herangezogen werden – noch wettbewerbsschädlicher sein[1046].

In der Trennung zwischen staatlicher und nicht staatlicher Herkunft liegt auch eine gewisser Formalismus. Denn die staatlichen Mittel stammen aus Steuern und Abgaben und daher auch aus dem nichtstaatlichen Bereich. Es macht keinen Unterschied, ob der Staat eine Sondersteuer erhebt, aus denen er bestimmte Maßnahmen fördert, ob er dazu einen Fonds gründet, in den Private Beiträge abzuführen haben oder ob er direkt auf bestimmte Unternehmen zugreift und diese zur Förderung anderer Wirtschaftsteilnehmern verpflichtet.

Auch das Prinzip des „effet-utile" fordere eine solche Sicht, da der Staat die Beihilfenordnung des EGV durch geschickte Gestaltung der Förderprogramme umgehen könnte[1047].

Verzichtet man darauf, die staatliche Finanzierung als unerlässlich für die Annahme einer Beihilfe anzusehen, wird das fragwürdige Ergebnis vermieden, dass der Mitgliedstaat unkontrolliert preisregulierend eingreifen könnte, wenn er an den Unternehmen nicht beteiligt sei, er jedoch beschränkt wäre, wenn er in irgendeiner Form an diesem Unternehmen beteiligt ist[1048].

(ii) Belastung staatlicher Haushalte als notwendiges Tatbestandmerkmal der Beihilfe

Ein engeres Verständnis des Beihilfebegriffs haben jene, die die Belastung eines staatlichen Haushalts als notwendige Bedingung zur Bejahung einer Beihilfe

---

[1045] *Hakenberg*, EWS 2001, S. 208, (213).
[1046] Das war auch die Argumentation der Elektrizitätsunternehmen, als sie gegen die Verpflichtung nach dem Stromeinspeisegesetz, umweltfreundlich erzeugte Energie zu einem festgelegten Preis abzunehmen, vorgingen. Vgl. Schlussplädoyer des Generalanwalts *Jacobs* v. 26.10.2000 Rs. C-379/98 – *PreussenElektra* – Slg. 2001 I, S. 2099, Nr. 142.
[1047] *Slootbloom*, ELR 1995, S. 289, (295ff.). Dies sieht auch EuGH v. 13.03.2001, Rs. C-379/98 – *PreussenElektra* – Slg 2001 I, S. 2099, Rz. 63.
[1048] *Iro*, RdE 1998, S. 11, (13).

ansehen. Das Begriffspaar „staatlich" und „aus staatlichen Mitteln gewährt" kann auch so verstanden werden, dass Beihilfen zwingend aus staatlichen Mitteln finanziert sein müssen, die Unterscheidung dient dann nur der Einbeziehung solcher Beihilfen, die durch vom Staat benannte oder errichtete öffentliche oder private Einrichtungen gewährt werden.

Eine solche Sicht hat der EuGH erstmals in der Rechtssache *Van Tiggele* eingenommen. Hier hatte er das Vorliegen einer Beihilfe durch die staatliche Festsetzung von Mindestpreisen beim Verkauf von Genever mit der Begründung abgelehnt, dass keine staatlichen Mittel für die Förderung in Anspruch genommen worden seien[1049].

Hierfür spricht die Stellung der beiden Beihilfealternativen im Tatbestand des Art. 87 EGV, der die „staatlichen" Maßnahmen vor den „aus staatlichen Mitteln gewährten" Maßnahmen aufführt. Denn der Regelfall, den der Gemeinschaftsgesetzgeber bei der Formulierung der Beihilfevorschriften vor Augen hatte, waren die Beihilfen durch Gewährung staatlicher Fördermittel[1050].

Nur unter Zugrundelegung der engen Auslegung macht dieser Aufbau Sinn. Bezieht sich die erste Tatbestandsalternative auf die direkte Gewährung staatlicher Fördermittel, verhindert die zweite Alternative die Umgehung dieser Vorschrift durch die Übertragung der Beihilfeauszahlung auf andere Institutionen. Nimmt man hingegen mit der weiten Auslegung die Einbeziehung nicht-staatlich finanzierter Maßnahmen in den Tatbestand des Art. 87 EGV an, regelt erst die zweite Tatbestandsalternative die Kategorie der aus öffentlichen Mitteln finanzierten Maßnahmen, die erste Tatbestandsalternative umfasst alle übrigen Maßnahmen nicht-staatlicher Herkunft. Damit hätte der Gemeinschaftsgesetzgeber die Ausnahme vor dem Normalfall geregelt.

Dies wäre eine unübliche Gesetzgebungstechnik.

Ein solches enges Verständnis des Beihilfebegriffs hat der EuGH nach eingehender Untersuchung in der jüngst ergangenen Entscheidung *PreussenElektra* befürwortet. Darin hatten Stromversorger gegen die Abnahmepflicht für ökologisch erzeugten Strom zu vom Staat festgelegten, nicht marktkonformen Preisen geklagt. Der EuGH hat das Vorliegen einer Beihilfe verneint und führt dazu ausdrücklich aus: „Der Umstand, dass die Abnahmepflicht auf einem Gesetz beruht und bestimmten Unternehmen unbestreitbare Vorteilen gewährt, kann damit der Regelung nicht den

---

[1049] EuGH v. 24.01.1978 , Rs. 82/77 – *Van Tiggele* – Slg. 1978, S. 25, (39) Rz. 11.
[1050] So auch Generalanwalt *Jacobs* in seinem Schlussplädoyer v. 26.10.2000 zur Rs. C-379/98 – *PreussenElektra* – Slg. 2001 I, S.2099, Nr. 153.

Charakter einer staatlichen Beihilfe im Sinne von Art. 92 Abs. 1 EG-Vertrag [Art. 87 EGV n.F.] verleihen"[1051].

(iii) Entscheidung

Die teleologische Auslegung des Art. 87 EGV führt nicht zur zwingenden Einbeziehung auch nichtstaatlicher Herkunft von Fördermitteln. Die Argumentation, Sinn und Zweck der Wettbewerbsvorschriften erforderten die Einbeziehung auch der nicht öffentlich finanzierten Beihilfen, beruht auf dem Zirkelschluss, dass die Art. 87ff. EGV tatsächlich den Wettbewerb gegen jede Art staatlich zurechenbarer Verfälschung sichern will. Nimmt man hingegen an, es solle nur vor den öffentlich finanzierten Beihilfen geschützt werden, ist dieser Argumentation der Boden entzogen[1052].

Eine Notwendigkeit der Einbeziehung auch solcher Maßnahmen, die nicht die staatlichen Haushalte, sondern private Dritte belasten, könnte auch nur dann bejaht werden, wenn Schutz dieser Interessen auf andere Weise nicht erreichbar wäre. Nun sind Maßnahmen, die nicht den Staat, sondern Dritte mit finanziellen Lasten belegen, nicht nur an den Beihilfevorschriften zu messe[1053]. Wie die zugrundeliegende Diskussion über den Mindestlohn zeigt, sind die Grundfreiheiten, aber auch Gleichbehandlungsgrundsätze des Gemeinschaftsrechts und der nationalen Rechtsordnungen ein zusätzlicher Schutz vor unberechtigter Inanspruchnahme.

Die systematische Auslegung der Beihilfevorschriften spricht gegen eine solche Einbeziehung. Art. 88 Abs. 2 EGV (Art. 93 EGV a.F.) ermächtigt die Kommission im Interesse der Wettbewerber der begünstigten Unternehmen dazu, zu Unrecht gewährten Beihilfe rückgängig zu machen oder zurückzufordern, wenn der Wettbewerb beeinträchtigt wird und tariert dies mit Verfahrensvorschriften aus, die dem beihilfegewährenden Staat und damit den begünstigten Unternehmern eine möglichst rasche Umsetzung von geplanten Beihilfemaßnahmen ermöglichen sollen. Bestimmungen, die der Einbeziehung der finanzierenden Dritten in dieses Verfahren dienen, sind nicht ersichtlich. Solche Vorschriften wären aber zu erwarten, wenn Art. 87 EGV auch solche Maßnahmen erfassen würde. Es ist auch nur schwer vorstellbar, wie diese Rückforderung bei der Belastung von privaten Dritten durchgeführt werden soll, insbesondere wenn die Beihilfe nicht durch

---

[1051] EuGH v. v. 13.03.2001, Rs. C-379/98 – *PreussenElektra* – Slg 2001 I, S. 2099, Rz. 60.

[1052] So auch *Bartosch*, NVwZ 2001, S. 643, (644), *Soltész*, EuZW 1998, S. 747, (751).

[1053] So sind Mindestpreise für Waren oder Dienstleistungen an den Grundfreiheiten zu messen. Als Beispiel sei hier die Rechtssache *Van Tiggele* genannt, wo der EuGH einen Verstoß gegen das Beihilfeverbot zwar verneinte, den Mindestpreis für Genever aber aufgrund Unvereinbarkeit mit der Warenverkehrfreiheit aufhob; EuGH v. 24.01.1978 , Rs. 82/77 – *Van Tiggele* – Slg. 1978, S. 25. So auch *Soltész*, EuZW 1998, S. 747 (751).

konkret bestimmbare Geldsummen, sondern durch Verpflichtungen anderer Art erfolgt ist. Die Berechnung des Rückzahlungsbetrages würde erhebliche Schwierigkeiten verursachen.

Als Voraussetzung einer Beihilfe ist daher zu fordern, dass nicht nur der Wettbewerbsvorteil, sondern gerade der finanzielle Vorteil staatlicher Herkunft sein muss. Die Beihilfe muss damit einen Geldwert besitzen, der den Haushalt des Mitgliedstaats im Rahmen einer Ausgabe wie auch eines Einnahmeverzichts belastet[1054].

(3)   Ergebnis

Die Nettolohnhaftung wirkt, ohne dass eine tatsächliche messbare Kostenbelastung im staatlichen Haushalt eintritt[1055]. Es werden den einheimischen Unternehmen keine finanziellen, d.h. geldwerten Vorteile gewährt, sondern potentielle Konkurrenten auf andere Weise behindert. Die Nettolohnhaftung setzt auf Vermeidungsstrategien bei den Auftraggebern gegenüber dem unbekannten Risiko. Mit anderen Worten, die Nettolohnhaftung wirkt nicht mittels des Einsatzes staatlicher Gelder, sondern mittels der Umlenkung des Geldflusses privater Auftraggeber. Der Staat selbst übt über diese Mittel zu keinem Zeitpunkt eine Kontrolle aus, sie verlassen den privaten Sektor nicht. Die Nettolohnhaftung kann daher nicht als „Beihilfe" angesehen werden.

c)   Ergebnis

Damit ist § 1a AEntG nicht wegen Verstoßes gegen die Wettbewerbsvorschriften der Art. 81ff. EGV europarechtswidrig.

[1054] So der EuGH in der jüngsten dazu ergangenen Entscheidung v. 13.03.2001, Rs. C-379/98 – *PreussenElektra* – Slg 2001 I, S. 2099, Rz. 57. Ebenso *Glaesner*, S. 113; *Götz*, in: Dauses Handbuch des EU-Wirtschaftsrecht, H III, Rn. 25; *Koenig/Kühling*, ZUM 2001, S. 537, (543); *Mederer*, in: von der Groeben/Thiesing/Ehlermann, EG-Vertrag, Art. 92, Rn. 17.

[1055] Die mittelbaren Auswirkungen sind ungeklärt, auf der einen Seite erhöhen sich bei einer tatsächlichen Verdrängung ausländischer Mitbewerber die Steuereinnahmen, auf der anderen Seite steigt das Baupreisniveau auch für die öffentlichen Auftraggeber.

E.   ERGEBNIS UND THESEN

I. Die Nettolohnhaftung lässt sich weder in das System der vertraglichen und quasivertraglichen Haftung noch in das System der Gefährdungshaftung einordnen. Sie stellt einen Fremdkörper im Haftungssystem der Bundesrepublik Deutschland dar. Von der Rechtsfolge gewährt sie dem entsandten Arbeitnehmer einen Anspruch auf das positive Interesse, da dieser so gestellt wird, als sei ein gesetzmäßig ausgestalteter Arbeitsvertrag ordnungsgemäß erfüllt worden. Eine Einordnung in das schuldrechtliche Haftungssystem ist jedoch nicht möglich, da die Voraussetzungen einer quasivertraglichen Haftung im Rahmen der Nettolohnhaftung nicht erfüllt sind. Die Nettolohnhaftung verzichtet auf Verschulden als Kriterium und könnte als Garantiehaftung nur bei Vorliegen eines besonderen Interesses bejaht werden.

Als Gefährdungshaftung kann die Nettolohnhaftung nicht eingeordnet werden, weil sie nicht an ein gefährdendes Handeln des Auftraggebers anknüpft. Die Gefährdungshaftung dient dazu, demjenigen, der eine zwar erlaubte, aber dennoch für einen unbestimmten Personenkreis möglicherweise schadensträchtige Gefahrquelle unterhält, als Ausgleich für die Zulassung seines Tuns mit allen daraus entstehenden Folgen zu belasten. Die Beauftragung eines Werkunternehmers stellt keine solche zugelassene Gefahrschaffung dar. Sie bewirkt keine Gefährdung eines unbestimmten Personenkreises, sondern greift nur zugunsten von Personen ein, die mit dem Haftenden in einer Sonderbeziehung stehen, die durch das arbeitsvertragliche Band mit den Auftragnehmern des Haftenden vermittelt wird. Auch im Rahmen der Subvergabe von Werkaufträgen kann die Beauftragung eines Unternehmers nicht als Gefahrschaffung gesehen werden, sondern ist als geradezu typisches Kennzeichen der heutigen, arbeitsteiligen Wirtschaft zu sehen.

II. Bereits die Vereinbarkeit der Verpflichtung zur Zahlung des Mindestlohns durch das Arbeitnehmerentsendegesetzes mit dem EGV ist äußerst zweifelhaft.

Die Erstreckung eines inländischen Mindestlohns auf entsandte Arbeitnehmer führt dazu, dass der Hauptwettbewerbsvorteil der Anbieter aus den Niedriglohnländern aufgehoben wird. Die Chance der Anbieter aus diesen Ländern, Aufträge in Deutschland zu erhalten, sinkt also ab, obwohl die Anbieter aus den Hochlohnländern und insbesondere die deutschen Bauunternehmer den gleichen Anforderungen unterworfen werden. Dies ist als eine sonstige Beschränkung der Dienstleistungsfreiheit zu werten.

Der Gesetzgeber bedient sich des Mindestlohns nur zu dem Zweck, die Marktchancen der einheimischen Unternehmen zu erhöhen und die nationale Arbeitslosigkeit zu senken. Er verfolgt damit lediglich wirtschaftliche Zwecke, die bei der Ermittlung eines rechtfertigenden Allgemeininteresses ausgeschlossen sind.

Gesichtspunkte des Arbeitnehmerschutzes als rechtfertigendes Allgemeininteresse können bei Berücksichtigung der gesetzgeberischen Intention nicht bejaht werden, da sich der Gesetzgeber laut der Gesetzesbegründung mit einem Schutz der entsandten Arbeitnehmer überhaupt nicht befasst hat. Auch die Höhe des festgelegten Mindestlohns, die sich lediglich an den Wettbewerbsinteressen der einheimischen Bauunternehmen und deren Arbeitnehmern orientiert und die Bedürfnisse der angeblich geschützten entsandten Arbeitnehmer außer Acht lässt, spricht gegen eine Rechtfertigungsmöglichkeit.

Die Feststellung der Europarechtswidrigkeit der Grundkonzeption des AEntG durch den EuGH ist jedoch aufgrund des Interesses der Nettozahlerstaaten der Gemeinschaft und des von ihnen ausgeübten politischen Drucks nicht mit großer Wahrscheinlichkeit zu erwarten. Allenfalls einzelne Punkte, wie die Berechnung des Einkommens der entsandten Arbeitnehmer zum Vergleich mit dem geschuldeten Mindestlohn oder die bestrittene Möglichkeit deutscher Unternehmen, den Mindestlohn durch Vereinbarung eines niedrigeren Lohns in einem Firmentarifvertrag zu umgehen, werden möglicherweise als unvereinbar mit dem Gemeinschaftsrecht erklärt werden.

III. Auch § 1a AEntG, die Nettolohnhaftung, ist als verschuldensunabhängige Inanspruchnahmemöglichkeit des gewerblichen Auftraggebers für den Nettolohn als sonstige Beschränkung der Dienstleistungsfreiheit einzustufen. Die Haftung greift auch, wenn der Auftraggeber alle nur erdenkliche Sorgfalt bei der Auswahl und Kontrolle seiner Auftragnehmer beachtet hat. Zudem kann der Auftraggeber nicht nur dann in Haftung genommen werden, wenn ein beauftragtes Unternehmen mit seinen Arbeitnehmern einen den Mindestlohn unterschreitenden Lohn vereinbart hat, sondern auch dann, wenn die Zahlung des Mindestlohns aus anderen Gründen unterbleibt, etwa im Falle der Insolvenz des im Regelfall nur schwer zu durchleuchtenden Auftragnehmers aus einem anderen Mitgliedstaat. Deutschen Auftraggebern, die die Inhaftungnahme sicher ausschließen wollen, bleibt nur die Möglichkeit, auf die Beauftragung von Unternehmen aus den Niedriglohnstaaten vollständig zu verzichten und in ihren Verträgen auch die Subvergabe von Einzelaufträgen an solche Unternehmen zu untersagen.

Die Nettolohnhaftung führt daher dazu, dass Anbieter aus einem Niedriglohnstaat im Wettbewerb faktisch bereits aufgrund ihrer Herkunft benachteiligt werden. Dies stellt einen Eingriff in die Dienstleistungsfreiheit im Sinne einer sonstigen

Beschränkung dar. Dieser Eingriff kann nicht gerechtfertigt werden. Zum einen ist bereit die Annahme eines rechtfertigenden Allgemeininteresses kaum zu vertreten, da die angeblich geschützten entsandten Arbeitnehmer nicht geschützt werden müssen und im Ergebnis auch nicht geschützt, sondern noch mehr vom deutschen Markt verdrängt werden. Die Vorschrift hat eine überschiessende Regelungswirkung. Eine so weitgehende Haftung, die auch ohne Verschulden eingreift und auch den Insolvenzfall erfasst, ist auch zur Erreichung der vorgeblichen Ziele des Arbeitnehmerschutzes nicht erforderlich und daher unverhältnismäßig.

Sie ist daher als Verstoß gegen die Dienstleistungsfreiheit nach dem Vertrag über die Europäischen Gemeinschaften europarechtswidrig.

IV. Ein Verstoß gegen das Europäische Wettbewerbsrecht kann hingegen nicht bejaht werden.

Das Verhalten der einzelnen Auftraggeber kann nicht als abgestimmtes Verhalten im Sinne der Art. 81ff. EGV beurteilt werden, da die Unternehmen keine Abstimmung im Sinne einer Übereinkunft vorgenommen haben, sondern sich lediglich eine einheitliche Reaktion auf die gesetzliche Regelung zeigt. Zwar werden auch staatliche Maßnahmen, die eine wettbewerbswidriges Verhalten von Unternehmen vorschreiben, erleichtern oder ihre Wirkungen verstärken. an den Art. 10 i.V.m. Art. 81, 82 EGV gemessen. Dies setzt jedoch voraus, dass ein abgestimmtes Verhalten der gewerblicher Nachfrager nach Bauleistungen bejaht werden kann.

Das AEntG verstößt auch nicht gegen das Beihilfenverbot des Art. 87ff. EGV. Die Beihilfenordnung findet zwar neben der Prüfung einer staatlichen Maßnahme an den Grundfreiheiten Anwendung. Auch können solche staatlichen Maßnahmen, die nicht mit der direkten Auszahlung einer Subvention verbunden sind, wettbewerbsverfälschende Wirkungen haben. Nach der zutreffenden herrschenden Ansicht in Literatur und Rechtsprechung setzt die Einordnung einer Maßnahme als „Beihilfe" jedoch voraus, dass die Maßnahme zu einer Belastung des mitgliedstaatlichen Haushalts führt. Da die Nettolohnhaftung wie auch das Mindestlohngebot als solches keine finanzielle Leistung des Staates darstellen, sondern lediglich den Zufluss privater Mittel von den Unternehmen aus Niedriglohnstaaten zu den einheimischen Unternehmen umlenken, unterfallen sie nicht Art. 87 EGV.

F. **ANHANG I**

1. Auswahl der Befragten

Zur Ermittlung der tatsächlichen Auswirkungen der Nettolohnhaftung auf das Auftragsverhalten von Bauauftraggebern habe ich eine Umfrage unter den deutschen Wohnungsbauunternehmen durchgeführt.

Wohnungsbauunternehmen wurden gewählt, da die von ihnen durchzuführenden Arbeiten im Zusammenhang mit der Erstellung von Wohnungen Bauleistungen im Sinne des AEntG darstellen und sie diese Arbeiten im Regelfall nicht selbst durchführen, sondern auf die Einschaltung von Fremdfirmen angewiesen sind.

Damit sind sie potentielle Haftungsschuldner für die Haftung nach § 1a AEntG. Ihre Strategien zur Haftungsvermeidung ermöglichen es, Schlüsse auf die Auswirkungen der Haftungsnorm zu ziehen und damit die Vereinbarkeit mit der Dienstleistungsfreiheit in der Praxis zu überprüfen.

2. Durchführung der Umfrage

Zur Durchführung der Umfrage wurden die Wohnungsbauunternehmen in der 2. Aprilwoche per E-Mail angeschrieben[1056]. Dabei wurden Sie Eingangs auf die Rechtslage hingewiesen und um die Beantwortung des Fragebogens gebeten.

Der Mail wurde folgender Fragebogen beigefügt:

....

FRAGEBOGEN

ZUR NETTOLOHNHAFTUNG NACH DEM ARBEITNEHMER-
ENTSENDEGESETZ

Nach dem neuen § 1a Arbeitnehmer-Entsendegesetz ist jeder Auftraggeber von Bauleistungen – *also gegebenenfalls Sie* – verpflichtet, gegenüber allen an der Leistungserbringung eingesetzten Arbeitnehmern für die Zahlung des Mindestlohns nach dem aktuellen für allgemein verbindlich erklärten Mindestlohntarifvertrag zu haften – d.h., der einzelne Arbeitnehmer kann den Mindestlohn auch von Ihrem Unternehmen fordern und Sie müssten diesen dann von dessen Arbeitgeber zurückfordern, wobei Sie das volle Insolvenzrisiko bzgl. dieses Arbeitgebers tragen.

[1056] Die Adressen der Wohnungsbauunternehmen wurde über die Website http://wohnungsbauunternehmen.de/wohnung.html ermittelt. Dieses Forum enthält die Adressen und Mailadressen von ca. 1000 Wohnungsbaugesellschaften aus dem gesamten Bundesgebiet.

Im Falle der Insolvenz des Auftragnehmers kann das Arbeitsamt das gezahlte Insolvenzgeld von Ihnen zurückfordern.

Diese Rechtslage gilt für alle Bauaufträge, gleichgültig ob es sich um einen von Ihnen ausgewählten General- oder dessen Subunternehmer handelt und ohne dass es auf ein Verschulden Ihrerseits ankäme.

1. Ist Ihnen diese Rechtslage bekannt?

2. Wurde ihr Unternehmen bereits nach § 1a AEntG in Anspruch genommen? (Durch Arbeitnehmer eines deutschen Subunternehmers? / durch Arbeitnehmer eines ausländischen Subunternehmers? / durch das Arbeitsamt?)

3. Hat dieses Haftungsrisiko zu Veränderungen in Ihren Auswahlkriterien in Bezug auf Auftragnehmer geführt und wenn ja, zu welchen? (Bevorzugte Einschaltung bekannter Unternehmen trotz möglicherweise günstigerer Angebote unbekannter Konkurrenz? / Stärkere Fixierung auf inländische Bauunternehmen? / genauere Durchleuchtung der Auftragnehmer?)

4. Sichern Sie sich gegenüber Ihren Auftragnehmern ab und wenn ja, wie? (Anforderung von Bankbürgschaften? / Einbehalt von Werklohn?)

....

3. Rücklauf der Umfragebögen

Bis zum 31.Mai sind insgesamt 108 Antworten eingegangen, davon 36 per Brief und 72 per E-Mail. Angesichts von ca. 1000 versandten E-Mails entspricht dies einer Rücklaufquote von ca. 10 %.

4 der Unternehmen teilten lediglich mit, Bauleistungen nie oder nur in vernachlässigbarem Umfang in Auftrag zu geben und blieben daher bei der weiteren Behandlung der Umfrage außer Betracht.

Nach statistischen Maßstäben kann die Studie nicht als repräsentativ bezeichnet werden. Aufgrund der Zahl von 104 Antworten erscheint mir die Verallgemeinerung der Aussagen aus der Studie jedoch als zulässig.

4. Antworten der Befragten

Bei der Auswertung der Fragebögen ergab sich folgendes Bild:

33 Firmen, d.h. 31 % teilten mit, über die Rechtslage nicht informiert zu sein, 12 Firmen, entsprechend 11 % teilten mit, nicht vollständig informiert zu sein und 59 Firmen oder 58 % teilten mit, das die Rechtslage bekannt sei.

Drei Unternehmen teilten mit, bereits in Haftung genommen worden zu sein. Dies bezog sich bei einem Unternehmen auf Beiträge zur Urlaubs- und Lohnausgleichskasse der Bauwirtschaft (ULAK) und bei zweien auf den Nettolohn im engeren Sinn. Anspruchsgläubiger waren hier schottische bzw. irische Arbeitnehmer zweier Subunternehmen, die nicht den geschuldeten Mindestlohn zahlten.

Bei der Auswertung der Befragung zu den Auswirkungen der Haftung blieben die Unternehmen, denen das Haftungsrisiko bislang nicht bekannt war, außer Betracht.

Unter den 71 Firmen, denen das Haftungsrisiko aus dem AEntG ganz oder teilweise bekannt war, hat dieses Risiko bei immerhin 58, d.h. 82 %, zu Veränderungen im Auftragsverhalten geführt.

Zwei der Unternehmen, die keine Veränderungen im Auftragsverhalten mitteilten, begründeten dies mit ihrer Bindung an die VOB.

Am weitesten verbreitete Reaktion war die Beschränkung auf bereits bekannte Unternehmen bei 44 Befragten (62 %). Eine genauere Prüfung der Auftragnehmer erfolgte bei 26 Unternehmen (37 %). Bei 22 Unternehmen (31 %) führte das Risiko der Inanspruchnahme zu einem Ausschluss der Beauftragung ausländischer Auftragnehmer.

Dabei wurde von einem Unternehmen sogar mitgeteilt, dass es trotz Bindung an die VOB ausländische Unternehmen per se nicht mehr berücksichtige.

Betrachtet man die Verteilung der Sicherungsmaßnahmen, so waren in der Mehrzahl die üblichen Maßnahmen zu verzeichnen festzustellen, die die ordnungsgemäße Vertragserfüllung und Gewährleistung sichern sollen.

Konkrete Maßnahmen zum Schutz vor der Inanspruchnahme durch Arbeitnehmer aufgrund der Nettolohnhaftung hat nur eine Minderheit von Unternehmen getroffen:

15 Unternehmen lassen sich die Erfüllung der Verpflichtungen nach dem AEntG vertraglich zusichern, elf dieser Unternehmen sichern sich zusätzlich durch eine Freistellungserklärung, die jedoch nur bei zwei Unternehmen über die Bürgschaft abgedeckt wird. Ein Unternehmen hat die Mindestlohnzahlung durch eine Vertragsstrafenabrede zusätzlich gesichert.

G. LITERATURVERZEICHNIS:

- Ackermann, Thomas „Warenverkehrsfreiheit und 'Verkaufsmodalitäten'", in: RIW 1994, S. 189-194
- Adams, Michael „Ökonomische Analyse der Gefährdungs- und Verschuldenshaftung", Heidelberg 1985
- Anweiler, Jochen „Die Auslegungsmethoden des Gerichtshofs der Europäischen Gemeinschaften", Frankfurt/M. 1997, zugl. Diss. Göttingen 1996
- Arndt, Hans-Wolfgang „Europarecht", Heidelberg 1999
- Arndt, Wolfgang „Warenverkehrsfreiheit und nationale Verkaufsbeschränkungen", in: ZIP 1994, S. 188-191
- Badura, Peter „Die Sicherung von Mindestarbeitsbedingungen im Baugewerbe durch eine Durchgriffshaftung des Unternehmers zugunsten der Arbeitnehmer", Rechtgutachten erstattet im Auftrag des Hauptverbandes der Deutschen Bauindustrie e.V., München 1999, nicht veröffentlicht
- Badura, Peter „Verfassungsfragen bei der Entsendung ausländischer Arbeitnehmer nach Deutschland", in: Köbler, Gerhard (Hrsg.), „Europas universale rechtsordnungspolitische Aufgabe im Recht des 3. Jahrtausends", Festschrift für Söllner, München 2000, S. 111-124
- Bälz, Ulrich „Ersatz oder Ausgleich – Zum Standort der Gefährdungshaftung im Licht der neuesten Gesetzgebung" in: JZ 1992, S. 57-72
- Bartosch, Andreas "Neues zum Tatbestandsmerkmal der "Belastung des Staatshaushalts" i. S. des Art. 87 EG", in NVwZ 2001, S. 643-645
- Bartosch, Andreas „Verschärft sich die Spruchpraxis des EuGH zum europäischen Beihilferecht?", in: ZIP 2000, S. 2010-2016
- Basedow, Jürgen „Keck on the facts", in: EuZW 1994, S. 225
- Baudisch, Birgit „Die gesetzgeberischen Haftungsgründe der Gefährdungshaftung", Aachen 1998, zugl. Diss. Augsburg 1998
- Baumbach, Adolf / Hefermehl, Wolfgang „Wettbewerbsrecht", 22. Auflage, München 2001
- Becker, Friedrich / Wulfgramm, Jörg „Kommentar zum Arbeitnehmerüberlassungsgesetz", 3. Aufl., Neuwied, Darmstadt 1985, mit Nachtrag zu den Änderungen des Rechts der Arbeitnehmerüberlassung aufgrund des Steuerbereinigungsgesetzes 1986, aufgrund des Siebten Gesetzes zur Änderung des Arbeitsförderungsgesetzes sowie aufgrund des Zweiten Gesetzes zur Bekämpfung der Wirtschaftskriminalität
- Becker, Ulrich „Voraussetzungen und Grenzen der Dienstleistungsfreiheit", in: NJW 1996, S. 179-181

- Becker, Ulrich   „Von 'Dassonville' über 'Cassis' zu 'Keck' – Der Begriff der Maßnahme gleicher Wirkung in Art. 30 EGV", in: EuR 1994, S. 162-174

- Behrens, Peter   „Die Konvergenz der wirtschaftlichen Freiheiten im europäischen Gemeinschaftsrecht", in: EuR 1992, S. 145-162

- Behrens, Peter   „Niederlassungsfreiheit und Internationales Gesellschaftsrecht", in: RabelsZ 52 (1988), S. 498-525

- Beisiegel, Detlef / Mosbacher, Wolfgang / Lepante, Eddie   „Vergleich des deutschen Arbeitnehmerentsendegesetzes mit seinem französischen Pendant", in: JZ 1996, S. 668-671

- Berg, Werner   „Neue Entscheidungen des EuGH zur Anwendung des EG-Kartellrechts im Bereich der sozialen Sicherheit", in: EuZW 2000, S. 170-173

- Berrisch, Georg M.   „Zum „Bananen"-Urteil des EuGH vom 5.10.1994", in: EuR 1994, S. 461-469

- Bernhard, Peter   " 'Keck' und 'Mars' – die neueste Rechtsprechung des EuGH zu Art. 30 EVG", in: EWS 1995, S. 404-410

- Beutler, Bengt / Bieber, Roland / Pipkorn, Jörn / Streil, Jochen   „Die Europäische Union", 4. Auflage, Baden-Baden 1993

- Bieback, Karl-Jürgen   „Die Entwicklung des deutschen Sozialleistungssystems in der EU", in: Krämer / Micklitz / Tonner (Hrsg.), Recht und diffuse Interessen in der Europäischen Rechtsordnung, liber amicorum Norbert Reich, Baden-Baden 1997, S.509-526

- Bieback, Karl-Jürgen   „Rechtliche Probleme von Mindestlöhnen, insbesondere nach dem Arbeitnehmer-Entsendegesetz", in: RdA 2000, S. 207-216

- Binder, Martin   „Die Arbeitnehmerentsendung aus EU-/EWR-Staaten nach Österreich unter besonderer Berücksichtigung eines möglichen Sozialdumpings", in: DRdA 1999, S. 1-12 und 100-106

- Birk, Rolf   „Arbeitsrecht und internationales Privatrecht", in: RdA 1999, S. 13-18

- Birk, Rolf   „Die Gesetzgebungszuständigkeit der Europäischen Gemeinschaft im Arbeitsrecht", in: RdA 1992, S. 68-73

- Birk, Rolf   „Das internationale Arbeitsrecht der Bundesrepublik Deutschland", in: RabelsZ 46, (1982), S. 384-420

- Birk, Rolf   „Internationales Tarifvertragsrecht – Eine kollisionsrechtliche Skizze", in: Sandrock, Otto (Hrsg.), Festschrift für Günther Beitzke, Berlin 1979, S. 831-872

- Blanke, Thomas   „Die Neufassung des Arbeitnehmer-Entsendegesetzes: Arbeitsmarktregulierung im Spannungsverhältnis von Dienstleistungsfreiheit, Arbeitnehmerschutz und Tarifautonomie", in: ArbuR 1999, S. 417-426

- Blaschcok, Andreas   „Gefährdungshaftung und Risikozuweisung", Köln 1993

- Bleckmann, Albert   „Europarecht", 6.Auflage, Köln, Berlin, Bonn, München 1997

- Bleckmann, Albert „Begründung und Anwendungsbereich des Verhältnismäßigkeitsprinzips", in: JuS 1994, S. 177-183

- Bleckmann, Albert „Die Ausnahmen der Dienstleistungsfreiheit nach dem EWG-Vertrag", in: EuR 1987, S. 28-50

- Bleckmann, Albert „Zur Dogmatik des Niederlassungsrechts im EWG-Vertrag", in: WuV 1987, S.119-136

- Bleckmann, Albert „Die umgekehrte Diskriminierung – discrimination à rebours – im EWG-Vertrag", in: RIW 1985, S. 917-921

- Bleckmann, Albert „Die Ausnahmen der Dienstleistungsfreiheit nach dem EWG-Vertrag", in: NJW 1982, S. 1177-1182

- Bleckmann, Albert „Die Freiheiten des Gemeinsamen Marktes als Grundrechte", in: Bieber / Bleckmann / Capotori u.a. (Hrsg.), Das Europa der zweiten Generation, Gedächnisschrift für Christoph Sasse, Kehl 1981

- Böhm, Wolfgang „Arbeitnehmer-Entsendegesetz als „Ermächtigungsgesetz"?", in: NZA 1999, S. 128-130

- Borgmann, Bernd „Kollisionsrechtliche Aspekte des Arbeitnehmer-Entsendegesetzes", in: IPRax 1996, S. 315-320

- Büdenbender, Ulrich „Die Erklärung der Allgemeinverbindlichkeit von Tarifverträgen nach dem Arbeitnehmer-Entsendegesetz", in: RdA 2000, S. 193-207

- Büdenbender, Ulrich „Anmerkung zur EuGH-Entscheidung Rs. 67/96, Albany", in: ZIP 2000, S. 44-47

- Büdenbender, Ulrich „Stromeinspeisungsgesetz, Beihilfecharakter i.S.d. Art. 92 EGV", in: EWir 1998, S. 1143-1144

- Caemmerer, Ernst v. „Reform der Gefährdungshaftung", Berlin, New York 1971

- Calliess, Christian / Ruffert, Matthias „Kommentar des Vertrages über die Europäische Union und des Vertrags zur Gründung der Europäischen Gemeinschaft", Neuwied, Kriftel, Berlin 1999

- Chalmers, Damian "Repackaging the Internel Market – The Ramifications of the Keck Judgement", in: ELRev. 19 (1994), S. 385-403

- Classen, Claus Dieter „Auf dem Weg zu einer einheitlichen Dogmatik der EG-Grundfreiheiten? – Absolute und relative Gehalte der Grundfreiheiten", in: EWS 1995 S. 97-106

- Constantinesco, Leontin „Schutzmaßnahmen nach Art. 226 EWG-Vertrag", in: NJW 1964, S. 331-336

- Cornelissen, Rob „Die Entsendung von Arbeitnehmern innerhalb der Europäischen Gemeinschaft und die soziale Sicherheit", in: RdA 1996, S.329-338

- Cosack, Tilman „Die Gefährdungshaftung im Vordringen – Hintergründe und Entwicklungslinien der aktuellen Tendenz im deliktischen Haftungsrecht", in: VersR 1992, S. 1439-1444

- Crämer, A.M. „Die Unternehmerhaftung nach dem Arbeitnehmer-Entsendegesetz im Vergleich zur Subunternehmerhaftung nach dem Ausländergesetz", in: BauR 2000, S. 652-654

- Cyrus, Norbert „Moderne Migrationspolitik im alten Gewand – Zur sozialen Situation polnischer Werkvertragsarbeitnehmer in der Bundesrepublik Deutschland", Beitrag zur Fachkonferenz „Moderne Migrationspolitik" der Friedrich-Ebert-Stiftung am 21.11.1996, http://www.polskarade.de/momigra.html

- Danwitz, Thomas von „Das neugefasste Arbeitnehmer-Entsendegesetz auf dem Prüfstand: Europa- und verfassungsrechtliche Schranken einer Neuorientierung im Arbeitsrecht", in: RdA 1999, S. 322-327

- Däubler, Wolfgang „Tariftreue statt Sozialkostenwettbewerb", in: ZIP 2000, S. 681-688

- Däubler, Wolfgang „Neue Akzente im Arbeitskollisionsrecht", in: RIW 2000, 255-260

- Däubler, Wolfgang „Das Gesetz zu Korrekturen in der Sozialversicherung und zur Sicherung der Arbeitnehmerrechte", in: NJW 1999, S. 601-608

- Däubler, Wolfgang „Die Entsenderichtlinie und ihre Umsetzung ins deutsche Recht", in: Wiesehügel / Sahl (Hrsg.), Die Sozialkassen der Bauwirtschaft und die Entsendung innerhalb der Europäischen Union, Frankfurt/M. 1998, S.94-110

- Däubler, Wolfgang „Die Entsenderichtlinie und ihre Umsetzung ins deutsche Recht", in: EuZW 1997, S. 613-618

- Däubler, Wolfgang „Eine Antidumping-Gesetz für die Bauwirtschaft", in: DB 1995, S. 726-731

- Däubler, Wolfgang „Der Richtlinienvorschlag zur Entsendung von Arbeitnehmern", in: EuZW 1993, S. 370-374

- Däubler, Wolfgang "Tarifvertragsrecht", 3. Auflage, Baden-Baden 1993

- Dauses, Manfred „Handbuch des EU-Wirtschaftsrechts", Loseblattsammlung, Stand: August 2000 München

- Deakin, Simon „Labour Law as Market Regulation", in: Davies, Paul, Festschrift für Lord Wedderburn of Charlton, Oxford 1996, S. 63-93

- Demarne, Veronique „Anwendung nationaler Tarifverträge bei grenzüberschreitenden Arbeitsverhältnissen", Frankfurt 1999, zugl. Diss. Bremen 1998

- Deinert, Olaf „Arbeitnehmerentsendung im Rahmen der Erbringung von Dienstleistungen innerhalb der Europäischen Union", in: RdA 1996, S. 339-352

- Deinert, Olaf „Grenzüberschreitende Erbringung von Dienstleistungen und Beschäftigung von Drittstaatsangehörigen", in: AuR 2000, S. 92-94

- Deutsch, Erwin „Allgemeines Haftungsrecht", 2. Auflage, Köln, Berlin, Bonn, München 1996

- Deutsch, Erwin „Das neue System der Gefährdungshaftungen – Gefährdungshaftung, erweiterte Gefährdungshaftung und Kausal-Vermutungshaftung", in: NJW 1992, S. 73-77

- Deutsch, Erwin „Gefährdungshaftung: Tatbestand und Schutzbereich", in: JuS 1981, S. 317-325

- Dieterich, Thomas / Hanau, Peter / Schaub, Günter „Erfurter Kommentar zum Arbeitsrecht", 2. Auflage, München 2001 (zit.: EK-*Bearbeiter*)

- Dörr, Oliver „Die Warenverkehrsfreiheit in Art. 30 EWG-Vertrag – doch bloß ein Diskriminierungsverbot?", in: RabelsZ 54 (1990), S. 677-691

- Dötsch, Jochen „Gleichbehandlung der Geschlechter", in: AuA 1999, S.122-125

- Doppler, Marisa „Die Vereinbarkeit des Arbeitnehmer-Entsendegesetzes mit dem Europäischen Recht", Diss. Bonn 2000

- Drathen, Klaus „Deutschengrundrechte im Lichte des Gemeinschaftsrechts", Diss. Bonn 1994

- Dreier, Horst (Hrsg.) „Grundgesetz Kommentar", Tübingen 1996, (zit.: Dreier-*Bearbeiter*)

- Eberhartinger, Michael „Konvergenz und Neustrukturierung der Grundfreiheiten", in: EWS 1997, S. 43–52

- Ehlers, Dirk „Die Grundfreiheiten des Europäischen Gemeinschaftsrechts", in: Jura 2001, S. 266-275

- Ehlers, Dirk „Das Wirtschaftsverwaltungsrecht im europäischen Binnenmarkt", in: NVwZ 1990, S. 810-816

- Ehmann, Horst / Emmert, Angela „Grundlage, Zweck und Missbrauch des Diskriminierungsverbotes", in: SAE 1997, S. 254-269

- Eichenhofer, Eberhard „Arbeitsbedingungen bei Entsendung von Arbeitnehmern", in: ZIAS 10 (1996), S. 55-82

- Eichhorst, Werner „Europäische Sozialpolitik zwischen nationaler Autonomie und Marktfreiheit", Frankfurt 2000, zugl. Diss. Konstanz 1998

- Emmerich-Fritsche, Angelika „Der Grundsatz der Verhältnismäßigkeit als Direktive und Schranke der EG-Rechtsetzung", Berlin 2000, zugl. Diss. Bayreuth 1998

- Endres, Alfred „Ökonomische Grundlagen des Haftungsrechts", Heidelberg 1991

- Ensthaler, Jürgen „Die umgekehrte Diskriminierung in EWG-Vertrag", in: RIW 1990, S, 734-741

- Epiney, Astrid „Umgekehrte Diskriminierungen", Köln 1995, zugl. Habil. Mainz 1994

- Erdmann, Jörg Peter „Entsendung von Arbeitnehmern im Europäischen Wirtschaftsraum", in: WZS 1998, S. 103-106

- Esser, Josef / Weyers, Hans-Leo „Schuldrecht", Band II Teilband 1, 8.Auflage, Heidelberg 2000

- Esser, Josef „Grundlagen und Entwicklung der Gefährdungshaftung" München 1969

- Everling, Ulrich „Zum Begriff der Ware im Binnenmarkt der EG und sein Verhältnis zu den Dienstleistungen", in: Weber, Albrecht (Hrsg.), Währung und Wirtschaft, Festschrift für Hugo Hahn, Baden-Baden 1997, S. 365-378

- Everling, Ulrich „Das Niederlassungsrecht in der Europäischen Gemeinschaft", in: DB 1990, S. 1853-1859

- Everling, Ulrich „Vertragsverhandlungen 1957 und Vertragspraxis 1987", in: Mestmäcker / Möller / Schwarz (Hrsg.), Eine Ordnungspolitik für Europa, Festschrift für Hans von der Groeben, Baden-Baden 1987, S. 111-130.

- Everling, Ulrich „Zur neueren EuGH-Rechtsprechung zum Wettbewerbsrecht", in: EuR 1982, S. 301-314

- Eyles, Uwe „Das Niederlassungsrecht der Kapitalgesellschaften in der Europäischen Gemeinschaft", Baden-Baden 1990

- Faist, Thomas „Migration in Transnationalen Arbeitsmärkten: Zur Kollektivierung und Fragmentierung sozialer Rechte in Europa", in: ZSR 1995, S. 36-47 und 108-122

- Fastenrath, Ulrich „Inländerdiskriminierung", in: JZ 1987, S. 170-178

- Fenn, Herbert „Der Grundsatz der Tarifeinheit", in: Adomeit / Belling / Birk, Arbeitsrecht in der Bewährung, Festschrift für Otto Rudolf Kissel, München 1994 S. 213-238

- Fenski, Martin „Außerbetriebliche Arbeitsverhältnisse", 2. Auflage, Neuwied, Kriftel, Berlin 1999

- Feuerborn, Andreas „Kurzkommentar", in: EWir 2001, S. 475-476

- Fezer, Karl-Heinz „Europäisierung des Wettbewerbsrechts", in: JZ 1994, S. 317-326

- Franzen, Martin „Arbeitskollisionsrecht und sekundäres Gemeinschaftsrecht: Die EG-Entsende-Richtlinie", in: ZEuP 1997, S. 1055-1074

- Franzen, Martin „Gleicher Lohn für gleiche Arbeit am gleichen Ort? – Die Entsendung von Arbeitnehmern aus EU-Staaten nach Deutschland –", in: DZWir 1996, S. 89-100

- Frieling, Roland „Gibt es einen sittlichen Mindestlohn für Arbeitnehmer?", Diss. Münster 1991

- Fuchs, Maximilian (Hrsg.) „Nomos Kommentar zum europäischen Sozialrecht", 2. Auflage, Baden-Baden 2000

- Gagel, Alexander (Hrsg.) „Kommentar zum Sozialgesetzbuch III – Arbeitsförderung", Loseblattsammlung, Stand März 2000, München

- Gamillscheg, Franz „Kollektives Arbeitsrecht", Band I, München 1997

- Gamillscheg, Franz „Ein Gesetz über das internationale Arbeitsrecht", in: ZfA 1983, S. 307-373

- Ganten, Ted Oliver „Die Drittwirkung der Grundfreiheiten", Berlin 2000, zugl. Diss. Augsburg 2000

- Geiger, Rudolf „EUV/EGV – Kommentar zu dem Vertrag über die Europäische Union und den Vertrag zur Gründung der Europäischen Gemeinschaft", 3.Auflage, München 2000

- Gerken, Lüder / Löwisch, Manfred / Rieble, Volker „Der Entwurf eines Arbeitnehmer-Entsendegesetzes", in: BB 1995, S. 2370-2375

- Glaesner, Adrian „Der Grundsatz des wirtschaftlichen und sozialen Zusammenhalts im Recht der Europäischen Wirtschaftsgemeinschaft", Baden-Baden 1990, zugl. Diss. Hamburg 1990

- Gleiss, Alfred / Hirsch, Martin, Burkert, Thomas „Kommentar zum EG-Kartellrecht", 4. Auflage, Bd. 1, Heidelberg 1993

- Grabitz, Eberhard / Hilf, Meinhard (Hrsg.) „Das Recht der Europäischen Union", Loseblatt, Stand Januar 2000, Bd. I und II (Maastrichter Fassung), Bd. III und IV (Amsterdamer Fassung), München seit 1983, (zit.: *Bearbeiter* in: Grabitz/Hilf, EUV/EGV Bd. xy)

- Grabitz, Eberhard „Das Recht auf Zugang zum Markt nach dem EWG-Vertrag", in Stödter, Rolf / Thieme, Werner (Hrsg.), Hamburg, Deutschland, Europa, Festschrift für Hans Peter Ipsen, Tübingen 1977, S. 645-667

- Grabitz, Eberhard „Gemeinschaftsrecht bricht nationales Recht", Hamburg, 1966

- Graser, Alexander „Eine Wende im Bereich der Inländerdiskriminierung?", in: EuR 1998, S. 571-579

- Greve, Gina „Der Einfluss des Europäischen Rechts auf die Verhängung von Geldbußen in Deutschland bei Verstößen wegen illegaler Beschäftigung", in: NZBau 2001, S. 246-248

- Groß, Wolfgang „Niederlassungsrecht (Art. 3 lit. C, Art. 52 EWGV) im gemeinsamen Markt", in: AG 1990, S. 530-538

- Hailbronner, Kay / Klein, Eckhart / Magiera, Siegfried / Müller-Graff, Peter-Christian "Handkommentar zum Vertrag über die Europäische Union (EUV/EGV)", Loseblatt, Stand Juni 1997, Köln

- Hailbronner, Kay "Die Kontrolle der Entsendung ausländischer Arbeitnehmer und die Dienstleistungsfreiheit", in: EWS 1997, S. 401-410

- Hailbronner, Kay / Nachbaur, Andreas „Die Dienstleistungsfreiheit in der Rechtsprechung des EuGH", in: EuZW 1992, S. 105-113

- Hailbronner, Kay „Prüfungspflicht der Mitgliedstaaten zur Vergleichbarkeit ausländischer Diplome und Prüfungszeugnisse", in: JuS 1991, S. 917-921

- Hakenberg, Waltraud / Erlbacher, Friedrich „Die Rechtsprechung des EuGH und EuGeI auf dem Gebiet der staatlichen Beihilfen in den Jahren 1999 und 2000", in: EWS 2001, S. 208-220

- Hammacher, Peter „Die Auswirkungen des Arbeitnehmer-Entsendegesetzes auf Unternehmen der Metallindustrie", in: BB 1996, S. 1554-1556

- Hammerl, Christoph „Inländerdiskriminierung", Berlin 1997, zugl. Diss. Bayreuth 1996

- Hanau, Peter „Die Anwendung des Arbeitnehmer-Entsendegesetzes auf inländische Arbeitgeber", in: NZA 1998, S. 1249-1250

- Hanau, Peter „Das Arbeitnehmer-Entsendegesetz", in: NJW 1996, S. 1369-1378

- Hanau, Peter „Lohnunterbietung („Sozialdumping") durch Europarecht", in: Festschrift für Ulrich Everling, Band 1, Baden-Baden 1995, S. 415-431

- Hänlein, Andreas „Übergangsregelungen beim EU-Beitritt der MOE-Staaten im Bereich der Arbeitnehmerfreizügigkeit und der sozialen Sicherheit", in: EuZW 2001, S. 165-170

- Harbrecht, Thomas „Die Auswirkungen der Einführung des §1a Arbeitnehmer-Entsendegesetz (AEntG)", BauR 1999, S. 1376-1381

- Hehl, Susanne „Das Verhältnis von Verschuldens- und Gefährdungshaftung", Regensburg 1999

- Heinsohn, Stephanie „Der öffentlichrechtliche Grundsatz der Verhältnismäßigkeit", Münster 1997, zugl. Diss. Münster 1996

- Heintzen, Markus „Inländerdiskriminierung im Gemeinsamen Markt – dargestellt am Beispiel der Rechtsanwaltschaft", in: EWS 1990, S. 82-92

- Heinze, Meinhard „Entwicklung der europäischen Sozial- und Beschäftigungspolitik und ihrer Grundlagen", in: Köbler, Gerhard (Hrsg.), „Europas universale rechtsordnungspolitische Aufgabe im Recht des 3. Jahrtausends", Festschrift für Söllner, München 2000, S. 423-436

- Heinze, Meinhard „Europarechtliche Vorgaben für die Neuregelung des Insolvenzgeldes" in: Schmidt, Klaus (Hrsg.) „Arbeitsrecht und Arbeitsgerichtsbarkeit", Festschrift zum 50jährigen Bestehen der Arbeitsgerichtsbarkeit Rheinland-Pfalz, Neuwied, Kriftel, Berlin 1999, S. 67-83

- Hickl, Manfred „Auswirkungen und Probleme des Entsendegesetzes", in: NZA 1997, S. 513-518

- Hirsch, Günter „Das Verhältnismäßigkeitsprinzip im Gemeinschaftsrecht", Bonn 1997

- Hönsch, Ronald „Die Neuregelung des Internationalen Privatrechts aus arbeitsrechtlicher Sicht", in: NZA 88, 113-119

- Hoffmann, Michael „Die Grundfreiheiten des EG-Vertrags als koordinationsrechtliche und gleichheitsrechtliche Abwehrrechte", Baden-Baden 2000, zugl. Diss. Trier 1999, (zit.: Hoffmann, Grundfreiheiten)

- Hofmann, Claus „Gegen Lohndumping am Bau", in: Bundesarbeitsblatt 4/1995, S. 14-17

- Hold, Dieter „Arbeitnehmer-Entsendegesetz gegen Lohndumping und illegale Beschäftigung im Baugewerbe", in: AuA 1996, S. 113-117

- Hoppe, Jeannine „Die Entsendung von Arbeitnehmern ins Ausland", Berlin 1999, zugl. Diss. München 1998

- Horsch „Bürgenhaftung und Steuerabzug: Was der Gesetzgeber vom (Bau-)Unternehmer verlangt", Interview, in: IBR 1999, S. 292-294

- Horschitz, Rainer „Neues Arbeitnehmer-Entsendegesetz bringt Durchgriffshaftung von General- und Hauptunternehmer", in: IBR 1999, S. 186

- Iliopoulos-Strangas, Julia „Die allgemeinen Rechtsgrundsätze in der Praxis der Straßburger Organe am Beispiel des Verhältnismäßigkeitsprinzips", in: RabelsZ 63 (1999), S. 414-451

- Immenga, Ulrich / Mestmäcker, Ernst-Joachim „EG-Wettbewerbsrecht", München 1997

- Institut der deutschen Wirtschaft „Industrielle Arbeitskosten in Mittel- und Osteuropa", IW-Trends 1/99, Köln 1999

- Ipsen, Hans Peter „Europäisches Gemeinschaftsrecht", Tübingen 1972

- Iro, Stephan Philipp „Die Vereinbarkeit des Stromeinspeisungsgesetzes mit dem EG-Vertrag", in: RdE 1998, S. 11-19

- Isensee, Josef/Kirchhoff, Paul „Handbuch des Staatsrechts der Bundesrepublik Deutschland", (zit.: HdbStR), Band IV, Heidelberg 1990, Band V 2. Auflage Heidelberg 2000

- Jarass, Hans „Elemente einer Dogmatik der Grundfreiheiten", in: EuR 1995, S. 202-226

- Jarass, Hans „Die Grundfreiheiten als Grundgleichheiten – Systematische Überlegungen zur Qualifikation und Rechtfertigung von Beschränkungen der Grundfreiheiten", in: Due, Ole / Lutter, Markus / Schwarze, Jürgen (Hrsg.), Festschrift für Ulrich Everling, Baden-Baden 1995, S. 593-609

- Jarass, Hans „Konflikte zwischen EG-Recht und nationalem Recht vor den Gerichten der Mitgliedstaaten", in: DVBl. 1995, S. 954-962

- Jarass, Hans „Die Niederlassungsfreiheit in der Europäischen Gemeinschaft", in: RIW 1993, S. 1-7

- Junker, Abbo / Wichmann, Julia „Das Arbeitnehmer-Entsendegesetz – Doch ein Verstoß gegen Europäisches Recht?", in: NZA 1996, S. 505-512

- Junker, Abbo „Neuere Entwicklungen im Internationalen Arbeitsrecht", in: RdA 1998, S. 42-47

- Junker, Abbo „Zwingendes ausländisches Recht und deutscher Tarifvertrag", in: IPRax 1994, S. 21-27

- Junker, Abbo „Internationales Arbeitsrecht im Konzern", Tübingen 1992

- Kappus, Matthias „Die Computerheimarbeit", in: NJW 1984, S. 2384-2390

- Kehrmann, Karl / Spirolke, Matthias „Entwurf eines Arbeitnehmer-Entsendegesetzes für die Bauwirtschaft", in: Arbeitsrecht im Betrieb (AiB) 1995, S. 621-624

- Kempen, Otto Ernst „Staatliche Schutzpflicht gegenüber der Tarifautonomie?", in: Heinze, Meinhard (Hrsg.), Festschrift für Wolfgang Gitter, Wiesbaden 1995, S. 427-445

- Kempen, Otto Ernst / Zachert, Ulrich „Tarifvertragsgesetz - Kommentar für die Praxis", 3. Auflage, Köln 1997

- Kilian, Wolfgang „Europäisches Wirtschaftsrecht", München 1996

- Kingreen, Thorsten „Die Struktur der Grundfreiheiten des Europäischen Gemeinschaftsrechts", Berlin 1999,

- Kirschbaum, Rita-Maria „Billig-Arbeitskräfte aus EU-Staaten?", in: DRdA 1995, S. 533-547

- Kleier, Ulrich „Freier Wahrenverkehr (Art. 30 EWG) und die Diskriminierung inländischer Erzeugnisse", in: RIW 1988, S. 623-632

- Klein, Eckart / Haratsch, Andreas „Mitgliedstaatliche Regionalförderung insbesondere zugunsten kleiner und mittlerer Unternehmen (KMU) aus der Sicht des EG-Rechts", in: EWS 1997, S. 410-420

- Knobbe-Keuk, Brigitte „Niederlassungsfreiheit: Diskriminierungs- oder Beschränkungsverbot", in: DB 1990, S. 2573-2584

- Koberski, Wolfgang / Clasen, Lothar / Menzel, Horst „Tarifvertragsgesetz", Loseblatt, Neuwied, Kriftel, Berlin, Stand Nov. 1999

- Koberski, Wolfgang / Sahl, Karl-Heinz / Hold, Dieter „Kommentar zum Arbeitnehmer-Entsendegesetz", München 1997

- Koenig, Christian / Haratsch, Andreas „Europarecht", 3. Auflage, Tübingen 2000

- Koenig, Christian / Kühling, Jürgen „How to cut a long story short: Das PreussenElektra-Urteil des EuGH und die EG-Beihilfenkontrolle über das deutsche Rundfunkgebührensystem", in: ZUM 2001, S. 537-546

- Koenig, Christian / Sander, Claude „Bleibt der EuGH dem Keck'schen Telos treu?", in: EuZW 1996, S. 8-13

- Koenigs, Folkmar „Rechtsfragen des Arbeitnehmer-Entsendegesetz und der EG-Entsenderichtlinie", in: DB 1997, S. 225-231

- Koenigs, Folkmar „Lohngleichheit am Bau? – Zu einem Arbeitnehmer-Entsendegesetz", in: DB 1995, S. 1710-1711

- Konzen, Horst „Die Entwicklung des europäischen Arbeitsrecht", in: Dörr, Dieter / Dreher, Meinrad (Hrsg.), Europa als Rechtsgemeinschaft, Baden-Baden 1997, S. 53-71

- Konzen, Horst "Arbeitsrechtliche Drittbeziehungen", in: ZfA 1982, 259-310

- Kort, Michael „Schranken der Dienstleistungsfreiheit im europäischen Recht", in: JZ 1996, 132-140

- Kötz, Hein „Empfiehlt sich eine Vereinheitlichung und Zusammenfassung der gesetzlichen Vorschriften über die Gefährdungshaftung", in: Gutachten und Vorschläge zur Überarbeitung des Schuldrechts, herausgegeben vom Bundesministerium der Justiz, Köln 1981, Bd. II, S. 1779

- Kötz, Hein „Haftung für besondere Gefahr – Generalklausel für die Gefährdungshaftung", in: AcP 170 (1970), S. 1-41

- Koziol, Helmut / Welser, Rudolf „Grundriss des bürgerlichen Rechts", Bd. II, Wien 2000

- Krebber, Sebastian „Die Bedeutung von Entsenderichtlinie und Arbeitnehmer-Entsendegesetz für das Arbeitskollisionsrecht", IPRax 2001, S. 22-29

- Krebber, Sebastian „Die Vereinbarkeit von Entsenderichtlinie und Arbeitnehmer-Entsendegesetz mit der Dienstleistungsfreiheit und Freizügigkeit der EGV", in: Jahrbuch junger Zivilrechtswissenschaftler 1998, S. 129-156

- Kretz, Jürgen „Mindestlöhne für das Baugewerbe", in: BuW 1997, S. 112-115

- Kretz, Jürgen „Das Arbeitnehmer-Entsendegesetz", in: BuW 1996, S. 223-227

- Kretz, Jürgen „Das Arbeitnehmer-Entsendegesetz", München 1996

- Krimphove, Dieter „Europäisches Arbeitsrecht", München 1996

- Kühling, Jürgen „Von den Vergütungspflichten des Energieeinspeisungsgesetzes bis zur Deckungsvorsorge des Atomgesetzes: Die deutsche Energierechtsordnung im Koordinatensystem des Europäischen Beihilfenrechts", in: RdE 2001, S. 93-102

- Kutscher, Hans "Zum Grundsatz der Verhältnismäßigkeit im Recht der Europäischen Gemeinschaften", in: Kutscher / Ress / Teitgen / Ermacora / Ubertazzi, Der Grundsatz der Verhältnismäßigkeit in europäischen Rechtsordnungen, Heidelberg 1985, S. 89-97

- Lackhoff, Klaus „Die Niederlassungsfreiheit des EGV – nur ein Gleichheits- oder auch ein Freiheitsrecht?", Berlin 2000, zugl. Diss. Münster 1998, (zit.: „Niederlassungsfreiheit")

- Lackhoff, Klaus „Umgekehrte Diskriminierung", in: EWS 1997, S. 109-117

- Lackhoff, Klaus „Deutsches Wirtschaftsverwaltungsrecht und die Grundfreiheiten der Art. 30, 34, 48, 52 und 59 EGV", Baden-Baden 1994, zugl. Magisterarbeit. Saarbrücken, 1994, (zit.: „Grundfreiheiten")

- Lakies, Thomas „Der Anspruch auf Insolvenzgeld (§ 183 SGB III)", in: NZA 2000, S. 565-569

- Lakies, Thomas „Die Vergütungsansprüche der Arbeitnehmer in der Insolvenz", in: NZA 2001, S. 521-526

- Langer-Stein, Rose „Datenverarbeitung und Arbeitnehmerüberlassung", in: CR 1992, S. 97-101

- Larenz, Karl / Canaris, Claus-Wilhelm „Lehrbuch des Schuldrechts" Bd. I, 14. Auflage, München 1987; Bd. II/2, 13.Auflage, München 1994

- Lefèvre, Dieter „Staatliche Ausfuhrförderung und das Verbot wettbewerbsverfälschender Beihilfen im EWG-Vertrag", Baden-Baden 1977

- Lenz, Carl-Otto (Hrsg.) „Kommentar zu dem Vertrag über die Gründung der Europäischen Gemeinschaften", 2. Auflage, Köln, Basel, Wien 1999

- Loibl, Helmut „Europarecht", Köln, Berlin, Bonn, München 1999

- Lörcher, Klaus „Die Normen der Internationalen Arbeitsorganisation und des Europarats – Ihre Bedeutung für das Arbeitsrecht der Bundesrepublik", in: AuR 1991, S. 97-

- Lorenz, Frank „Arbeitnehmer-Entsendegesetz (AEntG)", Baden-Baden 1996

- Löwisch, Manfred „Der arbeitsrechtliche Teil des sogenannten Korrekturgesetzes", in: BB 1999, S. 102-107

- Löwisch, Manfred / Flüchter, Annedore „Arbeitnehmereinsatz über die Grenzen hinaus" in: Schmidt, Klaus (Hrsg.) „Arbeitsrecht und Arbeitsgerichtsbarkeit", Festschrift zum 50jährigen Bestehen der Arbeitsgerichtsbarkeit Rheinland-Pfalz, Neuwied, Kriftel, Berlin 1999, S. 103-114

- Löwisch, Manfred „Der Entwurf einer Entsende-Richtlinie der EU in rechtlicher Sicht", in: Bettermann / Löwisch / Otto / Schmidt (Hrsg.), Festschrift für Albrecht Zeuner, Tübingen 1994, S. 91-99

- Löwisch, Manfred / Rieble, Volker „Tarifvertragsgesetz: Kommentar", München 1992

- Lütke, Hans-Josef „Das Arbeitnehmerentsendegesetz", in: wistra 2000, S. 84-88

- Mankowski, Peter „Ausländische Scheinselbständige und Internationales Privatrecht", in: DB 1997, S. 465-472

- Marauhn, Thilo „Zum Verhältnismäßigkeitsgrundsatz in Großbritannien", in: VerwArch 85 (1994), S. 52-85

- Marschall, Dieter „Ergebnisse der Novellierung des Arbeitnehmer-Entsendegesetzes (AEntG)", in: NZA 1998, S. 633-635

- Mayer, Udo R. „Betriebsverfassungs- und tarifvertragsrechtliche Fragen bei grenzüberschreitenden Personaleinsätzen", in: BB 1999 , S. 842-847

- Mayer-Maly, Theo „Gesetzesflut und Gesetzesqualität heute", in: Festschrift zum 125jährigen Bestehen der Juristischen Gesellschaft zu Berlin, Berlin 1984, S. 423-430

- Medicus, Dieter „Gefährdungshaftung im Zivilrecht", in: Jura 1996, S. 561-566

- Merkel, Adolf „Juristische Encyklopädie", 3.Auflage, Berlin 1904

- Mesenberg, H. „Zur Frage des Abbaus von Wettbewerbsverfälschungen und -verzerrungen in den EWG-Staaten", in: BB 1961, S. 141-144

- Mestmäcker, Ernst-Joachim „Zur Anwendbarkeit der Wettbewerbsregeln auf die Mitgliedstaaten und die Europäischen Gemeinschaften", in: Baur, Jürgen u.a. (Hrsg.), Europarecht, Energierecht, Wirtschaftsrecht, Festschrift für Bodo Börner, Köln 1992, S. 277-288

- Meyer, Cord „Gesetzliche Neuregelungen im Renten- und Arbeitsförderungsrecht/AEntG", in: NZA 1999, S. 121-128

- Meyer, Cord „Mehr Schlagkraft gegen Lohn- und Sozialdumping", in: AuA 1999, S. 113-115

- Möschel, Wernhard „Wird die effet-utile-Rechtsprechung des EuGH inutile", in: NJW 1994, S. 1709-1710
- Möschel, Wernhard „Schutzziele eines Wettbewerbsrechts", in: Löwisch, Manfred u.a. (Hrsg.), Beiträge zum Handels- und Wirtschaftsrecht, Festschrift für Fritz Rittner, München 1991, S. 405-421
- Motive zu den Entwürfen eines Bürgerlichen Gesetzbuches für das Deutsche Reich, Band II, Berlin 1896
- Mugdan, Benno „Die gesamten Materialien zum Bürgerlichen Gesetzbuch für das Deutsche Reich", Band I, Berlin 1899
- Mülbert, Peter „Zwingendes Privatrecht als Grundfreiheitsbeschränkung im EG-Binnenmarkt", in: ZHR 159 (1995), S. 2-33
- Müller, Andreas „Die Entsendung von Arbeitnehmern in der Europäischen Union", Baden-Baden 1997, zugl. Diss. Hagen 1996
- Müller, Gerhard „Das Rangverhältnis zwischen allgemeinverbindlichen und dritten Tarifverträgen", in: DB 1989, S. 1970-1973
- Müller-Erzbach „Gefährdungshaftung und Gefahrtragung", Tübingen 1912
- Müller-Glöge, Rudi „Die Gefährdungshaftung des Arbeitgebers" in: Hanau, Peter (Hrsg.), Richterliches Arbeitsrecht, Festschrift für Thomas Dieterich, 1999, S. 387-413
- Müller-Heidelberg, Till „Schutzklauseln des Europäischen Gemeinschaftsrechts", Diss. Hamburg, 1970
- Müllner, Wolfgang „Aufgespaltene Arbeitgeberstellung und Betriebsverfassungsrecht", Berlin 1978, zugl. Diss. Regensburg 1977
- Münch, Ingo von/Kunig, Philip „Grundgesetz-Kommentar", Bd. 1, 5.Auflage, München 2000, (zit.: v. Münch-*Bearbeiter*)
- Mussler, Werner „Die Wirtschaftsverfassung der Europäischen Gemeinschaft im Wandel: Von Rom nach Maastricht", Baden-Baden 1998
- Nachbaur, Andreas „Art. 52 EWGV – Mehr als nur ein Diskriminierungsverbot?", in: EuZW 1991, S. 470-472
- Nagel, Bernhard „Wirtschaftsrecht der Europäischen Union", 1.Auflage, Baden-Baden 1998
- Nettekoven, Tanja Elisabeth „Die Erstreckung tariflicher Mindestlöhne in allgemeinverbindlichen Tarifverträgen auf entsandte Arbeitnehmer im Baugewerbe", Diss. Bonn 2000
- Nettesheim, Martin „Die europarechtlichen Grundrechte auf wirtschaftliche Mobilität (Art. 48, 52 EGV)", in: NVwZ 1996, S. 342-345
- Nettesheim, Martin „Grundrechtliche Prüfdichte durch den EuGH", in: EuZW 1995, S. 106-108

- Nicolaysen, Gerd „Europarecht II", Baden-Baden 1996
- Nowack, Regine „Anmerkungen zum EuGH-Urteil RS. 112/91", in: DZWiR 1994, S. 150-153
- Oehmann, Werner / Dieterich, Thomas / Neef, Klaus / Schwab, Brent „Arbeitsrechts-Blattei", Loseblatt, Stand 2001 Wiesbaden
- Oetker, Hartmut / Preis, Ulrich „Europäisches Arbeits- und Sozialrecht (EAS)", Loseblatt, Stand 1999 Heidelberg
- Ossenbühl, Fritz / Cornils, Matthias „Tarifautonomie und staatliche Gesetzgebung, Verfassungsmäßigkeit von § 1 Abs. 3 AEntG", Forschungsbericht Nr. 280 des BMA, Bonn 2000
- Ottmann, Matthias „Das Arbeitnehmerentsendegesetz und seine Wirkungen auf den deutschen und europäischen Bauarbeitsmarkt", in: FWW 1996, S. 178-180
- Pache, Eckhard „Der Grundsatz der Verhältnismäßigkeit in der Rechtsprechung der Gerichte der Europäischen Gemeinschaften", in: NVwZ 1999, S. 1033-1040
- Palandt, Otto „Bürgerliches Gesetzbuch", 59. Auflage, München 2000, (zit.: Palandt-*Bearbeiter*)
- Pfeil, Werner „Historische Vorbilder und Entwicklung des Rechtsbegriffs der „Vier Grundfreiheiten im Europäischen Gemeinschaftsrecht", Frankfurt/M., Berlin, Bern New York, Paris, Wien, 1998, zugl. Diss. Trier 1997
- Piffl-Pavelec, Susanne „Die Entsendung von Arbeitnehmern im Rahmen der Dienstleistungsfreiheit", in: DRdA 1995, S. 292-297
- Plesterninks, Ingo „Entsenderegelungen nach nationalem und europäischen Recht", Frankfurt/M. 1998
- Ramm, Thilo "Die Aufspaltung der Arbeitgeberfunktionen", in: ZfA 1973, 263-295
- Rebhahn, Robert „Entsendung von Arbeitnehmern in der EU – arbeitsrechtliche Fragen zum Gemeinschaftsrecht", in: DRdA 1999, S. 173-186
- Rebmann, Kurt / Säcker, Franz Jürgen / Rixecker, Roland (Hrsg.) „Münchener Kommentar zum Bürgerlichen Gesetzbuch", 3. Auflage, München 1997, (zit.: MK-BGB-*Bearbeiter*)
- Reich, Norbert „Die Freiheit des Dienstleistungsverkehrs als Grundfreiheit", in: ZHR 153 (1989), S. 571-594
- Reichold, Hermann „Arbeitsrechtsstandards als Aufenthaltsmodalitäten – Personenfreiheiten zwischen Bosman-Urteil und Entsende-Richtlinie", in: ZEuP 1998, S. 434-459
- Reim, Uwe „Werkvertragsarbeitnehmer aus Mittel- und Osteuropa im Kontext des nationalen, Völker- und Gemeinschaftsrechts", Baden-Baden 2000, zugl. Diss. Bremen 2000
- Richardi, Reinhard / Wlotzke, Otfried (Hrsg.) „Münchener Handbuch zum Arbeitsrecht", Band 1-3, 2. Auflage, München 2000, (zit.: MHdb-ArbR-*Bearbeiter*)
- Rieble, Volker „Arbeitsmarkt und Wettbewerb", Berlin 1996, zugl. Habil. Freiburg 1996

- Rinck, Gerd   „Gefährdungshaftung", Göttingen 1959
- Ritter, Ernst-Hasso „Der Grundrechtsschutz ausländischer juristischer Personen", in: NJW 1964, S. 279-282
- Roth, Wulf Henning „Einlagensicherung im Binnenmarkt", in: ZBB 1997, S. 373-381
- Roth, Wulf-Henning „Drittwirkung der Grundrechte", in: Due, Ole / Lutter, Markus / Schwarze, Jürgen (Hrsg.), Festschrift für Ulrich Everling, Baden-Baden 1995, Band 2, S. 1231-1247
- Rothfuchs, Hermann „Die traditionellen Personenverkehrsfreiheiten des EG-Vertrages und das Aufenthaltsrecht der Unionsbürger", Frankfurt/M. u.a. 1999, zugl. Diss. Göttingen 1998
- Rümelin, Max   „Schadensersatz ohne Verschulden", Tübingen 1910
- Rupp-v. Brünneck, Wiltraut „Zur   Grundrechtsfähigkeit   juristischer   Personen",   in: Ehmke/Schmid/Scharoun, Festschrift für Adolf Arndt, Frankfurt a. M. 1969, S. 349-383
- Sack, Rolf „Auswirkungen der Art. 30, 36 und 59ff. EG-Vertrag auf das Recht gegen den unlauteren Wettbewerb", in: GRUR 1998, S. 871-887
- Sack, Rolf „Staatliche Regelung sogenannter „Verkaufsmodalitäten" und Art. 30 EG-Vertrag", in: EWS 1994, S. 37-47
- Säcker, Franz-Jürgen   „Das neue Entgeltfortzahlungsgesetz und die individuelle und kollektive Vertragsfreiheit", in: ArbuR 1994, S. 1-12
- Saljes, Peter „Die Vereinbarkeit des Stromeinspeisungsgesetz mit dem EG-Vertrag", in: RIW 1998, S. 186-192
- Sandmann, Georg / Marschall, Dieter   „Arbeitnehmerüberlassungsgesetz",   Loseblatt, Neuwied, Kriftel, Berlin Stand Dez. 2000
- Schiek, Dagmar   „Europäisches Arbeitsrecht", Baden-Baden 1997
- Schilling, Theodor   „Singularia non sunt extendenda – Die Auslegung der Ausnahme in der Rechtsprechung des EuGH", in: EuR 1996, S. 44-51
- Schilling, Theodor   „Gleichheitssatz und Inländerdiskriminierung", in: JZ 1994, S. 8-17
- Schirdewahn, Gerhard   "Leiharbeit nicht ohne Risiken", in: AuA 1998, 15-18
- Schlachter, Hedwig „Discrimination à rebours. Die Inländerdiskriminierung nach der Rechtsprechung des EuGH und des französischen Conseil d' Etat", Frankfurt/M. 1984
- Schmidt, Eike   „Von der Privat- zur Sozialautonomie", in: JZ 1980, S. 153-161
- Schmidt, Wulff-Axel   „Art. 30 EG-Vertrag als Grenze der Anwendbarkeit des nationalen Wettbewerbsrechts", Frankfurt 1999, zugl. Diss. Heidelberg 1999
- Schmitt, Jochem   „Das neue Arbeitnehmer-Entsendegesetz", in: WiB 1996, S. 769-772
- Schneider, Hartmut „Der Begriff der öffentlichen Ordnung in den Grundfreiheitsschranken des EG-Vertrags", Baden-Baden 1998, zugl. Diss. Göttingen 1997
- Schneider, Otmar   „Die Mißachtung der Kompetenz durch EG-Organe und die innerstaatlichen Folgen", EuBl. 1997, S. 31-43

- Schneider, Tobias „Handbuch Zeitarbeit", Loseblatt, Neuwied, Kriftel, Berlin Stand Dez. 2000 Schaub, Günter „Arbeitsrechts-Handbuch", 9. Auflage, München 2000

- Schnichels, Dominik „Reichweite der Niederlassungsfreiheit", Baden-Baden 1995, zugl. Diss. München 1993

- Schöne, Franz-Josef „Die „umgekehrte Diskriminierung" im EWG-Vertrag nach der Rechtsprechung des Europäischen Gerichtshofes", in: RIW 1989, S. 450-454

- Schöne, Franz-Josef „Dienstleistungsfreiheit in der EG und deutsche Wirtschaftsaufsicht", Köln 1989, zugl. Diss. Münster 1989

- Schubert, Thure „Der Gemeinsame Markt als Rechtsbegriff – Die allgemeine Wirtschaftsfreiheit des EG-Vertrages", Diss. München 1999

- Schwarz, Günter Christian „Europäisches Gesellschaftsrecht", Baden-Baden 2000

- Schwarze, Jürgen „Europäische Rahmenbedingungen für die Verwaltungsgerichtsbarkeit", in: NVwZ 2000, S. 241-252

- Schwarze, Jürgen (Hrsg.) „EU-Kommentar", Baden-Baden 2000

- Schwarze, Jürgen „Europäisches Verwaltungsrecht", Bd. II, Baden-Baden 1988

- Schwemer, Rolf-Oliver, „Die Bindung des Gemeinschaftsgesetzgebers an die Grundfreiheiten", Frankfurt/M. 1995

- Seidel, Martin „Theoretische und praktische Fragen der Dienstleistungsfreiheit auf dem Gebiet der Versicherungswirtschaft", in: ZVersWiss 1987, S. 175-196

- Seidel, Martin „Der EWG-rechtliche Begriff der 'Maßnahme gleicher Wirkung wie eine mengenmäßige Beschränkung'", in: NJW 1967, S. 2081-2086

- Selmayr, Martin „Die gemeinschaftliche Entsendefreiheit und das deutsche Entsendegesetz", in: ZfA 1996, S. 615-658

- Slootbloom, Marco „State Aid in Community Law: A Broad or Narrow Definition", in: ELR 1995, S. 289-301

- Soltész, Ulrich „Die „Belastung des Staatshaushalts" als Tatbestandsmerkmal einer Beihilfe i.S.d. Art. 92 I EGV", in: EuZW 1998, S. 747-753

- Soergel, Hans Theodor / Siebert, Wolfgang / Baur, Jürgen „Bürgerliches Gesetzbuch", 12. Auflage, Stuttgart 1996-2000 (zit.: Soergel-*Bearbeiter*)

- Spätgens, Klaus „Zum Problem der sogenannten Inländerdiskriminierung nach dem EWG-Vertrag", in: Festschrift für v. Gramm, Köln 1990, S. 201-212

- Spitzl, Adalbert „Einsatz von Arbeitskräften aus EU-Staaten", in Ecolex 1996, S. 181-185

- Staudinger, Julius v. „Kommentar zum Bürgerlichen Gesetzbuch", II. Buch, §§ 652-704, 13.Auflage, Berlin 1995, (zit.: Staudinger-*Bearbeiter*)

- Steck, Sabine „Geplante Entsende-Richtlinie nach Maastricht ohne Rechtsgrundlage?", in: EuZW 1994, S. 140-142

- Steindorff, Ernst „Markt und hoheitliche Verantwortung in der EG", in: ZHR 2000, S. 223-273

- Steindorff, Ernst „EG-Vertrag und Privatrecht", Baden-Baden 1996

- Steindorff, Ernst „Unvollkommener Binnenmarkt", in: ZHR 158 (1994), S. 149-169

- Steindorff, Ernst „Anmerkung" (zum EuGH-Urteil v. 02.08.1993, RS. C-259, 331 und 332/91 - *Allué II* – Slg. 1993 I, S. 4309), in JZ 1994, S. 95-98

- Steindorff, Ernst „Unlauterer Wettbewerb im System des EG-Rechts", in: WRP 1993, S. 139-151

- Steindorff, Ernst „Reichweite der Niederlassungsfreiheit", in: EuR 1988, S. 19-32

- Steinmeyer, Heinz-Dietrich „Sozialdumping in Europa", in: DVBl. 1995, S. 962-968

- Stotz, Rüdiger „Vorrang des Gemeinschaftsrechts", in: EuZW 1991, S. 118-119

- Straubhaar, Thomas „Wie sich das Baugewerbe unverblümt eine Schutzwand mauert", in: WiSt 1996, 53/71.

- Streicher, Hans-Jürgen "Rechtsformzwang und mittelbares Arbeitsverhältnis", Frankfurt/M 1995

- Streinz, Rudolf „Europarecht", 3.Auflage, Heidelberg 1996

- Strick, Peter / Crämer, A.M. „Das neue Arbeitnehmer-Entsendegesetz (AEntG) – Anwendbarkeit der Entscheidung OLG Düsseldorf, BauR 1999, 186ff.", in: BauR 1999, S. 713-715

- Strickan, Edgar / Martin, Christoph "Die neue Bauabzugsbesteuerung", in: DB 2001. S. 1441-1450

- Strohmaier, Gerhard „Die Verfassungswidrigkeit des Arbeitnehmerentsendegesetzes", in: RdA 1998, S. 339-345

- Trautwein, Thomas „Dienstleistungsfreiheit und Diskriminierungsverbot im Europäischen Gemeinschaftsrecht", in: Jura 1995, S. 191-193

- Treber, Jürgen „Arbeitsrechtliche Neuerungen durch das „Gesetz zu Änderung des Bürgerlichen Gesetzbuches und des Arbeitsgerichtsgesetzes", in: NZA 1998, S. 856-863

- Ulber, Jürgen „Arbeitnehmerüberlassungsgesetz und Arbeitnehmer-Entsendegesetz", Frankfurt/M. 1998

- van der Esch, Bastiaan „Die Art. 5, 3f, 85/86 und 90 EWG als Grundlage der wettbewerbsrechtlichen Verpflichtungen der Mitgliedstaaten", in: ZHR 1991, S. 274-299

- Völker, Stefan „Passive Dienstleistungsfreiheit im Europäischen Gemeinschaftsrecht", Berlin 1990, zugl. Diss. Tübingen 1990

- von der Groeben, Hans / Thiesing, Jochen / Ehlermann, Claus-Dieter „Kommentar zum EU/EG-Vertrag", 5. Auflage, Baden-Baden 1997

- Waas, Bernd "Das sogenannte 'mittelbare Arbeitsverhältnis'", in: RdA 1993, 153-162

- Wägenbaur, Rolf „Inhalt und Etappen der Niederlassungfreiheit", in: EuZW 1991, S. 427-434

- Wägenbaur, Rolf   „Personalberatung als freie Dienstleistung aus der Sicht des EWG-Vertrags", in: BB 1989, Beilage 3, S. 15-20

- Wahrig, Gerhard „Deutsches Rechtswörterbuch", Jubiläumsausgabe, Gütersloh 1990

- Wank, Rolf / Börgmann, Udo   „Die Einbeziehung ausländischer Arbeitnehmer in das deutsche Urlaubskassenverfahren", in: NZA 2001, S. 177-186

- Weber, Christoph "Das aufgespaltene Arbeitsverhältnis", Berlin 1992, zugl. Diss. Mainz 1992

- Weber, Claus   „Die Dienstleistungsfreiheit nach den Art. 59ff. EG-Vertrag – einheitliche Schranken für alle Dienstleistungen?", in EWS 1995, S. 292-296

- Webers, Gerhard   „Das Arbeitnehmer-Entsendegesetz", in: DB 1996, S. 574-577

- Weindl, Josef / Woyke, Wichard   „Europäische Gemeinschaft (EU)", 4.Auflage, München, Wien 1999

- Weis, Hubert   „Inländerdiskriminierung zwischen Gemeinschaftsrecht und nationalem Verfassungsrecht", in: NJW 1983, S. 2721-2726

- Weise, Stefan   „Bürgschaftslösungen zu § 1a AEntG", in: NZBau 2000, S. 229-233

- Weiss, Manfred / Gagel, Alexander (Hrsg.) „Handbuch des Arbeits- und Sozialrechts", Loseblatt, Baden-Baden Stand 1997

- Werner, Michael   „Die gewerbliche Unternehmerhaftung nach § 1a AEntG – Ihre Auswirkungen auf die Baupraxis", in: NZBau 2000, S. 225-229

- Westermann, Harm Peter (Hrsg.)   „Erman - Bürgliches Gesetzbuch", 10. Auflage, Münster, Köln 2000, (zit.: Erman-*Bearbeiter*)

- Wetzel, Uwe   „Die Dienstleistungsfreiheit nach den Art. 59-66 des EWG-Vertrages: Ein Beitrag zu Inhalt und Wirkung des Primärrechts", Dortmund 1992

- Weyer, Hartmut   „Freier Warenverkehr, rein innerstaatliche Sachverhalte und umgekehrte Diskriminierung", in: EuR 1998, S. 435-461

- Wichmann, Julia   „Dienstleistungsfreiheit und grenzüberschreitende Entsendung von Arbeitnehmern", 1998 Frankfurt/M.

- Wiedemann, Herbert   „Tarifvertragsgesetz", 6. Auflage, München 1999

- Wiedemann, Herbert /Arnold, Markus „Tarifkonkurrenz und Tarifpluralität in der Rechtsprechung des Bundesarbeitsgerichts", in: ZTR 1994, S. 399-410 und 443-448

- Wieland, Joachim / Engel, Christoph / Danwitz, Thomas v.   „Arbeitsmarkt und staatliche Lenkung", Berichte und Diskussionen auf der Tagung der Vereinigung der Deutschen Staatsrechtslehrer in Heidelberg vom 06.-09.10.1999, Berlin 2000

- Will, Michael   „Quellen erhöhter Gefahr", Habil. München 1980

- Wilmowsky, Peter von   „Ausnahmebereiche gegenüber EG-Grundfreiheiten", in: EuR 1996, S. 362-375

- Wimmer, Norbert   „Neuere Entwicklungen im internationalen Arbeitsrecht – Überlegungen zur Politik des Arbeitskollisionsrechts", in: IPRax 1995, S. 207-214

- Wimmer, Norbert, „Die Gestaltung internationaler Arbeitsverhältnisse durch kollektive Normenverträge", Baden-Baden 1992, zugl. Diss. Freiburg 1991

- Wolf, Christian   „Die faktische Grundrechtsbeeinträchtigung als Systematisierungsmethode der Begleitfreiheiten nach dem EG-Vertrag", in: JZ 1994, S. 1151-1159

- Wunder, Kilian   „Die Binnenmarktfunktion der schweizerischen Handels- und Gewerbefreiheit im Vergleich zu den Grundfreiheiten in der Europäischen Gemeinschaft", Basel, Genf, München 1998, zugl. Diss. Basel 1998

- Wyatt, Derrick / Dashwood, Alan   „European Union Law", 3. Ed., London 2000

- Zapka, Klaus   „Das Verhältnismäßigkeitsprinzip im Gemeinschaftsrecht", in: Recht und Politik 32 (1996), S. 95-97

- Ziekow, Jan "Vergabefremde Zwecke und Europarecht", in: NZBau 2001, S. 72-78

- Zöllner, Wolfgang / Loritz, Karl-Georg   „Arbeitsrecht", 5. Aufl. München 1998

- Zuleeg, Manfred   „ Die Grundfreiheiten des Gemeinsamen Markts im Wandel", in: Due, Ole / Lutter, Markus / Schwarze, Jürgen (Hrsg.), Festschrift für Ulrich Everling, Band 2, Baden-Baden 1995, S. 1717-1727

- Zweigert, Konrad   „Grundsatzfragen der Europäischen Rechtsangleichung, ihrer Schöpfung und Sicherung", in: Caemmerer, Ernst u.a. (Hrsg.), Vom deutschen zum europäischen Recht, Festschrift für Hans Dölle, Tübingen 1963, Band 2, S. 401-418

www.ingramcontent.com/pod-product-compliance
Lightning Source LLC
Chambersburg PA
CBHW020832210326
41598CB00019B/1872